犯罪心理与行为分析

王　敬　著

中国人民公安大学出版社
·北　京·

图书在版编目（CIP）数据

犯罪心理与行为分析 / 王敬著．—北京：中国人民公安大学出版社，2020. 3

ISBN 978-7-5653-3896-0

Ⅰ．①犯…　Ⅱ．①王…　Ⅲ．①犯罪心理学-研究　Ⅳ．①D917. 2

中国版本图书馆 CIP 数据核字（2020）第 002790 号

犯罪心理与行为分析

王　敬　著

出版发行：中国人民公安大学出版社
地　　址：北京市西城区木樨地南里
邮政编码：100038
经　　销：新华书店
印　　刷：北京市泰锐印刷有限责任公司

版　　次：2020 年 3 月第 1 版
印　　次：2025 年 2 月第 6 次
印　　张：15
开　　本：880 毫米×1230 毫米　1/32
字　　数：404 千字

书　　号：ISBN 978-7-5653-3896-0
定　　价：55. 00 元

网　　址：www. cppsup. com. cn　　www. porclub. com. cn
电子邮箱：zbs@ cppsup. com　　zbs@ cppsu. edu. cn

营销中心电话：010-83903254
读者服务部电话（门市）：010-83903257
警官读者俱乐部电话（网购、邮购）：010-83903253
公安业务分社电话：010-83905641

前　言

《犯罪心理与行为分析》一书是基于司法警官院校犯罪心理学教学的需要进行编写的。本书对犯罪心理学领域的基本理论和典型案例进行了重点分析，并在结构和编写体例上作了创新性安排。相比其他犯罪心理学教材，本书具有以下特点：

第一，强调理论知识的必需、够用性。本书没有全面系统地介绍犯罪心理学科的基本知识，比如犯罪心理学的研究对象、学科性质、学科体系、发展历程等方面一笔带过。在编写过程中本着理论知识“必需、够用”的原则，突出重点，简明通俗地介绍了认识本学科必要的基础知识，为分析犯罪现象和犯罪心理机制打下基础。

第二，突出实践能力的培养。本书的创新点在于各个章节选用了国内外具有典型意义的犯罪案例作为教学案例或拓展阅读，着重培养司法警官院校的刑事侦查、刑事执行、行政执行、社区矫正、罪犯心理测量与矫正技术等专业学生分析和解决有关犯罪心理问题的能力，以期通过系统地学习，使学生在掌握了犯罪心理基本理论的基础上，进一步提高运用犯罪心理的相关知识从事司法实践活动的能力。

第三，注重研究成果的更新性。本书在体例和内容上均增加了近年来国内外关于犯罪心理研究的最新成果、较突出的犯罪类型的研究分析、犯罪心理应用的新技术等方面的介绍，以期在刑事犯罪日益暴力化、犯罪手段不断职能化的今天，为刑事侦查工作和司法实践提供参考。

本书由六大模块组成，分别从犯罪心理学的基本理论、不同犯罪主体的犯罪心理、不同犯罪类型的犯罪心理、不同犯罪经历的犯罪心理、反人类的犯罪人心理、刑事司法心理六个方面作了系统的分析探讨。本书既可作为高等政法院校、警察院校以及其他院校学生学习犯罪心理学的教科书，又可作为心理学科、犯罪学科理论工作者以及司法实践部门工作人员的参考书。

本书在撰写过程中，参阅了国内外众多有关犯罪学、心理学、社会心理学和犯罪心理学等领域的著作、资料和研究成果，在此向各位专家学者深表谢意！另外，感谢河北司法警官职业学院吴艳华教授对本书的悉心指导，感谢我的家人对撰写工作的大力支持。由于作者水平有限、时间紧迫，书中难免有疏漏和不足之处，恳请各位专家、学者以及读者批评指正。

王　敬

2019 年 11 月

目　录

模块一　犯罪心理学的基本理论

模块二 不同犯罪主体的犯罪心理

模块三　不同犯罪类型的犯罪心理

模块四　不同犯罪经历的犯罪心理

模块五　反人类的犯罪人心理

模块六　刑事司法心理

模块一

犯罪心理学的基本理论

第一章　犯罪行为的起源

【学习目标】

知识目标：1. 了解犯罪行为的认识论范畴；
2. 掌握有关犯罪行为研究的理论与观点的要义。

能力目标：1. 运用犯罪原因的相关知识阐释具体案例；
2. 运用犯罪原因的相关知识从事司法实践活动。

第一节　恶从何而来——天生犯罪人理论

一、天生犯罪人理论的提出

1876年，一本让人震惊并遭受众多非议的著作《犯罪人论》问世了，切萨雷·龙勃罗梭（Cesare Lombroso，1836—1909）是这本书的作者，他是意大利精神病学家、近代犯罪学的创始人和刑事人类学派（又称刑事实证学派）的奠基者。他采用实证研究的方法，收集了大量意大利罪犯和军人的数据，解剖了上百具死刑犯的尸体后，通过对其头骨、文身、相貌等测量数据分析后，提出了给其带来无限声望也遭受最多非议的“天生犯罪人”理论。

他在著作中写道：“我开始研究意大利各监狱里的罪犯，在罪犯中我认识了出名的强盗维莱拉，此人特别敏捷、灵活，曾因背着一只绵羊爬上一座陡峭的山峰而闻名。他玩世不恭，厚颜无耻，公开吹嘘他的罪行。在11月一个阴冷的早晨他死了。我被派去给他做尸体解剖。一打开他的头颅，我就在他的枕骨部发现一个明显的凹陷处。我把它叫做枕骨中窝，因为它的位置如同低等动物中的一样，恰恰在枕骨的正中央，与鸟类中所谓小脑蚯部肥大相当。"①

"这不仅仅是一个概念，而是一个新的发现。一看到那颗头颅，仿佛忽然间烈日照亮了大地，我看出了罪犯天性中的问题——一个返祖的人。他身上再现了原始人类和低等动物的残忍本能。于是，我们就从解剖学的观点解释了他巨大的颌骨、高耸的颊骨、突出的眉骨，单线的掌纹，极大的眼窝，在野蛮人、类人猿身上才能见到的那种呈柄形的或无柄的耳朵，无痛觉能力，极敏锐的视力，极度懒惰，酷爱狂欢，以及做坏事时不可遏制的欲望，不仅夺取被害者生命，还要将其碎尸，啖其肉，喝其血的欲望。"②

龙勃罗梭提出了"犯罪的返祖现象"。他认为，犯罪人与犯罪的真相就是原始人和低等动物的特征必然要在我们当代重新繁衍，犯罪人之所以成为犯罪人，不是其自主选择的，而是受其本身生理性所决定，是返祖现象而导致犯罪，在其早期的理论中，龙勃罗梭将大多数的犯罪人视为返祖者。

二、天生犯罪人理论的特征和主要内容

龙勃罗梭对天生犯罪人的特征作了如下的描述：

生理特征：扁平的额头，头脑突出，眉骨隆起，眼窝深陷，巨大的颌骨，颊骨同耸；齿列不齐，非常大或非常小的耳朵，头骨及脸左右不均，斜眼，指头多畸形，体毛不足等。

精神特征：痛觉缺失，视觉敏锐；性别特征不明显；极度懒惰，没有羞耻感和怜悯心，病态的虚荣心和易被激怒；迷信，喜欢

① 李玫瑾著：《犯罪心理研究——在犯罪防控中的作用》，中国人民公安大学出版社2010年版，第5—6页。

② 李玫瑾著：《犯罪心理研究——在犯罪防控中的作用》，中国人民公安大学出版社2010年版，第5—6页。

文身，惯于用手势表达意思等。

天生犯罪人理论包括四个方面的主要内容：

(1) 犯罪者通过许多体格和心理的异常现象区别于非犯罪人。

(2) 犯罪人是人的变种，一种人类学类型，一种退化现象。

(3) 犯罪人是一种返祖现象，是蜕变到低级的原始人类型。

(4) 犯罪行为有遗传性，它从犯罪天赋中产生。

龙勃罗梭认为，基因和遗传对犯罪起了重要的作用。

【课堂讨论 1-1】

根据龙勃罗梭的观点，若有人具有以下身体特征：脑袋粗大，下颚和颊骨极度发达，脸部不对称，眼睛、耳朵形状特异等，那他就是“天生的罪犯”。请结合你所学知识思考并讨论：犯罪人是特殊的人类、天生的怪物吗？

三、天生犯罪人理论的修正

《犯罪人论》一书经过数次修订后，将最初版中武断且受人非议的观点修改为更加灵活但仍以遗传学为基础的理论。龙勃罗梭提出天生犯罪人事实上只约占罪犯总人数的 1/3，其余的则包含各种罪犯类型，其将犯罪人分为以下四种：

（一）天生犯罪人（Born Criminal）

在龙勃罗梭看来，天生犯罪人占罪犯总数的 33%。他们是由于遗传退化和隔代遗传而产生的犯罪人类型，具有生物学上的犯罪倾向，他们的犯罪是其身体结构的必然产物，其对所犯的任何错误都缺乏发自内心的罪恶感和悔恨，社会不可能矫正他们的犯罪行为。除了异常生理特征以外，龙勃罗梭发现天生犯罪人不与他人建立亲密的友谊，容易背叛同伴，表现出极度的自我中心，冲动、冷酷，缺乏道德感和同情心。

（二）激情犯罪人（Criminal by Passion）

激情犯罪人是由于过度的激情而进行犯罪的人。在早期，龙勃罗梭认为，除了天生犯罪人，就是激情犯罪人，这种人具有残忍、鲁莽和突然实施犯罪行为的特点，一般多为女性，通常是年轻人。后来，龙勃罗梭认识到，这种人还有自杀倾向，或许还有容易后悔的倾向。所有激情犯罪人都有暴力行为倾向，他们的暴力行为往往是由于狂怒或政治热情所引起的。

（三）精神病犯罪人（Insane Criminal）

精神病犯罪人具有天生犯罪人所具有的许多生理的退化特征，如大耳朵、薄嘴唇等。他们经常实施冲动性和残忍的犯罪行为，包括偷窃狂、嗜酒狂、杀人狂、药物成瘾者、智力低下行为、道德退化行为、女性色情狂、恋童癖者以及歇斯底里犯罪人和犯罪癖。

（四）机会犯罪人（Occasional Criminal）

机会犯罪人主要是指由于犯因性情境的刺激而犯罪的人。这类犯罪人又可分为四小类：一是虚假犯罪人，即无意中实施犯罪的普通犯罪人；二是倾向犯罪人，即人格存在弱点的轻微违法者；三是习惯犯罪人，即出生时没有异常体征和犯罪易感性，但童年反复暴露于有害的环境之下；四是癫痫犯罪人，即任何时候都可能表现出潜在癫痫的犯罪人。①

龙勃罗梭后期的理论认为，任何犯罪的促成都具有多种原因。多种原因常常混杂在一起并相互作用，研究者需要对这些原因逐个考察。龙勃罗梭对犯罪原因的认识经历了从基因决定到综合因素决定的变迁，从只注重犯罪的遗传等先天因素，到把犯罪原因扩大到某些后天因素的影响，这包含一定的地理环境和社会环境。龙勃罗梭又分别研究了地理和社会因素对犯罪的影响。强调智力、情感、本能、习惯、下意识反应、语言和模仿力等心理因素与政治、经济、人口、文化、教育、宗教、环境等社会因素和自然因素的作

① 罗大华主编：《犯罪心理学》，中国政法大学出版社 2014 年版，第 109—110 页。

用。由此不难看出，龙勃罗梭的天生犯罪人理论开始逐步深化形成为综合的犯罪原因论。另外，他还指出，导致犯罪发生的原因是很多的，并且往往缠结纠纷。如果不逐一加以研究，就不能对犯罪原因妄下断语。

四、天生犯罪人理论的评价

任何一种学说都不可避免地带有其时代背景的烙印，这是历史局限性使然。对一种学说不可能全盘地套用，也不可全盘地否定。虽然龙勃罗梭关于遗传决定犯罪的理论是原始的、片面的，但他能抽象地思考人类，对过去一直以理性可以自由支配意志为基础的人类观和刑法理论给予冲击性影响，我们不得不佩服他的丰富想象力。当天生犯罪人理论受到批判时，他能够对自己的理论进行修正，形成犯罪原因综合论，从这点上说，龙勃罗梭不愧为一个严肃的科学家。

尽管随着研究的深入，龙勃罗梭的观点受到彻底批判，但是其用自然科学的方法研究犯罪原因的确具有划时代的意义。他的研究是真正源于其对犯罪人的直观观察、解剖以及测量，这种实证的研究方法在当时独树一帜，由此也开创了实证派犯罪学，即人类学派。

第二节　挫折引发犯罪——挫折—攻击理论

一、何谓挫折

【参考案例 1-1】

1991 年 5 月，4 名洛杉矶白人警察殴打 1 名非裔美国人摩托车手，这一案没有得到公平裁决，4 名白人警察最终获无罪释放。这直接导致了非裔美国人策划的为期 4 天的暴动，洛杉矶的商业中心惨遭大火的侵袭，浑水摸鱼者趁机疯狂洗劫，吞噬了 58 人的生命以及 10 亿美元以上的财产。暴动中的人无论性别、年龄、宗教和种族都充分利用这次趁火打劫的机会，将商店、百货市场等店铺的商品明目张胆地据为己有。专家们分析，美国包括司法系统在内的部门，普遍存在政治、经济以及社会利益分配不均所造成的挫折感，是引发这场暴动的主要原因。

何谓挫折？挫折是一种情绪状态，心理学中的“挫折”通常指在个体从事有目的的活动过程中遇到障碍或干扰，致使个人动机不能实现、需要不能满足时的情绪状态。① 比如，人的某些活动被阻碍得不到实现时，他们的言行举止会变得更加激烈和粗暴而不受控制。弗洛伊德②经过研究认为，个体遭受挫折的本质是因本能性的快乐原则受到障碍，无法消除不愉快的刺激时所产生的情绪。挫折一经产生，就意味着个体生命本能的能量释放受阻，它必然在快乐原则支配下作能量释放的改道，否则就会产生压力，导致疾病。如果能量的宣泄指向内部、指向自身，就表现为自己折磨自己，摧残自己甚至自杀；若是指向外部，就表现为有意伤害他人，即表现为多种攻击行为，轻者如嘲笑、讽刺、斥责，重者则打斗、毁伤或杀害使他受到挫折的对象。

二、挫折—攻击理论的提出

弗洛伊德的观点被以多拉德（J. Dollard）和米勒（N. E. Miller）为代表的耶鲁学派继承下来。1939 年，两位学者的著作《挫折与攻击》一书出版，他们在继承了弗洛伊德的思想上，

---

① 朱智贤主编：《心理学大词典》，北京师范大学出版社 1989 年版，第 89 页。

② 西格蒙德·弗洛伊德（Sigmund Freud，1856—1939），知名医师、精神分析学家，犹太人，精神分析学的创始人，被称为“维也纳第一精神分析学派”。他提出“潜意识”“自我”“本我”“超我”“俄狄浦斯情结”“力比多”“心理防卫机制”等概念。他提出的精神分析学后来被认为并非有效的临床治疗方法，激发了后人提出各式各样的精神病理学理论，在临床心理学的发展史上具有重要意义。著有《梦的解析》《精神分析引论》《图腾与禁忌》等。被世人誉为“精神分析之父”，20 世纪最伟大的心理学家之一。

结合巴普洛夫的条件反射理论，将自己多年的实验成果加以发展和补充，逐渐形成一种学说：挫折—攻击理论。该理论宣称："攻击永远是挫折的一种后果。"他们曾以"剥夺睡眠"的实验（1940）来验证其假设。实验者剥夺被实验者——6名耶鲁大学男生的24小时睡眠时间，而且不准他们自由行动，不给吃早点等以期引起其挫折反应。结果发现，被实验者采用不友好的语调相互谈论，或提出一些非难性问题等形式攻击实验者。

挫折—攻击理论认为，当一个人的动机遭受挫折时，为了缓解内心的紧张，保持心理平衡，其必然要通过发起侵犯攻击行为来宣泄内心的不满。他们认为，攻击行为的发生是因挫折而引起的，挫折的存在会导致某些形式的攻击行为。所受到的挫折越大，攻击的强度随之越大。犯罪的挫折增大的结果，是犯罪人在经济、教育、职业等方面的地位低下，智力差、青春期容貌和身体的缺陷、人种等都可能是产生挫折的原因。①

显而易见，这种理论将人受到的挫折和其攻击行为之间加以绝对化，具有一定的偏颇之处。司法实践中的案例有很多并不是因犯罪人受到挫折而实施的，但是这种理论却提出了一个值得人们研讨、关注的问题——重视人的不良心理导致犯罪的发生是有一定道理的。在现实生活中，不少人的确会在遭受挫折的情况下去攻击他人、危害社会，从而走上违法犯罪道路。

三、挫折—攻击理论视角下"福建南平惨案"的犯罪原因分析

（一）基本案情

2010年3月23日清晨7点，福建省南平市某小学门口像往常一样聚集了不少学生和家长站在校门外等待着学校开门，然而一个

① ［日］山根清道编，张增杰等译：《犯罪心理学》，群众出版社1984年版，第34页。

并不引人注意的中年男子却在短短55秒内用一把25公分长的厨刀先后扎进了13个孩子的胸膛。行凶时他还不停高喊："他们不让我活，把我逼疯了，我也不让大家活。"最终，行凶者被现场的老师们和路过的城管队员联合制服。事后，据南平警方调查结果报告称：行凶者系郑某生，男性，42岁，南平本地人，辞职前的职业是一名社区医生，未婚。作案原因不明，造成了8死5伤的严重后果。最终，郑某生被法院判处死刑。

（二）郑某生残忍弑童背后的心理学分析

根据挫折—攻击理论的观点，攻击始终是挫折的结果，攻击行为的引起始终以挫折的存在为先决条件，郑某生残忍弑童的攻击行为应该是他遭受挫折的结果，他生活艰难的现状等诸多挫折是他爆发杀人的源头。在他实施暴力侵犯之前，他所经历的多重挫折和打击如下：

1. 家庭温暖的缺失

郑某生兄弟姐妹六人，他排行老五，父母是普通的工人，生活比较拮据。可以想象，作为普通工人的父母将6个儿女养大成人已实属不易，平均分配在每个子女身上的关注和爱终究是有限的，更何况郑某生排行老五。

案发时，郑某生和他三哥一家、80岁的母亲以及弟弟三代人挤在父亲过世后遗留下的60多平方米的房子里，这样"蜗居"的生活一直持续十几年。郑某生和母亲、哥哥、嫂嫂的相处并不融洽。哥俩经常为了水电费、煤气费等家庭琐事争吵。特别是郑某生辞职后丧失了基本生活来源，对母亲的态度也越来越不好，动不动就对母亲破口大骂。最后，母亲不堪其扰，不得不搬到其他地方居住。狭窄"蜗居"的居住环境、不融洽的亲情关系使得家庭"温暖和庇护人心"的功能丧失了。

2. 工作中的"失意"

早在1992年郑某生毕业分配时遭遇了他眼中的极为不公平的待遇，学习成绩优秀、实践能力较强的他本以为会分配进入类似

"人民医院"等大医院，而现实却是托了姐夫在化纤厂工作的福，才进入化纤厂职工医院，每个月工资200多元。现实的处境与他在学校发奋学习时的美好想法落差太大，更让他愤愤不平的是那些昔日在学校什么都不如他的同学，凭借着自己的家庭背景、社会关系纷纷进入了他梦寐以求的大医院工作。

后来化纤厂倒闭，职工医院转制为社区医院。在单位，他与职工医院的院长和社区医院的负责人王某彤关系十分紧张，郑某生总是没缘由地怀疑王某彤在工作上故意为难他。同事中也没有与郑某生深交的人，除了平日工作中偶尔碰个面以外，下班后郑某生并不主动联系同事，也不积极参与同事们的任何活动，可以说几乎没有任何人情往来，与同事关系非常冷淡。2009年郑某生辞去了这份让他不顺心的工作，但辞职后他并没有找到理想的工作，便丧失了基本生活来源。直至案发，郑某生一直待业在家。

3. 婚恋中的"失败"

案发时，42岁的郑某生一直是孤身一人。他身高1.75米，眉清目秀，身体健康，当时还有一份稳定工作，按道理来说结婚生子不是一件很难的事情。可郑某生前前后后谈过多次恋爱，每次都以失败告终。他家境贫困，工作多年也没有什么积蓄，谈过的女朋友都嫌弃他没有房子，将来也没有足够的经济实力买房子，纷纷与他分道扬镳。郑某生最有可能结婚的一段恋爱，最后也被女方的家人拆散了，原因就是嫌弃郑某生"穷"。对婚姻生活的强烈向往又一次破灭了，本来就在夹缝中生存的郑某生，对未来的生活感到深深的失望、厌倦和憎恨。

综上，我们可以了解到郑某生复杂的家庭结构、凄凉的婚恋状况、冷漠的人际关系、窘迫的工作境况等情况。他一直对没有分配到大医院工作而耿耿于怀，对没钱讨老婆而愤愤不平，对同事、领导的"责难"满腹牢骚。

挫折过后的两种基本反应是攻击和倒退，其中攻击会指向他人或自我，倒退则容易罹患精神疾病。大多数人经历挫折后会选择遵循社会规范来寻找解决办法，少数人会首先选择违法行为来迅速激烈地发泄内心的反社会情结。案例中，郑某生的挫折感很强烈，他选择了攻击他人，并报复性地选择了杀害小学生。但是，我们不能绝对而极端地认为，因为其经历的诸多挫折才导致郑某生走上犯罪的道路。首先，其心态是失衡的。郑某生面对诸多挫折不能及时地进行自省，不能正确看待和处理所遇到的不如意，在心态上对于逆境、挫折、困难没有给予有效的调节，渐渐的，他的心态偏离了正常的轨道。其次，其人格是有缺陷的。从上述资料中可以看出郑某生孤僻、冷漠、压抑、多疑。他遇到的这些困难和挫折，是我们每个人都会面临的日常难题。正是由于郑某生自身的人格缺陷使他走上了一条异于常人的道路。

因此，郑某生在贫困的家境、不顺心的工作、失败的婚恋、糟糕的人际关系等外在因素，以及他自身巨大的心理落差、心态极度失衡、潜在的人格缺陷等内在因素的相互作用、相互影响、相互渗透下，最终走上了一条不归路。

第三节　近墨者黑——社会学习理论

一、社会学习理论的由来

社会学习理论的创始人是美国心理学家阿尔伯特·班杜拉，他试图阐明人怎样在社会环境中学习，从而形成和发展他的个性特点。从 1963 年开始，班杜拉对儿童进行了一系列的实验。

【拓展阅读 1-1】

在前期实验中，班杜拉将被试者分为实验组和对照组，实验组观看一部影片，其内容是一个成年人对一个玩具娃娃又踢又打，对照组没有观看影片。其后，在被允许与玩具娃娃玩耍时，实验组儿童对玩具娃娃的施暴行为超过了对照组的两倍，这说明实验组模仿了成年人的暴力行为。

在随后的实验中，班杜拉研究的是示范原型的行为后果对儿童的模仿是否产生影响，共有三组参加。第一组看到施暴的示范原型受到奖赏，第二组看到施暴的示范原型受到惩罚，第三组看到施暴的示范原型既没受到奖赏也没受到惩罚。后来在与玩具娃娃玩耍时，第一组的行为最具侵犯性，第二组最不具侵犯性，第三组居中。然而，当被鼓励去模仿示范原型的行为时，三组的儿童都表现出了类似的侵犯性。通过这一实验，班杜拉认为：经由观察，三组儿童实际上都学会了示范原型的侵犯性行为，只不过只有在看到示范原型受到强化，或观察者自己期待在做出相同举动后也能得到强化时，这种行为才更有可能发生。①

由此，班杜拉将犯罪的社会学派理论进一步发展，他着眼于观察学习和自我调节在引发人的行为中的作用，重视人的行为和环境的相互作用。班杜拉认为，人类的学习大多发生于社会情境中，人们仅通过观察别人的行为就可迅速地学习到做某种事的方法，人类的大部分行为实际上是通过观察别人学习而获得的，而犯罪行为（攻击行为）是后天习得的，并不是人生来具有的。其中，观察学习起到了重要的作用，特别是家庭成员的示范和犯罪鼓励、父母的攻击行为、亚文化群的攻击性习俗受到的高度评价、符号示范（含有暴力、色情的报刊、影视等传播媒介等）对人的犯罪心理和行为会产生直接的影响。社会学习理论即学习通过观察便可以发生，但学习是否转化为行为，则要取决于观察者对行为结果的预期。

① ［美］阿尔伯特·班杜拉著，郭占基、周国韬译：《社会学习心理学》，吉林教育出版社1988年版，第67页。

二、社会学习理论解析案例

【参考案例 1-2】

2016 年 6 月 6 日，内蒙古自治区人民检察院官方微博发布消息称，巴彦淖尔市人民检察院于 5 月 30 日对“故意杀人伪造矿难骗取赔偿款”系列案的艾某全、王某祥等 74 名犯罪嫌疑人，依法向巴彦淖尔市中级人民法院提起公诉。检方指控，该团伙跨六省区杀害 17 人。该案 74 名涉案犯罪嫌疑人，大多数来自遥远的云南省昭通市盐津县，其中 40 余人是石笋村人。该村村委会门口贴的公开信称，一些人通过观看电影《盲井》[①] 找到“发家致富路”。[②]

在金钱利益面前，人性的底线崩塌。几个人轻松地赚到钱，一个村子里的人纷纷效仿，团伙跨省作案，简直把无耻当成了“事业”。当地部分村民经济脱贫的变迁，展示了一种“习得性赚钱”。在中国裁判文书网公开的判决书中，涉及制造安全生产事故骗取赔偿金的案件就有 10 多起。发生在内蒙古的 74 人故意杀人伪造矿难骗取赔偿款的案件更是引起全国关注。在已判决的 10 多起案件中，被告人成功利用“盲井式”作案手法，通过引诱、拐骗等方式，令被害人使用伪造的身份进入生产单位，在实施杀人行为并伪造成意外事故后，扮演家属向用工方索赔，用工方为了避免被追究责任，通常会在“事故”发生后选择私了，而拒绝警方介入。根据犯罪性质、情节的不同，被告人分别以故意杀人罪、诈骗罪等罪名被判处刑罚，受到了应有的惩罚。

---

① 《盲井》根据刘庆邦的小说《神木》改编，影片讲述了在私人小煤矿做工的农民唐朝阳和宋金明“发家致富”的招数是，先套近乎将打工无门的外地农民认作亲人带到煤矿做工，在井下工作时故意制造“安全事故”将所认的“亲人”杀害，再找矿主私了赚钱的故事。

② 参见《电影〈盲井〉只是带来坏消息的“信使”》，载网易新闻。

（一）大众传媒的影响

“盲井式”的作案手法，通过《盲井》这部电影进入到大众视野内，该片的导演也实在没有想到自己会成为“恶”的导师，大众传媒确实对犯罪行为的发生有着诱导和示范作用，社会学习理论强调榜样示范和社会环境对个体行为的形成和发展所起的重要作用，人们可以通过观察所获得的间接经验来学习，学习程度由浅入深，从动作的模拟到语言的掌握，从态度的习得到人格的形成。大众传媒是一个光怪陆离的世界，有积极向上的温情，也有色情暴力的黑暗。班杜拉的实验研究显示，媒体暴力对某些成人和儿童所表现出的攻击行为有着显著的影响，若无人有意积极引导，易受影响，自制力差的青少年恐怕会深陷其中。

（二）“榜样”的力量

在云南西北部山区的昭通市盐津县石笋村里，“矿难”是其绕不开的关键字眼。这是一个经济贫困、交通闭塞的村庄，从 20 世纪 90 年代开始，该村村民到煤矿中打工，在一次次事故中成为矿难的受害者，家人会拿到巨额赔偿金。在这种巨额利益的驱动下，有人就动了歪心思，通过购买智障人员、以高工资诱骗亲人、朋友外出打工，将其带到矿上打工，伺机杀害伪造矿难，再找人冒充其家属，向矿主索要巨额赔偿金，由矿难的“受害者”变成矿难的“受益者”，这个贫困的村庄，涉案人员多达 40 余人，究竟为何？

村民到山西、陕西等地的煤矿挖煤，而这些煤矿多是安全条件较差的小煤矿或者黑煤矿。他们在这个过程中遭遇了矿难，获得赔偿的同时也了解了矿难赔偿。当犯罪人一次得手，尝到巨额赔偿金的甜头后，难以收手。而在贫困的石笋村，大多数人住的还是土坯房，能在家里盖上一栋楼房，是不少本地人一辈子的奋斗目标。当有的村民消失了一段时间，回来就突然盖起了三层小楼。村民通过了解或目睹他人的犯罪行为（故意杀人制造矿难），并获得巨额的赔偿款，从而走上了“发家致富”之路，这种物欲的满足过程对其他村民产生犯罪心理甚至犯罪行为起到了激发作用。从这种角度上来讲，体现了“榜样”的示范作用。“榜样”行为助长了观察者表现习得的行为，“榜样”的行为提示了观察者可以做些什么。村民通过观察习得的犯罪行为（制造矿难）并不一定会去实施，犯罪行为的产生还要取决于特定内外因素的启动，即获得巨额的赔偿款，继而可以过上让其他村民羡慕的富裕生活。“榜样”所起到的带动作用导致了他人的纷纷模仿，继而“盲井式”的犯罪频发。

另外，有人曾质疑，人类在金钱面前真的可以亲手近距离地杀死与自己毫无恩怨的同类吗？社会学习理论的研究表明，犯罪人在对犯罪行为进行结果价值分析和判断时，往往只注重犯罪行为带来的利己结果，很少考虑犯罪行为给他人造成的痛苦，这会使其产生犯罪的动力和欲望，激发犯罪的内驱力，并且抑制了道德情感和行为准则的约束力，从而义无反顾地实施犯罪行为。况且，他们所在村庄的很多人对其所作所为心知肚明，却没有作出过任何阻止罪恶发生的举动，再加上矿主息事宁人、私了的心理，这些都助推并强化了犯罪人的铤而走险。

随着“盲井式”犯罪的大范围曝光，以及涉案人员受到了严厉的刑事制裁，相关的法律、监管等一系列的机制建立起来，类似的犯罪手段将会减少。“榜样”行为具有了惩罚的后果——轻则在监狱服刑，重则被判处死刑，轻松获得巨额赔偿金的可能性越来越低，人们将不再倾向于模仿这种行为。

（三）传染效应

传染效应（contagion effect），也称为盲目模仿效应，是指某些人倾向于模仿、重复新闻媒体中所报道的活动，当媒体描述的行动被某些人认为是好的想法并加以模仿时，传染效应就发生了，传染作用不限于媒体报道。[①]

① ［美］Curt R. Bartol、Anne M. Bartol 著，杨波、李林等译：《犯罪心理学》，中国轻工业出版社 2017 年版，第 206 页。

近年来，与云南石笋“矿难杀人村”类似的“涉毒村”“诈骗村”“造假村”等整村犯罪的现象屡见不鲜，除却农村传统规范失范、极端贫困、暴利驱使的因素之外，这也是传染效应的具体体现，“矿难杀人”“涉毒”“诈骗”“造假”这些行为在某些人看来是“好”的、对其有益的事情，从而加以模仿造成局部井喷的趋势。有数据表明，自2009年以来，美国的校园枪击案频发，自1999年4月20日科罗拉多州科伦拜中学枪击案开始，至2018年5月18日德克萨斯州圣达菲中学枪击案，19年时间内共有21.4万学生直接经历了枪支暴力。[①] 这可以看成是盲目模仿效应的具体体现，几乎所有案件的枪击者存在着以下共同点：对枪有不同寻常的兴趣、生活背景糟糕、了解之前发生的校园枪击案的细节，以及对媒体暴力非常着迷。

【课堂讨论1-2】

从2007年开始，现实版的“盲井”在福建等地陆续发生，到了2009年一度在全国呈现井喷趋势。这种犯罪以“没有最极端，只有更极端”的方式屡屡上演，让人倍感人性沉沦后的凄凉。请思考并讨论：为何相似的犯罪会成为一种“流行”？

三、对社会学习理论的评价

班杜拉的社会学习理论摒弃了传统行为主义对环境的依赖，指出人更普遍、更有效的学习方式是观察学习，强调了人的认知因素在学习过程中的重要作用。该理论认为，行为、认知及环境三者之间构成了动态的交叉互动关系，重视人的自我调节和自我效能感，开创了心理学研究的新领域。同时，我们也要看到，社会学习理论是以儿童为研究对象建立起来的，但其忽视了儿童自身的发展阶段会对观察学习产生影响；班杜拉的理论几乎是根据模拟实验取得

① 参见《美国校园枪击案频发 反拥枪的孩子很受伤》，载中国新闻网。

的，实验室的环境不可能反映出那些真正的犯罪人必须面对的社会和法律制裁的全部压力；班杜拉虽然强调了人的认知能力对行为的影响，但对人的内在动机、内心冲突、建构方式等因素没做研究，这些均表明其理论本身仍然有较大的局限性。

第四节　文化的影响——亚文化理论和文化差异论

一、亚文化理论和文化差异论

文化与犯罪有着十分密切的联系。不同的文化圈会产生、演变、分化为不同的文化群体，在同一文化圈内共同生活的群体会为同质文化所认同和吸引，而对另一文化圈内的群体所表现出来的异质文化产生排斥、歧视。

文化冲突论是由美国犯罪学家塞尔斯坦·塞林在《文化冲突与犯罪》一书中提出，是从社会文化中寻找犯罪原因的理论。塞林提出，犯罪是违反社会主流文化行为规范的表现，如果接受了某种文化群体或某个地区规范的人移居到了另一个文化群体或者地区，只要文化适应过程没有结束，文化冲突就继续发生。这一冲突的结果就有可能导致犯罪的发生。他采集和引用了大量关于移民犯罪的实证数据来说明观点，如一个原籍西西里的黑人在美国新泽西居住的时候，把一个勾引他 16 岁女儿的男子杀死了，因而被警方逮捕，当他知道自己的行为是犯罪时感到震惊，因为在西西里这是一种保护家庭名誉的行为，是正义的。塞林因此得出结论，不同国家、不同民族、不同社会团体由于生活方式、价值观念和风俗习惯等方面的差异，导致了文化规范的不同，犯罪则是不同文化规范之间冲突的结果。

与刚刚所提到的主流文化相对应的是亚文化，亚文化是一种从属于社会主流文化的、次级的或者低等的文化，是指社会某些群体中存在的不同于主流文化的行为模式，包括犯罪亚文化在内的各种亚文化的总称。亚文化有其自身共同的、稳定的价值评估标准，完全不同于主流社会现行价值体系，亚文化的发展会引起与主流社会的冲突。犯罪亚文化这一概念最初是由美国社会学家科恩在 20 世纪 50 年代提出，他认为犯罪亚文化是基于犯罪亚群体内部共有的价值观所形成的思维方式和行为方式。其基本观点是因贫穷、种族歧视或者缺乏竞争条件，为了生存与适应的需要，某些人群（尤其是下层社会中的青少年）中产生结伙的倾向。被称为“帮伙”的非正式群体建立起自己的社会规范和价值感以及相应的亚文化生活形态。当这种亚文化与社会主流文化发生冲突时，就会导致帮伙成员及生活在这个区域的青少年产生犯罪行为。年龄较长者通过社会交往将犯罪文化传递给青少年，从而制造弥漫在贫困区和种族聚集区的犯罪文化氛围。① 犯罪亚文化理论是用主流文化与亚文化之间的价值冲突解释犯罪现象的理论。

二、文化碰撞带来的犯罪

农民工是我国改革开放和工业化、城镇化进程中涌现的新型劳动大军。据国家统计局的数据显示，2017 年我国农民工数量达 28652 万人，比上年增加 481 万人。② 农民工属于流动人口，他们带来的犯罪问题成为日益严峻的社会问题。

【参考案例 1-3】

48 岁的张某老家在农村，2011 年经熟人介绍来到郑州苏先生家做保姆。干了 40 多天活雇主没给工钱，她一生气就顺手偷走了主人的手机。苏先生报警后，经过警方调查，张某承认了偷盗手机

① 林崇德著：《心理学大辞典》，上海教育出版社 2003 年版，第 320 页。

② 参见《国家统计局：2017 年我国农民工数量 2.8 亿 月均收入 3485 元》，载第一农经新闻。

的事实，但使张某没有想到的是，这款手机的价格居然高达6万多元。郑州管城法院认定张某的行为构成盗窃罪，一审判处其有期徒刑10年，并处罚金2万元。

这就是曾经一度备受关注的“天价手机案”。类似的案例还有很多。例如，农民工孙某被拖欠工资4200元，多次催要，老板依然拒付工资。眼看春节临近，回家心切的孙某便趁老板熟睡之机盗窃其现金4500元，后孙某被判盗窃罪。河南籍小伙沈某和王某，由于缺乏社会经验和劳动技能在城市里找不到工作，导致心理失衡，对社会产生严重不满的情绪，为发泄情绪将一美容店老板娘杀害。外出务工的吴某在与隔壁李爷爷聊天过程中得知其身上有3000多元钱，晚上爬窗入室，将老人打晕后窃得枕头边用塑料袋包着的3150元。农民工犯罪以侵财犯罪和侵犯人身权利犯罪为主，呈多样化态势。

下面我们从亚文化、文化冲突视角来解读农民工犯罪的问题：

社会转型中同时出现新旧两种文化，这将导致三种结果：一是一种文化完全压倒另一种文化，成为社会新的主流文化；二是两种文化相互吸收融合，和谐共处；三是形成两种对抗的文化，即主流文化和亚文化，对抗的剧烈形式形成了犯罪亚文化。文化冲突是流动人口从家乡到城市，在适应城市新文化的过程中发生的新旧文化间的碰撞。犯罪亚文化则是流动人口在不断适应城市新文化后形成的与主流文化相对立的文化。

（一）文化的碰撞

当农民工群体进入城市这种环境后，往往会出现不同程度的不适应状态。由于其自身文化程度低、谋生技能差等原因，只能在城市的基础设施薄弱、治安状况较差、各种违法犯罪频繁发生的边缘地带聚居，不被主流文化所接纳；同时，城市的市民嫌弃农民工的卫生、秩序等习惯，相应的农民工也对市民的优越感表示不满。这些在主流文化中受到的歧视，极易发展成为与主流文化相冲突的亚文化，在这种越轨文化的影响下，当他们在生活、工作遇到困难或不公平的待遇时，负面情绪高涨，很大程度上倾向于用违法犯罪行为解决问题。另外，农民工属于流动人口，其工作流动性强，朋友圈不稳定，多数依靠亲缘、地缘关系形成交际圈，这种因共同的价值观、行为习惯和利益形成的小团体，加深了亚文化群体的紧密度，也使农民工离社会主流文化越来越远，更有利于亚文化的传播和形成。某些农民工原地域文化中存在着较多的暴力因素，崇尚武力解决问题，这也是导致犯罪发生的一个原因。

（二）边缘人的焦虑

农民工背井离乡，失去自己赖以生存的熟悉环境后，必然要在新的环境中进行价值选择，他们没有太多自己的主张，往往被他人导向的价值观所影响。一方面，他们难以融入城市生活、适应城市文化；另一方面，他们又在城市中长期生活，其文化观念逐渐与原来的乡村传统文化产生断裂，处于两种文化的边缘地带，难以被任何一种文化完全接纳，这就造成了他们的文化适应问题，成为介于农村文化与城市文化之间的“边缘人”。他们希望能成为城里人，但制度条件及社会舆论并未给予同等待遇，从而无法真正融入城市生活，他们面临着城乡双重边缘化的状态，进而具备一种普遍性文化焦虑。正如瑞士心理学家荣格所说，这是一种在无边际的、充满不确定性的世界中失去依托、丧失确定的标准和依据的茫然无措的焦虑和困惑，是一种在茫茫荒原上寻找生存之指路灯塔时，身心疲惫、长途跋涉的迷惘。①

农民工群体在亚文化的亲近与影响下，慢慢地开始融入自身的亚文化价值体系，并内化成为具有边缘性人格和亚态人格的群体。“边缘人”的尴尬身份使得农民工中有相当一部分人或多或少存在着精神忧郁、愤懑不满、焦虑困惑、孤立无助的状况。其中有一些人面对精神压抑可能会心态失衡，作出一些偏激的越轨行为。“边

① 衣俊卿：《20世纪：文化焦虑的时代》，载《求是学刊》2003年第3期。

缘人”的这种精神焦虑为其可能的犯罪行为埋下了伏笔。

（三）犯罪的产生

由于文化冲突所带来的“边缘人”的焦虑感，主流文化对农民工的排斥以及主流群体对他们的歧视，滋生了农民工的孤立无助等情绪，他们就会对社会产生怀疑、偏见、怨恨和不信任，从而促使他们对越轨等亚文化的亲近和信任，部分农民工则会通过越轨或犯罪的方式来宣泄其严重的不满情绪。有的人就会企图通过盗窃、抢夺、抢劫和街头行骗等犯罪方式来增加收入，“为生存而越轨”的文化信念导致侵财类犯罪的发生。亚文化中崇尚暴力而非借助法律来解决问题的意识。农民工在遇到困难或者不公平待遇时，认为“官官相护”“城市人欺负老实的乡下人”，联合众多老乡，用他们的方式解决问题，这也是继侵财类犯罪之后，城市里故意伤害、寻衅滋事等暴力犯罪高发的原因。

从本质上来讲，农民工犯罪就是文化冲突的直接产物，其通过犯罪不仅能够满足其生存的现实要求，而且创造了缓解边缘化意识及文化焦虑的宣泄出口。文化冲突造成各种不良心态，极易诱发犯罪心理，生成犯罪动机，促进各种犯罪行为发生。

三、对亚文化理论和文化差异论的评价

塞林的文化冲突论被认为是最适合于解释下层阶级文化群体、少数民族群体和移民群体更容易实施越轨行为和犯罪的犯罪原因理论之一。该理论强调文化的差异与对立，但不否定文化的同质性，不否定社会秩序和结构的稳定性。它更强调这种平衡是相对和短暂的，而差异、对立、不平衡是绝对的，解决冲突的办法是减少差异、缓和矛盾、平等公正地对待各种差异等。冲突理论作为一种理论假设无疑给了人们一个独特的视角，也为犯罪学研究拓展了广阔的思维空间。

犯罪学的文化冲突理论家们大多认为社会存在上中下阶层，犯罪是低阶层文化的正常反映，低阶层的人更容易被逮捕、被判刑。

他们忽略了中产阶级文化对下层阶级文化的冲击和影响，忽略了两者之间的互动。下层阶级也追求教育、成就、读书、存钱等。并不像理论家们所认为的仅仅追求毒品、酗酒、斗殴、不当性行为等。[①] 客观来说，承认文化冲突可以说明某些犯罪的原因，但是不能解释所有类型的犯罪。

【课后思考】

永山则夫，日本著名案件主人公，日本凶手作家。他1949年生于北海道，20岁因连续杀人被逮捕，在狱中发奋学习，深入发掘自身的犯罪根源，发表了《无知的泪》等作品。他在19岁时因纯粹的金钱目的，以及对社会的仇恨和愤怒，潜入驻日美军基地某宿舍，盗窃了一把左轮手枪。然后，他在大街上用该枪射杀了4个人。其中包括一个看门人，一个夜巡警察，以及两名出租车司机。永山则夫早年只是个街头古惑仔，其形象很像“垮掉的一代”。他是20世纪60年代日本社会问题、黑社会问题、枪支问题、少年犯罪问题和右翼对美民族情绪等问题的综合体现。可以说，永山则夫是日本当代社会病的一个标本性人物。

在法庭上，永山则夫为自己辩解：13岁时的那段日子非常凄惨。他认为是极端的贫困将自己逼上了犯罪道路，并请求法院从轻处理。而检控方却认为：贫穷不能作为走上犯罪道路的借口。对于其犯罪原因，辩护方坚持认为是“环境”所造成的，而检控方则予以否认。

请思考：

犯罪是由环境造成，还是由天资决定呢？

① 许春金著：《犯罪学》，台湾三民书局2003年版，第412页。

第二章　犯罪频发的原因

【学习目标】

知识目标：1. 了解犯罪频发的原因；

2. 掌握犯罪的客观因素和主观因素；

3. 理解主、客观因素在犯罪心理形成中的地位和作用。

能力目标：1. 运用犯罪原因的相关知识解决实际问题；

2. 运用犯罪原因的相关知识从事司法实践活动。

第一节　犯罪的诱因——客观因素

一、家庭因素

（一）家庭因素与犯罪的关系

家庭，是社会的细胞，是人类社会的基本组织形式。不良的家庭环境和不正确的思想教育方法，对青少年的身心健康有着直接的影响。导致犯罪的原因有很多，而不当的家庭教育方法、家庭结构的破裂、父母的越轨行为等对犯罪尤其是青少年犯罪的影响最大。

1. 不当的家庭教育方法

家庭教育方式，是指父母在抚养和教育孩子的过程中使用的方法。如果父母的教育方式正确得当，孩子会顺利完成其社会化过程，成为符合社会要求的成员；反之，将会对孩子的成长带来不利的影响。不当的家庭教育方法主要有以下几种：

(1) 溺爱型。

溺爱型，是指家长对孩子提出的要求甚至是不正当的欲求都无条件地满足，代替、帮助孩子解决一切问题；即使孩子犯错也不批评教育，反而袒护甚至纵容，将责任推向他人，对于孩子的不良行为百般护短。在这种“溺爱”环境下长大的孩子自私任性、以自我为中心，缺乏责任心、同情心，性格偏执，心胸狭隘，缺乏独立自主的能力，抵御挫折的能力差。在这种不良环境影响下形成的不良个性，极易使其走上犯罪的道路。

【参考案例 2-1】

刘某，来自陕南农村，上面有 8 个姐姐，父母、姐姐对其极其宠爱。刘某过着少爷般的生活，也有着少爷般的脾气，没有他要不来的东西，也没有他办不来的事情。父母去世后，刘某进城随姐姐们一起生活。他自小霸道惯了，脾气古怪，受不得约束，自然不讨姐夫喜欢，虽然表面顺从，但是内心产生了强烈的寄人篱下的感觉。刘某中专毕业后，看不上姐夫帮他找的工作，不是嫌脏就是喊累，一方面自命不凡，另一方面却始终找不到心仪的工作，极度绝望下他竟然吞下安眠药自杀，幸好抢救及时捡回一条命。刘某自觉无趣，发现姐夫对他更加不屑一顾，他对姐姐、姐夫恶毒的恨意无端膨胀起来。在一次家庭聚会中，刘某将老鼠药倒进凉菜中，致使 2 个姐姐家的 7 人中毒，五姐夫因此死亡。之后，刘某开始逃亡，在外潜逃的日子很难熬，他感觉到处处艰辛和了无生趣，他渴望得到别人的重视，感觉被通缉也是一种价值，就写了一封匿名信，称“要制造一起超过 25 人死亡的案件，为祖国的华诞献礼”，最终，刘某被抓获。①

① 严圭、吴宁编著：《犯罪心理学阅读材料》，中国林业出版社 2005 年版，第 59—61 页。

案例中的刘某，是在典型的溺爱型家庭教育方式中长大的，小时候父母对他的过分娇宠，无原则的包容，使他养成了好逸恶劳、自命不凡、以自我为中心的性格。对于工作挑三拣四，不愿意干那些体力工作，是自我意识的偏离，对自己评价过高；毕业后没找到心仪的工作，就吞安眠药自杀，这说明他性格脆弱，无法适应社会，挫折耐受力明显低于同龄人；甚至后来的投毒和寄恐怖匿名信的行为，都说明刘某心胸狭窄、自私任性，不顾法律的底线和亲人的生命，来发泄自己的怨恨。

（2）粗暴型。

粗暴型，是指家长对子女的教育方式简单粗暴，甚至打骂体罚，缺乏情感交流和说服教育。将孩子看成自己的私有财产，或者对孩子期望过高，一旦发现孩子犯错或者不如别人家孩子时，往往表现出极度的愤怒，并严厉地惩罚孩子，无视子女的自尊和独立人格。首先，这种教育方式会使孩子的心灵受到创伤，自尊心受挫，对父母产生恐惧和对抗的情绪，亲情淡漠，容易到外面寻求温暖，极易受他人引诱走上犯罪的道路。其次，孩子在受责备打骂时，因其年幼而无力反抗，但其内心并不屈从，只是表面顺从，实则反感甚至痛恨，这种心理容易使其成长为表里不一的人。最后，孩子会模仿父母的行为，养成残忍好斗的性格，相信暴力是解决问题的最好方法。在司法实践中，青少年因不堪忍受父母对待自己的方式，不惜杀死自己父母的案件时有发生，充分说明了这一教育方式的弊端。

【参考案例 2-2】

2000 年 1 月，在浙江金华发生了一起震惊社会的“徐某杀母事件”。16 岁的高中生徐某因忍受不了学习成绩名次和家长的压力，用榔头砸死母亲，并移尸灭迹，还写字条欺骗父亲说妈妈去杭州看病了，之后居然照常去学校参加考试。

徐母是公司职工，父亲长期在外地工作，徐母“望子成龙”，一心想让孩子读好书，当徐某的成绩由全班第 10 名降到第 18 名时，徐母倍感失望，狠狠地打了儿子一顿，并对喜欢踢足球的徐某说："以后你再去踢足球，我就把你的腿打断。"重压之下的徐某感到非常委屈和压力大，母亲对自己管得太严，生活没有乐趣。某天中午徐某想放松一下看会电视，徐母不让，并提出下次考试一定要考到全班前10名，面对母亲提出的目标，徐某感到委屈和压抑，并认为无法实现，绝望之际从门口拿起榔头朝正在绣花的母亲后脑砸去，将母亲活活砸死。

无独有偶，初三学生李某因不满父亲的棍棒教育，将毒药投到了全家人的饭菜中。李某平时学习成绩不佳，而且近期还有所下降。他性格倔强，且好与社会上不三不四的人结交朋友，时常在外打架滋事。李某的父亲为人正直，对儿女的学习成绩不苛求，但对他们的品行要求十分严格。只要李某在外犯了错误，回到家中迎接他的往往就是父亲的一顿暴打。李某说："父亲总是打我，把我不当人，我这么做只想报复一下，没想后果；从上初中开始父亲经常打我。我受不了了，跟他说不要这样打我，可他根本听不进去。"①

类似的悲剧又何止这两起。悲剧发生后，人们往往不解又惊讶，为什么孩子会对自己的至亲作出如此的暴行？父母"望子成龙"的心态以及粗暴的教育方式，是导致悲剧的主要原因。家长教育孩子最顺手、最简单的方法就是打骂，或者用别的孩子刺激自己的孩子，这都会极大地挫伤孩子的自尊心和打击孩子的积极性。面对父母的棍棒教育，孩子往往表面上屈从，但内心对暴力的恐惧和对家长的怨恨却与日俱增，直至在某个事件的刺激下实施暴行。

【课堂讨论2-1】

当今世界，家庭教育已成为令人普遍关注甚至焦虑不安的问题，"望子成龙"更是千千万万个家长的心愿。近年来，在青少年

---

① 严圭、吴宁编著：《犯罪心理学阅读材料》，中国林业出版社2005年版，第41—44页。

犯罪中弑亲案呈多发的趋势。请思考并讨论：为何会有孩子想要杀掉自己的父母？如何减少类似悲剧的发生呢？

（3）放任型。

放任型，是指对子女只养不教，不履行教育义务，很少关注孩子，缺乏耐心与孩子互动，很少耗费时间和精力去培养孩子。对孩子的不良行为听之任之，多采取忽视或容忍的态度。在这种家庭教育方式下长大的孩子由于缺乏正确的辨别是非的能力，又缺乏父母的指导和监督，行为不受约束，容易养成为所欲为的恶习，甚至走上违法犯罪的道路。

2. 家庭结构的破裂

家庭结构破裂，是指父母离异、一方或双方死亡等。子女生活在残缺不全的家庭环境中，心理会产生缺失感，对其人格的健康成长可能造成不利的影响。另外，有的家庭虽然结构完整，但是父母关系恶化、感情冷淡、争吵打骂甚至发生家庭暴力。在这种家庭氛围里，孩子得不到父母的关爱，容易养成自卑、恐惧和过于敏感等不良个性。因此，青少年由于受到家庭结构改变的影响，如单亲或重组家庭、家庭不和睦，容易产生挫折感、自卑感和不安全感，他们自我封闭，性格上会表现出内向孤僻，对周围的人和事易敏感，易产生敌对的情绪。一旦受到不良因素的诱引，很容易实施犯罪。

【拓展阅读 2-1】

心理学的研究表明，人在乳幼期特别需要与母亲建立依恋关系以保持情绪的稳定，培养安全感。越早缺少母亲的照顾，情绪就越难稳定，难以养成圆满的人格。进入少年期，特别需要父亲的影响，以奠定其社会性的基础，否则会出现暴力性和较低的道德发展水平。国外学者认为，儿童不仅仅将父亲看作自身的保护者和教育者，也将父亲看成是未来理想化的自己。对于孩子的自身发展，父亲具有至关重要的作用，父亲会帮助孩子从心理上与母亲分离，教他们学习各种规范、规则和如何控制自己的冲动情绪。

3. 父母的越轨行为

父母是孩子最早的学习榜样，父母的一言一行、道德水准、行为规范、价值观等都会对孩子产生潜移默化的影响。孩子好奇心强，善于模仿，对于父母的言行尤其是一些越轨行为难以辨别，父母的不良行为，如酗酒、赌博、打架斗殴、生活不检点、好吃懒做、好逸恶劳，甚至进行盗窃、抢劫等违法犯罪活动，都会给子女以暗示，刺激其对这些不良行为的模仿和犯罪心理的形成。

【参考案例 2-3】

在山东某县，警方摧毁一个家族式盗窃团伙，派出所连续接到超市衣物被盗案件。涉案价值虽不大，但案件频发，在当地造成了不良影响。专案组民警对案发现场进行了细致勘查，通过调取相关视频监控和影像比对，发现该系列案件为同一伙犯罪嫌疑人所为，并一举将其抓获。这个犯罪团伙的犯罪手法是事先购买衣物消磁器，窜至多个超市内，以购买试穿衣服为幌子，趁超市导购人员不备，用消磁器将衣物上的防盗扣摘掉后，疯狂盗窃超市内的各式衣物。案发后，办案民警竟然发现犯罪团伙中竟然有 3 个未成年人，最小的 15 岁。梳理人物关系时，民警发现这个犯罪团伙是 3 对夫妻各自带着孩子进行盗窃，而且 3 对夫妻中，有 3 人竟然是亲兄弟姐妹。①

父母原本是孩子做人的榜样，可有些父母自己不走正道，还带着孩子一起盗窃，这充分说明父母的越轨行为对子女的负面影响比较大。案例中的情形属于父母故意、毫不避讳地实施犯罪，这种经验就会直接传播给子女，孩子接受并效仿这种所谓的“谋生”方式。

总之，不当的家庭教育方法、家庭结构的破裂、父母的越轨行为这三种因素并不会与违法犯罪独立、直接地发生关系。父母对子

① 参见《平邑警方摧毁一“家族式”盗窃团伙》，载《齐鲁晚报》2018 年 6 月 4 日。

女的情感伤害（如咆哮、侮辱、过度批判、忽视和漠视孩子），亲子间缺少温暖，是子女可能实施违法犯罪的重要因素。几种家庭因素的结合，如家庭破裂、不和谐、父母管教不良、家庭暴力、违法行为，比任何单一因素对青少年犯罪的影响更大，会存在更多违法犯罪的风险。

（二）弑父弑母弑子灭门案的缘由

1. 案件经过

2009 年 11 月 27 日 16 时许，北京大兴发生一起震惊全国的灭门惨案，一家六口在家中被害，死者中年龄最大的 54 岁，年龄最小的不到 2 岁。28 日下午，三亚警方在三亚某休闲会馆将李某抓获。令人难以置信的是，落网犯罪嫌疑人李某竟是被害家庭的男主人。据其供述，11 月 23 日晚上 10 点，李某在外喝了酒后回到家中，妻子王某玲因为要钱投资遭到李某拒绝，并因此与李某发生争吵，长期的家庭积怨，使累积在心中的杀人的念头极度强烈，于是他用事先准备的单刃刀先后将妻子、妹妹、父亲、母亲杀死，在将 4 名至亲杀死后，想到自己逃亡后两个孩子没人照顾，在客厅内坐了一个小时后，他再次举起了屠刀，将两个熟睡中的孩子捅死。作案后逃往海南。

人们不能理解，外人眼中李某的家庭近乎完美，父母健在，家有娇妻，一对儿子，大的刚上小学，小的不满 2 岁，家庭结构很完整，而且经济状况也很好，李某经营着饭店，妻子开着美容院，当时还拿到一笔 600 多万元的拆迁款。李某为何要选择杀死全家老小呢？是李某性格极端？家庭不和？还是拆迁款分配不均？甚至有人猜测李某精神上有问题。李某在审讯中谈及杀人动机只有寥寥数语：因为家庭积怨，父母对自己管教太严。如果单看当时的刺激源，李某的犯罪理由并不充分，那么，是什么让李某对自己的父母、妻子、妹妹以及两个年幼的儿子作出了如此凶残的举动呢？

2. 犯罪人的成长经历

李某从小在祖父母身边长大，他聪明但常惹祸，和村子里的小孩打架后，爷爷奶奶却从舍不得打他一下，虽然家庭条件一般，有什么好吃的两位老人都给了他，老人的娇宠让李某的童年肆意又自在。8 岁，李某上了小学，也回到了父母身边，李某儿时顽皮的劣性在严厉的父亲面前有所收敛。面对李某一次次逃学、一次次成绩不好，李父沿用祖辈传统的教育方式——打，而李某被父亲抽打时一声不吭，不躲也不认错，仿佛被打的不是自己。

“那时候我爸管我挺严的，我出去玩，没到点儿回家，回来他就一顿打我，我爸脾气暴，抄起什么就用什么打我，在家里跟坐牢似的，我觉得从小他们就看不起我，认为我什么事情都干不成，其实跟身边的这些朋友同学比，我感觉我比他们强，不知道家人怎么老这么看我，做什么事情都不对。感觉家里一点温暖都没有，不像别人家的孩子，出去一天还问问，干什么去了？累不累啊？我父母从来没有这话，我不愿意跟家里人聊天。”李某在看守所供述时说道。

李某学习成绩欠佳，初二时就辍学了，游手好闲的他更加成为父亲的“眼中钉”，父亲经常骂李某是没出息的东西，面对父亲的暴打，母亲非但不劝说还在一旁跟着责骂，那时他就萌生了杀掉父亲的念头。在一次被打的遍体鳞伤后，17 岁的李某选择了一种抗争方式——离家出走。一年多后，挣了钱的李某想家了，回来后一家人很激动，改变了对儿子的态度，但是时间一长又恢复到了以前，虽然不再打他了，可责骂得很厉害。

在朋友眼中，李某出手大方，精通生意，而且很仗义，他经营了多档生意，效益好的时候月收入能达到 10 万左右，尽管在外人眼中李某的收入让人羡慕，但是家人对他的生意不以为然，认为李某很多生意都是打“擦边球”，不会长久。

后来李某结婚了，和妻子王某玲是自由恋爱，婚后还养育了两个儿子。但是结婚之后媳妇和公婆成立了统一战线，均认为李某是浪子，必须管教，对李某的事情管得很严。李某曾说：“我媳妇总管我，不是跟我要钱就是规定每天必须什么时候回家，回来晚了就和我吵架。”

李某在审讯时说，“我在家抬不起头来，在外头朋友都说我能干，很有面子，我也认为不比别人差，但是家里人就是不认可我，压抑的时候，很久不回家住，这些事我对任何人都不说，也不愿跟父母沟通，积怨时间长了，一年前就买了一把刀，天天带在身上，想着哪天逼急了就杀了全家。”

3. 从家庭因素入手分析灭门案

(1) 教养方式的不得当。

李某作为家中的长孙，从小跟着祖父母一起长大，老人的教养方式就是宠爱、溺爱。这种教养方式带来的后果，就是孩子容易惹是生非、不爱上学。李某 8 岁上学回到父母身边，溺爱的教养方式带来的后果——顽劣的特性逐渐显露，当李某犯错后，父亲对他采取简单粗暴的管教模式，李某面对父亲的随意暴打反应是什么呢？“我被抽打一声不吭，不躲也不认错，仿佛被打的不是自己”“在家里跟坐牢似的”“家里一点温暖都没有”。可见，李某对于父亲的管教是不认可的，也感受不到家庭的温暖。祖父母的娇宠与父母的严厉形成了鲜明的对比，在庭审中他表现出对父母的生命、自己的生命都是无所谓的态度，然而在谈及奶奶时却掩面痛哭，这些都说明了在他心中只对奶奶有情感，对父母是没有情感依恋的。

(2) 性格上的缺陷。

如前文所说，溺爱的教养方式容易给孩子的性格造成一定的缺陷，孩子容易骄横、自以为是，容不得别人说教，任性自私，自己想做什么就做什么，从来只为自己打算，不考虑别人。

在李某落网后，公安机关为其做司法精神病鉴定时，李某对法医有这样的表述：“我知道他们期望太高，‘望子成龙’心切，在他们眼里我没有对的时候，总是这不成、那不成，我妹妹也跟我爸妈一个鼻孔出气，在家里挤对我。结婚后我媳妇也这样，不是给我要钱就是管我这管我那，晚上回家晚了就和我吵架。”通过这样的表述，我们可以看出李某把父母、妹妹、妻子都放到了自己的对立面，不希望对方管自己，在亲人看起来是爱的表现，而李某却因为这些而痛恨对方。李某容不得别人管自己、说教自己，这些都源于他骄横的性格。

李某说：“那时正赶上做生意，手头紧，朋友都能借给我钱，家里却不给我支持，反而唠叨没完，管我的事，我更反感他们，就买了一把刀预备着。没事的时候就上歌厅、泡小姐，故意放纵自己。本来在案发前我决定离家出走再也不回了，偏偏头天父亲叫我开车带他们参加表叔的婚礼，对我呼来唤去，还是那个态度，加上媳妇又跟我要钱做公司，一下烦了，决定杀他们。”通过这些表述能看出，李某任性、自私的性格，就因为父母对其呼来唤去，妻子跟其要钱，一下子就烦了，决定杀了他们。在提及为什么杀害儿子时，李某称：“以前想就是把他们杀了，自己好好玩玩，到没有去过的地方看看，直到被抓住，一直没想过孩子的问题。当天杀死家人以后，我才想两个孩子怎么办，家里人全没有了，孩子将来也得受罪，还不如趁早死了，之后才又杀的两个孩子。”可见，杀死4个亲人是在此前决定的，杀死两个儿子却是在现场决定的，而他在此前根本没有考虑过儿子的将来，之后担心“自己逃亡后孩子没人照顾”，就杀了他们。足见其任性和自私，从来不考虑其他解决问题的方法，而是固执地认为杀死全家是最好的解脱，他考虑的是把家人杀死后，自己去旅游、去享受，就没有想过儿子以后怎么办，只是在杀死4个大人后，认为孩子没人照顾就会受罪，在现场匆匆决定了孩子的生死。

“我恨他们，早有杀人的想法，觉得有这样的家人很不幸，一年前就买了把刀。”李某的父亲用拆迁款买了几套房产，其中多数都写的是李某的名字，平时对李某生意的唠叨无非也是担心自己儿子走上邪路。这些在外人看起来都是父亲爱儿子的表现，而李某却认为自己拥有这样的家人很不幸。“我也不知道他们是怎么想的，别管是正经生意还是不正经生意，什么都不支持，那会十八九岁，兜里也没钱，想干点什么事跟他们要钱，一口就给拒绝了，再以后我就不要了，家里人老说我干的事不靠谱，不知道为什么。”从中可以看出，李某不理解家人为何管他，在他的认知中不会替别人考虑，也不会站在别人的角度去思考问题，他无法体谅别人，这也是自私的一种表现。

尽管李某后来生活比较优越，看似家庭美满，事业有成，而且在朋友中他的口碑比较好，很大方，容易相处，但是因为其性格缺陷，导致后来悲剧的发生。总之，在孩子很小的时候由于父母没有亲自抚养，导致李某对父母没有情感依恋，祖父母的过分溺爱又导致了他的性格缺陷，李某性格顽劣，父亲在管教时又是棍棒相加，长大后尽管自己生意做得很红火，却依然得不到家人的认可，进一步挫伤了他的自尊心和自信心。虽然他的朋友很多，但是即便要好的朋友也是局限于个人交往，从来不谈及家事，负面情绪被他压抑在自己的内心，没有宣泄的途径。这一切都令李某很压抑，隐忍的背后是内心积怨逐渐接近沸点。这种长期的隐忍伴随着一种自我漠视的负面能量的增长，漠视自己处理问题的能力，漠视他人。在这份隐忍和漠视中，亲情不断流失，自我不断膨胀，传统伦理道德的约束力越来越薄弱，内心的积怨越来越深，终于在那个夜晚彻底爆发……

二、学校教育因素

（一）学校教育与犯罪的关系

1. 教育功能的片面化

目前，很多学校在升学率的高压下，不注重对学生世界观、人生观、价值观的教育，用学习成绩作为对学生的唯一评价标准，轻素质教育、重智力教育。这种重智育、轻德育的教育方式使身心尚未成熟、辨别是非能力差的青少年的心理、行为问题得不到及时纠正和解决，难以抵御社会上各种消极因素的影响，增加了犯罪心理形成的可能性。

【参考案例 2-4】

一个持刀、持棍抢劫作案 48 起的犯罪团伙被包头市公安局公交治安分局打掉，其成员年龄最大的 17 岁，最小的 16 岁，除 1 人外，其他人均是在校高中和中专学生。首先落网的王某某虽然只有 16 岁，但是参与作案次数却有 22 起之多，更让人惊讶的是他竟然是包头市某高中的优秀学生，王某某在近期考试中排名年级第九。

王某某常年寄宿在学校，失去父母管教的他养成了大手大脚花钱的习惯，但他看到父母操劳的样子，也不好意思要太多的钱。看到别人大手大脚花钱，又控制不住自己高消费的欲望，但苦于囊中羞涩，无钱消费。王某某了解到，班里还有几个男生也有同样的烦恼。几个人一拍即合，经商议决定抢劫。最终选择容易接近的出租车为目标，对司机进行抢劫。当晚，他们持刀威胁出租车司机，抢了 150 余元后，迅速逃离现场。第二天，王某某等 4 人在附近的游戏厅和网吧玩了 1 天，又大吃了一顿，将抢来的钱全部挥霍一空。至此，王某某在犯罪的道路上越走越远……①

由此可见，虽然有的学生学习成绩很优异，智商很高，但由于缺乏基本的道德教育，思想道德水平低下，为了满足一己私欲，而去抢劫别人的钱财，从而走上了违法犯罪的道路。

2. 教育内容的单一性

当前很多学校存在一味追求升学率的现象，教育内容比较单一。首先，法制教育流于形式。有的学校认为法制课与升学考试没有关系，根本没有开设的必要，有的学校虽然开设了，也是应付了事，根本不能培养学生良好的法制意识，形成守法的行为习惯。其次，忽视心理健康教育。很少学校开设专门的心理教育课程，学生的心理问题得不到及时纠正和解决，增加了因心理问题导致违法犯罪的可能性。最后，性道德教育滞后。性教育的缺失和滞后，使得学生缺乏正确的性知识和性道德观念，懵懂之中走上了犯罪道路。

---

① 参见《囊中羞涩 16 岁优秀生走犯罪路 参与抢劫作案 22 起》，载温州网。

【参考案例2-5】

在少管所的女犯监区服刑的隋某，长相清秀，半年前她还是浦东某重点中学高二的学生，如果不是那次跟同学一起出去，她现在也许已考上了上海音乐学院。那天，她和班上几个同学一起出去玩，路上碰到了那几个同学以前的“仇人”，几句话不和，就动起了手，还顺手拿了对方的CD机。隋某说，自己当时就是在边上看，并没有动手，也没有上前阻拦，但不知道这也是抢劫。最后法院以抢劫罪，判处隋某有期徒刑3年6个月。起初，她到少管所后很不服气，觉得自己没有罪，但是经过学习法律知识后，才知道自己的行为属于抢劫，进而对自己不良的行为习惯进行了反省。[①]

案例中的隋某就是因为缺乏相应的法律知识和守法意识，导致自己身陷囹圄。当一群孩子在一起活动时，个人的行为很难单独分清。在没有确切证据的情况下，如果其他孩子都称某人参与了犯罪行为，那么某人就要被定性为参与。而抢劫罪是针对行为而言的，抢1万块钱是抢劫，抢1元也是抢劫，1分钱没抢到只要抢了就是抢劫，就要承担刑事责任。

3. 教育方法存在不足

学校教育方法经常以惩罚代替说教，学生出现问题时，学校往往采取体罚、训斥、叫家长等方式，缺少耐心细致的说服教育，这样容易挫伤学生的自尊心，使其产生抵触情绪，对学校和老师产生逆反心理。同时，有的教师在教育过程中，认为讲好书本知识即可，不注重与学生的沟通，不引导其如何做人，从而难以培养学生对社会的责任感。

【参考案例2-6】

2013年9月的一天，江西临川某中学高三学生雷某用尖刀割破了自己班主任孙某的颈动脉，孙老师倒在血泊之中，不治身亡。

① 参见《少年犯教训值得深思　优秀生也会滑向犯罪深渊》，载搜狐新闻。

江西临川某中学是远近闻名的江西名校，近年来曾上演多次“高考神话”，以严格管理著称。这次雷某就是因为班主任孙某过于严厉的管理，而怨恨在心，不惜将其杀死，造成悲剧。媒体称，是因为该老师在课堂上没收了雷某的手机，才致使悲剧发生。

类似的报道屡见报端，“中国式”教育存在着诸多弊端，应试教育的体制和方式疏于对孩子心理素质的砺造，在一定程度上影响了孩子的健康成长，引发了诸多社会问题。当然，雷某的弑师行为主要原因还是其自身的道德品行问题，这种品行问题归根结底是包括父母和学校在内的社会教育缺失造成的。这一悲剧给人的启示是深远的，无论是个人、学校、家庭还是社会，都应该从自身的角度深刻反思，既要从小引导孩子形成良好的道德品质和社会认知，又要改善教育的方式方法，特别是要引导孩子正确宣泄情绪和压力，防止孩子因失去理智而走上邪路。

（二）弑师案反思：教育，要付出生命的代价

1. 案件经过

2017 年 11 月 12 日，湖南省益阳沅江市某中学 16 岁的高三学生罗某杰用刀具在办公室内将自己的班主任鲍某刺死。事发当日上午，学校高三所有班级正在进行全市统一的学历水平考试。原本在考试结束后，实行封闭式管理的学校会放几个小时假，允许学生们到校外活动。但 1502 班的班主任鲍某把全班学生留了下来，让大家观看一部时长 16 分钟的励志视频，并要求每人写一篇 500 字的观后感才能离开。临时增加的两项任务，让打算到镇上买东西的罗某杰感到不满，当场就与几个学生一起表示了反对。罗某杰走出教室，和鲍某说他不想写，鲍某说：“不想写就转班。”鲍某说完这句话就回到了办公室，之后罗某杰拿着弹簧刀也走进了这间办公室。

悲剧就在只有他们两个人的办公室里发生了。鲍某批评了罗某杰不端正的态度，还对他最近起伏较大的成绩进行了说教。鲍某让

罗某杰报了父母的电话号码，当打给其父亲的电话无人接听，鲍某正准备拨通其母亲的电话时，站在侧后方的罗某杰突然掏出弹簧刀，刺向了鲍某……

2. 从学校教育角度分析弑师案

湖南弑师案就发生在省示范高中的实验班，重点学校的重点班，行凶者平时成绩优秀，多次名列班级第一名，进入全校前十名。“成绩好，懂礼貌，孝顺”是罗某杰的邻居们对他的共同感受。一位优秀学生竟然亲手用弹簧刀杀死自己的老师兼班主任，不是因为鲍某对其不够关心，而是太关心了，要求也许有点太严格，约束也许有点太多。连刺 26 刀，刀刀刺中要害，多大的仇恨才下得了如此狠手？

弑师案发生的主要原因有以下几点：

一是中学生处在青春期，其自我意识逐渐提高，独立性也随之增强，渴望得到他人的承认和尊重，并希望摆脱老师和家长的约束，渴望独立。鲍某平时对罗某杰既器重又严格，对其约束较多，要求十分严格，在管理上有时不近人情，罗某杰就觉得没面子。老师的格外关爱，被罗某杰当成了麻烦，上个学期罗某杰和教语文的老师因为课堂问答起了一点冲突，事后得知此事的鲍某要求罗某杰道歉，还很严厉地批评了他。罗某杰的成绩足够让他考上一所重点大学，但他对此并无太大兴趣。罗某杰曾经多次讲，自己只想考取本市一所普通二本学校。罗某杰对自己这个规划的解释是：“我只想过轻轻松松的生活。”在鲍某看来，“一切都是为了孩子好，再怎么着都不为过”，但是，处于青春期的罗某杰却承受不了这样的约束，他需要的是自由、自尊，在没有有效交流的情况下，所谓的仇恨就这样一天天的孕育，越结越深。

二是忽视了青少年的心理健康教育。据罗某杰的同学讲述，在某次语文课上，罗某杰曾用刀在桌子上刻字，嘴里似乎在念着“杀”字。估计鲍某也有所耳闻，但却没有引起足够的重视。如果鲍某及时深入了解孩子的真实想法，给予一些心理疏导，怨恨就可能得到化解。据校长称由于种种原因学校已多年没有专门的心理辅导老师。可见，学校只注重成绩，不重视对学生三观和法律意识的培养，使其缺乏社会责任感、义务感，在青少年这个年龄阶段，年轻气盛，容易意气用事，从而走上犯罪的道路。

当然，弑师案的发生，与行凶者的家庭教育、学校教育以及周边环境的影响有一定的关系，更主要的是与他的个人特质有关。在学校教育过程中，老师要注重与学生的交流，深入到学生的内心，尽可能地尊重学生的选择，相处时要学会察言观色，不放过细节。教育方法不可千篇一律，要因人而异，因材施教。

三、社会环境因素

（一）社会政治因素与犯罪的关系

社会政治环境因素包括政治制度、社会变革、社会稳定程度、意识形态以及战争等。这些因素极易引发犯罪人的反社会心理。在政治体制改革中的种种矛盾，导致社会控制相对弱化，如对犯罪的控制，人们容易受到社会消极因素的影响走上犯罪道路；同时，现行的政治制度也存在一些弊病，个别官员在运用权力时不够公开和透明，甚至进行权钱交易、贪污受贿，这些行为不仅本身就是违法犯罪，还会造成社会分配不均，损害民众权益，引起民众的不满和对立情绪，成为社会不安定的因素，进而刺激犯罪心理和行为的产生。例如，前文分析的“福建南平惨案”庭审中，当提到因恋爱受挫、与同事家人不合而蓄意杀人时，被告人郑某生对此表示异议，他说，法庭应先了解其为什么行凶杀人。郑某生在犯罪之后也说出了自己的动机：我要引起轰动，要让所有人知道我的存在，知道我对社会的不满，所以要做件惊天动地的大事。当然郑某生自身的认知、性格等内在因素是导致其犯罪的主要因素，但据此也不难看出其对社会的极大不满，导致了其实施报复社会的行为。

【参考案例 2-7】

刘某军，原铁道部部长。随着职权的上升，其滥用公权力，走上腐败，为他人谋取巨额非法利益，收受巨额贿赂，道德败坏，对铁路系统的腐败负有主要领导责任。

陈某基，曾任广东省公安厅厅长、省委政法委书记。曾经被誉为“打击走私”“打黑”的英雄，但他丢掉了为人民服务的宗旨、动摇了党员干部的理想信念，与富豪勾结，大搞权钱交易、权色交易，最后认定其收受贿赂 2000 多万元，被判死缓。

白某，曾是桂林市某区一名普通公务员。其主要负责公务接待，每次接待结束后，白某就拿着假发票，模仿领导签字报销，几年中共贪污 1200 多万元。

上海市浦东新区绿化市容系统在采购垃圾桶过程中，有 16 人因收受“回扣”犯受贿罪，其中 6 人被判刑，这 6 人中，既有环卫所所长，也有普通的环卫工作人员。

李某，河北省地税局原局长。他曾说，苏联东欧的剧变，对我影响很大，于是我开始思考，社会究竟向何方发展？将来个人又何以立身？与其一旦江山易手，自己万事皆空，不如权力在握时及早做经济准备。于是“弄钱”的欲望一产生，信念也就从根本上产生了动摇。

由此可见，无论是手中有权的领导干部，还是岗位上有权的普通公务员，一旦产生了腐败心理，就有可能实施腐败行为，走上职务犯罪的道路。

（二）社会经济因素与犯罪的关系

经济环境因素包括经济制度、经济政策、经济发展水平和经济状况等。受这些因素中消极成分的影响，犯罪人往往会产生与财产有关的犯罪心理。一是在经济发展过程中，由于经济体制改革、商品经济的激烈竞争、市场规则的不健全等因素，使某些人产生了通过不正当的途径获取财物的心理；二是经济发展状况不平衡，使得贫富差距越来越大，容易导致某些人心理失衡，在对社会憎恨和对金钱追逐的支配下，促使其产生犯罪心理。

【拓展阅读 2-2】

2010 年，为进一步加大打击和防范经济犯罪宣传工作力度，建立宣传工作长效机制，推动和谐警民关系建设，公安部经侦局将每年的 5 月 15 日确定为打击和防范经济犯罪宣传日。从 2010 年开始到 2017 年，“5·15”打击和防范经济犯罪宣传日活动已经持续开展了 8 年。8 年来，各地公安机关深入群众，围绕历年活动日主题，不断创新宣传形式，通过人们喜闻乐见的方式，讲解非法集资、传销等突出经济犯罪的常见形式及特点，借助事实案例传授防范知识、普及法律法规。

我国经济犯罪活动总体上仍处于高发态势，特别是非法集资、金融诈骗、证券期货领域犯罪多发，严重破坏市场经济秩序，蕴含的经济风险值得高度关注；假币、银行卡诈骗、制假售假等经济犯罪发案量较大，犯罪手法不断翻新，迷惑性、欺骗性较强，严重侵害人民群众的合法权益。其中，非法集资等涉众型经济犯罪持续爆发。“e 租宝”“中晋系”“融资城”等案（事）件，均呈现出波及人员众多、地区广泛、涉案金额巨大的特点，极大地扰乱了金融市场秩序。全国公安机关相继组织开展了打击整治非法集资、地下钱庄、证券期货犯罪，以及假币、银行卡网上非法买卖、利用黄金交易虚开增值税专用发票和出口骗税等一系列专项整治行动，截至 2016 年，共破获各类经济犯罪案件 20.7 万起，挽回直接经济损失 470 余亿元。[①]

（三）社会文化因素与犯罪的关系

社会文化对人有着教化作用，它包括文学、艺术、教育、宗

---

① 摘自《历年“5·15”打击防范经济犯罪宣传日概况回顾》，载《中国防伪报道》2017 年第 6 期。

教、哲学、传统习俗风尚、道德、大众传播等，其中的不良因素对犯罪心理的形成有重要影响。例如，传统的帮会意识、宗法思想，"为朋友两肋插刀"、"哥们义气"等观念为团伙犯罪、黑社会性质组织犯罪提供了思想的温床，也容易刺激青少年犯罪心理的形成。另外，社会中拜金主义、享乐主义、极端个人主义等观念的盛行，导致某些人形成了错误的世界观、价值观和信念，从而激发起其财产类、报复类、经济类等犯罪心理的产生。此外，社会风气不正可以滋生多种犯罪心理，宣扬暴力和诲淫诲盗的网络、大众媒体等，很容易刺激青少年萌生盗窃、抢劫、性犯罪以及寻衅滋事的犯罪心理。例如，某校初中二年级的学生，在看了电影《绿林黑道》后，将电影中连皇帝的东西都敢抢的绿林英雄视为偶像，随后便模仿绿林英雄的行为模式，走上了入室抢劫杀人的犯罪道路。某地高中学生李某、孙某和秦某，在观看外国影片《野鹅敢死队》后，也想学习模仿，3 人自己组成了所谓的"野鸭敢死队"，经常从事一些破坏学校教学秩序和教学设施的活动，共同参与了多项犯罪。[①]

【拓展阅读 2-3】

美国心理学家阿尔伯特·班杜拉在 20 世纪五六十年代主要从事儿童攻击行为的系列研究，并提出社会学习理论。其曾做过一项关于电视暴力是否会影响儿童行为模式的实验。他将 66 名儿童分为 3 组，给每组各观看一段小影片，在这三个影片中都有一个成年人对沙地上的大个玩偶进行言语和身体上的攻击。有所不同的是，第一组儿童看到这个成年人在作出攻击行为之后得到糖果和饮料的奖赏，第二组看到这个成年人被人打巴掌并且受到斥责，第三组看到这个成年人既没有受到奖励也没有受到惩罚。观看完电影之后，其将这 3 组儿童带到另一个有许多玩具的屋子里，其中有的玩偶与影片中的相同。结果发现大部分在第一、二组的儿童去殴打了玩

---

① 杜雄柏著：《传媒与犯罪》，中国检察出版社 2005 年版，第 90 页。

具，并且男孩比女孩表现出更多的攻击性。[①] 该实验证明了影片中成年人的行为具有引导示范作用，其会引起心智未成熟的青少年对之进行模仿、学习，对青少年性格及行为模式的形成有较大的影响。

第二节 犯罪的内因——主观因素

一、性格决定命运——不良个性与犯罪心理的形成

（一）个性的由来

个性，也称为人格，是指个人的精神面貌或心理面貌。这一词源于古希腊语“persona”，指戏剧中的假面具。把“面具”一词引申为人格，说明人格其实就是每个人在人生舞台上各自扮演的角色以及表现出的不同于他人的精神面貌。[②] 在心理学中，一般认为广义的个性和人格是同义词，二者均指个体的一些意识倾向和各种稳定而独特的心理特征的总和。

个性的形成主要取决于两个方面：一是遗传和生理背景的先天要素；二是抚养与环境背景的后天要素。个性是由多种心理特征和品质组成的，其中，个性倾向性主要包含需要、兴趣、动机、道德、世界观等，这是决定个体活动的基本动力，其主要在后天社会化的过程中形成；心理特征包括能力、气质和性格，这些要素与个体的遗传或生理背景有密切联系，反映了人的心理面貌，许多人格障碍的产生就与这种先天要素有关。另外，个体对个性各个成分的调控，对自己行为方向的选择、自我分析和评价、自我控制等均与

① ［美］Curt R. Bartol、Anne M. Bartol 著，杨波、李林等译：《犯罪心理学》，中国轻工业出版社 2017 年版，第 205 页。

② 陈仲庚、甘怡群主编：《人格心理学概要》，时代文化出版公司 1993 年版，第 1 页。

后天要素（如成长背景、家庭生活环境、受教育程度）密切相关。在先天要素和后天要素相互作用下，个体的个性逐渐形成，其中，后天要素尤其是社会化是个性形成的关键，如果个体在成长过程中，受到过多的不良社会环境的影响以及其本身消极因素的作用，往往会导致社会化的缺失，从而形成不良的个性心理品质。

（二）不良个性与犯罪心理的形成

不良个性是犯罪心理形成的重要基础，犯罪行为的发生与行为人的不良个性或者说消极、不良的性格有关。一般来说，犯罪人大多具有不良的个性品质，存在着异于常人的不良性格特征，行为人对生活中的消极因素进行有选择的能动反映，在内外消极因素共同作用下，使得个性的消极品质迅速积累，在一定诱因的影响下，以"渐变""突变"的形式，导致犯罪心理的最终形成。[①]

【参考案例2-8】

2008年4月份以来，石家庄市新华区的多个网吧连续发生多起持刀抢劫案。犯罪嫌疑人手持砍刀、弹簧刀、匕首或铁链等作案工具先将被害人捅伤、打伤后，抢走手机、现金等财物。其中，某一夜竟然连续作案6起，杀害1人。案件侦破后，这个团伙的成员竟然是一群平均年龄不足20岁才刚刚成年的孩子，主犯赵某鹏交代其父母常年在外打工，对自己疏于管教，自己性格内向又倔强，15岁时因逃学和妈妈大吵一架后离家出走，后来饥寒交加病倒在路边向路人求助，却无人理睬，面对社会的冷漠，在赵某鹏心中埋下了仇恨社会的种子。之后每当赵某鹏抢劫时，拿起刀就会想起之前吃的苦、受的罪，认为社会对不起他，他也没必要对得起这个社会，于是痛下杀手。该团伙其他犯罪人都处于青春期，不愿意接受父母、学校管束，想要追求无拘无束的生活。该团伙中一名女性犯罪人，因穿着问题经常与母亲争吵，后一气之下离家出走加入了这

① 张晓真编著：《犯罪心理学》，中国政法大学出版社2008年版，第65页。

个团伙。赵某鹏等人走上社会后，才发现自己的知识水平不高，缺少最起码的谋生技能，更没有做好吃苦的准备，找工作时四处碰壁，无奈之下将网吧作为栖身之所，并且迷上了网络游戏，在游戏中赵某鹏是老大，一呼百应，想杀谁就杀谁，要风有风、要雨有雨，而现实中他却一无所有。虚拟和现实的巨大反差让其异常痛苦、难过，于是赵某鹏就与几名有同样遭遇的年轻人策划实施了多起抢劫案件，抢劫时非但不恐惧还很兴奋，如同玩游戏一样，砍人之后抢走钱财，毫无罪责感。①

本案中，以主犯赵某鹏为例，他们身上形成了诸多不良个性品质。

一是对社会认知的偏差。偏差使个体对社会、他人或自我产生消极的看法，甚至持敌视的态度，认为人与人之间是冷漠、自私、弱肉强食的，这种看法使其缺乏基本的道德观念和责任感、义务感，从而产生对现实社会秩序和社会规范的否定，甚至形成冷漠人生、报复社会的意识倾向，在诱因的促使之下（无业、无居所、无钱）很容易走上犯罪道路。

二是价值观蜕变。犯罪人大多以自我为中心，自私自利。在行为人早年表现出固执与粗野，不服从师长管教，无视纪律，欺凌弱小，当踏上社会后，为了达成自己的某种目的，满足自己的需要，任意侵害他人的利益甚至生命，为所欲为。另外，在学习和生活方面，大多好逸恶劳、缺乏正当的兴趣。十八九岁正是青少年求知、学习的好年华，而该团伙的成员们都是不服家长管教、学校的管束而离家出走，寻找自己梦想中无拘无束的生活，这说明其没有远大理想，缺乏对现实的分析思考，精神世界极度贫乏、空虚。尽管这与其家庭环境有一定的关系，但是他们的不良个性品质是其走上违法犯罪道路的根源。

三是不良需要的畸形发展。他们对物质金钱刻意追求，对低级

① 参见《砍刀团伙的覆灭》，载央视网。

享乐（如沉迷游戏）不能自拔，通过抢劫并伤害网民来满足其对物质和精神的追求。抢来的钱财能够满足其对物质的需求，而砍杀网民的行为能够让其真实体会游戏中杀人的快感以及发泄对社会的不满。

（三）性格决定命运——为什么只有他犯罪

【参考案例 2-9】

28 岁的张某是家中唯一的男孩，父母都是教师，从小对他娇生惯养，两个姐姐也是对他有求必应。张某从小学习成绩很差，因家人的溺爱，养成了自私自利、唯我独尊、好逸恶劳的恶习。初中没有读完他就早早辍学，在家无所事事了几年，父亲通过关系让其到亲戚开的机械公司上班，张某依仗亲戚的关系，根本不用心工作，整天游手好闲，结识了一些社会不良青年，其中有几个还是刑满释放人员，很快他们就成为了好兄弟，天天混在一起惹是生非。由于大家都没有稳定的经济收入，在哥们弟兄的怂恿之下，张某开始偷拿单位的机械零件去卖，一开始感到恐惧、紧张，但是在尝到甜头之后，他的胆子越来越大，竟然撬开财务的保险柜，盗得几万元现金，赃款全部用于与好兄弟高档消费。之后在一次盗窃过程中被警察当场抓获。

在这个案例中，张某是如何走上犯罪道路的？在其走向犯罪的心路历程中，哪些因素居于主导地位呢？张某的家境不错，父母都是教育工作者，为何只有他成为了犯罪人，而其他家人都是守法公民？在同一家公司里，为何只有张某能够与社会不良青年混在一起？下面我们对张某的犯罪心理进行分析。

第一，面对相同的情境，人们的行为反应方式是不同的。例如，在“5·12”汶川地震发生之后，许多人关注着电视节目，急切地关注着事件的新进展，也有些人关上电视不愿再去看令人撕心裂肺的场面，一些人关注灾民，想办法去帮助他们，而另一些人则趁乱在灾区偷盗抗灾物资。在本案中，处于相同的家庭教育环境下，姐姐们健康成长，而张某却走上了犯罪的道路，这说明不同的行为人，由于其出身、性格、社会生活条件的差异，导致其价值取向、认识角度等方面存在差异，从而具有不同的行为表现。

第二，张某因家庭的溺爱形成了好吃懒做、好逸恶劳的个性品质。他从小不喜欢上学，早早辍学在家，有了工作之后也是注重享受，不能踏实工作，游手好闲。这些不良个性品质使他有了不良的社会交往，在不良的社会交往中，相同或类似的不良个性品质促使他们获得彼此的认同感，如若个性品质不同，其交往就不会越来越深，甚至不会有开端，正所谓“物以类聚，人以群分”，这也解释了为何只有张某能和不良社会青年混在一起。而不良的交往促使其不良个性品质越来越强，臭味相投的群体只会使个体的不良品质越来越坏，在哥们的教唆、怂恿之下，张某最终形成了犯罪心理，由小偷小摸变成了盗窃惯犯。

第三，心理是人脑对客观世界主观能动的反映，犯罪心理也是对客观环境的反映，相比守法公民，犯罪人往往偏向对客观现实中不良因素的主观能动反映。犯罪人已经形成的不良个性品质、性格特征和行为习惯决定着他对客观现实中存在的诸多不良因素的选择，从而形成了犯罪心理，进而实施犯罪行为。

二、动机决定行为——犯罪心理形成的驱动力

一般来说，任何行为的发生都是在动机的推动下实现的，没有无动机的行为。例如，为了解渴而去喝水，为了考上名牌大学而努力学习，为了加薪而努力工作等。这些“为了”即动机的存在，为人的行为指明了方向和目标，激励并强化着行为的力度，直至满足其某种需要，最终实现目标。同样，直接推动行为人实施故意犯罪行为的心理力量就是犯罪动机，犯罪动机是犯罪心理产生的标志。

（一）犯罪动机

人的活动都是由动机引起的，且指向一定的目的。动机是直接

推动个体活动以达到一定目的的内在动力。犯罪动机是犯罪心理形成的驱动力，推动着犯罪人实施犯罪行为，以满足其某种不良需要。犯罪动机是在犯罪人需要的基础上产生的，一般来说犯罪动机的形成要具备以下基本条件：

1. 犯罪人的不良需要

不良需要是犯罪动机产生的基础，这种不良需要是犯罪人在其社会化过程中，受到各种内外因素的影响而形成的。不良需要主要表现在以下两方面：一是畸形、膨胀的需要。低层次、生理性需要居于主导地位，如对金钱、物质毫无节制的需要，违反道德规范的性需求，不当的情感需要，不良的自尊需要等。其往往缺乏高层次的、正当的精神需要，注重吃喝玩乐等低层次的需要。二是个人需要与社会要求处于对立地位。犯罪人在极端个人主义思想支配下，为了满足私欲，无视法律法规、道德规范，不惜采取非法手段损害国家、集体和他人的利益。

【参考案例 2-10】

某市公安局接到多起报警，被害人称其车窗被砸坏，车内财物被盗走，作案手法如出一辙。很快，公安机关在停车场将正在作案的胡某抓获。经过审讯得知，胡某是有盗窃前科的人员，曾经因盗窃“几进宫”。胡某交代，出狱后想过要重新做人，无奈自己没文化、社会工作经验少，又是刑释人员，四处碰壁。心灰意冷的他自此不再努力适应社会，而是重操旧业。他的想法是，比起辛苦工作，盗窃来钱容易多了，能偷到钱就得过且过，一旦被公安机关抓获就重回监狱，反正监狱是不收费的，就算是判无期徒刑也好过在社会上遭人白眼，担惊受怕，颠沛流离。

本案中，犯罪人胡某的不良需求有两点：一是对金钱物质的需要，其通过盗窃来满足自己低层次的需要；二是想以“寄生虫”的方式满足其最基本、低级的生存需要。同时，胡某宁可失去自由，也不想踏踏实实地做一份工作，过上正常人的生活，这无不与其消极的个性品质有着密切的关系。

【拓展阅读 2-4】

激起犯罪动机和实施犯罪行为的需要通常包括以下几种：[①]

第一，生理需要，包括维持衣、食、住、行等基本生活需要的物质需要、性的需要，即作为生物本能的性本能的需要；

第二，安全的需要，如消除危机感、不安、心理超负荷运行、紧张等的需要；

第三，自我确认的需要，有的人甚至表现为想通过犯罪行为来使他人和社会认识自己、证实自己存在的价值或某种特征等的需要；

第四，自我显示的需要，有些犯罪行为人的极端的自我显示的需要会通过实施犯罪行为的方式向别人展示自己的能力、勇敢等，以获得别人的接纳、认可、赞赏、友谊等；

第五，充实生活的需要，即在平庸、单调的生活中追求刺激或进行冒险的需要；

第六，获得爱的需要，即表达自己的爱和获得别人的爱的需要；

第七，征服的需要，即通过使别人屈服于自己来满足自己的权力欲、支配欲等的需要；

第八，报复的需要，即对伤害过自己的他人或社会进行报复的需要；

第九，实现自己志向的需要，如实现自己的政治信念、理想和追求等的需要，当然自己的政治信念、理想本身也可能是错误的。

2. 犯罪人的不良个性品质

如前文所述，犯罪人因社会化缺陷形成的不良个性品质是犯罪心理形成不可或缺的因素之一。不良需要在转化为犯罪动机过程

① 梅传强：《犯罪心理生成机制研究》，2004 年西南政法大学博士学位论文。

中，不良个性品质对犯罪动机的形成起着促进作用。

3. 诱因的存在

外部诱因是犯罪动机产生的条件之一，其为犯罪人确定犯罪目标提供了客观条件。在某些情况下，外部诱因直接、迅速地引起犯罪动机的产生和犯罪行为的实施。例如，在家务农的张某到老同学家做客，发现沙发缝隙中有张写有密码的银行卡，想到其同学是富二代，平时都不清楚自己有多少张银行卡，少一张估计也不会发觉。于是将银行卡偷偷拿走，卡内余额是5万元，张某很快将其挥霍一空。在沙发缝隙中的银行卡、同学对钱不在乎的态度，这都是张某犯罪的外部诱因。由于张某本身存在的不良个性品质，在外部诱因出现后，不能积极去调控自己，从而迅速地引发了犯罪动机，产生了犯罪行为。

当然不良需要不会必然形成犯罪动机，导致犯罪行为的发生。当不良需要与社会要求、规范相冲突，难以通过正常的方式得到满足时，再加上行为人存在着不良个性品质，如错误的观念、信念和利益等因素的作用下，行为人难以正常地调节和控制自己的需要，从而使不良需要恶性发展，最终形成了犯罪动机。

（二）犯罪动机斗争

一般来讲，犯罪动机形成之后并不意味着犯罪行为的立即实施。大多数有犯罪动机的行为人在犯罪决意形成之前，要经过剧烈的内心冲突，反复权衡实施犯罪行为的利弊后，作出实施或放弃犯罪行为的选择。不同的犯罪阶段，犯罪动机斗争的表现不同。

1. 犯罪准备阶段

在犯罪准备阶段，犯罪动机斗争通常表现为“双趋冲突”或“双避冲突”。此阶段多种犯罪目标或多种非法需要并存，受主、客观条件的限制，犯罪人必须对同时存在的各种动机进行比较分析，区分轻重缓急，经过犯罪动机斗争，最后作出较满意的选择。比如，犯罪人既想诈骗又想抢劫，但无法同时进行两种行为，就会产生犯罪动机斗争，最后只能选择其中一种。

2. 犯罪决意阶段

在犯罪决意阶段“趋避式冲突”比较常见。此时犯罪人既想通过实施犯罪满足个人的需要，同时又害怕受到惩处或犯罪不顺利，这是常见的犯罪动机斗争类型。其动机斗争的焦点在于是否犯罪。

司法实践和案例分析表明，大多数初犯、偶犯，由于犯罪恶习较浅、缺乏犯罪经验，动机斗争会比较强烈。但随着作案次数的增加，心理与行为的适应性渐强，动机斗争也会相对减弱。而累犯、惯犯，由于犯罪恶习较深、犯罪经验丰富、行为已成习惯，动机的转化则非常简单，有时只要出现犯罪目标，便会立即产生犯罪行为，几乎没有动机斗争。有的惯犯甚至形成了下意识的犯罪动力定型。①

（三）犯罪动机的变化发展

在司法实践中，由于具体情境的变化，犯罪动机也会随之发生变化，从而直接影响到犯罪行为的后果。

1. 动机实现

犯罪人按照计划实施了犯罪行为，达到了犯罪目标，实现了犯罪动机。动机实现使得犯罪人的需要得到满足，进而会刺激犯罪人产生新的犯罪需要，形成新的犯罪动机，使犯罪心理进一步恶化。

2. 动机受阻

动机受阻，主要是指犯罪人在实施犯罪行为过程中遇到了意外情境，产生动机斗争而导致犯罪动机的消失和犯罪行为的终止。这种转化是动机斗争中积极因素占了上风的结果。比如，犯罪人潜入他人住宅正在翻找财物过程中，突然听到有人开门，因害怕罪行败露被人捉获，而迅速逃离现场；或者犯罪人在盗窃过程中发现其要下手的珠宝已不在，遂打消了盗窃的念头。这两种情况均是客观条件方面发生变化而导致犯罪动机和犯罪行为的中止。犯罪动机的放

① 张晓真编著：《犯罪心理学》，中国政法大学出版社2008年版，第73页。

弃虽然是主动的，但是也是被动、暂时的，一旦条件许可，犯罪动机有可能会再次出现，也有可能因犯罪动机受挫，犯罪人彻底放弃了犯罪。犯罪动机的变化发展是很复杂的。

3. 动机中断

在犯罪过程中，犯罪人突然被抓获，犯罪行为及时得到了制止，致使犯罪动机未能实现，犯罪目的无法达到，这种情况并非犯罪人主动终止或放弃了犯罪。

4. 动机派生

动机派生是犯罪动机恶性转化的表现，由于新的外部刺激的出现和犯罪人心理因素的变化，在原来犯罪动机基础上，激发出新的犯罪欲望，产生新的犯罪动机。比如，半夜入室盗窃的犯罪人，在翻找财物过程中发现一独身女子在卧室熟睡，遂另起犯意将其奸淫。再如，犯罪人潜入被害人家中行窃，被发现后产生杀人灭口的犯罪动机。

5. 动机消退

犯罪人在实施犯罪行为过程中，因某种原因（如突然良心发现）彻底放弃了犯罪，于是犯罪动机消退，犯罪行为终止。比如，某诈骗犯罪人，在逐步取得一位妈妈的信任，马上就能骗得钱财时，突然想到母亲把自己含辛茹苦抚养成人的不易，遂起了恻隐之心，放弃了诈骗。由于受到外界环境的影响，犯罪人道德、法律观念的恢复以及个性中尚存良好因素的影响，犯罪动机消退，主动放弃了犯罪行为。

【参考案例 2-11】

小伙江某，身强体壮，本是大好年华，但整日沉迷于网吧玩网络游戏。由于其无所事事，与家人关系紧张，每当江某玩游戏玩到没钱的时候，就会离开网吧到处乱逛，一开始本着不把事做大的原则，采取顺手牵羊的方式进行盗窃。后来发现这种方式来钱太慢，就开始伙同游手好闲的张某在某大学城附近密谋抢劫。不料在第一次作案时，遭到被害人强烈反抗，两人慌了手脚，失手将被害人捂死后，逃窜至外省。由于害怕受到警方的追捕，两人藏匿了将近半年，才敢出门活动。见没有追捕他们的消息后，才放下心来，开始在城市的各个公园中流窜作案，实施抢劫5起，劫得现金近万元。

在一次抢劫中，他们没带任何作案工具就顺利得手，这极大地刺激了江某和张某的作案心理，他们不仅很快就准备了弹簧刀、尖刀、砍刀、钢管等作案工具，而且还隔三差五地出去抢。他们的作案到了疯狂的程度，只要见到适合抢劫的对象就绝不放过。每次抢劫时，江某都用刀子或钢管将被害人捅伤、捅死或打成重伤，对被害人造成生命威胁后再实施抢劫，甚至遇到单身女子时，还实施过猥亵行为。连连抢劫得手的两人，开始疯狂地挥霍赃款，他们包“小姐”，出入高档饭店、娱乐服务场所，极尽享乐。经过警方的长期侦查，两人终于被抓捕归案。①

案例中的江某好逸恶劳，对享受生活存在极大的需求，这就直接导致其具有财产型犯罪动机的行为。一开始，犯罪动机与由安全需要、受人尊重需要引发的守法动机会发生强烈的动机冲突，犯罪人在一定时间内处于是否实施犯罪的矛盾之中，一旦其不当需求占了上风，犯罪动机就会占主导地位。当江某形成犯罪决意后，也会产生不同犯罪动机间的动机冲突，如在其犯罪伊始，他选择了顺手牵羊的小偷小摸，而非明目张胆的抢劫。

犯罪动机有一个发展变化的过程。本案中，犯罪人第一次作案后，内心很紧张、恐惧，担心被害人家属报案以及受到警察的追捕。时隔多日，发现并没有案发，其沉重的心理压力得到了释放。胆子更大了，作案越来越频繁，手段越来越残忍。另外，江某和张某第一次抢劫时，其最初的犯罪目的是钱财，而杀人只是附带的行为。但在之后持续不断的犯罪过程中，作案手段越来越老练，其犯罪心理不断得到强化，心态上出现了较强的定式，逐渐向惯犯发展。

---

① 参见《小伙沉迷网络游戏　小偷小摸终犯罪》，载金华检察网。

因此，我们可以得知，一旦犯罪动机得到实现，其发展趋势就会由浅入深，本案中也证实了这一点。犯罪人的需要、欲望会随着犯罪动机的实现，而逐渐加强甚至扩大，财产、性欲、暴力以及报复类犯罪动机会相互联系，最终恶化并产生严重的后果。

三、错误认知与犯罪

【参考案例 2–12】

柳永哲于 1971 年出生于韩国汉城的一个贫困家庭，由于家族遗传病，再加上贫寒的生活条件无法医治，家中的男性都难逃癫痫病的折磨，病魔相继夺走了他的父亲和哥哥的生命。柳永哲饱受贫困和恐怖死亡的折磨，强烈渴望过上挥金如土的富裕生活，为了实现这个目标，他从上高中时就开始偷窃、欺诈、暴力伤人，因而屡次被送进监狱，但其丝毫不知悔改。2002 年柳永哲第 11 次入狱后，他当按摩女的妻子终于忍无可忍提出离婚，并带儿子一走了之，柳永哲偏执地认为，妻子是嫌弃他一无所有才将他抛弃，他逐渐产生了一种对富人的仇恨心理。

当柳永哲目睹附近高档住宅区居民的美好生活后，扭曲的心迅速迸发出无尽的仇恨。2003 年 9 月 24 日，即柳永哲出狱后第 13 天，他闯入一栋二层的高档别墅，用钝器将一对老年夫妇杀害，他没有拿走什么值钱的东西，第一次杀人的快感已让他十分满足。杀富泄愤的满足感并不能持续很久，柳永哲又如法炮制，在某单独住宅内残忍杀害了一家三口。一周后，又有一对老夫妇倒在柳永哲的铁锤下。柳永哲连续作案，直至 11 月底的时候，才停止了疯狂杀人，原因是他再次恋爱了。

这次令他坠入爱河的也是一名按摩女，姓金。柳永哲孤独的心灵终于获得些许慰藉，他准备开始自己的新生活。不再整天谋划如何报复杀人，而是开始作诗绘画，畅想和按摩女的美好生活。可惜的是，女方拒绝了柳永哲的求婚，理由是其有大量的犯罪前科以及家族癫痫病史。柳永哲再次受到打击，他的邪恶之心再次迅速膨胀。他开始实施更为详细、周密的杀人计划。而这次的目标是那些如同前妻和女友一样的按摩女。最开始，他想杀害自己的前妻，在他看来，自己的所有不幸都是那个嫌贫爱富的女人造成的，可是又担心自己儿子没有人照顾，最终放弃了。之后，就开始了他的疯狂报复行为。从2003年9月开始之后的短短10个月内，柳永哲用无比残忍的方式杀害了20多个和自己无冤无仇的富裕阶层的老人和按摩女，创下了韩国历史上连环杀手作案数量之最。①

人的一切经验、判断，都来源于对自然、社会的认知。人脑接受外界输入的信息，经过头脑的加工处理，转换成内在的心理活动，进而支配人的行为，这个过程是信息加工的过程，也就是认知过程。人对客观事物、对世界的认知，是从自己的感知开始的，在自我认知的基础上，人们进一步认识他人与周围的环境，并学会处理与他人的关系，学会在环境中生存。而错误认知是人对价值取舍、外部关系的误判，也有人属于故意触犯法律，或者抱着侥幸心理作出越轨行为。②

错误的认知体现在认识内容的错误性，包含以下几方面：一是错误的人生观、价值观和世界观。例如，性欲型的犯罪人有极端利己主义倾向，追求低级的生活情趣，将满足性欲看得至高无上，追求感官刺激。又如，职务型犯罪人信奉“有权不用、过期作废”、权钱交易等错误的社会心理。二是认知水平低下、偏执。比如，财产型的犯罪人不考虑奢华生活是否与自己的经济能力相匹配，通过非法手段满足自己对物质的需求，将自己的经济收入不及他人归于社会、国家政策等。又如，本书前文所提到的制造“福建南平惨案”的犯罪人郑某生，他认为自己的不幸遭遇是社会不公所致，因此，他对社会抱有极为不满的情绪。郑某生甚至在法庭上提出异议，认为法庭对他是不公平的，他一直强调是社会的冷漠造成的悲

---

① 百度百科：柳永哲。

② 墨羽编著：《犯罪心理学》，清华大学出版社2016年版，第48页。

剧，自己是本分的人，没有起因就没有这结果（杀戮孩子）。绝大部分犯罪人不同程度地存在着种种错误的认知观念，本书将在之后的章节详细讲述。

需要指出的是，错误的认知并不会必然形成犯罪心理，导致犯罪行为的发生。当个体的认知水平较低且存在犯罪机会时，其本身又没有发展出相应的内部机制来控制自己的行为和抵制诱惑，才会出现越轨和犯罪行为。

在【参考案例2-12】中，柳永哲创下了韩国犯罪史上一人杀害人数的“最高纪录”，成为韩国史上头号连环杀人凶手。由于柳永哲的杀人动机是仇恨富人、痛恨女性，手段超级残忍，作案频率极其密集，对韩国全社会造成了巨大的心理冲击。促使其成为连环杀手的主要原因和他周围的环境因素及其个人的偏执信念有关。

第一，从环境因素来讲，柳永哲的家庭贫困导致生病的父亲和哥哥无法得到有效的救治而亡，这给柳永哲带来了巨大的恐惧心理，惧怕自己也会患上家族遗传病，金钱和富裕的生活是柳永哲极其渴望的。另外，柳永哲在监狱服刑时，看了很多与犯罪有关的书籍以及连环杀手郑斗英的报道，这激发了其内心的欲望，想效仿并挑战郑斗英，通过杀人的方式报复社会。当然，这只是柳永哲报复杀人的外部刺激，并非其犯罪的根本原因。

第二，从内部因素来讲，柳永哲犯罪的主要原因在于他偏执的认知、信念。家庭的贫困、父兄的早亡及其一系列盗窃等犯罪行为，屡次出入监狱服刑，这种畸形的生活状态让其产生了非常偏激的观念，他认定不幸的生活是有钱人造成的，尤其是其前妻的离开，更让柳永哲将这一切归于自己的贫困。于是这些因素促使柳永哲形成了仇富的心理，实施了一系列专杀高档小区有钱人的行为。同时，柳永哲极其痛恨按摩女，前妻与自己离婚，女友拒绝他的求婚，两次被按摩女抛弃，让柳永哲内心生出极大的“恨”，认为自己的生活全被这两个女人毁掉了，这种恨只针对按摩女这一行业的女性，这从他专门奸杀按摩女可以看出来，这种恨从他在作案中将被害人的尸体切割成十八九块也可以看出来。

总的来说，柳永哲对事物的认知方式过于偏激，不能清楚地看到事物发展的真正原因。他可以通过习得专业技能，辛勤地工作来摆脱贫困的生活，而现实中，他从小无心学习，长大后妄图通过盗窃、抢劫等手段来满足对金钱的渴望。前妻与其离婚的主要原因也并非嫌他贫穷，而是其不务正业、屡次进监狱服刑，不能给儿子做一个好榜样而导致。造成其贫困生活的原因也并非富人阶层的剥削、社会的不公，而是他缺乏一定的谋生技能、具有不劳而获的心态和游手好闲的行为所致。出身寒门但自强不息、奋发图强，通过自己的劳动、智慧过上富裕生活的大有人在。柳永哲错误且偏激的认知导致他使用暴力的方式来报复社会。如果柳永哲能够正视这些问题的本质，可以用恰当的认知方式来看待事物，也就不会成为遭人唾弃的连环杀手。

【课堂讨论 2-2】

青少年从生理和心理都处于不成熟的阶段，虽然接受新事物比较快，但由于经验、知识的限制，看待问题往往出现认知片面、以偏概全的情况。请思考并讨论：青少年在生活、学习中容易产生哪些错误、片面的认知？应当如何矫正？

四、生理因素决定犯罪的类型

【参考案例 2-13】

“道上”人称“快刀张”的张某流窜于牡丹江、七台河、双鸭山、鹤岗、佳木斯等地，专在无监控的长途客车上割破乘客的衣服和包偷钱。“快刀张”在年轻的时候师从一名老贼，又独自练了七八年才“出山”。

“整个东北不敢说，但这一带，只有我一个人会这‘手艺’。”审讯时张某说，“我不是扒手，扒手也就偷个几百块，我出手一次最少几千块。”

“快刀张”的小刀都是他自制的，3 厘米长、0.5 厘米宽，一头开刃一头贴胶布，夹在指间一点儿都看不出来。他眼睛毒得很，“看谁有钱不能看衣着，一到开春秋收，那些衣衫褴褛的老农兜里不是买种子的钱，就是卖粮款。我手一碰，就有底了。”

2013 年年初，一辆长途客车到达牡丹江市区，老王一起身，感觉下身凉飕飕的。“老头，你裤裆咋开了?”他忙低头看，一条口子从外裤裂到内裤，棉花向外翻着。他臊得脸通红，忙用手捂住，紧接着脸煞白——“钱不见了!”原来，他内裤里有老伴儿缝的 7000 多元钱，是买种子化肥的。“我咋回家呀!”老王坐在车上痛哭起来。

2015 年 9 月，在教育机构做推广的小李坐上了开往牡丹江的长途车，背包里有客户给的 7000 多元定金。一个中年男子走过来坐在了旁边，很快打起了盹。快到市区时，男子睡眼惺忪地起身说：“师傅，我睡过了，停下车呗。”男子下了车，客车很快到了终点站，小李一站起身，双肩包里的东西从一条被割开的大口子处全掉了出来。“遇到贼了!”他连忙翻找钱包，其他乘客也围了上来。“这么大口子，这贼的刀得多快?”“找到了，在我座位后面。”欣喜之余，小李很疑惑，“贼咋又放弃了?”“那个中年男子就是我。”“快刀张”受审时解释说，那次割开包时车快到市区了。“市区监控太多，太容易出事，所以我又把钱包放在他身后，立即下了车。”

“我的钱丢了!”海林开往牡丹江的长途车上，一个男子突然喊着哭出了声。他是海林村民，来牡丹江买牛，快到站时发现内衣兜被划开，1 万元钱被偷。接警后，公交分局民警迅速调取沿途监控，通过海量的工作终于有了回报。监控显示，在两条街交口处，有个男子似乎丢掉了一把小刀。通过监控追踪，在海林警方配合下，牡丹江警方在某旅店内将“快刀张”抓获。经审，犯罪嫌疑人张某，鹤岗市人。“经我们立案核实，近两年他仅在牡丹江地区就作案 7 起，其中 1 起未遂，涉案金额达 5 万元。”民警表示。

“我栽在了‘贪’字上。”在看守所里的张某仍念叨着，认为是这一次太不谨慎才落网，“本来这趟车我没打算下手，但那个男的有很多钱，我没忍住。我有个习惯，或者说忌讳吧，用过一次的小刀必须扔掉，没想到居然栽在了这儿……”再狡猾的狐狸也斗不过好猎手，“快刀张”的结局，在第一次划开别人裤兜时就已经注定了。①

如前文所述，不能单纯地强调生物学因素是犯罪产生的主要原因。但是，个体之间在生物学层面存在的巨大差异，增加了犯罪人实施不同犯罪类型的可能性。比如，根据相关数据统计得出，体型强壮的犯罪人常与暴力犯罪相关，瘦弱型的犯罪人常实施盗窃、诈骗等犯罪。需要注意的是，与犯罪人具有同样外在特征的大多数人并不会实施犯罪，所以这种外在的生理特征不具有预测价值。

在本案例中，“快刀张”的“手艺”是他“行走江湖”的利器。他这一身偷盗的本领和能力决定了他的犯罪类型——盗窃。可见，犯罪人本身具备的能力对其实施犯罪有着直接的影响。在心理学上，人的能力具体包括智能、技能和特殊能力。人的先天禀赋决定了他的智能、智力。

智力，具体是指认识、理解客观事物并运用知识、经验等解决问题的能力，包括记忆、观察、想象、思考、判断、推理等。智力高低并不必然导致犯罪，但是智力过高或智力过低都会影响犯罪。在高智商犯罪中，如诈骗犯罪、计算机犯罪、信用卡犯罪、证券金融方面的犯罪等，犯罪人往往具备专业知识，具有高水平的专业能力，其犯罪更容易得逞，且不易被发现和侦破。智力过低的犯罪人大多不能很好地适应社会，往往会采取暴力、攻击的行为来表达自己的负性情绪，满足自己的不良需要。不同犯罪类型的犯罪人智力发展状况是有差异的。一般来说，实施强奸、奸淫幼女、盗窃等犯

① 参见《老贼苦练手艺：纵横扒手界七八年终被抓 盘点防小偷 11 招》，载深港在线。

罪的犯罪人智力偏低，而诈骗犯、有预谋的杀人犯、利用网络实施犯罪的犯罪人，智力水平相对较高。

技能，是指人的操作能力，一般形成于后天的反复练习。“快刀张”的“手艺”就是其师从老贼，且苦练七八年后才成为其屡屡得手的技能。在盗窃犯罪中，犯罪人要具备一定的技能，如专业的开锁、开保险箱的技术，撬防盗网、撬门锁的技巧，扒窃需要眼明手快，以及通过学习和熟识安防技术、监控信息，懂得躲避监控的技能。

【参考案例 2-14】

乔纳森·詹姆斯（Jonathan James），历史上五大最著名的黑客之一。1999 年，年仅 16 岁的詹姆斯成为世界上第一个因为黑客行为而被捕的未成年人。他攻击过的高度机密组织包括美国国防威胁降低局，这是美国国防部的一个机构。他入侵并获得了可以浏览高度机密邮件的用户名和密码。他还入侵过 NASA 的电脑，并且窃取了价值超过 170 万美元的软件。美国司法部有这样的一段描述：詹姆斯窃取的软件可以支持国际空间站的物理环境，包括温度和湿度控制。发现这次入侵之后，NASA 不得不立刻关闭了整个电脑系统，并花费 41000 美元进行修复。[①]

凯文·米特尼克（Kevin David Mitnick），第一个被美国联邦调查局（FBI）通缉的黑客，有评论称他为世界上“头号电脑黑客”。15 岁时，米特尼克以远远超出其年龄的耐心和毅力，试图破解美国高级军事密码，成功入侵了“北美空中防务指挥系统”的主机，这次入侵，成为黑客历史上的一次经典之作。不久之后，他又进入了美国著名的“太平洋电话公司”的通信网络系统。他更改了这家公司的电脑用户，包括一些知名人士的号码和通讯地址。结果，太平洋电话公司不得不作出赔偿。第一次被捕是因为入侵美国联邦调查局。1983 年，因非法侵入五角大楼的电脑网络而被判在青年

① 参见《天才少年乔纳森·詹姆斯　既是黑客也是红客》，载搜狐网。

管教所服刑 6 个月。1988 年他再次被执法当局逮捕，指控他从公司网络上盗取了价值 100 万美元的软件，并造成了 400 万美元损失，米特尼克被判处 1 年徒刑。一年之后，他又马上施展绝技，时而潜入知名高科技公司非法窃取其软件，时而进入电脑研究机构的实验室制造麻烦。他被列入 FBI 十大通缉犯的行列。1995 年，这个被称为“最出色的网络窃贼”“地狱黑客”的米特尼克终于落网了。①

本参考案例中的两名犯罪人凭借其在计算机方面过人的才能，编写病毒致使网络系统瘫痪，扰乱了网络环境，企图达到炫耀自己、谋取非法利益的目的，给国家和个人带来了不可估量的损失。随着现代化高新科技的发展，智能化的犯罪方式也越来越多，如计算机犯罪、信用卡犯罪、金融证券犯罪等。犯罪人往往具有高智商或者掌握某种高科技技能，其在作案前往往进行精心预谋，作案手段也更加隐蔽，给侦查活动带来了难度，瞬息间给国家和他人造成难以弥补的损失。高智商犯罪也对侦查部门的侦查工作提出了挑战，侦查手段不能再拘泥于传统的方式，而是要与时俱进，将现代化高新科技引入到侦查工作中。本参考案例中，米特尼克在逃跑的过程中，通过高超的技术，还控制了当地的电脑系统，进而知道关于追踪他的一切信息。联邦调查局请到了被称为“美国最出色的电脑安全专家”的日裔美籍计算机专家下村勉，经过漫长而艰难的追捕，终于在 1995 年发现了米特尼克的行踪才将其抓获。

通过以上案例，可以得知犯罪人的犯罪目的除了谋取非法利益之外，还意图寻求刺激，获得精神上的满足。与一般犯罪人追求吃喝玩乐等低级享乐趣味不同，多数高智商犯罪人更倾向于获得情感上的满足。米特尼克的律师在为他辩护时称：黑客行为犹如吸毒，靠当事人的理智绝对无法改变这一行为。米特尼克一心扑在电脑上，黑客行为使他感到兴奋不已。犯罪人大多喜欢刺激具有挑战性

① 参见百度百科：凯文·米特尼克。

的事物，进取心强，但是意志薄弱，难以抵制巨大物质和恶作剧带来的诱惑和快感，根本不去理会自己的行为是否违背法律或者道德规范，肆意妄为。对高智商、有才华的人来说，应该学会正确看待和运用自身的能力，将个人的杰出才干用于为社会做贡献，而不是从事违法犯罪活动。

【课后思考】

赵承熙出生于1984年，韩国人。8岁时跟随父母从韩国移居美国。2007年4月16日，赵承熙在美国弗吉尼亚理工大学制造了美国历史上最严重的恶性校园枪击案，枪击造成33人死亡，之后他开枪饮弹自尽，至今还无法确定到底是什么使得赵承熙爆发并制造了校园枪击惨剧。

赵承熙的父母是一对在华盛顿经营干洗生意的韩国移民，当地居民回忆说，赵承熙是个奇怪的年轻人，似乎没有任何朋友。与他相识多年的人都说，赵承熙不管是愤怒、沮丧或是心烦，都从来没有任何表情。他通常都轻声说话，并且完全拒绝对老师和同学敞开心扉。老师反映赵承熙曾经写了很多表现愤怒和暴力情绪的诗歌以及呈现暴力的剧本。

他的同学回忆说："他从来不说一句话。即使教授问问题，也不说话。他看起来总是身体和精神都很差，好像他很压抑一样。"在2005年赵承熙上过的英国文学课上，当第一天老师要求学生们在一张纸上写下他们的名字时，赵承熙只写了个问号。"就连老师也在笑他，没人弄得懂他。"事后有同学回忆说。

请思考：

从犯罪学的角度分析赵承熙的犯罪原因。

模块二

不同犯罪主体的犯罪心理

第三章　青少年犯罪心理

【学习目标】

知识目标：1. 了解青少年犯罪的概念和发展趋势；

2. 掌握青少年犯罪人的心理特征和行为特征；

3. 理解不同犯罪类型青少年犯罪人的心理特征。

能力目标：1. 运用青少年犯罪心理的相关知识阐释具体案例；

2. 运用青少年犯罪心理的相关知识从事司法实践活动。

第一节　校园犯罪——校园里的“魔鬼”

校园是青少年活动的主要场所，也是孩子们接受教育、结识朋友、茁壮成长的摇篮。可就是在这片净土之上，校园暴力案件频发。轻则出现辱骂斗殴、威胁恐吓等一系列让人震惊的校园欺凌，重则发生杀害同窗室友等让人毛骨悚然的校园命案。根据最高人民法院发布的《校园暴力司法大数据专题报告》数据显示：在校园暴力案件中，88.74%的被害人存在不同程度的伤亡情况，涉及故意杀人的校园暴力案件中，67.44%是因琐事引起，21.74%是因感情问题引起，4.65%是为发泄个人情绪，55.12%的校园暴力案件因发生口角、小摩擦等琐事而引发，因满足个人私欲进行抢劫、敲诈勒索、强迫卖淫、侮辱、强奸等犯罪行为的案件占18.08%。[①]

屡见报端的校园犯罪不仅对学生的生命安全造成了极大的危害，还扰乱了学生们正常的学习生活秩序，容易引发校园恐慌，进而产生不良的社会影响。下面我们着重对校园欺凌和校园杀人案进行分析。

一、校园欺凌

（一）校园欺凌的现状

校园欺凌，顾名思义是发生在校园范围内的，由在校生故意、反复对某个学生实施以多欺寡、恃强凌弱的伤害行为。近年来，我国乃至全世界校园欺凌事件屡屡发生，校园欺凌已经成为全球性严重的社会问题。

目前，校园欺凌已经不再是隐藏在“象牙塔”内的罪恶，而变成了时时登上网络热搜的“头条”。例如，延安某中学高二年级的多名女生在宿舍内持刀威胁5名学妹脱衣拍裸照，欲强迫其“卖处”。被拒后，施暴女生对被害人实施疯狂殴打和猥亵，导致几人耳膜穿孔、下身出血；福建某初三男生遭同学围殴最终致其脾脏被切除，在此之前他已被同学欺凌4年；湖南某初中女生因长得太漂亮而被同学暴打；重庆某初中女生因住校期间太邋遢引起舍友不满并对其实施殴打，致其十级伤残；陕西某初中男生在宿舍被几名男生拳打脚踢和轮番殴打，最后还被强迫跪着“走”；四川某中学3名女孩对另一名女孩施暴，扒光其衣服进行羞辱；辽宁某小学女生连续3天遭到六七名女同学的殴打，其中一次长达一小时之久，其挨打的过程还被录像传到了网上；河北某8岁小学生被11名同学围殴致死。2015年6月发生于美国洛杉矶的多名中国女留学生欺凌同胞案，刘某被虐待5个小时，其间，有12名学生对刘某拳打脚踢，剃掉她的头发逼其吃掉，扒掉她的衣服拍照，用打火

① 数据来源：最高人民法院发布的《校园暴力司法大数据专题报告》。

机点燃其头发，强迫她趴在地上吃沙子，拍裸照，手段非常残忍。3 名涉案未成年人被美国法院以绑架罪、殴打罪分别判处 6 年、10 年及 13 年刑期。

校园欺凌会给遭受欺凌的一方尤其是中小学生造成长期深远的身心创伤，这不仅阻碍青少年的身心健康发展，也给家庭带来了沉重的打击，更不利于社会的和谐稳定。具体表现如下：

1. 对受害者的危害

受害者往往会遭受不同程度的身体伤害，轻则伤残、重则失去生命。另外，校园欺凌给受害者带来了心理阴影甚至名誉受损，有的欺凌者会将欺凌过程拍成视频上传到网络，有的视频甚至有裸露受害者隐私部位的画面，这给受害者带来了巨大的精神创伤。自卑、无助、焦虑、抑郁等不良情绪随之而来，进而可能会影响其人际交往，受害者可能变得自卑消极、没有安全感，从而导致更多的欺凌与孤立，形成恶性循环。受害者往往会成绩下降、厌学、旷课，甚至会出现自杀或者实施报复性犯罪等极端的行为。

【拓展阅读 3-1】

肖某从小就戴着一副眼镜，不爱说话，不惹事，典型的乖孩子模样。他刚上初中常被别人欺负，忌惮对方发出的威胁，藏在一副眼镜背后的眼神充满恐惧。后来他在学校认了一个“大哥”，跟在其身后寻求保护。到了高中时期，他奉行“霸蛮”之道，在高一开学的两个月里频繁打架，打成了校园里的“老大”。

“其实人是相互的，你被别人欺负过，自然就学会了欺负别人。因为你想把以前被别人欺负的痛苦发泄出来。”肖某初中的时候在学校里常被人欺负，明白其中滋味。在寝室里，他的私人物品会未经其同意被别人拿走，有人骂他或者打他，只能选择忍一忍。平日行事小心翼翼。“就因为我戴眼镜，看起来斯文。”“变着法欺负我，就觉得反正能吃得住我。”肖某心里害怕，但不敢作声。他不敢告诉父母和老师，因为所有人都在强调要少惹事，认真学习。有一天夜里，同寝室的人把他的被子和枕头卷起来砸在他的身上。

“敢再进来老子就打死你。”对方恶狠狠地威胁他，让他滚出寝室。同寝室无人帮他说话，他站在寝室门口，眼泪簌簌往下掉。他在心里想：“凭什么？”可最后不得不默默离开，去隔壁同学的寝室借宿。他整宿都在想发生在自己身上的事，想到最后，他“彻底死心”，明白了一个道理：人越老实，越被人欺负。他去结识了一位长他三岁的留级生做了“大哥”。此后，肖某跟着这个“大哥”逃课、抽烟、喝酒、去KTV，很快他和几个同学形成了一个圈子。谁被欺负，另外的人就一起帮着出头。其他同学不敢在他面前大声说话，也不敢轻易反驳他。他终于有了安全感。

最终，肖某领着一群兄弟跟另一群人在街头打架时，失手致一人死亡，他那时候还不满17岁。①

2. 对欺凌者的危害

欺凌者因其行为必定要受到处罚，视欺凌行为的程度不同，或接受老师批评或学校处分，或受到治安处罚甚至刑事处罚。另外，欺凌者在长期施暴过程中容易情绪失控、心理扭曲，其暴力行为让他们难以融入正常的社交关系，有些欺凌者会成立小帮派甚至加入社会上的不良组织，极易受到影响走上犯罪的道路。

【拓展阅读3-2】

2017年2月28日下午15时至晚22时，北京市西城区某职业学院的一名女学生朱某伙同另外4名女生在学校女生宿舍楼内，采取恶劣手段，无故殴打、辱骂2名女学生。其间，该5名女生还脱光了一名被欺凌女同学的衣服予以羞辱，并用手机拍摄了羞辱、殴打视频，事后还在自己的微信群内小范围进行了传播；其中一名被害人当天先后被殴打了3次。经鉴定2名被害人均构成轻微伤，其中一名被害人精神抑郁，目前仍无法正常生活、学习。

① 参见《一个校园欺凌者的杀人回忆：因为被欺负过，学会了欺负别人》，载腾讯新闻。

尽管她们都是未成年人，积极赔偿被害人的经济损失，也取得了被害人的谅解，但鉴于她们随意殴打、辱骂他人致伤，已经构成寻衅滋事罪，最后5人分别被判处1年及11个月的有期徒刑。

校园欺凌对被害人而言，身体和心理都受到了侵犯和伤害，对欺凌者自己而言，因为自己的错误行为，被判处了刑罚，失去的是自由，失去的是亲人和伙伴的陪伴，当她们挥舞拳头的时候，似乎从未想过这些，在校园欺凌事件里面没有赢家。

本案的主审法官希望此案为更多的人敲响警钟：第一是通过刑罚，想让本案的被告人真诚悔罪，希望她们能真诚的认识到自己的错误，光嘴上说认错没有用，只有真的认识到自己错了，才能真正地去改正。第二是希望通过这个案子也给其他有相似想法的孩子敲一记警钟，不要随意去欺负他人，这样会导致自己的行为偏离轨道，最后犯罪，等待你的就是刑罚。①

3. 对旁观者的危害

在校园欺凌过程中，不乏旁观者的存在，他们采取事不关己、高高挂起的冷漠态度，认为自己不是欺凌者，也不是受害者，和自己无关。但其冷漠的态度却纵容了欺凌行为，目睹这些暴力行为也会给他们尤其是小学生留下心理阴影，担心自己日后被欺凌也会无人施救，逐渐在学校交往中一味的委曲求全，逆来顺受，求得一时清净。也有的旁观者会在这种暴力的影响下，为了防止自己受到欺凌，学着好勇斗狠，甚至用暴力对待他人成为新的欺凌者。

（二）校园欺凌者的犯罪心理分析

1. 认知特征

（1）心智发展不成熟。尤其是中小学的欺凌者，因其年龄小，正处于身心发育的关键阶段，人生观、价值观与世界观都尚未成

① 参见《北京五名未成年少女因校园欺凌被判刑——专家：多方教育缺失 被害人心理重建路漫长》，载央视新闻客户端。

熟。在行为上偏重以自我为中心，在学校一旦遇到不顺心的事情，就会滋生不满的情绪，甚至会产生不良心理，对同学进行打击报复。或者有的学生注重个性的张扬，以欺负弱小、彰显其“能力”为乐。当他们遇到事情时不会换位思考，不能包容和体谅别人的缺点或错误，根本不会去考虑自己的行为会带来何种结果，只是追求一时的心理畅快和满足。

（2）法律意识淡薄。多数校园欺凌者对校园欺凌认识不足，对实施欺凌所应负的法律责任并不清楚。甚至认为自己是未成年人，只要未满18周岁就可以随心所欲。【拓展阅读3-2】中的欺凌者在挥舞拳头的时候恐怕从未想过自己会站在被告席上，为欺凌行为付出代价。

2. 需要特征

从媒体报道的校园欺凌的案例中可以看到，欺凌者大多学习成绩差，很少受到老师表扬和同学拥护，与大多数同学相处不来，属于那种有“个性”的学生。他们在学校中找不到归属感，也得不到尊重，自我价值感就会降低，缺少安全感。而通过欺凌他人给自己创造一个可以控制的领域，让别人畏惧自己，服从自己，从中体验到控制感、安全感和被关注。

3. 情绪情感特征

情感淡漠，缺少共情能力。校园欺凌者缺乏对别人的尊重和同情，会将自己一时的快乐建立在他人的痛苦之上，看到受害者唯唯诺诺、哭啼求饶的样子觉得好玩，体验不到受害者的痛苦，在欺凌过程中更多的情绪反应是冷漠和兴奋，并在欺凌对方的情境中体验到快乐。

4. 意志特征

（1）自控能力差。校园欺凌者往往自我控制能力差，做事不计后果，容易感情用事。在学习上缺乏坚韧性，遇到困难就会退缩、逃避，大多学习成绩差，有的学生只会通过欺凌他人来获得自我价值的体现。

（2）易受暗示性。由于青少年分辨是非的能力差，很容易接受别人的暗示而盲从。当看到同学欺凌他人时会进行模仿，且模仿能力较强；甚至面对欺凌行为的邀请不会拒绝，随波逐流、稀里糊涂，不考虑事情的结果就参与到欺凌的行为中。

5. 性格特征

青少年的性格各异，或开朗外向，或沉默内向，或自尊自傲，或自卑寡言。欺凌者往往脾气急躁、任性固执、具有攻击性、做事冲动、以自我为中心、无法控制自己的情绪，认为暴力是解决问题的有效方式。

（三）校园欺凌案的行为特征

1. 普遍性

2017 年联合国教科文组织《校园暴力和欺凌全球数据报告》数据显示，32.5%的学生遭到过校园欺凌。无论是小学、中学还是大学，尤其是九年义务教育阶段，校园欺凌是普遍存在的。数据显示，2017 年前 11 个月，全国检察机关共批准逮捕的涉嫌校园欺凌和暴力犯罪案件 2486 件、3788 人，提起公诉 3494 件、5468 人，比 2016 年同期增长了 50%以上。[①]

2. 行为多样性

校园暴力主要包括身体欺凌、言语欺凌、社交欺凌，而随着互联网等新的社会交往形式的发展，网络欺凌也随之出现。相关数据分析结果显示，言语欺凌的发生率最高，有将近一半（49.6%）的初中生遭受过言语形式的校园暴力；其次为社交欺凌，有 37.7%的初中生遭受过校园内交往上的欺凌；而有 19.1%的初中生在校园里遭受过身体上的暴力伤害；网络欺凌作为校园暴力的新形式，其发生率也达到了 14.5%。[②] 由此可见，校园欺凌手段和方式

① 参见《2018 年校园教育之校园欺凌立法还有多久》，载今日新闻。

② 本数据来源于中国人民大学中国调查与数据中心（NSRC）设计与实施的中国教育追踪调查（CEPS）。

愈发残忍，如传统的肢体冲突、辱骂性的言语欺凌与人际关系上的排挤，围殴、掌掴、下跪、扒衣、勒索、猥亵、逼迫食粪便、砍杀等各种手段让人不寒而栗，欺凌者甚至还拍摄欺凌过程在网上传播，对受害者和社会造成了恶劣影响。

3. 隐蔽性

校园欺凌往往不易被老师或家长发现。受害者由于缺乏自我保护意识、被恐吓、自尊心等原因不会第一时间向老师、家长说出事实。旁观者本着多一事不如少一事的心态，或者害怕欺凌者报复的畏惧心理，也不会向老师反映。前文提到的福建某初三男生遭同学围殴最终致其脾脏被切除的案例，在此之前他已被同学欺凌了 4 年，如果学校或家长能早一点发现，这位同学也不会最终被欺凌致残。校园欺凌的隐蔽性也间接导致了欺凌者们的暴力行为愈演愈烈，气焰更加嚣张，肆无忌惮。

4. 重复性

校园欺凌并非偶尔发生，被害者往往会经历长期的、反复的伤害，在一定时间内，双方的角色是固定的，欺凌行为是反复的。受害者长时间、重复的受制于欺凌者的暴力之下，对于这种无法摆脱的状况往往痛苦不堪，有的人在忍无可忍之时会直接向欺凌者报复，有的人会转向更弱小的人进行欺凌，从而恢复心理上的满足和平衡。

【课堂讨论 3-1】

在世界各国，每天都会发生校园欺凌事件，并不时有校园学生暴力案件的报道，其中还有一些性质相当恶劣的案件。案件中那些心灵扭曲的孩子们作案手段之残忍，令人触目惊心。在日本，校园欺凌已经变成了一个严重的社会问题，每年有许多学生自杀。结合身边的例子，请思考并讨论：我们应如何应对和防止校园欺凌的发生？

二、校园杀人案——从高材生到死刑犯

（一）典型案例介绍

1. 云南大学马某故意杀人案

2004 年，在云南大学学生公寓一宿舍柜子内发现 4 具被钝器击打致死的男性尸体，作案者就是该宿舍的另一名学生马某。据马某供认，这起杀人事件的起因是因为寝室内一起打牌的争执。就在 2004 年寒假，马某因为打工而没有回家，留在学校住宿，而邵某和唐某提早回到了学校。就在案发的前几天，马某和邵某等几个同学打牌时，因邵某怀疑马某出牌作弊两人发生争执。曾被马某认为与其关系较好的邵某说“没想到连打牌你都玩假，你为人太差了，难怪龚某过生日都不请你”，就是这么一番牢骚，让马某认为其伤害了自己的自尊心，转而动了杀机。

为了实施他的杀人计划，马某在网上查阅了许多资料，最后确定用杀人后流血相对较少的铁锤作为他的作案工具。他曾两次购买石工锤，还买了用于捆扎尸体的黑色塑料袋、胶带纸，并上街请制证窝点制作了假身份证，以备出逃时使用。他在 2 月 13 日晚杀一人，2 月 14 日晚杀一人，2 月 15 日再杀两人，被杀害的这 4 名同学全部都是头部被石工锤击中致死。马某把他们一一藏在宿舍的衣柜内，用黑色塑料袋扎住头部，防止血流出来，然后用报纸蒙住衣柜并锁好。随后，马某开始了逃亡之路。3 月 1 日马某被公安部列为 A 级通缉犯，3 月 15 日在海南省三亚落网；2004 年 4 月 24 日被昆明市中级人民法院依法判处死刑，剥夺政治权利终身；2004 年 6 月 17 日被依法执行死刑。

2. 复旦大学林某投毒案

林某与黄某均为复旦大学上海医学院 2010 级硕士研究生，两人同住一间宿舍，林某因日常琐事对黄某不满，逐渐怀恨在心。2013 年 3 月 29 日，林某在大学宿舍听黄某和其他同学调侃说愚人节快到了，想做节目整人。林某看到黄某笑得很得意，便联想到其

他学校用毒整人的事件，便计划投毒“整”黄某。

2013 年 3 月 31 日下午，林某以取物为借口，从他人处借得钥匙后进入实验室，取出用于医学动物实验后存放于此处的剧毒化学品。回到宿舍趁无人之机，将剧毒投入该室饮水机内。4 月 1 日，早上黄某喝下寝室内饮水机内的水，发现水的味道不对，认为水过期了，特意将过期的水倒掉，把桶刷干净。到 10 点多，黄某开始有恶心、呕吐、发烧等症状，被导师和同学送到复旦大学附属医院。2 日下午，经检验发现黄某肝功能受损；4 月 3 日下午，病情趋重，转至该院重症监护室救治，医生认为是由于中毒而造成的肝损伤，但因为毒素不明，难以判断及对症下药。

林某一直没有说出真相，在接受公安人员调查询问时也没有说出实情。直到 12 日公安机关确定林某有作案嫌疑并对其传唤后，林某才如实供述了他的作案经过。但此时已经为时已晚，16 日，黄某经抢救无效死亡。

2014 年 2 月 18 日上午，上海市第二中级人民法院一审宣判，被告人林某犯故意杀人罪被判处死刑，剥夺政治权利终身。2015 年 2 月 11 日，林某被依法执行死刑。

3. 吉林农业大学郭某故意杀人案

2009 年 11 月 14 日凌晨 3 时，吉林农业大学学生郭某用事先准备好的尖刀扎了同寝室同学赵某数刀后报警，经 120 急救人员诊断确认赵某已死亡，民警遂将在寝室的郭某及同寝室其他同学带回调查，郭某对自己持刀杀人的犯罪事实供认不讳。

据郭某供述，在大学二年级时，因赵某晚上打呼噜影响他休息，就趁赵某睡觉的时候用手机录下了他打呼噜的声音，照下他睡觉的照片，然后用电脑编辑成视频，上传到学校的校园网上，其实就是想跟他开个玩笑，也算是对他打呼噜影响自己休息的警告。赵某得知后非常不高兴，从此二人关系就不好了。赵某开始借机骂郭某，郭某觉得人格受到了侮辱，自尊心受到了巨大的伤害，所以打算杀死赵某。2009 年 11 月 11 日，二人都在寝室，赵某在玩游戏时，游戏里玩的角色被游戏里的盗贼杀死了，赵某开始辱骂盗贼，称练盗贼的人肯定都有心理疾病，恰巧郭某玩的游戏角色是盗贼，郭某便生了杀人的念头。

郭某次日购买了凶器，藏于书包中，在14日凌晨三点多大家都熟睡的时候对赵某下手。郭某捅了赵某四五刀之后，确认赵某已经死亡，便回到自己的铺位上，把刀扔到地上，用毛巾擦掉手上的血，然后用自己的手机报警称：在吉林农业大学公寓发生了杀人案。2010年3月25日，长春市中级人民法院一审宣判，被告人郭某犯故意杀人罪判处死刑，缓期2年执行，剥夺政治权利终身。

大多数人都认为接受过高等教育的大学生应该是知书达理的文化人，这些曾经让人羡慕的高材生如何成了凶残的杀人凶手？专业知识丰富的大学生为何守不住基本的道德和人性底线？让人警醒的是，过于功利的社会环境让我们忽视最基本的健康人格的培养，灌输仇恨的不良社会风气让心浮气躁的年轻人心胸狭隘，缺乏容人之量。从亲密室友到残忍杀害，究竟谁应该来反思？

（二）校园杀人者的犯罪心理分析

1. 认知特征

（1）身心发展不平衡。大学生的智力水平基本能达到个体的顶峰，人在大学阶段智力水平发展成熟，在大学阶段受到专业化的教育和训练，抽象概括能力和演绎推理能力得到了很好的发展。比如，上述案例提到犯罪人马某，高中时成绩优异，曾获得全国奥林匹克物理竞赛二等奖，以692分且高出云南大学录取分数线200多分的高考成绩考取了该大学生化学院生物技术专业；而复旦大学投毒的林某更是如此，高中毕业就考上了国内名校中山大学医学院，后来免试进入复旦大学读研究生，其间先后九次在国内外医学刊物中发表论文，多次获得国家级和校级奖学金，被同学称为“林院士”。但由于大学生们长期生活在学校，生活在“象牙塔”里，与社会接触较少，这就导致了大学生对社会问题的认识偏主观、狭隘、片面和简单，遇到矛盾和纠纷不知如何妥善处理，容易采取偏激的方法。比如，上述案例中的郭某对待睡觉打呼噜影响自己休息的赵某，不是采取有效的沟通交流方式来解决，而是拍下赵某的照片和打呼噜的音频制作成视频上传到网上，这种偏激的方式显示了其不仅不能有效的化解身边的矛盾，还容易激化矛盾。马某更是如此，面对室友打牌的戏言，竟然生出怨恨之心，采取杀人这种偏激的手段来应对这些矛盾。大学生在预谋杀人之时，丝毫不会考虑父母、学校乃至社会对自己的培育和付出，也不会去想自己在杀人之后的道路将何去何从，只图一时之快，体现了其幼稚的心理。智商高，心智却不成熟，导致其认知水平的欠缺，遇到事情之后缺少解决问题的有效方法。

（2）消极的人生观。多数大学生犯罪人的人生观是消极的、委顿的。面对同学生命的逝去无动于衷，上述案例中的林某在给黄某下毒之后，黄某病发住院，明明他有多次说出真相、挽救黄某的机会，他却选择眼睁睁地看着黄某死去。在法庭上，林某说自己是个很“空”的人，是个没有价值观的人。同样，马某在逃亡期间曾给大姐留言：“我这个人最大的问题就在不知道人生的意义到底是为了什么。”在看守所中又反省自己，“我觉得没有理想是最大的失败，这几年没什么追求，理想很重要，不知道为什么，我成了没有理想的人。”搜寻资料，看不到他们对人生的规划和憧憬，上班挣钱、报答父母似乎是其唯一的“理想”。这种消极的人生观，导致了他们对生命的不尊重，不明白生命的意义和价值，当与别人发生冲突时，就可以轻易地将对方杀死，以宣泄心中的愤恨。

（3）人际关系不良。大多大学生犯罪人都存在这个问题，他们有结交朋友的需要，但是由于性格内向、孤僻或自卑胆小而导致交往不顺，有的在与同学交往中，以自我为中心，凡事不为别人着想，缺乏同情心和责任心等，容易导致与他人产生摩擦。上述案例中的云南大学马某的同学们对马某的印象是：“大家都觉得他心理有问题，每次同别人闹不愉快，他从不反思自己，总认为是别人找他麻烦。后来，大家只能以远离的方式对待他。”林某在庭审时也提到："我在接受高等教育的这几年时间里，可能是因为性格内向，再加上我对为人处世这方面重视不够，不怎么学习这方面，所以我对于为人处世方方面面的对或错，缺少正确的认识。"

从上述案例中我们可以看到，无论是马某还是林某、郭某，都是因日常生活的琐事和同学心生嫌隙，逐渐对被害人不满，这些冲突摩擦在犯罪人的心里日积月累，容易滋生怨恨、愤怒甚至报复的心理，成为了日后实施惨案的"导火线"。

（4）对法律的认识浅薄无知。法律意识淡薄，法律观念模糊。在教育体系中，学校和家长过于注重应试教育，而忽略了法律教育。很多大学生是"法盲"，很多事情他们知道是不应该做的，却不知道后果有多严重，他们以为自己只是触犯了道德底线，却不知已经走进违法犯罪领域。很多大学生案发后还振振有词，"我不就是打了他几下吗，谁让他惹我了。"上述案例中的林某在投毒之后，还很懵懂地问律师，"我还能不能回学校去？""是不是要赔人家很多钱，我家没钱，能不能我去坐牢换来不赔偿呢？"由此可见，其没有任何法律常识，无知的背后是对法律毫无敬畏之心以及守法意识的欠缺。

2. 情绪情感特征

大学生犯罪人的情感出现了偏差。与朋友关系疏远、没有真正的朋友，或者与家人关系紧张、失去亲人，或者恋情失败，这些情感上的挫折体验会产生烦恼、困惑、焦虑、愤怒等负面情绪。当然人人都会有负面情绪，但个体是否成熟主要看其对情绪的控制能力。大学生由于对事物的认识缺乏深刻性，情绪经常变化且敏感脆弱，有时极端的情绪容易起主导作用，控制力偏弱。上述案例中的马某就是一个情绪反应强烈的人，会因一点小事就出现强烈的情绪反应，其日记本里记录到，中学时代和奶奶一起看电视发生了冲突，就写下痛恨老人之类的话，听到父母吵架，就写到要杀死父亲的字眼。上了大学，其交友不断挫败，积累了大量的消极情绪，他没有合理的控制或宣泄这些情绪，而是选择了压抑，久而久之，导致心理紧张、失衡。另外，大学生的挫折承受能力差，当其面对挫折情境和刺激因素时，极易激惹出亢奋的情绪并迁移到具体的人或事之中，诱发极端行为，造成犯罪事实。

3. 意志特征

大学生犯罪人的意志兼具薄弱性和顽固性。大学生做事情最初往往都踌躇满志，但一遇到困难就容易放弃和退缩，从而形成巨大的情感落差和心理困扰，个体容易积累深厚的自身矛盾。同时，其犯罪意识较为顽固，一般性格内向、自我封闭、缺乏交往的人思想相对狭隘，易钻牛角尖，一旦其下定决心去做某件事情，就会不达目的誓不罢休，不会因为突发状况而放弃。上述案例中的马某为了实施他的杀人计划，在网上查阅了许多资料，最后确定用杀人后流血相对较少的铁锤作为他的作案工具。第一次买来后藏在了厕所却被人偷走了，他就再买来一把，其间，他还买了用于捆扎尸体的黑色塑料袋、胶带纸，并上街请制证窝点制作了假身份证，以备出逃时使用，3 天之内杀死 4 人，杀人后将尸体藏进宿舍的衣柜中，晚上就与尸体同处一室，足以可见其犯罪意志的顽固性。

4. 人格特征

犯罪的大学生往往具有人格上的缺陷，如个性不稳定、不协调、任性、固执、脾气暴躁、冲动偏执、争强好胜、追求刺激、虚荣、不会与人相处、情感淡漠、嫉妒、自卑、以自我为中心，严重的暴力犯罪人往往还有人格障碍。他们大多自尊感很强，渴望别人对他尊重，对别人的评价也异常敏感，某些有损其自尊心的言语和行为会激起他满腔愤恨。同时，他们虽然是高材生，但是身上也存在一些让其自卑的劣势，如家庭贫困、长相较差、身材矮小、生活习惯差等。当这些受到别人议论和歧视时，其自尊心就会受到严重挫伤从而产生自卑感。上述案例中的马某和林某的家庭经济条件都很差，当然他们绝不是因贫穷的自尊而杀人，但自身存在的劣势让他们产生了自卑感。马某在讯问中交代："他们都看不起我，说我为人不好，说我古怪，说我爱看色情片，把我的一些生活习惯、方式甚至一些隐私都说给别人听，让我感觉完全暴露在别人眼里，别人都在嘲笑我……我好恨。”他们大多性格内向、孤僻，和同学交往时会压抑自己的想法，因强烈的自尊和自卑同时存在，导致其心态比较极端，会把所有的不如意都归结为别人的问题，不懂得反思自己。当这种压抑累积到最大化的时候，就容易产生扭曲的想法，走上犯罪的道路。

（三）校园杀人案的行为特征

1. 犯罪对象多为同学

最高人民法院发布的《校园暴力司法大数据专题报告》数据显示：涉及故意杀人的校园暴力案件中，67.44%是因琐事引起，21.74%是因感情问题引起，4.65%是为发泄个人情绪，在涉及故意杀人案的校园暴力案件中，65.12%的案件中出现“宿舍”一词。从校园杀人案的案件描述中也可以看出，犯罪人与被害人的关系多以舍友、同专业同学为主，犯罪场所多为宿舍。

2. 多为日常琐事引起

犯罪的导火线往往是因为日常的生活琐事，上述案例中的马某是因为“打牌风波”，郭某是因赵某玩游戏时的口不择言，寡言敏感的林某与大大咧咧的被害人黄某平日里因为一些小的摩擦，彼此“有些看不惯”，林某继而迸发出趁着愚人节整整对方的想法，最终将其毒死。这都凸显出大学生在人际关系方面存在着严重的问题。

3. 预谋性

大学生犯罪人往往智力超群，心思缜密，哪怕是临时起意的杀人案，也会对其行为进行精心的策划。上述案例中的马某先后两次购买了作案工具石工锤，为了装尸体，又购买了黑色塑料袋、胶带纸，并且在作案前也做好了出逃的准备，制作了假身份证。林某将做实验用的剧毒化学品趁着无人之际投到宿舍的饮水机里，而且这种毒药一般人难以接触和辨认。郭某与赵某发生了冲突之后，并没有立即爆发，而是暗自去买作案工具，晚上趁着赵某熟睡之际将其杀死。

4. 犯罪手段残忍，社会危害性极大

尽管大学生犯罪人大多是初犯，但其犯罪手段十分残忍。上述案例中马某的杀人工具是石工锤，用锤子打击被害人头部致其颅脑损伤死亡；郭某的杀人工具是刀，捅了被害人四五刀直至将其捅死后才罢手。林某作为一名医学专业的研究生、实习医生，本应利用专业知识服务社会，尊重生命、关爱生命更应是其天职，但他利用自己所掌握的医学知识，蓄意向饮水机内投放剧毒化学品，故意杀死无辜的被害人，漠视他人生命，犯罪情节极其恶劣，犯罪后果特别严重。他们的行为不仅毁掉的是有着前景光明的人生，还给他们的家庭带来毁灭性的打击，给社会带来了不良的影响。

第二节　团伙犯罪——团伙中的邪恶

伴随着社会的巨大变革，我国青少年团伙犯罪呈现出严重的发展趋势，其作案动机简单随意，犯罪类型主要涉及严重暴力型犯罪和财产型犯罪，青少年基于其年龄和生活经历等因素，大多会以团伙化的形式实施犯罪，团伙犯罪已经成为青少年犯罪的极端、普遍的形式，这对青少年的成长、社会的治安稳定等方面造成了极恶劣的影响。

一、典型案例介绍

（一）少年“五街帮”

2005 年 9 月 22 日，苍南县公安局灵溪派出所经过近一年的艰苦侦查，成功摧毁了温州市迄今为止查处涉案人员最多的一起恶势力团伙，他们涉嫌的案件高达 300 余起，包括绑架、强奸、抢劫、盗窃、寻衅滋事、故意伤害、强制猥亵妇女、聚众斗殴、殴打他人……团伙成员有 150 多人，其中近 100 人是青少年。

苍南县灵溪镇江湾路被当地人俗称为“五街”。“五街帮”生存于此，也由此得名。随着新城区规划和各式楼盘的建设，原本荒凉的苍南城郊结合部因各种网吧、酒吧、西餐厅、KTV 的出现而逐渐红火起来，成了当地人娱乐休闲的聚集地。从 2003 年年底开始，五街的业主开始觉得生意不好做，并不是生意不红火，而是经常有一些十五六岁的社会小青年到卡拉 OK 厅聚众捣乱、到餐馆吃“霸王餐”、收取“保护费”。他们敢怒不敢言，怕招来更大的灾难。该团伙为首的小头目绰号“黑皮”，是苍南县马站人。其母亲早亡，父亲又抛弃他，在灵溪生活无着落，就在社会上混，经常到一些赌场讨点彩头。此人以打架心狠手辣著称，一次他伙同 2 个人与 8 个社会青年打架，结果那 8 个人被打的四处逃跑。由此，他在灵溪网罗了不少与他同龄的“兄弟”，也小有势力。“黑皮”及他的“兄弟”投奔了在灵溪开托运部的卢某清之后，胆子更大了，“活”更多了。除了当卢某清跟同行产生纷争，充当打手外，“五街”成了他们的势力范围。卢某清经常教育他们：“你们都是未成年人，干这些违法的事，法律是处理不了你们的，公安局也拿你们没办法，你们怕什么……”卢某清的影响力犹如“教父”。

此后，“黑皮”结识了郑某、肖某存、肖某，4 人结为兄弟，并介绍给卢某清认识，4 人称卢某清为“老大”。在卢某清的唆使下，4 人又不断结交社会无业青少年，为卢某清的托运部抢拉生意，打架斗殴。为了进一步扩大自己在社会上的名声，卢某清又指使 4 人带领兄弟们到足浴城、卡拉 OK 厅等休闲娱乐场所无故滋事，强拿硬要，白吃白喝。2003 年 12 月至 2004 年 2 月间，“黑皮”纠集他人先后在商业城的多个卡拉 OK 厅连续多次“闹场”并索得“红包”。

从此，“五街帮”影响扩大，人员不断增加，逐步发展为以卢某清为首，“黑皮”等数十名青少年参加的，以实施强拿硬要、随意殴打他人为主的“五街帮”犯罪集团。自 2003 年 11 月以来，在五街一带卡拉 OK 厅、足浴城、茶楼、游戏室、发廊、按摩店等娱乐休闲场所和各地赌场、交易所无事生非、强拿硬要、打架斗殴，大肆进行犯罪活动。自2003年5月份至案发，单独或结伙实施寻衅滋事181起、绑架2起、强奸8起、抢劫9起。

（二）青少年团伙犯罪系列盗窃案

一个平均年龄不满15岁的犯罪团伙，专门在深夜用石块和砖头砸烂商铺玻璃，大肆盗窃财物，作案85起，涉案金额达20余万元。2014年，位于太原市解放北路的某火锅店、眼镜店、内衣店大门玻璃被砸，有5万余元钱款被盗。警方在现场勘查和调查走访后发现，几个案发现场作案手法相似，均以石块、砖头砸烂店铺玻璃门的方式进入店内大肆盗窃。警方立即成立专案组，对上述案件并案侦查。民警调取案发现场及周边视频监控资料了解到，犯罪嫌疑人的作案时间多集中在后半夜，事先踩点，作案时以帽子、口罩遮盖面部，戴手套，一人砸玻璃，一人或两人望风，其余人员进店盗窃，得手后立即分散流窜到一些小街巷。通过视频无法辨别嫌疑人相貌，仅能通过身型特征判断犯罪嫌疑人年龄在14岁至20岁之间。9月，正当该团伙准备再次作案时，专案组民警立即展开抓捕，将14名犯罪嫌疑人抓获，现场查获被盗手机60余部、现金5000余元、充值卡20余张、手机内存卡3个、各式香烟40余条及皮夹、皮带等物品，收缴撬棍、改锥、逃生锤、手套、口罩等一批作案工具。

这个犯罪团伙以19岁的张某为首，由其纠集陈某、李某等社会闲散人员、失学青少年以及在校中学生，专门在深夜用石块和砖头砸烂商铺玻璃，大肆盗窃财物。该犯罪团伙成员平均年龄不满15岁。其中，年龄最大的22岁，最小的只有12岁，16岁以上的只有5人，16岁以下的多达12人，多数为“95后”和“00后”。在这些青少年中，有5人父母离异，5人长期逃学，3人因家庭困难疏于管理，皆属于“问题”青少年。其中，还有一名15岁的少女。他们都是在网吧、旱冰场里结识的，张某以送手机、请吃饭、滑冰、上网等小恩小惠为手段，网罗一些长期混迹于此的失学青少年。

二、青少年团伙犯罪的心理特征

（一）认知存在偏差

青少年受心理和生理方面的限制，其辨别是非能力和判断能力相对较低，青少年犯罪人的认识水平极低，认为友谊就是要“为朋友两肋插刀”、人生就要“及时享乐”、英雄就要“敢干斗狠”，形成了错误的人生观，再加上其社会阅历少，认知狭窄、片面，分不清是非善恶，易被人引诱，与不良少年同流合污，甚至结成团伙，不知不觉地就走上了犯罪道路。上述案例少年“五街帮”中的“黑皮”，在他 15 岁那年与几个成年人对峙胜利后，一种观念在“黑皮”的脑海中扎了根：要想不被人欺负，只能比他们更厉害、更狠、更凶。后来越来越狠的“黑皮”当上了小团伙的“老大”。

（二）畸形的情感需要

青少年对人与人之间相互关系的情感需求强烈，十分注重与同伴的关系和友谊，这就决定了青少年倾向于在同龄人中寻找友情和安全保护，在团队中寻找力量。有的青少年对来自家长和老师的管束产生强烈的反感，有的青少年在家不受重视，在学校受老师批评或同学歧视，这些都会促使青少年寻找与其相似的群体，从而获得心理上的支撑和满足。但是他们缺乏辨别是非的能力，对真正的友谊认识不清，很容易受到不良环境的影响，如为共患难的兄弟打架、帮朋友教训别人等，甚至结成少年团伙，在共同犯罪、结伙作案中获取被相似群体认同的情感需要。上述案例少年“五街帮”的很多孩子都来自父母离异或父母一方早亡的家庭，他们和“黑皮”有着惺惺相惜之感，“黑皮”交代：每次有兄弟过生日，都要去歌厅庆祝，老板不同意免费吃喝就砸场，他在家从来没有过过生日，和兄弟们在一起很温暖。

（三）群体的支撑力量

在青少年团伙中，青少年会做出某些独自一人不会做的事情。一是在团伙犯罪中，青少年一般会认为如果大家都实施违法犯罪活动，个人就可以不为此行为负责，或者出了问题大家一起承担，正所谓“法不责众”“有难同当”，自己单独受到惩罚的可能性很低，进而导致自我控制能力降低，实施更加疯狂的行为。二是当青少年人多势众时，就会相互壮胆，增强了实施违法犯罪行为的勇气和决心，同时在互动中学习作案技巧，在吹嘘和攀比中胆子越来越大。比如，3 名初中生在愚人节当天抢劫了一名出租车司机，当被问及原因时，其中一名初中生交代一开始大家只是开玩笑说说而已，后来觉得自己这方人多还带着刀子，况且当时自己大话都吹嘘出去了，怕同伴看不起自己，就大着胆子抢了。

（四）寻求群体的认同

在青少年团伙中，青少年往往会选择做一些与同伙一致的行为，从而获取团伙或者团伙头目的认可和接纳，避免被自己所属群体嘲笑、讽刺、看不起。往往青少年会通过实施具体的犯罪来体现自身的价值并希望获得其他同伙的认同。当他们认为团伙头目是值得信任的人或所归属的群体很可靠时，就会表现为对群体权威的顺从。

（五）心理适应能力差，自我调节能力弱

在青少年团伙中，大多都是学校的“差等生”或者是已经辍学的闲散青少年。他们缺乏谋生能力，无所事事，就会认为自己是无用、没有前途的人，产生强烈的不平衡心理，当其个人需要得不到满足时，就会产生挫折感以及强烈的不满情绪，由于其自我控制和调节能力差，就会走向极端，不计后果的实施违法犯罪行为。上述案例少年“五街帮”的温某是团伙骨干，他不仅参与团伙的主要活动，还涉嫌强奸 7 人 9 次，而温某却将多次强奸的原因归结为心理的极度空虚和对母亲的报复。最爱的母亲在离婚后就离开了

他，从此他就辍学无人管教，直至成为了犯罪团伙的骨干。

三、青少年团伙犯罪的行为特征

（一）低龄化、文化程度不高

青少年团伙犯罪呈现出低龄化的趋势，据有关数据显示，我国青少年出现不良行为的平均年龄为12.2岁，十三四岁则为不良行为发生高频区。不少人从小学、初中开始就劣迹斑斑，与社会闲散人员有不良交往，并以结伙的方式进行违法犯罪活动。通过近年来网络媒体上曝光的各种小学生、初中生结伙盗窃、伤人、校园欺凌等新闻也可以看出，青少年犯罪低龄化越来越显著。另外，基于其年龄阶段、过早辍学等因素，参与团伙犯罪的青少年的学历不可能太高，大多只有小学和初中学历。

（二）犯罪动机简单

由于青少年的认知水平低，思维简单，看不清事情的本质，容易意气用事或被人利用，因此，其作案目的相对单纯和简单。青少年团伙的犯罪动机主要有：满足吃喝玩乐的财物需求；讲义气、为朋友帮忙出气；寻找刺激、好奇；与别人斗狠争高低等。其中，以获取财物利益为主。因此，以盗窃罪、抢夺罪、抢劫罪等财产型犯罪为主要犯罪类型，同时也有以故意伤害、聚众斗殴、寻衅滋事、强奸等为主的暴力型犯罪，一般智能型犯罪少见。团伙成员之间的依附性和相互学习影响使得犯罪人更容易采取暴力性的手段实施犯罪。例如，河北省某市的一青少年犯罪团伙，专门实施抢劫、抢夺、强奸、猥亵妇女等犯罪，他们在夜里专门针对单身女性实施劫财劫色，性质恶劣，团伙中甚至还有学生，最小的15岁，最大的19岁。

（三）行为的残忍、连续性

由于青少年情绪容易冲动，难以自我控制，加上缺乏道德和法律观念，同伙间相互心理支撑，故其犯罪手段凶残，不计后果，想做什么就做什么，往往会造成恶性事件。另外，青少年在初次违法犯罪得手后，犯罪心理得到强化，会产生连续犯罪的现象。上述案例少年“五街帮”的成员们涉嫌的案件高达300余起，其行为给居民带来了极大的恶劣影响，轻则打架斗殴、寻衅滋事，重则抢劫、绑架、强奸、勒索。

（四）成员结构趋向复杂化

传统认为，青少年大多与年龄相仿的同辈群体交往，在与类似经历的同伴交往中获取群体认同感和安全观，因此青少年团伙犯罪中，犯罪人大多是同龄人，年龄差距不大，临时纠合在一起实施各种违法犯罪行为。例如，前述案例中太原青少年犯罪团伙成员大多是“95后”“00后”的社会闲散人员、失学青少年以及在校中学生。但近些年来，青少年犯罪团伙的成员结构出现了新的变化，成年人在团伙中发挥了领导作用，教唆、引诱、组织并指挥甚至威胁、逼迫未成年人实施犯罪。有的是在不良交往中，成年人逐渐居于领导组织的地位，有的是有组织的帮派或团伙有计划的拉拢、招募青少年加入，并利用其未成年的身份实施犯罪从而逃避打击惩罚。例如，上述案例少年“五街帮”中的老大卢某清看中“黑皮”的狠劲，让其充当自己的打手，抢夺生意、到娱乐场所“闹场”、找女人。还通过小恩小惠来笼络“黑皮”以及其他未成年人，管吃管住管穿衣，谁打架受伤了还管治疗。同时还吹嘘自己的能耐和威望，让“黑皮”们对他极其崇拜。

【拓展阅读3-3】

有深圳“教父”之称的张某进组织的“福建帮”，除纠集刑释人员和有犯罪前科记录的追捕对象加入团伙外，就曾诱使胁迫青少年加入他们的组织。采取的方法是先诱使青少年违法，在被公安机关查处时，教唆其逃跑，然后利用他们一起进行犯罪活动。张某进只要在深圳缺乏人手，就会到老家福建一带招集一些青少年到酒家喝酒，乘酒酣耳热之际，唆使这些青少年寻衅滋事，打砸饭店，殴打无辜群众。当公安机关追查时，张某进就向他们描绘被公安机关逮捕后的种种苦楚，使这些青少年为逃避查处而四处逃窜。然后张某进出面充当好人，在深圳为其找到归宿，将这些少不更事的青少年收为手下，充当打手或从事其他专业犯罪。青少年入伙后，就不可再言出帮，如果企图逃脱控制，就会遭到砍杀。①

（五）团伙性质偏向有组织化

目前，青少年犯罪团伙大多是松散式的纠合关系，没有明确的层级和分工，不具备支配和被支配关系，一般没有具体的“老大”，遇事一哄而上，属于青少年团伙不良行为的延伸。但近些年来，很多青少年犯罪团伙中已经有了明确的支配者，团伙成员中出现了更复杂的分工，团伙并非临时纠合在一起，而是形成了具有一定稳定性的犯罪组织。他们往往具备丰富的犯罪经验和犯罪技能，甚至模仿黑社会性质组织而成立组织严密的犯罪团伙。

【拓展阅读 3-4】

广州曾出现一个带黑社会性质的犯罪团伙——“龙腾帮”。这个团伙的 4 名成员除 21 岁的黄某是无业青年外，郑某、林某、温某均为 14 岁到 16 岁之间的未成年人。他们模仿电影中的黑社会组建了“龙腾帮”，黄某是帮主，其余 3 人是“大佬”。他们有固定的聚会时间、地点，并订立了帮规：每一个会员每周交纳 20—40 元的“保护费”，要退会的要么交 5000 元的退会费，要么砍去一根手指或被捅两刀。在短短 1 个月内，他们在 5 所中学内发展会员 50 多人。

云南西畴县无人不知的“跨世集团”，实际上是一个由 100 多名中小学生组成的无恶不作的犯罪集体的代号。当时年仅 17 岁的王某提出成立一个组织，干点“事业”时，臭味相投的 12 个人一

① 张仁善：《当代青少年结帮犯罪的现象、原因及防治对策》，载《青少年犯罪研究》2000 年第 5 期。

拍即合，并歃血为盟，推举王某为“老大”，提出了“为跨世生，为跨世死，为跨世奋斗一辈子”的口号，制订了逐步扩大势力等“帮规”。“跨世集团”成立后，以收取保护费为名，在中小学生中发展成员，仅两年时间，便发展成员100多名，其中骨干成员40多人。为便于管理，王某将该团伙成员登记造册，分堂设主。自此，该团伙在王某的操纵下横行乡里，危害一方，多次实施抢劫、盗窃、聚众斗殴。

第三节　网络犯罪——网络下的催化

目前，人类已经进入到了信息化时代，开放、共享的网络给人们的生活带来了极大的便利，同时，网络上充斥的大量不良信息以及各种价值观影响着青少年的心理和行为，从而诱使青少年走上犯罪道路。近年来，青少年网络犯罪问题日趋严重，这不仅给社会带来了不稳定因素，也极大地影响了青少年的健康成长。本书第十二章对网络犯罪进行详细介绍，在此仅就不良网络信息与青少年犯罪之间的关系进行分析。

一、网络游戏之殇

【参考案例3-1】

一名20岁的青年对家人谎称在外面工作，而实际上整天无所事事，迷失在网络游戏世界中，游戏里惊险刺激的打斗画面究竟给他的生活带来了什么？当他沉迷于网络游戏无法自拔时，又会作出怎样的人生选择呢？20岁的孙某自初中之后就辍学在家无所事事，整天泡在网吧打游戏。三月份，他与父母约定，要找一份工作赚钱，以减轻家中的负担。在这种情况下，孙某每天按照上班的时间早出晚归，不是去找工作或者上班，而是照旧待在网吧。案发前，孙某向几个朋友借钱，想用交工钱的形式安抚父母，谁知找了几个朋友都没有借到钱。于是，自认为走投无路的孙某作出了一个极端错误的选择——抢劫。孙某来到了高新区一个比较僻静的小区，看到一家化妆品店正在营业，在确定店里只有一名女孩以后，孙某离开去寻找作案工具进行抢劫。随后，孙某携带锄头返回化妆品店向女孩的头部猛击下去，多次打击后，孙某从店里翻出450元现金，然后脱掉了被害人的衣裤，伪造了强奸现场。①

【参考案例3-2】

2015年9月11日合肥市某小区发生了故意杀人焚尸案。2名犯罪嫌疑人均为18岁左右的少年，只因沉迷网络游戏，为求刺激痛下杀手。民警在现场勘查发现，被害人家中房屋门锁完好。在卧室里，民警发现了一个笔记本，在笔记本第一页上画着一个特殊图案，并歪歪扭扭地写着“绝杀、修罗、摩羯”等字样。

犯罪嫌疑人吴某某（16岁）就读于合肥市某技校，长期沉迷于网络游戏不能自拔，案发现场留下的“修罗”等文字就是他在网络游戏中为自己起的名字。一次偶然的机会，吴某某和李某某（18岁）通过网络认识，并相约杀人“练胆”“找刺激”。9月10日下午，两人便前往塘西湖公园寻找目标，后因现场环境不适合作案而放弃。当天晚上，他们来到案发小区，确定好作案目标后，攀爬至被害人家的南阳台进入室内，用随身携带的匕首残忍地刺死2位老人。随后，2名犯罪嫌疑人开始在现场翻找钱物、看电视、睡觉。四个多小时后，两人用酒精作为助燃物，纵火焚尸后逃离现场。②

【参考案例3-3】

1名社会闲散人员与6名在校中学生为了上网、聚会吃饭，竟然勾结起来组成犯罪团伙，把目标瞄准在校的中小学生。据调查，

① 参见《20岁青年沉迷游戏不惜抢劫　杀人后伪造强奸假象》，载游侠资讯。

② 参见《安徽两少年沉迷网游　为求刺激杀人焚尸》，载巴中传闻网。

该团伙中6名青少年均系太原市某中学学生。在校期间不务正业，迷恋上网、吃饭等高消费活动，在花光钱财后萌生歹念——抢劫小学生。2012年1月28日晚19时许，该团伙4名成员在某网吧附近拦住2名12岁左右的学生，将其拉入偏僻小巷内，拳打脚踢，抢劫了2部诺基亚手机和少许钱财，他们将手机变卖后分赃。1月30日晚，该团伙尝到甜头，变本加厉。为壮大声势，他们在一家杂货铺买了一把水果刀。在某村口，趁天黑人少拦住4名小学生对其拳脚相加，抢劫3部手机和钱财若干。①

青少年一旦沉迷网络游戏，就会对其产生心理依赖和渴望，如果不让其接触游戏，就会出现情绪烦躁、抑郁等症状。对于缺乏明辨是非能力和自控能力的青少年来说，网络游戏可以称之为"电子海洛因"。网络游戏将玩家带入到一个虚拟空间中，玩家在这里完全以自己为中心，可以随意杀人、自由结婚、加入帮会、发起挑战等。而青少年对事实的辨别能力较弱，对道德认知相对模糊，其旺盛的模仿能力很容易将游戏规则带到现实生活中，采取游戏中的规则——暴力和义气来实现自己追寻的目标。同时，很多网络游戏带有暴力血腥打斗内容，在游戏中只要将对方暴力制服或"打死"，自己就会获得奖励，成为"英雄"，青少年在网络游戏中反复练习强化了其好斗性和暴力行为，过于沉迷游戏、游戏中的暴力取向会让其分不清虚拟世界和现实社会。久而久之，就会影响青少年玩家的行为方式，在现实生活中偏向通过暴力来解决问题。另外，当玩家在现实生活中遇到了不如意或小挫折，就可以在游戏中肆意发泄，在现实中得不到满足的，在游戏中花费一定金钱就可以任意获取，成功和实现自我变得如此容易，这就会打破人们正常的生活节奏，让玩家沉迷其中，难以克制，甚至成瘾。

【参考案例3-1】中的孙某拿父母的钱去上网，只玩暴力游戏，长期沉迷在网络游戏中，一些黄色暴力血腥的画面贯穿着他的

---

① 参见《沉迷上网和消费　山西7名青少年持刀抢劫中小学生》，载中国新闻网。

思想，以至于天天泡在网吧里不思进取、游手好闲。在他的脑海里，对人的生命漠视，法律和道德已对他毫无约束力。最终为了些许钱财残害了无辜的生命。

【参考案例 3-2】中的吴某某和李某某由于沉迷网络游戏，久而久之形成了暴力、冲动的个性，带着刺激好玩的心态走入现实，产生了效仿游戏中砍、杀人的想法，网络游戏中的内容和场景为青少年提供了犯罪的方式和途径，在网络游戏的引导下，青少年难以控制自身的行为从而实施违法犯罪行为，以满足自己的成就感，吴某某和李某某混淆了现实和虚拟的界限，漠视法律和道德的存在，实施了故意杀人的犯罪行为，也受到了应有的刑事制裁。

【参考案例 3-3】中的青少年为了玩网络游戏而走上盗窃、抢劫的道路。在司法实践中，类似的案例有很多，青少年由于没有经济来源，为了获取上网的费用，有的会选择盗窃被害人的钱财。据调查，有 45%的青少年实施盗窃都是因为玩网络游戏。有的人会为了获取钱财不择手段，实施抢夺、抢劫等暴力犯罪，性质极其恶劣。青少年在实施此类犯罪时逐渐呈现出团伙性和组织性的趋势。有不良恶习的青少年通过网络聚集在一起，拉帮结派，不用彼此见面，只需要在网络中设立一个群，群成员之间联系更加便捷快速，通过相互鼓励支持和帮助，使犯罪行为更容易得逞。这种犯罪团伙内部多有明确的分工，打架斗殴、拦路抢劫、杀人害命，给社会稳定造成严重影响。

【课堂讨论 3-2】

一些青少年由于人生观、价值观尚未成形，无法有效地控制自己的行为，终日沉迷于网络游戏的世界里，有的甚至已达到“双耳不闻窗外事，一心只在网中游”的地步。请结合自身的经历讨论：青少年玩网络游戏的利与弊；你对沉迷网络游戏者有何建议？

二、网络色情之毒

【参考案例 3-4】

缪某是一名辍学的中学生，2015 年 5 月 3 日晚上，他强奸了一名网友。就在缪某实施强奸的当天早上以及前一天晚上，他在 QQ 群里连续收到了两部淫秽视频。缪某向警方供认，正是因为脑海中全是视频中的淫秽内容才促使他实施了强奸行为。警方发现缪某收到的淫秽视频来自一个叫“会所”的 QQ 群，群主竟然是一个在校初中生。这个 QQ 群的 117 名会员中，几乎都是在校中学生，或是刚刚辍学的未成年人。群主是一个 15 岁的初中二年级学生，为了吸引更多人加入群，就创建了黄色 QQ 群，在群里发布淫秽视频。

小胡最初接触网络淫秽信息是在上初中的时候，当时微博、微信等移动社交平台刚刚开始流行，一段手机视频成为了他的学业乃至整个人生的拐点。小胡说：“在微信群里边，就有人分享一个黄色视频，这个群里得有几百人。”自从手机里有了这样的秘密，小胡整个人开始变得精神恍惚起来，每天几乎 24 小时攥着手机不离身。在 16 岁那年，他先后强奸 5 名少女最终被判处有期徒刑 10 年。①

对于青少年来讲，网上的淫秽色情信息无异于精神世界的毒品。中国青年网、中国青少年网络协会和中国传媒大学调查统计研究所联合发布的《未成年网民网络色情信息接触状况研究报告》显示，约四成未成年网民接触过网络色情信息，其中 13—18 岁的未成年网民接触过色情信息的比例高达 55. 9%。② 青少年没有很强的是非辨别能力，自我控制力也偏弱，如果没有正确的引导，很容易受到不良色情信息的影响，产生越轨行为，从而走上犯罪道路。

---

① 参见《16 岁少年沉溺网络淫秽视频　先后强奸 5 名少女》，载环球网。

② 参见《报告显示：色情游戏是未成年人网络污秽信息来源》，载斗蟹网。

青少年正是对性产生强烈兴趣的年龄阶段，由于我国的性教育普遍缺失，网络是青少年了解性的主要渠道，当他们通过网络看到色情图片、视频、强奸、乱伦等非正常的场景时，会给他们的心理造成一定的冲击，模糊了对“性”的正确认知，不利于正确健康的性爱观的形成。网络色情的侵蚀，使他们更容易去模仿，宣泄欲望，特别是某些色情影视情节让青少年认为生活中也是如此，在扭曲的心理支配下，类似强奸、猥亵行为就此发生。

【参考案例 3-4】中的缪某和小胡就是如此，青少年的性机能逐渐发育成熟，对性有好奇和新鲜感，但性道德观念尚未成熟，很容易接受外界不良的刺激。在面对网络色情信息时，就会产生强烈的性冲动，他们无法克制强烈的冲动和感官刺激，又基于羞耻感羞于向家长或成人倾诉寻求帮助。有些法制、道德观念薄弱，对这种行为的危害性认识不足的青少年就会放肆地追求性刺激，从而走上性犯罪的道路。缪某和小胡就是在网络色情的感官刺激下，为了满足自己的性欲，实施了强奸的行为。

三、网络毒品之肆虐

【参考案例 3-5】

经过缜密侦查、多警协作，历时 4 天，出动 120 余名精干警力，北京警方连续端掉 7 个网络吸毒、贩毒犯罪团伙，抓获 56 名涉毒人员，收缴各类毒品共计 1100 余克。2018 年 3 月，北京市公安局禁毒总队发现，有人在网络上贩卖毒品，40 余人从事网络吸贩毒犯罪活动。有 6 个网络吸贩毒团伙频繁利用微信、QQ 等网络工具购买、贩卖毒品，部分犯罪嫌疑人甚至在家中组织“聚会”吸食毒品，涉及的毒品包括大麻、冰毒等。经过突击审讯，根据吸毒人员李某的供述，一个以刘某为首的吸贩毒团伙浮出水面，该团伙成员共有 16 人，他们频繁利用互联网通信工具，采取“闪送”

邮寄方式贩卖大麻等毒品，供团伙成员吸食毒品，满足其毒瘾需求。①

【参考案例 3-6】

2016 年年底至 2017 年年初，被告人梁某加入“名流汇”、CF 中国网络平台，在平台中以视频方式与他人共同吸食甲基苯丙胺（冰毒）。2017 年 3 月，梁某主动联系网络技术员“OV”，重新架设“名流汇”视频网络平台，通过“名流汇”的 QQ 群及 QQ 站务群对平台进行管理，交付网络维护费、服务器租赁费等，发展平台会员，并对平台内的虚拟房间进行管理。经查，该平台在此期间以虚拟房间形式组织大量吸毒人员一起视频吸毒，居住在苏州的陆某、梁某等人通过该平台达成毒品买卖意向并在线下交易毒品。

“名流汇”网络聊天平台于 2016 年 12 月成立，目的是把大量的吸毒人员聚集起来，从中牟利。“名流汇”网络平台成员分为老板、管理员、会员三个层级。2 名老板负责租赁网络服务器，组建平台，并收取相关费用。14 名管理员负责管理平台房间，吸纳新的会员加入，引导大家吸毒、活跃房间气氛。六百多名会员则在房间内视频吸毒、交流感受，会员中不乏青少年。“名流汇”网络平台会员都是吸毒人员。加入平台以后，如果长期不吸毒，也会被踢出平台。平台管理员会使用“666”或者“17666”等暗语号召大家一起吸毒，房间内人员看到后则进行视频群体吸毒活动。

梁某重新架设并管理维护视频网络平台，发展平台会员人数众多（加入会员需视频吸毒验证），以虚拟房间形式组织大量吸毒人员一起视频吸毒，并间接促成线下毒品交易，已有部分会员因犯贩卖毒品罪被判刑，其行为构成非法利用信息网络罪。

当前，全球毒品制造、贩运、滥用问题更加突出，毒品来源、种类和吸毒人数不断扩大，一些国家和地区毒品问题持续泛滥，毒

① 参见《警方连续端掉 7 个网络吸毒贩毒团伙》，载今日舆情网。

品危害日益严重，吸毒致死人数连年攀升，造成严重社会危机，国际毒品形势更加错综复杂。《2018年中国毒品形势报告》数据显示，全国现有吸毒人员240.4万名，青少年吸毒比例占多半，青少年是受毒品侵害的高危人群。随着网络的普及，有人就利用网络的便捷进行网络视频聚会吸毒、网络交易毒品。

【参考案例3-6】中“名流汇”网络平台的网络吸毒“房间”里聚集了全国31个省区市的青少年男女，利用网络视频交友平台进行大型吸毒活动。利用网络更容易纠合有共同吸毒嗜好的人，扩大共同吸毒的规模。在网上视频吸毒一般都互相不认识，对吸毒者来说更为隐蔽。网络吸毒人员多为18—30岁的人，超过半数为25岁以下。在性别比例上，女性约占三成。由于对毒品特别是合成毒品的危害认识不足，青少年容易轻信沾染，并深陷其中。视频吸毒平台不仅提供聚众吸毒的虚拟场所，而且还是买卖毒品的销售网络，衍生的毒品犯罪严重。会员可以在平台上推销毒品，联系买家贩卖毒品，轻松获取涉毒信息。很多青少年会员从吸毒到贩毒，从零售毒品变成批发毒品，越陷越深。

青少年猎奇心强、好奇心重，缺少一定的判断力，因好奇心而染上毒瘾的青少年占大多数。毒品不但具有兴奋人的大脑中枢神经系统，让人产生幻觉的作用，而且名字蛊惑、形态各异、充满诱惑，再加上网络吸毒、贩毒为青少年吸毒提供了极大的便利性，有的青少年便抱着“尝一尝”的态度沾染了毒品，进而深陷毒潭无法自拔。也有的青少年面对工作、学习、情感、婚姻、人际交往等压力，不能以积极乐观的心态对待和处理，往往表现为灰心丧气、精神颓废、心灵空虚，有的人试图在毒品中寻找安慰，忘却烦恼，逃避现实。类似【参考案例3-5】中利用微信、QQ等网络工具购买、贩卖毒品，甚至在家中组织“聚会”吸食毒品的案例，在司法实践中屡见不鲜，双方无需直接接触，简单的快递和转账就可以完成一次毒品交易，且犯罪人通过虚构姓名和地址，规避了物流行业监管，社会危害性很大。而物流交易也拉长了涉毒链条，更容易滋生多方交易。

【课堂讨论 3-3】

近年来，新型毒品主要通过网络进行传播，不少“90后”“00后”青少年身陷其中，成为主要受害者。许多青少年从境外网站的论坛上了解到，“邮票”[①] 这一新型毒品在国外年轻人群体中很流行，很多人通过境外“暗网”用比特币支付购买毒品“邮票”邮寄回国，再通过社交网络平台兜售毒品。请思考并讨论：你在网络上是否因好奇接触过毒品信息？青少年如何做到远离毒品，保护自己？

四、网络交友之痛

【参考案例 3-7】

2015年，17岁的张某通过哥哥的介绍加入了黄某、邓某开设的诈骗公司，通过使用网络软件以虚拟女性身份与男性聊天。在取得对方信任后，张某便和他们发展成虚拟的男女朋友关系，并开始以各种理由骗取对方财物，如谎称要和对方见面，要求或暗示对方以货到付款的方式，购买其指定的超出实际购买价格几倍至几十倍甚至上百倍价格的各种首饰、包、衣服等物品相赠。待对方收货付款后，继续以自己或亲戚朋友生病、丢失手机等各种急需用钱的借口骗取对方汇款。通过采取多种手段，反复对被害人进行多次诈骗。据了解，张某一共诈骗57人，诈骗金额共计8万余元。人民法院以诈骗罪判处张某有期徒刑2年，并处罚金25000元。[②]

---

① 毒品“邮票”表面上是一幅印有精美图案的纸张，被等量分成多个带有像邮票锯齿边缘的方形小块，含有一种学名叫“麦角二乙酰胺”（简称“LSD”）的有毒致幻剂。服用者只需撕下半块“邮票毒品”含在舌下，通过唾液分解后，视觉、听觉等感知系统很快就会出现强烈的幻觉，乃至丧失理智。

② 参见《男子假冒女性网恋诈骗57人8万余元　犯罪时还未满18》，载网易新闻。

另有上海的冯先生于2018年3月30日闲来无事拿着手机刷陌陌，一个漂亮女孩引起了他的注意。头像照片里的女孩面庞清秀，让他心动不已。冯先生鼓起勇气跟女孩打招呼，没想到获得了对方的热情回应。二人聊了一会儿，冯先生觉得可以进一步认识，便和女孩互加了微信好友。对方这才告诉他，自己叫“陈某冰”，在深圳工作，身高1.75米左右，是东航的空姐。看着微信头像里的女孩在飞机里穿着一身空姐制服气质非凡，冯先生坚信不疑的沦陷了。然而就在认识的第一天，“陈某冰”便开口向他要钱，冯先生原本并不想给，第一次只通过微信给了一个几块钱的小红包，“陈某冰”直言嫌少，他便感觉丢了面子，立马又发了一个几百元的大红包。往后几个月，双方聊天言辞暧昧，冯先生满怀幻想，觉得“陈某冰”迟早是自己的女朋友，所以当对方以各种理由向他借钱时，他都有求必应，动辄转过去几千元。

4月20日，“陈某冰”告诉冯先生其会在上海待一阵子，忙完工作便可见面。当冯先生兴致勃勃地前往约定的机场等她，可是等到晚上，“陈某冰”也没有出现。而在等待的过程中，“陈某冰”又以没钱租车、买机票等各种理由向他借钱。从4月到5月，冯先生就这样前后3次被“陈某冰”“放鸽子”，而在冯先生充满希望地等待过程中，“陈某冰”以朋友需要用钱、自己没钱吃饭等各种理由向他要大额钱款。女孩吊足了冯先生的胃口，冯先生每次都觉得只差一步就可以见面了，不愿意轻易放弃，不知不觉已通过支付宝转给她好几万元。

从几百元到几千元再到几万元，不到两个月的时间，被恋爱冲昏头脑的冯先生便透支了多张信用卡，通过微信和支付宝给素未谋面的“陈某冰”转了16万余元。冯先生刷爆了所有的信用卡，无力还款的他无奈找“陈某冰”还钱，却迟迟没有得到回应。自觉丢脸，他并没有将此事声张，也没有追根究底。直到8月初，银行工作人员至冯先生家催讨信用卡欠款，事情被父母知道后，冯先生终于觉察自己上当，便前往公安机关报警。

原本以为只是碰上个漂亮的女骗子，然而让办案民警大跌眼镜的是——令冯先生魂牵梦绕的“空姐”竟是七尺男儿！犯罪嫌疑人方某20岁。据方某交代，自己化名“陈某冰”，伪装成空姐的身份在网络上与冯先生发暧昧信息，相关账号里的照片都是保存了自己女性朋友在网上发的照片。当初资金紧张，见冯先生大方便频繁要钱，并没有还钱的打算。在接受检察官讯问时，方某承认，自己利用冯先生想谈恋爱的心理，和他发一些暧昧的文字，让其相信双方在恋爱。方某的行为已经涉嫌诈骗罪。①

【参考案例3-8】

25岁的小秦是湖北人。2019年1月，一个网名叫“小蝴蝶”的女孩通过聊天交友软件向他打招呼，通过一段时间的交流、视频，小秦逐渐喜欢上了“小蝴蝶”，准备向她表白。不曾想，先提出表白的人是“小蝴蝶”，于是“小蝴蝶”顺理成章地成了小秦的网恋女友，二人约好见面。之后，小秦在某商场内见到了朝思暮想的网恋女友“小蝴蝶”和她随行的闺蜜，三人看电影、逛商场、谈天说地，让小秦有种相逢恨晚的感觉，他的手机也很放心的借给了“小蝴蝶”玩游戏。天色渐渐黑了，小秦提出去酒店开房休息，“小蝴蝶”温柔地劝说小秦：“酒店太贵了，去我闺蜜家休息吧。”小秦思考再三，答应了小蝴蝶的建议，三人一起来到了“小蝴蝶”的闺蜜家。毫无戒备的小秦被带进一栋居民楼，一进门就被几个男人摁在墙上，随身携带的证件、银行卡被悉数拿走。随后，一个西装革领的男人自称是某直销创业公司的经理，要小秦以2800元每份的标准购买他们的产品，成为公司的代理商，当购买的产品达到规定的数量后，就可以成为公司内部员工，福利多多。小秦这时才明白过来，自己陷入了传销组织。这个传销窝点里，除了小秦还有6名被骗来的男子，不论是洗澡还是上厕所，他们都被至少3个人

① 参见《陌陌里的“空姐”竟是男儿身　男子网恋两个月被骗16万》，载东方网。

盯着，没有任何人身自由，每天清晨6点，他们就被勒令起床，迎接他们的是十几个小时的“洗脑”课程。

经查，该传销组织内部分为五级：高级经理、高级主任、主任、业务精英、业务员，其犯罪窝点达8个之多。犯罪成员多达50余人，很多都是青少年，甚至还有女性犯罪人，团伙领导安排马某（女）、罗某（女）等人以谈恋爱为名，诱骗小秦等人到窝点，采取搜身、限制人身自由、“洗脑”、威胁、恐吓、殴打等方式，逼迫被害人交钱购买产品，该犯罪团伙其他窝点的犯罪人作案情节和手段大致类似，均触犯了《刑法》。该组织成立以来被害人多达64人，大多是在网络上交友不慎落入传销圈套的青少年。①

随着网络技术的飞速发展，传统的交流方式逐渐被网络所取代，各种聊天工具和交友平台层出不穷，甚至还出现了搜索定位身边陌生人并与之聊天的各种APP，这就给好奇心旺盛且追求新鲜刺激的青少年提供了多种交友方式。由于青少年的自我意识增强，使其不愿意与父母和师长交流倾诉，在虚拟世界里愿意和陌生人对话，在网络的掩护下尽情地发泄，倾诉内心的感受。涉世未深的青少年很容易变成犯罪人的侵害对象和犯罪工具。另外，网络的虚拟性使得青少年缺少了道德伦理的约束，再加上青少年自我控制能力和自律性相对较弱，也很容易实施违反道德和法律的行为。

网络是一个虚拟世界，网络交友的随意性和虚拟性使得“网恋”的成功率不高，这有可能给真诚对待感情的青少年造成情感挫伤，不利于其自身感情的健康发展，容易滋长游戏爱情的畸形恋爱心理。另外，网络交友平台具有极大的虚假性，男人可以伪装成女人，已婚可以伪装成未婚，魔鬼可以伪装成天使，聊天变声技术可以让壮汉变成小女人，磨皮美颜相机可以瘦脸瘦身惊艳四座，青少年极易成为诈骗、强奸、抢劫、凶杀等恶性案件的受害者。参考

① 参见《“网恋女友”布下爱情陷阱　原来“她”是涉恶犯罪集团成员》，载快资讯。

案例中的被害人无不是被网络上女孩的美貌所吸引，被其花言巧语所迷惑，犯罪人主动联系，频繁示爱，处处关心，很快使处于孤寂苦闷又渴望感情的青少年们坠入设计好的温柔陷阱。青少年往往自我防范意识淡薄，沉溺于网络虚拟世界，对不法分子网上诈骗伎俩缺乏应有的警惕。

网络的普及性和复杂性对青少年犯罪产生了重要的影响。青少年犯罪心理的预防是一个长期而综合的课题，需要社会各界的努力。净化网络环境，加强网络法律法规的完善，保障青少年有一个健康的网络环境；同时要重视家庭、学校教育，帮助青少年建立起正确的人生观、价值观、世界观和法制观念，加强道德教育，促使其养成即便在网络虚拟世界中也要遵守网络秩序和行为规范的习惯，培养青少年屏蔽不良网络信息的能力，提高个人素养抵御网络带来的诱惑，坚决抵制犯罪的侵蚀。

【课堂讨论 3-4】

由于青少年涉世未深，网络的虚拟性让他们在网络交友时更容易受到欺骗和伤害。请思考并讨论：如何正确划分网络和现实的界限，以减少和预防网络交友对青少年的危害？

【课后思考】

资料一：为抢劫手机，四川一名13岁少年小武将汽油泼向素不相识的女教师，纵火将对方烧成特重度烧伤。

资料二：在短短的21天里，由刘某、易某等8人组成的团伙，疯狂撬车130余辆，造成直接经济损失数万元，间接经济损失数十万元。所有的撬车盗窃案都是由13岁的易某具体实施的。另有5名17周岁至22周岁的团伙成员，每次作案时或躲在暗处，或控制指挥易某，以逃避警方打击。易某曾被人连捅3刀，他身上还有没有痊愈的烟头烫伤，这是团伙成员为了逼迫他参与盗窃施下的“黑手”。

资料三：17岁少年小新为了偷钱上网，竟然将奶奶当场砍死，将爷爷砍成重伤。初中还没有毕业便辍学的小新，整天沉迷于网吧，小新的妈妈就让他照看家里的台球桌，他把看台球桌挣的钱拿去上网。后来家里不再给他提供上网的钱，小新就想到了偷。先是偷了爸爸2000多元在网吧待了一个星期。后来听说爷爷那里有4000元钱，又怕吵醒了睡觉的爷爷奶奶，就用菜刀将两位老人砍伤后翻找钱财。

请思考：

1. 青少年为何会走上犯罪的道路？
2. 你认为应该如何预防青少年犯罪？

第四章　女性犯罪心理

【学习目标】

知识目标：1. 了解女性犯罪的概念和趋势；
2. 掌握一般女性犯罪人的心理特征和行为特征；
3. 理解不同犯罪类型女性犯罪人的心理特征。

能力目标：1. 运用女性犯罪心理的相关知识阐释具体案例；
2. 运用女性犯罪心理的相关知识从事司法实践活动。

根据世界各国的犯罪数据统计，大多数犯罪是由男性实施的。但自20世纪中叶以来，世界各国的女性犯罪率呈快速增长的趋势。女性大多在经济收入、权利享受、社会地位等方面处于弱势，经济地位的低下、收入与消费的矛盾、婚姻的扭曲与失落等因素成为女性犯罪的重要诱因。在过去很长时间内，女性一般利用性别优势实施诈骗、卖淫、贩毒、拐卖人口等违法犯罪活动。但是随着我国政治、经济的改革和社会文化生活的发展，女性参与社会活动的领域越来越广泛，在社会生活中的作用也愈加重要，女性犯罪也随之出现了新的特点。

第一，犯罪增长幅度大。据有关数据统计，全球女性监狱人口的增长速度高于全球男性监狱人口。从2000年到2015年女性囚犯的增幅约为50.2%，男性囚犯的增幅约为18.1%，而到2017年女性囚犯的增幅约为 53.3%，男性增幅约为 19.6%。[①] 在 20 世纪六七十年代，我国女性犯罪约占犯罪总数的 2%，近些年来，女性犯罪的犯罪率和犯罪总量均呈上升趋势。据我国司法部网站披露，2000 年年底至 2006 年的六年间，我国在押女性犯罪人人数净增了 3.9 万名，平均每年增加 15%，大大超过在押犯平均增长数。2015 年有报道称，中国监狱女性囚犯的人数已占总囚犯人数的 6.3%。过去 10 年，中国男性囚犯人数增加了 10%，而女性囚犯增加了 46%。[②]

第二，犯罪类型多元化。在 20 世纪末，女性往往更多的实施以盗窃、诈骗、拐卖人口为代表的财产型犯罪。随着市场经济的发展以及网络的普及，新型财产型犯罪迅猛增长，如集资诈骗罪和非法吸收公众存款罪的女性犯罪人每年呈递增趋势；随着女性活动领域和范围的增大，其有了更多的犯罪机遇，女性犯罪所涉及的领域越来越广，如杀人、投毒、放火、盗窃、诈骗、贪污、组织卖淫等，尤其是以财产型犯罪、性犯罪和暴力犯罪较为突出。其中，毒品犯罪、网络犯罪、职务犯罪、利用网络实施诈骗等增长速度明显，远远超过了传统型犯罪。

第三，暴力犯罪有所上升。人们往往不会将女性构想成潜在的恶性攻击者，但进入到 21 世纪以来，美国几乎每 6 名连环杀手中就有一位是女性。美国佛罗里达州被判谋杀 7 名男性的站街妓女艾琳·沃尔诺斯是第一位被美国媒体大肆报道的女性杀手，其谋杀手段与男性连环杀手一样穷凶极恶，在车里用手枪杀死陌生人并劫取财物，之后将尸体丢弃在公共场所。我国台湾地区的林某因买“六合彩”欠下巨额赌债，竟杀人诈领保险金，被害人是其母亲、婆婆和丈夫，在她企图对自己 4 岁儿子下毒手时被警方抓获。重庆

① 张桂荣：《2000—2017 年世界女性监狱人口发展趋势》，载《犯罪与改造研究》2019 年第 1 期。

② 参见《数说中国女性犯罪：从女性犯罪特征看两性差异》，载澎湃新闻。

农妇张某10多年间先后投毒20多次，毒死7人，其中包括自己的丈夫和2个亲生女儿，还导致27人次不同程度中毒。广东保姆何某利用做保姆的便利，用在肉汤下毒、尼龙绳勒颈的方式将70岁的雇主杀害，在过去的几年之间，她还用类似方式杀害另外9位老人，其中2起未遂。另外，女性在遭受家庭暴力后的“恶逆变”犯罪，即由家庭暴力所引起的转化型暴力犯罪也为数不少。

第一节　天使与魔鬼的转化

一、女性犯罪的一般心理特征

（一）认识特征

女性犯罪人往往因认知水平低下，认识范围较为狭窄，只把眼光放在时尚、家庭生活琐事上，法律意识淡薄，理解、辨别和分析问题的能力差，甚至形成错误的认知，道德感缺失，为了追求享乐、虚荣或者达到自己的目的，甚至可以抛下道德和人格；容易被表象所迷惑，一旦受到小恩小惠的诱惑，极易走上违法犯罪的道路。比如，前文提到的重庆农妇张某毒杀亲人案中，因为家里穷，给女儿治病要花钱，再加上其丈夫想要个儿子，张某就产生了“既然女儿是个累赘，还不如把她杀了省点钱”的想法，之后就下毒杀死了女儿；另外，张某因生活琐事多次与公婆和兄嫂吵架，便怀恨在心萌生了杀害他们的念头，其狠心下毒杀死亲人的这些原因无不说明张某是以自己的低级需要和情感体验来评价事物，认知极端错误，道德感缺失。

（二）情感特征

一般来说，女性犯罪人的情绪、情感不稳定。女性的情感体验丰富且细腻，容易感情用事，一旦遇到挫折或者重大刺激事件时，往往无法控制、调节自己的情绪，在本能欲望的驱使下实施犯罪。

当女性处于青春期、月经期或更年期时，容易产生焦虑、烦躁、抑郁、激动等消极情绪，往往难以自控导致实施极端行为。

【参考案例 4-1】

2009 年的“雪碧汞中毒门事件”曾经闹得沸沸扬扬，然而这次事件却引出了一起情杀案。21 岁的马某在明知刘某有丈夫和孩子的情况下，为了寻求刺激，与刘某发展成情人关系，并同居了一段时间。后来马某的这段恋情遭到了家人的反对，就准备与刘某断绝关系。随后，马某在与刘某吃饭时，无意间看到了刘某手机内其表妹的照片。马某随即表示希望跟其表妹交往，并称可以将自己对刘某的感情转移到其表妹身上。刘某听到马某的一番谈话后，认为马某对自己用情不专，对不起自己，遂心生恨意。后来还得知马某外出与歌厅小姐有染，更加恼火，固执地认为马某欺骗了自己的感情，从而萌生了杀死马某的念头。在寻找打手未果的情况下，刘某结识了高某并向其诉苦，高某向刘某出主意，用汞来毒杀马某。随后，刘某找机会将马某的雪碧打开并倒进了事先准备好的汞珠，不知情的马某喝下雪碧后被送往医院治疗。这便是曾经轰动一时的雪碧汞中毒门事件。

上述案例中，刘某放弃自己的孩子和丈夫，选择和马某搞婚外情，回避自己婚姻生活中遇到的问题，在这段隐蔽的感情中寻求短暂的精神和肉体上的愉悦，这也说明了女性对情感的需求强烈。案例中的刘某本可以采取有效的方式来解决自己的婚姻感情问题，偏偏选择了“掩耳盗铃”之举。在刘某得知马某要和自己分手且与其他女人有染的情况后，其寄予厚望的恋情受到重创，认为自己的感情受到了欺骗，冲动之下，走向了情绪和情感的极端，作出了偏激的行为，最终锒铛入狱。

（三）意志特征

一方面，女性犯罪人的意志薄弱，经不起强烈的物质诱惑、异性的情感攻势，容易受环境或他人的暗示，冲动偏激。另一方面，容易受情绪的影响。情绪足够高涨时，犯罪意志顽固而执拗；当情绪低落时，犯罪意志薄弱，可能稍微遇到挫折就放弃了犯罪。

【参考案例 4-2】

甘肃某 28 岁村民杨某某（女），在屋后一条小路上用斧子和农药杀害了自己的一儿三女，之后服农药自杀，其入赘的丈夫李某某在料理完一家人的后事后，也以喝农药的方式轻生。两人结婚时，杨某某才 19 岁，婚后两人生育的 4 个子女因种种原因也没有上户口，杨某某的奶奶“看不上”这个上门女婿，曾数次“碎碎念”，这种情绪也传递到杨某某的生活中。丈夫李某某平时很少在家，除了逢年过节和农忙时，平时几乎是见不到李某某的。杨某某几乎撑起了一个家，她带着 4 个子女和父亲一起生活在十平方米的危房中，还要照顾奶奶，其家中有十几亩农田，几乎都是杨某某一个人操持，她过得很辛苦，还曾抱怨过不该那么早结婚。

没有人知道杨某某的作案动机是什么，当天杨某某的奶奶见到她的时候，看到了她的笑容，亲手了结 4 个亲生骨肉后，她的情绪竟然那么平静。杨某某的奶奶问她究竟怎么了，她用方言说，你不理解。杨某某的奶奶说，当她闻讯赶去那条羊肠小道时，杨某某还没断气，她的大重孙女也没断气，但看起来十分痛苦，她让杨某某把这个孩子“留下”，但杨某某说反正女儿大了也是嫁人，一个都不能留。

上述案例中，杨某某是一位 4 个孩子的母亲，最大的 6 岁，最小的才 3 岁。俗语说：“虎毒不食子。”可这位母亲却亲手用斧子的钝面把孩子的头部打烂，还给他们灌了农药，手段极其残忍。从表面上看这不是一个柔弱女性能做出的事情，实际上，杨某某应该是在日夜操劳、琐碎无望的家庭生活中下了狠心，通过其作案手段也能看出，她不是冲动犯罪，这种情绪和想法是慢慢积累起来的，凭杨某某自身的认知水平无法缓解和消除这种不良情绪，再加上其家的低保被取消，丈夫不在身边，老人、孩子都需要她一个人照顾，觉得苦日子熬不出头，对生活已经绝望，在这种消极情绪的支配下，犯罪意志强烈而执拗。

当杨某某的奶奶哀求她留下大女儿的性命时，杨某某斩钉截铁地拒绝了，说一个也不能留，这也说明了杨某某的不良情绪已积累到了极限，她已经下了狠心，留下孩子可能也会更痛苦，或者留下女儿也是给别人家留的，所以不如把他们全部杀死，足见其犯罪意志的坚决。

（四）个性特征

1. 需要特征

女性犯罪人的低级需要往往会恶性膨胀发展，对金钱、物质、享乐生活等低层次的追求强烈，如有的犯罪人把自己的身体看成赚钱的工具；有的犯罪人性需求畸形，盲目追求性刺激。

2. 动机特征

很多女性犯罪人是因为对物质的无止境追求而走上犯罪道路的，一般来讲，物欲型动机所占比重较大。此外，报复型动机也较为明显，当女性的某些心理需求尤其在恋爱、婚姻和家庭关系等方面受到挫折时，很容易实施报复行为。

3. 性格特征

女性犯罪人的性格大多存在着缺陷，消极特征明显。比如，有的遇事优柔寡断，胆小怕事，易受他人影响；有的贪图享受、好逸恶劳；有的偏激狭隘、容易冲动，情绪不稳定；有的自私嫉妒，报复心极强等，在这些消极性格特征的主导下，容易导致女性实施违法犯罪活动。

二、不同类型女性犯罪的心理特征

（一）女性暴力犯罪心理

【参考案例 4-3】

连环杀手艾琳·沃尔诺斯是美国历史上最骇人的女连环杀手，

媒体称她是守候在佛罗里达州公路边等待猎物的“毒蜘蛛”。艾琳在年幼时就被母亲抛弃，被外公外婆虐待，被同龄人排斥，11岁时就开始与男孩发生性关系换取烟来抽，自己刚出生的孩子就被夺走，15岁开始做妓女并使用毒品，婚姻失败以及与其他人的人际关系破裂。身为站街妓女的她，用假名接连犯下了大量罪行，殴打他人、持枪抢劫、偷窃、非法持有枪支、醉酒闹事和酒驾等。在遇到她这一生中第一段亲密长久的感情后，因为生活贫困，艾琳开始带着枪在公路边以卖淫为借口拦住过往的司机，那些驾车旅行的人以为她需要帮助，或者以为她真的需要搭车，或者想和她上床，就这样走进了艾琳的圈套，共有7人被她枪杀，受害者的尸体都被丢弃在偏僻的地方，背部和头部中枪，钱包和衣物都被洗劫一空，现场没有留下折磨、分尸的痕迹。庭审期间，艾琳声称那些人企图强奸、袭击她，她是正当防卫杀人，无论其辩解是否可信，其悲惨的经历与那些男性连环杀手类似，结局也类似，被执行了死刑。

一直以来，犯罪学传统观点认为，在暴力犯罪的倾向性方面，女性确实弱于男性。近些年来，犯罪的性别“鸿沟”似乎变窄了，为数不少的理论和事实从某种程度上证明了这一点。“女魔头”艾琳·沃尔诺斯这种作案手段在犯罪史上也是十分罕见的，通常女性在实施杀人、伤害行为时不会采取暴力或直接攻击的手段，可能会选择毒杀、指使男性杀人或买凶杀人。但艾琳采取的手段却是攻击性极强的枪杀，而且杀死了多名男性，其犯罪的典型特征就是暴力性，尽管她是一名妓女，但其犯罪过程却没有性因素，杀人动机与性无关。

通过上述案例的描述，艾琳悲惨的一生似乎和男性脱不开干系，从小被父亲抛弃，又遭到外公的虐待，11岁就开始“卖身”，虽然尝试与男孩建立稳定的情感联系，但那些男孩们却只将其当成“发泄性欲”的工具，之后又被无数次强奸，痛恨男性却又不得不靠出卖身体来养活自己。艾琳的杀人动机来源于愤怒和报复，她的愤怒一部分来源于自己的悲惨境遇，一旦她开始走向杀戮，便会用谋杀的手段来宣泄内心的怒火，且从一次次控制受害者尸体和财物的练习中获得满足。

艾琳在监狱中与其最后的恋人摩尔通话时，告诉了对方自己为什么要杀人："因为我太……太爱你了，所以我很担心我们两个不能拥有自己的公寓，害怕我们会无处可去，害怕我们一拍即散。"摩尔是第一个愿意守在艾琳身边的人，也是艾琳唯一一段可以保持长时间亲密情感关系的人，可以看出这段感情在艾琳心中的重要地位，为了维持与摩尔的恋情，她不惜造成如此之多的杀戮惨案。

在司法实践中，女性实施杀人、伤害等暴力型犯罪的原因往往与奸情、失恋、虐待有关。因女性的情感细腻，遇事情绪易激动，情感爆发性强，特别是遇到情感问题时，往往会生出嫉妒猜疑之心，当感性战胜理性时，极易实施手段冷酷残忍的犯罪。

（二）女性财产型犯罪心理

【参考案例 4-4】

我国台湾地区的林某从 2003 年开始买"六合彩"，沉迷其中不能自拔，逐渐积欠大笔赌债和卡债，向亲友借了不少钱。2008 年 11 月，林某的哥哥要求她偿还积欠的 50 万元，其回娘家找母亲帮忙，却被母亲拒绝。由于林某之前帮母亲投了保险，竟趁母亲准备走下楼梯时，从背后将母亲推下楼撞到楼梯，还将现场布置成母亲自行摔倒后逃离，林母被家人发现送医，但仍因伤重死亡。林某顺利拿到 506 万元保险金。不过，林某赌性不改，财务压力依旧严重，其婆婆郑某因为头昏想吐，林某陪同就医，其竟认为有机可乘，安排郑某住进单人病房，并在点滴内注射安眠药和抗忧郁药，等郑某死亡，才向护士求救。之后，林某又萌生杀害丈夫刘某的念头，趁着丈夫刘某生病住院之际，林某竟故技重施两次在其点滴内注射安眠药、农药，导致丈夫死亡。由于林某在短短两个月内，接连申请郑某、刘某 743 万元和 475 万元巨额保险，引起保险公司怀疑并报案。检察官检验刘某遗体时，也发现很多疑点，便知会警方侦办，终于查出林某的犯罪事实。

【参考案例 4-5】

贝拉·冈尼斯·索伦森在 25 岁时结婚，婚后与丈夫经营一家店铺，不料一天店铺突然着火，所有财物毁之一炬。所幸的是贝拉夫妇买了保险，最终两人获得了一笔赔偿金。后来两人的女儿死于急性结肠炎，因又有先见之明而获得了丰厚的保险金。之后贝拉夫妇又买了一栋更大的房子，房子再次着火，保险公司又赔了一笔钱。之后两人的儿子也死了，保险公司又赔了一大笔钱。没过多久，贝拉的丈夫竟然也死了，贝拉再次获得一笔巨额赔款。

贝拉带着巨额的钱财和悲痛离开了所在城市，买了一座大农场。开始在报纸上刊登征婚启事，有钱的寡妇、风韵犹存、一座大农场自然吸引了很多男士，但他们不知道的是即将踏上死亡之路。附近很多适婚男性失踪了，失踪前都和家人说要到农场找一个富婆。之后，农场发生了火灾，废墟中发现了三具女尸，据说是贝拉和她的两个女儿，但贝拉的尸体上缺少了头颅，不能确认是贝拉本人。警方经过侦查发现，农场里有一个大垃圾堆，挖掘出很多男性用品和被肢解的尸体。显而易见，贝拉将他们引诱来，将其杀死，占有他们随身携带的钱财。而她之前所得到的保险金很可能是杀害丈夫和子女得来的。

从上述案例可以看出，贝拉的犯罪目的是图财，经济因素是其对亲人痛下杀手的主要原因。在国外这类犯罪人被称为“黑寡妇”，黑寡妇是国外女性连环杀手中最常见的类型，她们的犯罪对象往往都和自己有关系，如丈夫、孩子和亲人。大多数犯罪人都会使用毒药杀死被害人，她们的动机往往是财物，或者是被害人的财产，或者是被害人的巨额保险金。

财产型女性犯罪人往往具有贪图安逸、追求享受的心理特征，其对金钱有着疯狂的崇拜和追求，对金钱和财物的畸形需要在外界诱因的刺激之下，很容易形成犯罪动机。她们利用女性柔弱的外表来迷惑大众和警方，具有冒险、侥幸、主动的心理特征，在司法实践中以实施盗窃、诈骗、贪污等犯罪为主。

另外，女性犯罪的情感依附特征在团伙犯罪中表现明显，容易受别人的教唆和引诱，也有的为了证明自己对恋人的感情而实施犯罪，其明辨是非的能力较差，具有一定的盲从心理。据一起团伙抢劫、盗窃案中的两名女性犯罪人交代，团伙主犯是她们的男朋友，在问及为何要走上这条路时，她们的回答是跟着男朋友干可以在团伙里吃香的喝辣的，不用上班，快活的很，比在家里自由多了。每天就是和男朋友一起踩点一起偷抢，钱很容易就到手了，从来没想过这是严重的犯罪行为，只想着永远过这种快活日子。

（三）女性性犯罪心理

【参考案例 4-6】

年轻的卡拉·霍穆尔卡嫁给了会计保罗·博纳多，他们的婚姻生活非常甜蜜。两年后，加拿大警方就开始怀疑博纳多涉嫌一系列强奸事件，警方还认为博纳多与当时发生的两起强奸并谋杀学龄女孩的案件有关。卡拉在接受审讯时声称，她的丈夫正是这一系列案件的主谋，他暴力迫使卡拉加入犯罪行动，使自己成为共犯。卡拉被自己专横的丈夫暴力以对的悲惨遭遇赢得了舆论同情。由于卡拉目击了自己丈夫的暴行并参与了犯罪，检察人员无法认定她无罪，但是检察人员保证，只要卡拉愿意出庭担任她丈夫的污点证人，就可以减轻量刑。然而，一切尘埃落定之后，卡拉公开承认了自己的全部罪行。她并不仅仅是丈夫暴力胁迫的顺从受害者，而是整场犯罪的积极参与者。后来的家庭录像清楚地反映出了卡拉在性暴力中的角色，甚至还清楚地表明，卡拉15岁的妹妹塔米并非死于意外，而是卡拉从诊所窃得兽用镇定剂，将妹妹毒晕，随后为了取悦丈夫将还是处女的妹妹献给丈夫，不仅如此夫妻二人还一起强奸了塔米。在夫妻二人之后实施的多起案件中，卡拉与博纳多均一起对被害人实施性侵之后再将被害人杀死。

女性究竟是如何走上性犯罪道路，最终成为杀人同伙的？女性之所以会成为性犯罪的同伙，大多是出于对男性同伙的爱或者极力取悦男性，渴望共同参与犯罪，以此来换取男性同伙的关注和爱慕。案例中的卡拉就是这种情况，她在第一眼看到博纳多的时候就爱上了他，为了能够与他结婚，卡拉不顾自己的尊严尽可能地去满足博纳多非常态的性爱，甚至在圣诞节将自己的妹妹献给了爱人。而女性逐渐在犯罪过程中被这种性虐行为所同化，成为性犯罪的帮凶。

而在我国女性性犯罪大多是聚众淫乱、强制猥亵、强奸等犯罪的帮助犯。因犯罪动机的不同，其犯罪原因各种各样，总的来说，这类女性犯罪人的道德水平极低，认知错误、偏激，没有贞操观念，存在异常的性爱心理和性报复心理，情绪易冲动，缺少同情心，自制力差，容易受他人的暗示，具有强烈的依附心理，容易被男性利用，成为男性玩弄泄欲的工具，还会被当做各种犯罪活动的诱饵。

【参考案例 4-7】

30 多岁的阿松平日游手好闲，经常纠集一帮辍学的人“鬼混”。经人介绍，阿松认识了初中二年级就辍学的 15 岁的小秀。小秀的噩梦便从此开始。几次接触后，阿松说想找女生一起玩玩。把阿松视为心目中“江湖老大”的小秀，赶紧答应了。小秀约了自己以前的同学小丽、小梅等到夜市吃饭。席间，阿松以各种理由和手段不停地劝小丽和小梅喝酒。后来，小丽、小梅被灌醉，小秀和阿松一起骑摩托车将醉酒的两人带到某宾馆。当日，阿松强暴了醉酒的小丽。3 天后，阿松、小秀等再次约小丽等人，阿松想与小丽发生不正当性关系，遭到拒绝。小秀在一旁劝说并威胁小丽服从，小丽再次受到阿松的强暴。案发后，警方介入调查，经审理，法院判决被告人阿松犯强奸罪，判处有期徒刑 7 年；被告人小秀犯强奸罪，免予刑事处罚。①

① 参见《15 岁女孩帮助他人性侵同学　被判强奸罪》，载搜狐新闻。

上述案例中的小秀自初中二年级辍学，15 岁的她尚未形成正确的人生观和世界观，结交社会不良人员，一时贪图享乐，依附在阿松这个“江湖老大”身边，通过吃喝玩乐来获得物质来源和低级的精神乐趣，这是其走向犯罪道路的主要原因。我国强奸罪的主体是已满 14 周岁并具有刑事责任能力的男子，女性不能成为强奸罪的直接实行犯，但有以下情况时女性可成为强奸罪主体：女性教唆、帮助已满 14 周岁且具有刑事责任能力的男子强奸妇女的，构成强奸罪的共犯。而小秀帮助阿松想方设法侵害老同学，构成了强奸罪的帮助犯，因此被判定为强奸罪。案发后，在小秀父母、法官的教育及学校的大力配合下，小秀又重回校园，有悔悟表现，且小秀犯罪情节轻微，故对其免予刑事处罚。家庭、学校和社会应多关注未成年人尤其是辍学未成年人的行踪和心理变化，及早发现其偏离轨道的行为，继而杜绝违法犯罪行为的发生。

三、女性犯罪的行为特征

（一）冲动性

女性犯罪人往往情绪稳定性差，认识范围狭窄，在外界出现不良刺激的情况下，其情绪容易失控，不能很好地控制自己，容易引发情境性犯罪，事后往往会后悔不迭。

【参考案例 4-8】

北京某派出所接到打工妹李某的报案称：她到同事李某天的住处要自己的工资，李某天不给，两人就吵了起来，之后李某天把房门反锁，从当天晚上到第二天中午，对自己实施了 6 次强奸。李某天被传唤到派出所，面对民警的讯问他有些摸不着头脑，他说其与李某是恋人关系，那天吵架是因为李某想要去以前的厂子上班，但李某天不让她去。吵架之后李某自愿留下来，并诱惑李某天发生了关系。李某虽然承认了李某天是自己的男朋友，之前两个人也发生过关系，但是自己当天“真的不愿和他发生关系”。警方因此展开了进一步的调查，没想到几天后，李某“不请自来”。她承认自己和李某天是同居关系，当时是因为吵完架生气，才故意陷害他。如今男友身陷囹圄，她感到事情闹大了，十分内疚，于是主动到派出所自首。

经过审理，法院认为，李某捏造事实诬告陷害他人，意图使他人受刑事追究，情节严重，其行为已构成诬告陷害罪，判处其有期徒刑1年，缓刑1年。

这起诬告陷害案中，女性冲动是主因。李某想换工作但男友没有答应，于是一气之下到公安机关告男友强奸，这充分体现了女性容易感情用事，丝毫不考虑冲动之下的行为后果，当李某的男友被拘留后，她才发觉事情闹大了，心生悔意，赶紧自首说出了真相。

（二）私欲性

女性往往会因自己的个人得失或者为了家庭、子女而犯罪，具有明显的自私性的特点；为了追求正义、政治信仰等方面的犯罪，女性往往很少主动参与。

（三）从属性

女性的社会经验和体力大多都不如男性，再加上女性固有的依附心理，使其在犯罪中往往依赖男性，或者在团伙犯罪中处于从属地位。但近年来，女性单独作案或以女性为主的犯罪也有所增加。在【参考案例4-6】中的女性犯罪人卡拉仅仅是为了取悦自己的伴侣（一个连环强奸犯）就谋划绑架了3名女子，其中甚至有她自己的亲妹妹。她帮助丈夫实施了一系列的绑架案，并协助丈夫强奸虐待被害人后，一起将其残忍杀害。事后卡拉被警方逮捕，还把一切罪行都推给其丈夫。

（四）欺骗性

女性的生理特征决定了社会对女性的防范和戒备心均低于男性，女性犯罪欺骗性较大，其往往利用女性姿色、花言巧语、职业便利等方式，作案容易得手，作案后也容易逃避侦查和审判。

【参考案例 4-9】

“死亡天使”案中的珍妮·琼斯是德克萨斯州的一名儿科护士，她向婴儿体内注射致命药物，企图通过先下毒后救命的方式得到表扬，但大部分婴儿都没能被救过来。她曾先后毒害了其护理过的 60 名婴儿，在其被控谋杀之前，调查者曾将这些事件归咎于意外、医疗事故，以及其他男性嫌疑犯。有人认为，该案的犯罪调查员是“最顽固的大男子主义者”。

一直以来，人们总是认为女性具有阴柔娇弱的性格特点。所以在选举、就业、参军等各个方面将女性排除在外。基于这种固有观念，人们往往认为女性不具有犯罪所需的精神力和行动力，而将女性从嫌犯名单中剔除。因此，从【参考案例 4-9】中也可以看出，女性犯罪具有一定的欺骗性，基于人们一贯对女性的认知，特别是在犯罪手段恶劣的案件中，女性不容易被怀疑。

（五）暴力犯罪严重化

据统计，故意伤害犯罪占女性暴力犯罪的七成，其原因主要是出于报复心理（如与他人有不正当的恋情，一旦婚外情关系破裂，被抛弃的女性在心理上形成巨大障碍而又无法自我消除，为了达到心理上的平衡，往往会失去理智采取极端的报复方法）和由琐事发生争执所致（如与他人发生矛盾纠纷未能得到及时处理，产生了激愤和报复心理而实施故意伤害行为）。

第二节 恶逆变的典型

【本节引例】

家庭，代表了人和人之间最亲密的关系，而丈夫和妻子就是这种关系的基础。但是最近我们从妇联的报告中发现，在各地监狱关押的重刑犯中，都有一些女性犯罪人是因为杀死丈夫而入狱的。在中国家庭中，女性往往被视为温暖的象征。那么，为什么这些女人会杀死伴侣，让孩子成为孤儿，让自己失去自由呢？央视新闻调查组到某市女子监区进行了调查，这里的十几个女性犯罪人都是因为杀死了和自己同床共枕多年的丈夫而被判重刑入狱。她们或用擀面杖或用刀或用铁棍或用水泥墩将丈夫杀死，案发后这些女性全部实施了一个行为——自首。

这些女性犯罪人为什么要用这种极端的方式去结束丈夫的生命，也葬送了自己的自由？在不为外人所知的婚姻生活里，她们都经历过什么？

安某花，43 岁，用菜刀砍了丈夫 27 刀。安某花在村里人眼中是连蚂蚁都不敢踩的老好人，谁也没有想到，这种事会发生在她身上。案发后有 700 多名村民写了联名求情信，甚至连死者的母亲也为其求情。对安某花来讲，婚姻就是噩梦，被酒醉后的丈夫殴打进医院几乎是家常便饭，她的右眼只剩光感，那是十几年前丈夫一次酒醉之后，用酒瓶子砸的。据安某花的婆婆说，儿子喝了酒就闹，谁也不认，全家人都挨过他的毒打。终于，在忍受了二十多年之后，在丈夫酒醉后扬言要杀死全家人的一个夜晚，安某花拿起了刀。

豆某花，31 岁，八年前，她用铁棍打死了丈夫，被判了死缓。豆某花结婚的时候还不到 15 岁，因为家境贫困，家里缺乏劳力，父母把她嫁给了一个比她年长 11 岁的男人。丈夫总担心别人挑唆豆某花不跟他过，就不允许她跟任何男人说话，女性甚至自己的家人也不行。只要豆某花不听丈夫的话，就会遭到一顿毒打（如用皮带、鞋底子、刀），甚至被绑在房梁上。随着豆某花逐渐长大，丈夫的疑心病越来越重，豆某花终日生活在对丈夫暴力的恐惧之中。某晚，豆某花再次遭到丈夫的毒打，她试图逃到父母家里去躲避，却被丈夫用刀抵着后背押了回来。她问丈夫，是不是我死了就算完了？丈夫回答，你姐姐、你父母、孩子，我都要炸了他们。豆某花心想：我一条命还不够吗？我生活了八年，还不够吗？于是顺手抄起了铁棍打死了丈夫。

一、恶逆变概述

（一）恶逆变的概念

恶逆变，是指被害人在其合法权益受到犯罪行为侵犯以后，在不良心理的支配和其他因素的推动下所导致的逆向变化，即从被害人向犯罪人方向的转化。广义上的“恶逆变”，是指被害人转化为针对任何人的犯罪，如抢劫犯被反杀，窃贼被杀死，粗暴的父亲被儿子杀死，诈骗犯被欺诈，毒品犯罪人被抢劫等。而狭义上的“恶逆变”仅指针对原施暴人实施的犯罪。这里我们着重研究的是受虐女性针对施暴人实施的恶逆变犯罪。比如，【本节引例】中的安某花的丈夫喝醉酒回家后又对安某花及儿子进行打骂，且反复扬言要杀死安某花和她的娘家人以及儿子，这让安某花最终忍无可忍用菜刀砍伤丈夫脑部，导致其死亡。又如，南京的夏某在丈夫对自己施暴时，为保护自己，顺手拿起菜刀挥向丈夫头部，将其砍成重伤。

简单来说，受虐女性恶逆变犯罪是一个由受虐者向施暴者转变的特殊的犯罪过程。受虐女性在长期遭受丈夫的家庭暴力过程中，因自身无法与施暴者抗衡，又多次求助无门，只能长期忍受并且陷入一种恶性循环当中，最终形成了一种观念——只有杀死施暴者，才能让自己和家人彻底解脱，从而迫于无奈选择杀死施暴者的道路。

【课堂讨论 4-1】

家庭暴力不仅对被施暴者的生理、心理造成很大伤害，也会动摇家庭稳定的根基。大部分恶性家庭暴力案件的受害者最初往往是委曲求全、忍气吞声，这样的牺牲反而使得家庭暴力更加严重；然而一旦选择报警，又难免碍于亲情，害怕丈夫、亲人被判刑而左右为难。请思考并讨论：面对家庭暴力，我们应该顾念亲情还是运用司法手段呢？

（二）受虐女性恶逆变的形成过程

很多女性在开始遭遇轻微家庭暴力时都抱有一种“预期”或“幻想”，认为这是丈夫因为种种客观原因，一时冲动之下做出的举动，大多数施暴者会在施暴之后表现出后悔，并道歉认错、甚至承诺以后再也不这么干了。受虐女性往往都会原谅自己的丈夫，认为生活可能会有转机，会过上平静而幸福的生活。事实证明，在遭到家庭暴力之后，家庭生活会有一段平静期。但正是女性对待家庭暴力的宽容，间接导致施暴者的家庭暴力变本加厉、循环往复。暴力再次发生后，施暴者又会痛哭流涕、后悔不已，发誓承诺来博取受虐女性的宽容与原谅。基于传统观念、社会舆论和个人性格等种种因素，受虐女性往往选择忍气吞声，在内心期盼丈夫能够悔改。

她们经历的受暴周期一般是：关系紧张的积累阶段——爆发阶段——平静期（甚至是蜜月期）——紧张关系的积累期。正是因为这种周期的反复，使得受虐女性存有幻想，不忍心或无法离开施暴人。随着家庭暴力的周期越来越短，暴力程度也会逐渐增大，受虐女性的心理状态会从最初的宽容和期待到怨恨、害怕，仍抱有幻想的期待再到无助、恐惧、失望，最后是巨大的仇恨、恐惧和绝望。这种发展过程被称为“受虐妇女综合征”，通常是指女性在受到家庭内的暴力行为而导致其生理、心理各方面陷于一种病态情形的状态。

在【本节引例】中，几乎所有被调查女性犯罪人都是经历了这样一个过程，当然她们也想尽一切办法去改变这种状况，如离婚、找村委会、找妇联、找派出所，甚至离家出走、逃走，但是这些都行不通，也有的人想过自杀，又舍不得年幼的孩子和年迈的亲人。对现实生活的巨大绝望和无法改变现状的孤立无助，最终导致了受虐女性实施了以暴制暴的恶逆变犯罪。

二、恶逆变犯罪的心理特征

（一）认知特征

恶逆变女性犯罪人的文化程度普遍偏低，认知水平较低。教育水平影响着人的认知水平的高低，认知水平低的人对生活常识、社会关系甚至法律知识知之甚少，受虐女性对这些也不会主动去了解，势必造成认知范围狭窄，在面对家庭暴力时，其并不清楚如何作出正确的反应。多数女性被问及为何不寻求法律帮助时都会作出“我不懂法，不知道法律怎么规定，也不知道该如何寻求帮助”的回答。

同时，她们拥有错误的婚姻观。“嫁鸡随鸡，嫁狗随狗”的观念极深，即便是婚姻不如意，甚至丈夫有家庭暴力行为，仍选择忍耐和将就，不敢轻易离婚。这类女性一般自我生存能力较弱，在社会上无法独立生存，结婚前靠父母，结婚后靠丈夫，是她们的普遍观念，对丈夫的依附性较强，这就造成了其没有能力也没有勇气离开家庭，在遭受家庭暴力后，只能默默忍受。在【本节引例】中的女性犯罪人都是忍受了丈夫长年的暴力虐待，安某花是二十多年，豆某花是八年。最终，在长期不良情绪积累和不堪忍受的肉体折磨下，实在忍无可忍才走上了杀夫之路。

（二）情绪情感特征

中年女性占恶逆变犯罪的绝大多数。一方面，这个年龄阶段的女性精力最充沛，但因为生理上的特殊情况（月经期、更年期），使得其内分泌系统紊乱从而引起身体甚至精神的不适感，情绪极度不稳定；另一方面，女性要面对家庭及社会的多方压力，抚养子女、照顾老人都落在她们的肩上。多重因素作用下极易出现暴躁、焦虑等不安情绪。

遭受家庭暴力的女性，在种种原因之下选择了自己默默承担，也抱着一些良好的愿望去忍受。但这些默默忍受使得女性长期处于负面情绪的包围中，痛苦、愤怒、委曲、伤心与难过等这些负面消极的情绪造成了女性的情绪失衡，当消极情绪居于主导地位时，其自身就难以控制其情绪。家庭暴力再次来临时，积累在内心深处的消极情绪极有可能一并爆发，形成一种巨大的破坏性能量，从而导致恶逆变犯罪的出现。

【参考案例 4-10】

小芳结婚后生下一对儿女，本来平淡幸福的生活，却被酗酒的丈夫打破了。一开始，丈夫酒后闹事小芳不理会，后来慢慢的丈夫在酒后动手打小芳的次数越来越多，而且下手也越来越重，为了家庭的完整和一双儿女，小芳一直在隐忍，每次忍不下去的时候，想想丈夫在不喝酒时对自己的好，以及乖巧的儿女，就狠不下心离开这个家。在又一次的家庭暴力中，小芳想到自己多年来的辛苦付出换来的却是丈夫反复的家庭暴力，强烈的恨意涌上心头，拿起手边的木棍猛击已经睡着的丈夫数下，致其死亡。

上述案例中的小芳面对丈夫的家庭暴力的态度就是忍受，在自己忍受不了的时候，也有过犹豫要离婚，但还是顾及夫妻感情和儿女。然而她忍受家庭暴力积累了多年的消极情绪不会因为丈夫的哀求、儿女的乖巧、邻里的劝说而消退，而是在她心里越积越多，一直到无法正常控制的状态，滋生出报复的情绪，最后怒起杀死自己的丈夫，负面情绪得到释放后，她才感到了后悔，而在激情高涨的瞬间，她没有任何悔意。

（三）个性特征

在恶逆变犯罪中，被害人的犯罪行为与其自身人格缺陷有关。一是受虐女性性格大多较为懦弱，自尊水平较低。基于依附心理和丈夫对自己的评价，往往自我评价较低，在面对丈夫的暴力时不敢甚至从未想过反抗，妄图通过隐忍的方式来唤醒丈夫改过自新。二是受虐女性缺乏自信、无主见、顺从乖巧、依赖性较强。因其文化水平低，缺少可以谋生的劳动技能，往往获得他人的评价较低，这些都加剧了其自卑心理。另外，由于毫无主见，不善于独立思考，不喜欢自己做决定，导致她们越是依赖丈夫，家庭地位就会越低，这种极强的依附性人格特质使她们无法摆脱受虐的境地，因为在经济上依附于男性，一旦离婚则会无家可归甚至食不果腹。同时这种依附性也让女性失去了独立思考的能力，根本不知道如何采取正当的方式避免家庭暴力的发生，不知如何从根本上解决问题。

【参考案例 4-11】

小英小学毕业后就辍学，在打工时结识了丈夫张某，虽然小英的父母不大同意这门婚事，但是小英还是嫁给了张某。小英怀孕后就在家当全职主妇，但张某的脾气开始变得喜怒无常，动辄就对小英拳脚相加，打完之后就道歉，但过一阵又故伎重演。小英不敢向公婆和娘家人告状，只能自己默默忍受，也不敢离开丈夫，害怕丈夫报复。小英实在忍受不了丈夫的家庭暴力，曾经一度带着孩子离家出走了，但是由于自己学历低又没有专业技术，一直找不到工作，无奈之下，放弃了离婚的想法又回到了张某身边。在又一次的家庭暴力中，丈夫拿着菜刀追赶小英，不慎摔倒在地上，菜刀也掉了下来，小英顺手拿起菜刀，朝丈夫的脖子猛砍一刀，致其死亡。

可以看出上述案例中的小英的性格是隐忍和软弱的，面对暴力，她的选择是默默忍受，委曲求全，甚至不敢提出离婚。一是因为心软，还对丈夫抱有幻想；二是自己没有谋生的能力，为了孩子，为了以后的生活只能得过且过，选择忍受和妥协。殊不知对于家庭暴力的忍受和宽容往往会带来变本加厉的伤害，在经历痛苦、崩溃、绝望之后，小英不得已采取了错误的方法，害人害己。

【课堂讨论 4-2】

本节引用的案例无一例外的告诉我们，女性犯罪人承受过各种严重的家庭暴力。每个人都渴望有幸福的家庭，女性犯罪人杀死的也是她们自己曾经最为亲密的伴侣、丈夫。结合所学知识进行讨论：难道杀人真的是她们唯一的选择吗？她们是如何从受虐者转变为杀人者的呢？

三、恶逆变犯罪的行为特征

（一）暴力性

恶逆变女性犯罪人由于其情况的特殊性，多数实施了故意杀人或故意伤害犯罪，且为单独犯罪。犯罪人剥夺对方生命或者进行伤害的目的明确。例如，黑龙江的龚某某在庭审中供述："我想躺在床上假装睡觉，等他睡着了我好整死他。我刚躺到床上，他就起来把我踹到地上，然后又抓住我的头发，用拳头打我，骂我。还说要杀了我全家，把我父母杀了，把我孩子杀了，把我外孙女也杀了。他又打了我一顿，我就更想整死他了。趁他睡着了，我就把他绑在床上，用棉被把他捂死了。"

恶逆变女性犯罪人因长期遭受家庭暴力，犯罪意志坚定，目标明确，大多数采取暴力性的杀人手段，使用菜刀、铁锤、锄头等杀伤力较大的作案凶器，打击、砍杀被害人头、颈等要害部位。个别案件存在被害人头颈离断、被分尸等情节。但也有部分恶逆变女性犯罪人选择在被害人熟睡、醉酒、中毒昏迷、趁其不备的情况下实施犯罪。

（二）被动性

恶逆变女性犯罪人不是积极地追求杀害或伤害的结果，而是为了摆脱家庭暴力的折磨，出于防卫的动机，以自救为目的。大多数犯罪人的主动性比较强，而杀夫案中的女性犯罪人则比较被动，丈夫的家庭暴力行为给女性犯罪人的身体和精神带来了巨大损害，当女性犯罪人感觉生活无望、才会奋起将那个带给自己伤害的男人杀死。

（三）激情犯罪比例略高

在恶逆变犯罪中，激情犯罪所占比例略高于预谋犯罪，案发时丈夫的辱骂、殴打等行为是直接导火索，犯罪人为了摆脱丈夫带来的危险，在紧张、焦虑且无法控制自己的激情状态下，将丈夫杀死。例如，徐某芳是长期遭受家庭暴力的女性，案发时其丈夫张某再次对其实施暴力，并提出让徐某芳无法接受的性要求，遭到拒绝后再次殴打徐某芳，打斗中，徐某芳用木棒击中了张某，而后卡住其脖子致其死亡。显而易见这是一起因被害人的严重过错而导致的激情杀人。

（四）人身危险性低

恶逆变女性犯罪人实施犯罪行为后大多数都有自首情节，能够主动投案、如实供述，抗拒抓捕的行为极少，对其犯罪事实也供认不讳，悔罪态度好、自愿接受法律的制裁，并能得到社会的广泛同情。此类案件中的被害人仅指向实施暴力虐待的丈夫，犯罪人对其他人不具有威胁性。在恶逆变犯罪实施后，犯罪人再次实施同类犯罪的可能性几乎可以忽略不计，人身危险性极低。

（五）矫正性高

当犯罪行为结束后，受虐女性的愿望实现，犯罪动机随之消失，她们大多都有悔罪、自首的表现，一般都会积极接受刑事处罚并进行自我矫正。同时，当监狱民警对其进行心理疏导、心理治疗时，她们往往乐意接受矫正，以弥补本身的人格缺陷，尽量消除自己的人身危险性。

【拓展阅读4-1】

小红是某省女子监狱的服刑人员，因为不堪忍受丈夫的毒打和虐待，冲动之下将熟睡中的丈夫砍死，以故意杀人罪被判处死刑缓期2年执行。在服刑期间，小红日日都在忏悔，认为自己对不起公婆，对不起一双儿女，她不明白自己当初为何那么失控亲手杀死曾经最亲密的人。小红服刑之后积极改造，多次获得嘉奖表扬，刑期由死缓减为无期徒刑，又从无期徒刑减为有期徒刑。还在监狱中自学文化课程和劳动技能，争取刑满释放后可以养活自己。她说自己能坚持下来的最大动力就是希望能早日和儿女们团圆，以弥补多年对他们的亏欠。

【课后思考】

刘某霞，1990 年经人介绍认识张某水，很快就嫁给了张某水。从结婚第二年开始，她一次次地遭受丈夫的毒打，又一次次地选择忍让和迁就。在这 12 年里，丈夫用尽了家里可以使用的工具来打她（包括木棍、铁棍、皮带、椅子、铁锹、斧子、搓板、叉子、捞面杖等）。有时张某水连劝架的父亲都打，有一次张某水竟然拿起秤砣砸向老父亲，其父事后缝了两针。

不论是亲友邻居，还是村里干部，谁都管不住张某水。刘某霞和张某水的父亲也曾想过拨打 110 报警，可是报警之后又能怎么样呢？一想到这里，他们又都犹豫了，毕竟张某水还是自己家里人。况且他脾气暴躁，相当记仇，说不定会更闹得家里鸡犬不宁。最让刘某霞顾虑重重的还是张某水的威胁：如果敢离婚，他就让刘某霞一家都活不成。刘某霞犹豫了，不敢离婚，她不愿意让家人跟着受牵连。

2003 年的某日，刘某霞再次被丈夫用斧头砍伤。刘某霞终于忍无可忍，她在给丈夫做饭的过程中投入毒鼠强，张某水吃后不久就咽气了。在案件移送检察院审查起诉时，张某水的父亲带着近 400 名村民的联名信，又找到检察机关再次恳请对儿媳刘某霞从轻处理。2003 年 7 月上旬，县法院一审以故意杀人罪判处刘某霞有期徒刑 12 年。

请思考：

1. 刘某霞杀夫时心理状态是什么？为何会有这种心态？

2. 如何理解“受虐妇女综合征”？

【课后拓展】

面对家暴该如何维权？[①]

家庭暴力不仅是个人感情问题，更是社会问题、法律问题，应该学会拿起法律的武器保护自己和身边的人。

2016年3月1日，为有效预防和制止家庭暴力，保护家庭成员的合法权益，我国实施了《反家庭暴力法》。该法作出明确认定：家庭暴力，是指家庭成员之间以殴打、捆绑、残害、限制人身自由以及经常性谩骂、恐吓等方式实施的身体、精神等侵害行为。这也就是说，家庭暴力不仅限于夫妻之间，也会发生在父母与未成年子女、成年子女与年迈父母之间。家庭暴力不仅仅是人们固有思维里的"动手"，如限制人身自由以及经常性谩骂、恐吓都会触碰法律的红线，受到法律的制裁。如果家庭中一方通过冷淡、轻视、放任、疏远和漠不关心，致使他人精神上和心理上受到侵犯或伤害的方式实施"冷暴力"，被害人也应及时向居民委员会、村民委员会、社会工作服务机构、人民调解组织反映情况、寻求帮助，化解并防止矛盾升级致使家庭暴力产生。为维护遭受家庭暴力的被害人的切身权益，《反家庭暴力法》中还特别规定了人身安全保护令制度：当事人因遭受家庭暴力或者面临家庭暴力的现实危险的，可以向被害人或者加害人的居住地、家庭暴力发生地的基层法院申请人身安全保护令。若被害人是无民事行为能力人、限制民事行为能力人，或者因受到强制、威吓等原因无法申请人身安全保护令的，其近亲属、公安机关、妇女联合会、居民委员会、村民委员会、救助管理机构可以代为申请。

一旦遭受家庭暴力，被害人及其法定代理人、近亲属可以向加

① 节选自王雨辰：《面对家暴该如何维权？》，载《北京日报》2018年11月28日。

害人或者被害人所在单位、居民委员会、村民委员会、妇女联合会等单位投诉、反映或者求助。

有关单位接到家庭暴力投诉、反映或者求助后，将会依法给予帮助、处理。家庭暴力被害人及其法定代理人、近亲属也可以向公安机关报案或者依法向法院起诉并申请人身安全保护令。

公安机关接到家庭暴力报案后会及时出警，制止家庭暴力，按照有关规定调查取证，协助被害人就医、鉴定伤情。无民事行为能力人、限制民事行为能力人，因家庭暴力身体受到严重伤害、面临人身安全威胁或者处于无人照料等危险状态的，公安机关也会通知并协助民政部门将其安置到临时庇护场所、救助管理机构或者福利机构。法律援助机构会依法为被害人提供法律援助。

法院作为居中审判机关，也将依据相应申请并结合实际情况，对遭受家庭暴力行为的被害人依法出具人身安全保护令，切实保护被害人的人身安全。同时，法律特别规定，对未成年人、老年人、残疾人、孕期和哺乳期的妇女、重病患者遭受家庭暴力的，应当给予特殊保护。

同时，学校、幼儿园、医疗机构、居民委员会、村民委员会、社会工作服务机构、救助管理机构、福利机构及其工作人员在工作中发现无民事行为能力人、限制民事行为能力人遭受或者疑似遭受家庭暴力的，应当及时向公安机关报案。

第五章　老年人犯罪心理

【学习目标】

知识目标：1. 了解老年人犯罪的概念和类型；
　　　　　2. 掌握老年人犯罪的心理特征；
　　　　　3. 理解老年人犯罪的行为特征。

能力目标：1. 运用老年人犯罪心理的相关知识解决实际问题；
　　　　　2. 运用老年人犯罪心理的相关知识从事司法实践活动。

我国正加速步入老龄化社会，根据国家统计局的统计数据，2018 年我国人口从年龄构成来看，60 周岁及以上人口为 24949 万人，占总人口的 17.9%。随着老年人口的增多，老年人犯罪成为社会无法回避的现实问题，它往往涉及社会生活的各个领域，其中性犯罪、侵害型犯罪和财产型犯罪是其主要的犯罪类型。

第一节　消极心理的恶化

【参考案例 5-1】

一场大火将整间出租房吞噬，门锁完好无损，贵重物品消失不见，是谁在趁火打劫？经警方调取监控录像得知，原来是与租客张某花保持不伦男女关系的张某元为报复其另攀高枝所为。

28 岁的张某花在足疗店里认识了 60 多岁的张某元，张某元年轻时因盗窃两次入狱，再加上他是上门女婿，在家中没有什么地位，而张某花的温柔体贴让张某元产生了好感，认为比老婆对自己要好，于是经常陪其逛街、吃饭，给她买衣服、鞋子、贵重物品，两人逐渐发展为情人关系。一段时间后，张某花因感到两人年龄相差悬殊，就和张某元提出了分手，张某元怀疑其有了别的男人，心生怨恨，一直纠缠张某花并散布谣言，说其卖淫嫖娼还打过胎等。张某元后来找张某花谈判，说一年多来自己花掉了3万多元，如果想分手，就把这些钱和东西都还给自己，张某花没有答应并与其断绝了关系。张某元怀恨在心，在一次偶然的机会中悄悄配了张某花家中的钥匙，趁着上午大家上班之际，潜入到其家中，偷走了现金、首饰等贵重物品，又看到自己为张某花买的衣服，想到花了很多钱又不能带走，就点着了这些衣服，随后逃离了现场，不过他没想到这把火竟然引起了一场火灾。①

上述案例是因感情纠纷而导致的报复型犯罪。张某元走上犯罪的道路是由其忌妒、报复的心理而造成的。从本案中可以看出，张某元在家中没有地位，情感空虚，遇到从事服务业的张某花后，让他体会到了在家中感受不到的温暖和甜蜜，于是采取付出钱财的方式与张某花保持畸形的情人关系。分手后，他就怀疑张某花另攀高枝，当索要自己付出的钱财遭到拒绝后，认为张某花是找到了更好的人才与自己分手的，心生怨恨，将过错全部推给他人，认为自己受到了不公平的待遇，自己要回当初付出的钱物理所应当，所以当其实施入室盗窃和放火焚烧衣服时毫无罪恶感，还在心理上产生了报复的快意和心理上的平衡。

【参考案例5-2】

2015年9月26日，房先生带着母亲金某去参加亲戚的婚宴，回到家中天色已晚，忙碌了一天的母子很快就进入了梦乡。突然，

① 参见《妒火》，载央视网。

一个装有液体的白色玻璃瓶载着仇恨的诅咒重重地砸向了墙壁，房先生一边捂着眼睛一边痛苦的跳了起来，金某也随即醒来，闻到空气中有煤气的味道，就赶紧去找老房。当她走过厨房门口时，割断天然气管道并早已潜伏在里面的老房，手里握着一根狼牙棒，迎头扑向金某，来不及问明原因的金某本能地闪躲了过去，但是老房变本加厉，再次挥动狼牙棒，不料竟被金某夺走。老房拼命地夺回狼牙棒，在击中金某后，又从厨房拿来菜刀，一顿乱砍，金某连声哀求，隐约听到母亲的求救声后，房先生忍住疼痛，循着声音的方向走去，用被子把父亲老房包起来，然后把他扔进了卧室，把门拉住并报警。

警方查明，老房原是玻璃厂的工人，金某没有工作，家里靠老房的工资生活，自2008年起家里经济条件有所好转。老房的工资以前都是自己支配，可是最近3年，因为他在外面购买保健品被骗了13000元，家里人害怕他乱花钱，就说工资存折在儿子房先生手里（老房对儿子有些惧怕），实际上原来由母亲金某保管的退休工资存折现在由大女儿保管，钱全部存在老房的理财宝上。每月由房先生给父母1500元用于日常开销，其他的生活用品均由两个女儿负担。老房认为，他在家中的权威，在子女特别是儿子小房的面前经常遇到挫折。因此，与其意见经常不合的老伴，常常会遭到他的打骂。

据了解，案发前，老房原本打算要购买一款9800元的保健床垫，遭到全家人的反对，为此，他去对面邻居家借钱，却空手而归。老房交代了其作案动机："我就是想把我儿子和老婆杀死，主要是我儿子把我的工资控制住，不让我花钱，而我老婆经常在我姑娘跟前说我经常打她，再加上，昨天我老伴和我儿子去吃婚宴，没让我去。"①

老房的杀人动机听起来如此简单荒谬。原本最亲密的亲人，竟

① 参见《兰州一耄耋老人谋害妻儿　积怨爆发后的人伦惨剧》，载搜狐网。

在漫长的家庭生活里动了杀机，当老房在看守所里得知妻儿被自己打成了重伤时，表情无动于衷。可见，老房依旧被困在家庭的琐事积怨中不能自拔。老房一生勤勤恳恳，在子女成人之前全家人的生活支出主要是依靠他，子女工作以后生活条件有所好转。老房买保健用品花了家里 1 万余元，对老房做主的这项家庭开支老伴及儿女激烈抵制，并严格管制了老房的花费，由于缺乏有效沟通，老房和老伴感情愈发不和，吵架时有发生，但子女们一致偏向母亲，有时为了帮助母亲，与老房也发生过多次冲突。过去老房是一家人的主心骨，而现在他的话家人都不听了，甚至限制他的花销，长大的子女也时时挑战自己“家长”的权威，这就让他的自尊心受到了极大的伤害，从而产生强烈的挫折感。

悲剧的发生和老房的性格有着很大的关系。老房的女儿说：“父亲平时和谁都不来往，就和我妈一起。他平时不怎么出门，喜欢养狗、养鸟、剪纸，出门就是遛遛狗。我弟弟把钱给我父亲后，他就把钱直接给我妈，让我妈买菜、买水果、买米面油，我爸平时很少出门，他想吃什么就让我妈去买。”可见，老房的晚年生活缺乏交际，内心较为孤独，长期处于怨愤和孤独中得不到宣泄和家人的安抚，最终以不正当的方式来发泄自己的不满，从而酿成了家庭惨剧。

【参考案例 5-3】

“我就是瞎猜的，没有证据。”仅仅因为猜测老伴跟隔壁老头有染，71 岁的李某金竟举起锤头将老伴砸死，之后主动投案。李某金投案后供述了一切：2010 年 5 月 6 日，他来到小儿子家楼下，发现小儿子家的阳台防盗窗是开着的，便攀墙爬进家住二楼的小儿子家，看见只有老伴何老太跟两岁多的小孙女在家。何老太看到李某金后就准备开门出去，李某金遂跟老伴争吵起来。见老伴还是要走，李某金便拽住其头发，致其趴倒在地后，拿出随身携带的铁锤狠狠地朝老伴头上砸去。直到老伴不能动弹，李某金才住手。

据李某金交代，三年前，他就怀疑老伴跟隔壁独居的李某有染，开始也不相信，但后来觉得老伴的言语和行为有时不太正常，就慢慢开始相信了，心里为此一直很憋屈。李某金还讲述了印证自己猜测的“事实和证据”。他说，村里人跟他说，一个老太婆跟一个老头好，并从老头那骗钱回家贴给儿子用，还给自己老头买衣服。李某金觉得，跟他讲这事的人另有用意。他还发现，隔壁的李某起床后经常在院里假咳。直到今年3月，外面的风言风语越来越厉害，李某金就产生了杀死老伴再自杀的想法。就在谣言越传越厉害的3月，李某金下定了要杀死老伴再自杀的决心，并写好“遗书”，遗憾的是家人发现“遗书”后并没能阻止血案的发生。

儿媳小陈说：2008年她生了孩子后，由于爱人在镇江打工，她工作忙，公公和婆婆便来合肥帮她照顾孩子，后来由于老家失窃，李某金回老家看家，跟婆婆分住了一年多。小陈跟婆婆感情很深，发现公公写的“遗书”后，为了保护婆婆，她把大门锁换了。进不了儿子家门的李某金更是生气，案发前在儿子家门口守候了五天四夜。

李某金71岁，何老太67岁，两人共同生活了50多年，生育了4个儿子。除了三儿子在老家，其余儿子都在外地打工。平时儿子们工作忙，只有三儿子经常跟李某金打打电话。李某金的三儿子说，父亲性格随和，胆子很小，平时跟人讲话都很少。知道父母经常争吵，但没太在意，以为这是父母之间的小矛盾。[①]

仅仅是胡乱猜测就痛下杀手将陪伴自己几十年的老伴杀死，这是李某金的个案，还是老年犯罪人的普遍心态呢？在司法实践中，因胡乱猜疑、疑心重而引发的血案屡见报端。这类案件的发生主要有两个原因：一是老年人的情感需要没有得到满足。人越老越需要情感支撑，需要关爱，如果子女不在身边，与老伴感情平淡，又没有朋友的陪伴，老年人就会感觉自己被社会、家庭、朋友所抛弃，情感受到很大的挫折，会变得越来越孤僻和绝望。二是猜疑和偏执

① 参见《71岁老人抡锤将老伴砸死　因猜疑其与邻居有染》，载腾讯网。

心。老年人的身体出现衰退后，他们会出现心理恐慌，表现为对家人的过分依赖和敏感。随着老年人生理和心理均趋向衰退，其性格会变得越来越以自我为中心，胡乱猜测、忌妒乖僻、敏感多疑。上述案例中的李某金就是如此，听信风言风语，胡乱猜疑老伴出轨，并在生活中寻找到了所谓的“证据”来印证自己的猜测，再加上他性格内向，儿子也不在身边，没有人可以帮助他消除误会，其心理越来越失衡，最终恼羞成怒，产生了报复性的攻击行为。

养老不仅包括物质生活上的养老，还包括精神养老。除了给父母提供衣食住行，还需要多陪父母聊天，多打电话，多团聚，这些都能给父母最大的精神慰藉。当老人与老伴、朋友之间出现了矛盾和猜疑后，家人应尽可能地多沟通、多交流来消除老人之间的误会，以避免悲剧的发生。

【课堂讨论 5-1】

老年人犯罪是个人的悲剧、家庭的灾难、社会的耻辱，我国的老年人犯罪呈上升的趋势，犯罪类型也日益多样化。请结合老年人的自身特点，思考并讨论：老年人犯罪的类型主要表现为哪几种，并说明理由。

一、老年人犯罪的心理特征

总的来说，老年人犯罪主要是由生活琐事和人际关系冲突引起的。无论是外界的刺激，还是老年犯罪人本身的性格缺陷，都源于老年人消极心理的恶化，存在以下共性：

（一）认知水平低下

老年犯罪人认知能力和水平低下，这与其相对较低的文化水平有关。认识往往片面、狭隘，其对遇到的问题和挫折不能客观地对待，偏激的将过错归于社会或他人。另外，老年人的自控能力有所下降，当遇到挫折和刺激时不再理性对待，一旦需求得不到满足，或者变得如青少年一般任性、冲动，出现不计后果的攻击行为；或者积郁于胸，钻牛角尖，走上极端报复的道路。

（二）情绪情感特征

因老年人认知水平的偏差，容易形成悲观、愤恨不满、失落绝望等消极、不良的情绪体验。这些情绪得不到及时的宣泄就会不断积累和压抑，当遇到外界刺激时就会激烈的爆发，攻击行为极具破坏性。

（三）意志力薄弱

老年犯罪人往往意志力薄弱，耐挫折性差，对挫折的心理承受能力差。由于其认知能力的偏差和需要层次的低级，很容易遇到事情就产生挫折感，其不善于控制自己的消极情感，只想着用最简单的方式来摆脱，盲目之下导致了犯罪的发生。

（四）消极的个性心理

老年人走上犯罪的原因多种多样，如邻里关系不和睦，家人漠不关心，子女不孝、虐待等各种琐事纠纷。老年犯罪人普遍存在不良、消极的个性心理品质，如自私自利、敏感多疑、心胸狭隘、固执己见、争强好胜、幼稚偏激等。这些老年犯罪人往往以自我为中心，个人利益受损后定要争个高低，有的老年犯罪人自尊心极强，固执己见，为了维护尊严甚至出手伤人；有的老年犯罪人囿于自己的小圈子，封闭狭隘，一旦出现纠纷会不顾法律、道德的约束而为所欲为。总之，这些消极的心理使老年人在产生人际冲突时不能恰当解决所遇到的纠纷，很容易因为小事、琐事而激发不可调和的矛盾，出现攻击性、报复性的犯罪行为。

二、老年人犯罪的行为特征

（一）男性犯罪人居多

老年人犯罪主体男性多于女性，老年女性心理相对稳定，以家庭为中心，性格相对温和，从体力和心理特征角度来看，老年男性更容易因不被重视、精神空虚、烦躁恐惧等因素实施攻击性行为。

（二）犯罪一般发生在亲属或熟人之间

老年犯罪人和被害人大多是熟人，本身存在一定的恩怨，因老年犯罪人消极的心理品质，以及受教育程度不高，遇到不顺自己心意的事情时，不懂得理性对待，只会用简单、极端的手段去解决。

（三）犯罪手段的暴力性弱

老年犯罪人因身体机能下降，导致其体力不足，无法进行直接对抗的暴力性犯罪，往往会采取非暴力性的手段来达到其犯罪目的。比如，趁被害人熟睡、生病、醉酒之际，采取放火、投毒、埋伏、突然攻击的手段。即便是采取暴力性的手段，也会事先踩点预谋、趁人不备，或针对女性被害人。

（四）激情犯罪突出

有些老年犯罪人由于偶然因素与他人发生争执和矛盾时，瞬间使其丧失自我控制能力，消极情绪爆发，丧失理智，从而产生强烈的报复、反击的心理，发起攻击行为。这类犯罪往往具有突发性、情境性和盲目性。

第二节　贪欲心理的突出

【参考案例 5-4】

98 岁的周某评伙同 50 岁的肖某、58 岁的王某约 75 岁的美籍华人陈某到家里打麻将，其间，王某、肖某二人称周某评是革命先驱、国民党将领李烈钧，与许多国家领导人关系密切，有能力解冻 13 兆亿的“民族资产”。从 2007 年 4 月到 2008 年 6 月一年多的时间里，三人利用上述谎言，分次骗取了陈某 74.9 万元。①

2008 年，波兰警方通缉了一名 80 岁的诈骗犯，他行骗长达 10

① 丁自斌：《老年人犯罪从轻处罚之探讨——以吴某政杀子案、周某评诈骗案为例》，2011 年兰州大学硕士论文。

年之久。从1998年开始用各种身份进行诈骗。行骗数额巨大，被欺骗的女性不计其数，大部分受害者都是老人和妇女，在波兰国内造成了巨大的影响。该诈骗犯经常声称自己是第二次世界大战时德国集中营的受害者，正在筹集资金和德国打官司，肯定会得到一笔赔偿金，现在希望能借钱去打官司。与此同时，他依靠自己的花言巧语，声称自己至今单身，在得到巨额赔偿后可以赠给帮助过他的女性。他在很短的时间内和多名女性受害者发生关系。经警方查明，这个诈骗犯只是一个农民，单身，没有住房，没有积蓄，靠诈骗为生。①

诈骗罪是一种智能型犯罪。一般来说老年诈骗犯罪人生活阅历丰富，善于抓住被害人的心理，利用人们对老年人不设防的心理弱点，易取得被害人的信任，使其丧失警惕，自愿交出财物或顺从犯罪人的要求。无论是98岁的周某评还是80岁的波兰诈骗犯，他们的主要犯罪动机是获取财物，为了满足自己的私欲，利用自身的特点，花言巧语，将被害人引入自己的圈套中，在此过程中，他们往往善于伪装自己，实施骗术。表面上待人热情、彬彬有礼、极具亲和力，丝毫不会流露出对财物的渴望，实际对被害人冷酷无情，看中的是他们身上的钱财。

【参考案例5-5】

因多次在家附近的超市内窃取物品，67岁的北京老人刘某被公安机关抓获。他“顺”走的物品有零售的袋装培根、瘦肉馅、瓜子、八角、花椒、红葡萄酒等食品和饮品。刘某把肉馅等稍贵的商品揣进怀里，只将便宜的小东西拿到款台结账。他偷窃的大部分物品都是为了自己食用，红葡萄酒则是为了换取钱财而窃取的。当被问及盗窃原因，刘某说：“实在是太困难了！”刘某年迈多病，患有严重的高血压、心脏病、静脉栓塞、精神衰弱，已经丧失劳动

① 参见《波兰通缉世界最老诈骗犯　80岁老头骗财骗色》，载网易新闻。

能力。他年轻时就与妻子离婚了，无儿无女，现在独自一人生活。退休后，他收入微薄，生活艰难。想吃肉，又没钱，为了满足日常生活需要，就产生了盗窃的想法。①

近两年来，城镇老年人犯罪比例增高，数量明显多于农村老年人犯罪主体。以上述案例中的刘某为典型的老年人盗窃案例还有很多，他们虽为城镇居民，但退休后缺乏生活来源，既无土地又无工作，生活空虚，因此犯罪率较高，均以小偷小摸的方式满足其基本的生活需求。

【参考案例 5-6】

一位年近九旬的老人，生活安定却频繁盗窃并拒不承认。上海的老元已经年近九旬，家境殷实，儿女双全，退休后更是衣食无忧。与老元相识之人都说他以前性格温和、对人热情，并无任何不良行为。但近十多年来，老元却开始频繁行窃，并且“拒不承认”“死不悔改”。老元的老伴已于十多年前去世，自老伴走后，老元便独自居住，一直郁郁寡欢，性格也变得很古怪，要么经常与邻居争吵，要么就索性不与任何人交流。在实施盗窃行为被公安机关抓获后，老元对此却反应平淡，甚至不以为然。②

在社会发展的大趋势下，子女成家后与父母分开居住已成为常态，致使许多老年人的晚年生活孤独寂寞、单调乏味，极易滋生不健康的心理，进而可能引发犯罪。上述案例中，老元的子女也是忙于自己的工作和家庭，不能经常来陪伴老元，老元内心本就郁结难解，如今又倍感孤寂，久而久之，其性格就会变得越来越孤僻。综上，孤寡老人虽然衣食无忧，但因为长期孤独，心理上自然形成阴影，他们因缺乏子女的重视或社会的关注而实施一些侵害他人人身、财产的犯罪行为。

---

① 参见《近十年老年人犯罪逐年上升　多为盗窃罪和诈骗罪》，载新浪网。

② 参见《年近九旬老人却频繁盗窃，原因竟是……》，载腾讯网。

【参考案例 5-7】

2018 年的某天，一位老人走近一家店铺发现店主不在，就打开了钱柜，把里面的钱全放进了口袋中，正当他要离开时，恰巧店主回来了，店主赶紧将老人控制住并报了警。通过讯问，民警发现这名小偷叫马某，他曾经在当地的卫生院偷患者的钱。马某不仅在本地偷，还偷到了省外，先后流窜至邻市的两家店铺，盗得香烟和现金数千元。据了解马某已经 74 岁，有家有室，有儿有孙，吃穿住行都不愁，他每次偷东西的数额都不大，之所以偷东西，不是为了贪图钱财，全是因为上瘾了。[①]

有些老年犯罪人精神较为空虚，生活单调，退休前工作是生活的重心，退休后失去生活重心，一时难以适应松弛的生活。他们空闲时间较多，无所事事，子女忙于工作，以往的朋友们也很少来往，无聊的生活促使他们去做某些事情来充实生活，寻求精神上的刺激，部分老年人会通过违法犯罪行为来寻求生活乐趣，消磨无聊的时光。

一、老年财产型犯罪的心理特征

（一）认知扭曲

部分老年人受追逐利益、贪图享乐、利己主义等腐朽没落世界观的支配，往往无视道德和法律，认知上出现扭曲甚至错误的观念，认同不劳而获、好逸恶劳，从而将实施财产型犯罪作为其谋生手段或追求享乐、奢华生活的方式。

（二）情绪情感特征

作为初犯或偶犯的老年犯罪人，在作案时存在恐惧心理，紧张多汗、神情慌张，一旦得手后会满心欢喜，犯罪心理逐渐恶化。而成为惯犯或累犯后，其情绪稳定，情感冷漠，只会在意能否满足自

① 参见《七旬老汉　盗窃成瘾》，载新浪网。

己的畸形金钱欲，对他人丧失了基本的同情心。在犯罪过程中侥幸心理突出，以诈骗犯罪人为例，其自认为手段巧妙，骗术高超，能够逃脱处罚。

（三）意志特征

老年犯罪人的自制能力较差，基于自身畸形物欲的膨胀和外界情境的诱惑，很容易实施侵财类犯罪。另外，老年人初次接触侵财类犯罪时，犯罪意志不坚定，在实施犯罪中伴有激烈的动机斗争，因其老年人的身份以及丰富的生活经验，使得其犯罪行为更不容易被发现。当他们长期实施违法犯罪后，逐渐形成了心理定势，犯罪意志坚定，即使屡受惩罚也不易动摇。

（四）个性特征

侵财类老年犯罪人的性格往往是自私自利、好逸恶劳、追逐享乐、贪得无厌。同时，此类型的老年犯罪人具有较强的能力特征。比如，诈骗犯罪人的智力水平相对较高，往往能言善道，思维灵活，善于伪装自己和巧妙地抓住他人心理的弱点，并掌握了一定的专业知识甚至反侦查手段；盗窃犯罪人具有一技之长和观察分析能力，为了更隐蔽、有效的获取钱财，还会潜心研究犯罪技巧。

【拓展阅读 5-1】

春节期间，某小区发生多起入室盗窃案件，而且失窃住户均安装了高科技的磁芯锁。警方通过现场勘察和分析，发现窃贼是利用专用消磁工具捅进锁眼内对磁性锁锁芯消磁后，再用专业开锁工具将门打开，并且在不留盗窃痕迹的情况下将业主的手提电脑、首饰、手机、现金等财物盗走。经过侦查，发现作案人是一名六旬老人，本人无房无业，又掌握开锁技术，曾因盗窃罪被判刑。他在该小区盗窃已多达 10 余起，涉案财物金额 20 余万元。①

① 参见《六旬老贼专撬高级磁芯门锁》，载和讯新闻。

【拓展阅读 5-2】

遵义一位六旬老者石某受媒体法制报道启发，潜心“钻研”银行卡破译技术。他买来电脑、光盘以及找来各家银行废旧的银行卡等相关作案工具，“潜心研究”银行卡信息和密码破译技术。石某虽仅有初中文化，但其有这方面的天赋，居然获得成功，掌握了银行卡信息和密码的破译技术。之后，他“小试牛刀”竟获赃款近 10 万元，但仅仅作案两次就落入法网。[①]

（五）动机特征

侵财类老年犯罪人的动机多种多样，主要有：一是追求享乐。部分老年人追求享乐、奢华的生活方式，为了满足自己畸形、强烈的贪欲，而实施犯罪。二是生存动机。老年人在社会中逐步被边缘化，经济能力下降，生活陷入困境。我国社会保障制度、医疗保险制度、养老保险制度滞后，特别是农村的社会保障制度，部分老年人为了生存、补贴家用，走上了小偷小摸乃至犯罪的道路。三是寻求精神寄托。部分老年人生活孤单、单调，精神世界空乏，为了寻求精神上的刺激或者吸引子女等家庭成员的注意而实施犯罪。

二、老年财产型犯罪的行为特征

（一）非暴力性

老年人犯罪中的非暴力性特征明显。由于其生理老化、体力下降的原因，犯罪手段较温和，一般不会采取暴力、胁迫的手段，而是依靠技巧、言语或圈套非法占有他人财物，主要以盗窃、诈骗为主，而抢劫、抢夺、绑架等犯罪较少。但近年来，老年人财产型犯罪的暴力倾向有所增加，如在盗窃、诈骗过程中遇被害人反抗，而采取暴力手段逃脱，或者在获取非法利益的动机驱使下，实施敲诈

① 吴宗宪、曹健主编：《老年犯罪》，中国社会出版社 2010 年版，第 319—320 页。

勒索等犯罪。

【拓展阅读 5-3】

60 岁的王某窜至某村实施入室盗窃，用随身携带的钳子剪断了大门的锁，在翻找财物之际，房屋主人恰巧回家，见状找出一根钢筋堵在大门口，欲将王某抓获。王某顺手拿起桌上的匕首，威胁对方："赶快让开，不然把你杀掉。"房屋主人没有退缩将其匕首打掉，王某又拿出随身携带的木棒将房屋主人的头打伤，趁机逃走。王某在盗窃过程中使用了暴力抗拒抓捕，由盗窃罪转化为抢劫罪。

（二）智能性

老年人有着丰富的生活经历，在作案时往往会提前谋划，物色作案对象，选择作案方式，制订逃跑路线。他们会针对不同人的心理弱点，或者利用人们对老年人相对较弱的警惕心，犯罪更容易得逞。

【拓展阅读 5-4】

年过七旬的冯某因犯诈骗罪被判处有期徒刑 13 年 6 个月，剥夺政治权利 3 年，罚金 50 万元，并责令退赔相关经济损失。冯某谎称自己是中央保健医师、知名医院专家，多次为国家领导人治疗、保健。他以帮助被害人治疗疾病为由，骗取被害人数十万元。被害人也是一名老年人，因身患疾病，在家属陪同下，从新疆老家到北京就诊。在医院附近，冯某与被害人的弟弟攀谈，自称是医院院长、主治医师，向被害人及家属出示伪造的医院工作证，还称自己给国家领导人看过病，能治疗疑难杂症。他利用被害人病急乱投医的心理获取信任后，劝被害人出院接受其治疗。被害人在医院附近租房，专门接受冯某的治疗。冯某在骗到钱财后就溜之大吉了。

之后，冯某继续在医院伺机与病人攀谈，又向另一位老太太兜售所谓的名贵药材"犀牛角粉"。一小纸包灰色粉末状"犀牛角粉"价值 15 万元。他声称这是专为国家领导人治病准备的，药效显著。结果，被害人的治病钱被尽数骗走，却再也不见冯某踪迹。①

（三）反复性

很多财产型老年人犯罪具有反复、重复进行的特征。随着作案次数的增多，犯罪心理得到强化，作案意志和胆量也越来越大，在作案过程中，犯罪技能也越来越熟练，犯罪愈加频繁和狡猾，有些犯罪人甚至作案成瘾、屡罚不改。

【拓展阅读 5-5】

有位年逾六旬的老人，多次在人多时盗窃，5 年内先后 4 次被判处刑罚。这位“十三进宫”年逾六旬频繁盗窃不思悔改的小偷，叫做彭某，竟然有着连续二十余年的违法犯罪纪录，1991 年 5 月，彭某由于囊中羞涩，一时起了贼心，因扒窃被行政拘留 15 日，从这时候起，彭某便在违法犯罪这条路上渐行渐远，开始了他隔三差五的盗窃人生。二十余年间，彭某长期在人流量大的车站、医院、饭店等场所实施盗窃行为。2016 年 7 月 28 日彭某因在火车站窃取旅客手机而被判处有期徒刑 9 个月，并处罚金人民币 1000 元。2018 年 6 月 22 日，距上一次刑满释放不到 2 个月，彭某再次在火车站扒窃旅客的手机。法院审理认为，彭某曾多次因犯盗窃罪被判处有期徒刑，仍不思悔改，在刑罚执行完毕后 5 年内再犯应当判处有期徒刑以上刑罚之罪，系累犯，依法应当从重处罚。②

（四）犯罪手段多样性

老年人实施此类犯罪的手段多种多样，如体现智力的诈骗、集资诈骗、金融诈骗、非法吸收公众存款等犯罪，又如凭借技巧的入室盗窃、扒窃等犯罪，再如借助体力的敲诈勒索、故意毁坏财物等

---

① 参见《近十年老年人犯罪逐年上升　多为盗窃罪和诈骗罪》，载环球网。

② 参见《六旬老人十三进宫　盗窃成瘾仍不收手》，载齐鲁网。

犯罪。

第三节　性心理的扭曲

【参考案例 5-8】

南通 71 岁的吴老汉，孑然一身，靠捡垃圾为生，某日在路边遇到痴呆女查某，将其带回自己家中，晚上吃过饭后则与查女同住一床。第二天凌晨，吴老汉对痴呆女查某进行了强奸。天亮后，吴老汉将查某锁在家中，自己外出做工，查某破门而出坐在路边，被邻居报警而案发。①

湖北 72 岁的秦老汉，打了一辈子光棍，55 岁时诱奸了一名 9 岁女童，64 岁刑满回家后，想找老伴，对方听说他坐过牢，谁也不敢嫁给他。他绝望之后，心理失衡，又一次向一名 11 岁的女童发泄了兽欲，村里人将他五花大绑送进了派出所。②

69 岁的程某原是某小学厨师，利用中午该校女学生小艳、小珊、小菁到其房里玩耍之机，以给糖果或零钱为诱饵，先后共奸淫 3 名幼女 14 次。其中被害人小艳被奸淫 6 次致怀孕后，程某的恶行才被捅破。③

性是人类的基本欲望，并不会随着年龄而消失，老年人也有性方面的需求。不少老年男性因为配偶亡故、没有子女或与子女不和，生活十分孤独，当其有性需求时，无法通过正常的交友或婚姻的途径来得到满足，苦苦压抑，又不会采取其他途径得以健康的宣泄，逐步形成极度饥渴的性心理。若遇到特定的机遇，他们可能会实施猥亵或强奸的犯罪行为。

---

① 参见《老年人性犯罪多发　71 岁鳏夫强奸痴呆女》，载南通网。

② 参见《春天来了，警惕你身边的老色狼——老年人犯罪，多数为“性”》，载搜狐网。

③ 参见《老年人犯罪，多数为“性”：警惕你身边的老色狼》，载搜狐网。

老年性犯罪，一般是指老年犯罪人为了满足自己的性欲而实施的侵犯他人权利或有伤风化的犯罪行为。老年性犯罪涉及的罪名主要有强奸罪，强制猥亵罪，引诱、容留、介绍卖淫罪等。这类犯罪不仅给社会带来严重的危害性，还侵害了女性的身心健康，给其带来巨大的精神伤害。

解决老年人性犯罪的问题：一是要正确认识老年人的性需求，关注老年人性健康，采取一定的方式进行相关的法制和道德教育，构筑老年人犯罪预防体系；二是要促进老年人的正常交往。子女注重对老年人生活上的照顾和感情上的慰藉。社区或村委会要积极开展有益于老年人的文体、娱乐活动，促进老年人之间的正常交往，使其精神有所寄托。对孤寡老人，要尤为注重与他们进行精神交流，尊重老人的人格，减轻他们的失落感。

一、老年性犯罪的心理特征

（一）认知特征

老年性犯罪人往往认知能力低下，判断和辨别是非的能力较差，容易受不良刺激的影响，作出模仿行为，导致犯罪的发生。另外，他们追求低级趣味，拥有错误的性观念和扭曲的性道德，精神空虚，为了追求性满足而不择手段。

（二）情绪情感特征

老年性犯罪人一般情感冷漠无情，将自己的性满足建立在他人的痛苦之上，缺乏同情心和责任感。一旦其受到外界的刺激，就会产生性冲动，难以控制自己，从而瞬间决意实施犯罪。

【拓展阅读 5-6】

81 岁的陈某看到同村 3 岁的小女孩在他家附近小便，顿时起了邪念，采取诱骗的手段将小女孩骗到茶馆的二楼进行奸淫，夺取了其童贞。据目击者介绍说，她在自家的阳台上，看见对面茶馆二楼的露天阳台上，一个老头把一名没穿裤子的小女孩放在自己腿上，看那老头样子怪怪的，她就冲老头喊了一句："你干什么?"老头听见喊声后，放下小女孩下了楼。

当陈某的生理需求得不到满足时，竟然将魔爪伸向了3岁的女童，丝毫不考虑一个刚刚绽放的生命，对其毫无同情之心，更不会设身处地的看待被害人所受到的伤害。①

（三）意志特征

老年性犯罪人意志品质消极、薄弱，自制力差，往往不能理性地控制自己的性欲，一旦产生冲动，就会不顾一切的满足自己的性需要。尽管他们已经步入老年，体力下降，但有时仍会对反抗的被害人实施暴力。

（四）个性特征

老年性犯罪人完全以自我为中心，为了满足自己强烈的性欲望，不会顾及法律和道德的约束，将他人当成自己泄欲的工具。同时，这类犯罪人的精神空虚，在无聊的老年生活中追求感官刺激，以玩弄女性为乐，其已经丧失了最基本的性道德。例如，在65岁的张某猥亵儿童一案中，张某以追求性刺激和性满足为目的，采用卑鄙下流淫秽的语言和行为与3名男童相互玩弄生殖器，更丧心病狂的对3名男童进行了"鸡奸"。

二、老年性犯罪的行为特征

（一）文化程度低

实施性犯罪的老年人文化程度较低，对性犯罪认识不足，法制观念淡薄，更加容易丧失道德底线。另外，性犯罪又以农村老年犯罪人为主。在农村，丰富精神生活的活动较少，人们活动范围也较狭窄，熟悉村落间的居住环境，这些都给那些拥有不良性需求的人提供了机会。

---

① 参见《邻家爷爷摧残3岁女童　老年人性犯罪呈增多》，载大律师网。

（二）非暴力性

老年性犯罪大多数是以非暴力的方式进行的，老年人由于身体机能的衰退，面对被害人激烈的反抗，犯罪成功率很低。老年犯罪人往往会选择比自己更弱势的女性（如幼女或智力低下的女性），采取欺骗、诱哄、威逼等方式，实现其犯罪目的。

【拓展阅读 5-7】

安徽省教师张某退休后被某小学聘用，此小学只有 20 余名学生，张某既是校长又是教师。张某交代称，一个人长期教学，没有任何约束和监管，山村里贫穷落后，夜间很空虚无聊，于是对女学生产生邪念。实施歹念之前，张某买了大量的水果和糖果等食品，经常叫一些女孩到他房间里去吃，还故意塞钱给相中的女孩。某次，张某以让小芬还他 2 元钱为借口，逼迫她脱去长裤，对其实施奸淫。此后，张某见事情并没有暴露，又多次对小芬实施猥亵与奸淫。之后他又用类似的手段，将小芸、小丽、小燕等 3 人分别多次实施奸淫，还多次让这几个女孩一起遭受他的恶行，这些女孩当时都不满 14 岁。①

（三）犯罪对象

老年性犯罪中的犯罪对象较为狭窄，一般是犯罪人熟悉的幼女、智障女等更弱势的群体。老年人利用与被害人的亲戚、邻里关系，或被害人存在智力障碍等因素，通过玩具、食物、少量的钱财等小恩小惠将她们诱骗到手，因被害人不知或不能反抗，犯罪往往都能得逞。但随着老年人的体质增强，老年性犯罪有可能会添加暴力的因素。

【拓展阅读 5-8】

72 岁的季老太是个盲女，无儿无女的她一直住在镇敬老院内，

① 参见《六旬教师用水果诱骗四名女生 胁迫奸淫达 20 余次》，载水母网。

生活还算舒适。2012 年 9 月 30 日下午，季老太正躺在床上午睡，同住敬老院的 67 岁老翁张某突然闯了进来。季老太喝住张老汉，让其出去。不料张老汉扑上前来，一手按住了瘦弱的季老太，另一手用力拽下季老太裤子，由于害怕被打也怕被人知道丢面子，季老太没敢大声喊叫……当天晚上，敬老院服务人员去给季老太送饭时，发现季老太在洗一条带血的内裤，这才得知季老太被强奸了，赶紧报案。知晓东窗事发，张老汉主动投案自首。据张老汉交代，自从妻子病逝，儿子出车祸后，他便成了孤家寡人，由于性格比较孤僻，在敬老院中他也没几个朋友，越发觉得寂寞难耐。见到季老太住的房间比较偏僻，她又是个瘦弱的盲人，便起了坏心思。[①]

（四）即时性

老年性犯罪一般均有预谋，同时兼具即时性。老年犯罪人在长期性压抑下，性欲得不到满足，早已形成犯罪动机，当遇到合适的时机、合适的犯罪对象或外界的性刺激时，就会临时起意实施性犯罪，毫不顾忌自己的犯罪行为是否会暴露。

【拓展阅读 5-9】

某村 71 岁的杨老汉，鳏居了二十多年。刚开始老伴去世时，杨老汉觉得如果再娶一个，会让几个子女脸上无光，时间一长便开始觉得生活了无生气。一天傍晚，杨老汉看到一个 12 岁的小姑娘在自家门前的厕所外面小便，于是脑袋一热，称要给小姑娘买衣服，便把她骗进了屋，对其实施了猥亵。小姑娘临走时，杨老汉把之前给外孙女买的衣服和一大把零食塞给小姑娘，并叮嘱她不要把“秘密”告诉爸爸妈妈。无知的孩子自然对爷爷的交代守口如瓶，因为爷爷给她新衣服和好吃的，对她实在是“太好了”。有了第一次得手的快感后，杨老汉开始天天等着小姑娘再来找自己拿衣服和好吃的，并且还告诉小姑娘可以把班上的小朋友都叫来，谁来了都

① 参见《老年人性犯罪多发 71 岁鳏夫强奸痴呆女》，载南通网。

给买衣服。将近半年的时间里，杨老汉先后对4个不到13岁的女孩实施了猥亵和诱奸。①

（五）反复性

老年性犯罪往往具有反复性，被害人会遭受老年犯罪人的多次、重复侵害。被害人由于年龄小、无知或者智力低下，不明白事情的危害性，在老年犯罪人的诱哄、吓唬之下，不敢或没想过向家人反映。这就促使了犯罪人会与被害人保持接触，反复实施性侵害。案件一般都是被害者家人发现其怀孕或身体、行为异常后，才会被揭露出来。

【课堂讨论5-2】

目前，社会生活条件有了很大改进，大多数老年人衣食无忧、没有明显的困难，在这种情况下，老年人犯罪似乎是一件不可思议的事情。请结合老年人犯罪的现状，思考并讨论：老年人犯罪的原因。

【课后思考】

人从孩提到少年，从青年到壮年再进入老年期，其生理、心理状况都会发生很大的变化。老年人在生理上的变化主要表现为：身体多病，耳聋眼花；体力下降，感官功能降低；知觉衰退，反应迟钝。同时，由于老年人退休后，其社会地位、经济收入、家庭关系发生变化，从而使老年人心理既受躯体功能退化的影响，又与社会环境因素密切相关，表现行动不灵敏、思维迟缓、情绪易波动，自我控制能力差，自尊心明显提高，好猜疑和嫉妒，易出现焦虑、抑郁反应，近事遗忘明显。

请思考：

1. 请结合所学内容和案例，对老年人的心理需求进行分析。
2. 谈谈你对老年人犯罪发展趋势的认识。

---

① 参见《老年人犯罪，70%为性：警惕你身边的老色狼》，载百度网。

【课后拓展】

偷面包的美国老太[1]

1935 年的一个冬天，是美国经济最萧条的一段日子。这天，在纽约市一个穷人居住区内的法庭上，正开庭审理着一个案子。站在被告席上的是一个年近 6 旬的老太太。她衣衫破旧，满面愁容。愁苦中更多的是羞惭的神情。她因偷窃面包房里的面包而被面包房的老板告上了法庭。

法官审问道："被告，你确实偷了面包房的面包吗？"

老太太低着头，嗫嚅地回答："是的，法官大人，我确实偷了。"

法官又问："你偷面包的动机是什么，是因为饥饿吗？"

"是的。"老太太抬起头，两眼看着法官，说道："我是饥饿，但我更需要面包来喂养我那三个失去父母的孙子，他们已经几天没吃东西了。我不能眼睁睁看着他们饿死。他们还是一些小孩子呀。"老太太说着，两行泪水从她那饱经风霜的脸颊上流过。闻听老太太所言，旁听席上响起叽叽喳喳的低声议论。

法官敲了一下木槌，严肃地说道："肃静。下面宣布判决"说着，转向老太太，"被告，我必须秉公办事，执行法律。你有两种选择，一种是处以 10 美元的罚金；或者是 10 天的拘役。"

老太太一脸痛苦和悔过的表情，她面对法官，为难地说："法官大人，我犯了法，愿接受处罚。如果我有 10 美元，我就不会去偷面包。我愿拘役 10 天，可我那三个小孙子谁来照顾呢？"

这时候，从旁听席上站起一个四十多岁的男人，他向老太太鞠了一躬，说道："请你接受 10 美元罚金的判决。"说着，他转身面

① 杨兴培：《中国社会老年人犯罪的多维分析研究》，载《犯罪研究》2015 年第 3 期。

向旁听席上的其他人，掏出10美元，摘下帽子放进去，说："各位，我是现任纽约市的市长拉瓜地亚，现在，请诸位每人交50美分的罚金，这是为我们的冷漠付费，以处罚我们生活在一个要老祖母去偷面包来喂养孙子的城市。"

法庭上，所有的人都惊讶了，都瞪大了眼睛望着市长拉瓜地亚。法庭上顿时静的地上掉根针都能听到。片刻，所有的旁听者都默默地起立，每个人都认真地拿出了50美分，放到市长的帽子里，连法官也不例外。

第六章　职务犯罪心理

【学习目标】

知识目标： 1. 了解职务犯罪的概念和种类；
2. 掌握职务犯罪的心理特征和行为特征；
3. 理解腐败犯罪心理的种类和表现。

能力目标： 1. 运用职务犯罪心理的相关知识解决实际问题；
2. 运用职务犯罪心理的相关知识从事司法实践活动。

【本章引例】

“河北第一秘”李某的贪腐覆灭记

李某，原河北省国税局局长，因受贿罪、贪污罪于2003年11月13日被执行死刑。经法院查明，李某在担任河北省政府办公厅秘书、河北省委办公厅秘书和副主任、河北省国税局副局长和局长期间，利用职务便利为他人谋取利益，非法索取、收受贿赂814多万元；伙同他人侵吞公款等共计2967多万元，李某从中分得270多万元。其涉案犯罪数额之巨大，居中华人民共和国成立以来河北省党政领导干部贪污受贿犯罪数额之冠。

李某于1990年11月为河北省一主要领导同志当秘书，后任河北省委办公厅副主任兼主要领导秘书；1995年12月任河北省国税局党组副书记、副局长；1997 年 7 月任河北省国税局局长；1998 年 4 月任河北省国税局党组书记、局长。李某从 1990 年到 1996 年的 6 年时间里，连升数级，几乎是一年升一级，被称为“坐着火箭上升的干部”。李某在 36 岁时，就已经是河北省国税局的局长了，可谓权倾一时。李某贪污、受贿，吃工程回扣，官商勾结，权钱交易，可以说是无“恶”不作，还有一些官员为了升迁，巴结逢迎，并向他行贿，助长了他的贪婪，把他送上了“断头台”。

下面我们就通过新华社记者的采访来了解李某的覆灭之路。

曾想做焦裕禄式的县委书记

记者：你当初从政时的理想是什么？

李某：做个好秘书。其实，我开始当秘书时，听到某某人受贿多少多少，我还觉得有点不可思议，觉得距自己很远。权力来之不易，为什么不为群众做事还要受贿呢？

我在做秘书半年多后，一次看电影《焦裕禄》，曾使我泪流满面。我到现在都忘不了电影《焦裕禄》中那一个个感人的场面。那时我想，我一定要尽职尽责把秘书工作做好，将来有机会就到生我养我的张家口市最贫困的一个县做县委书记，像焦裕禄一样带领百姓致富。我死后，不求有那么多人送我，只求有人能在我临终前说“谢谢你，李书记”就够了。可现在……就是死，落得却是骂名。

为了那个焦裕禄式县委书记的梦，那时我干起工作来，也真是不要命。有一次累得晕倒在自家的卫生间里。那个时候也无所谓星期天，也不讲报酬，反正就知道闷着头工作。

迷恋权力

记者：追求权力本无可厚非，问题是作为一个共产党员应该有正确的目标和正当的途径去追求它。

李某：这话说起来容易。人，一旦迷上权力，不要说信念，就连自己有时也迷失了……现在细细想来，我的问题的发生就是从贪权开始的。给副省长做秘书时感觉不如给省长做秘书好，给省长做秘书时感觉不如给省委书记做秘书风光、神气。等真的给省委书记做了秘书后，又感觉不如有实权好。等到了省国税局做了局长，感觉弄个省部级干部干干更好。我给自己设想的是，45 岁前要弄成封疆大吏或政府阁员……唉，我毁在了官“迷”上。人一旦迷上权力，信念就容易发生动摇，腐败也就开始了……

记者：为什么这样说？

李某：因为要维护和扩大个人的自由、尊严与利益。我刚离开秘书岗位坐上局长的宝座后，忽然感觉，一切人、事开始围着自己转。恭维顺从者越来越多，批评监督者越来越少。可以说，在一定范围内，自己想干什么就干什么，没什么阻力。尝到权力的甜头后，就想要稳固它、经营它。在这种状态下，哪里顾得上什么信念？只有在主席台上作报告时，才会想起“信念”这个词。

记者：你什么时候想过停下来？

李某：我记得那是个麦收时节，我到一个县级市去办事。车在路上出了故障。下车后，我看到地里有个老人，坐在地上割麦子，割一点，屁股向前挪一点。我问：“你怎么不用收割机呀？”老人说：“收割机太贵了，割一亩地要 15 元钱。”老人说，国家现在一个月给 150 元补助，可是他只能用一半，所以得省着花。我问他为什么只能用一半。他说，另一半给了一个没有孩子的老人，这个老人当年为了保护八路军不被日本兵发现，生生把自己的孩子压死了。这个八路军是割麦老人的战友，战友牺牲前叮嘱他，希望将来胜利了，去看看那个救命的农民。由于没有人作证，胜利后也就没有给那个农民奖励，“我现在每月有 150 元补助，他却没有，你说我能一个人花吗？从国家给我补助那天起，我总是分一半给他……现在，我们都老了，我的儿子虽然傻，可毕竟还有儿子。可他为了救八路军的命，连儿子都搭上了……”我被深深地打动了。我转身回到车里，从包中拿出 1000 元钱。他说：“我不能平白无故收别人的钱。”我流着泪劝老人：“老伯……拿这笔钱，找个收割机，再给那个老人一些，算是我的一点心意。”最后，老人用颤抖的双手接过了钱，说："感谢党，感谢党培养出你这样的好官！"

这是什么样的赞语？我配吗？自己迷恋权力，一心向上爬，不是为了做更大的贡献，而是为了满足自己的私欲……老人的话像石子打在我的脸上，像鞭子抽在我的心上，我一直反问自己：党员，你配这个称号吗？你还有党性吗？……用 2000 万元人民币换取一个职位……你无疑是在喝他们的血，吃他们的肉……这还不算，你还要对他们敲骨吸髓，不要说党性，你还有人性吗？

近墨者黑

记者：反思、诅咒，说明你对自己的行为已有所认识，为什么信念还会一点点地丧失？

李某：从那次回来后，可以说有几个月，我一直在努力工作。我还想，"河北第一秘"这个职位要不要都无所谓，但更严峻的考验、更痛苦的感受也就开始了。

在我给省委书记做秘书后不久，就有北京的一个高干子弟给我打电话，想通过我联系一个工程……本不想帮忙，可他过去帮助过我，对我有恩，我也不好意思立即回绝。我口头上答应了他。放下电话后，我就在办公室里转起了圈，想怎么回绝。想来想去，也想不出什么好办法，这事就这样扔下了。

一段时间后，他亲自过来了，我看怎么也糊弄不过去了，转而一想，这个工程，他不干，别人也得干，总得有人干呀。管他成不成，我先打个电话再说。没想到这个工程还真成了……他要给我几十万元的中介费。我本来是不想要的，可一想，这笔钱我不要，就全进了他个人的腰包，不要白不要。再说，我觉得这样的钱，要了也没人知道……不管怎么讲，就这一次……但就是这次收钱后，竟让我常常想这样的问题：要权究竟干什么？权到了哪一级才是个边？

记者：也就是说，你追求权力未必想的是恪尽职守，造福于民？

李某：我觉得持这种想法的不是我一人。有些干部对党的理想、信念也产生了动摇，台上讲慷慨正义之词，台下想升官发财之路，平时干肮脏龌龊的勾当。尤其是权高位重的“一把手”，丧失信念后，腐败问题更严重，危害更大，影响更坏。

记者：这是动摇你信念的最重要的原因？换句话说，在你整个信念动摇过程中这起了决定性的作用？

李某：对我的信念产生致命动摇的除去看到个别高级干部逐渐走向堕落外，还有他们的子女。我看到个别高干子女吃、抽、穿、用极为豪奢，时间一长，就知道了其中的“秘密”。他们这些钱是依靠父母的权力和影响，开公司、做生意谋取的暴利。我既羡慕，又不平。于是，我开始思考，与其一旦“江山易手”，自己万事皆空，不如权力在握之时及早做经济准备。于是“弄钱”的欲望一产生，信念也就从根本上产生了动摇。

为什么我们要运用权力拼命攫取、拼命贪婪？是不是跟现在社会缺乏“廉政光荣”的环境有关。廉洁成了一些人茶余饭后的笑料。我都看到过、接触过这样一些人：他们因为廉洁，不仅生活条件得不到改善，工作上得不到重用，反而还遭到有些人的奚落、责难、孤立和排挤。进而得出了错误的判断：笑廉不笑贪已成为社会普遍现象了……就这样，内心受着折磨，信念一点点地丧失了。

记者：老百姓骂贪官是不是骂到了你的疼处？

李某：他们骂得有道理。我认为，他们骂的不只是我，骂的不止是我，包括所有贪官、所有做官不做事的人。这些人该骂，我还骂过呢……你是记者，可能也有体会，许多问题并不大，也不复杂，但为什么非要等到你们记者曝光，或是老百姓反映到上面后，引起中央领导或是省领导重视后才解决？

记者：你认为关键在哪里？

李某：就是有些人只知道权为己所用，不想为群众用，想回避矛盾、逃避责任、躲开困难，做和事佬。他们也清楚事情原委，就是不想管。事出了，这个批示，那个批示，实际上都是在文件上打“太极拳”。

记者：中央出台那么多规定，你知不知道？

李某：我觉得许多人缺乏遵守制度规定的意识，就像开车闯红灯、加塞儿一样。有一些官员出事，不是出在制度上，而是出在官员缺乏遵守制度的意识上。

记者：行使权力时如何克制私欲？

李某：首先，要认清权力姓“公”不姓“私”。其次，给自己的私欲上道“箍”，就像孙悟空头上的“紧箍咒”。动用权力时要念一念，免得私欲被勾引得横冲直撞。

后获悉，经过两年多的深挖细查，斗智斗勇，冲破重重阻力，终于使李某这个腐败分子原形毕露。而对李某案的彻查，还带出了其他47起党政领导干部、企业领导人的违纪违法案件，其中涉及厅局级干部8人。

腐败被视为人类的公害，无论是发达国家，还是发展中国家，腐败对国家和政权的侵袭非常严重，甚至可能导致政权的更迭。所以各个时期的统治者都非常关注与腐败作斗争。根据《左传·昭公十四年》记载，在皋陶造律时便有“己恶而掠美为昏，贪以败官为墨，杀人不忌为贼。《夏书》曰：‘昏、墨、贼、杀、皋陶之刑也’。”这便是我国惩治贪污受贿最早的法律内容。公元前18世纪，古巴比伦王国制定的成文法典《汉谟拉比法典》中，也有关于惩治职务犯罪的法律规定。而职务犯罪则是腐败现象的极端形式。职务犯罪，主要是指掌握一定管理、支配公共财产、人事关系等多种实权的国家公务人员滥用职权、谋取私利、侵犯公共利益的高层次、高智商犯罪，其本质特征是以权谋私、权钱交易。主要表现有三类：一是贪利型职务犯罪，如贪污罪、挪用公款罪、受贿罪、行贿罪等；二是渎职型职务犯罪，如滥用职权罪、玩忽职守罪；三是侵权型职务犯罪，如刑讯逼供罪、报复陷害罪等。

行为人实施职务犯罪的根源是腐败心理，在具备了制度条件和在客观事物的影响下，腐败心理推动了腐败行为的发生，继而出现职务犯罪后果。腐败心理是产生腐败动机，走向腐败行为的直接原因。研究职务犯罪心理必然要了解腐败心理，腐败心理有着多种表现形式，接下来将为大家一一介绍。

第一节　腐败心理剖析

一、腐败心理——贪

【参考案例 6-1】

河北省秦皇岛市城市管理局原副调研员、北戴河供水总公司原总经理马某群因涉嫌受贿、贪污、挪用公款被查处，2014 年 11 月在其家中搜出现金上亿元、黄金 37 公斤、房产手续 68 套，贪腐数额之巨令人触目惊心。“亿元水官”马某群利用手中掌握的权力和资源疯狂敛财，无论是企业、酒店，还是北戴河的一些中直部门，只要通水管，他就伸手要钱，“谁的钱他都要收，哪儿的钱都敢要”，“不给钱就不给你通水，给钱少了就给你断水”。其相当贪婪跋扈，多年来大肆敛财，导致民怨沸腾，最终被举报“落马”。①

国家发改委原副主任、国家能源局原局长刘某男利用职务上的便利直接或通过其子刘某成收受公司或个人给予的财物共计人民币 3558 万余元，2014 年被人民法院以受贿罪一审判处无期徒刑，剥夺政治权利终身，并处没收个人全部财产。刘某男在案发后交代：从小苦日子过怕了，内心对富裕生活有向往，虚荣心强，好面子。他一方面觉得家人受了委屈，想多帮帮儿子；另一方面还担心自己的晚年生活，为了满足个人的无止境欲望，其表现出了贪婪和狡黠。刘某男除了自己受贿外，还利用职务便利为其亲属的经营活动谋取利益、收受礼品。根据国家发改委内部通报，刘某男与其子刘某成通过非法经营所得人民币约 1.1 亿元，其妻子郭某华非法所得人民币 3800 万元左右，并收受礼品折合人民币约 41 万元。此外，

① 参见《河北“亿元贪官”家中 40 箱钱部分发霉长毛》，载凤凰新闻网。

刘某男还包养了两名情妇。

贪婪是一切贪利型犯罪，尤其是贪污、贿赂等常见贪利型职务犯罪的共有心理，也是该类犯罪的最原始心理动机及诱因。明末清初的一本书中对贪欲做了细致的描述："终日奔波只为饥，方才一饱便思衣。衣食两般皆具足，又想娇容美貌妻，娶得美妻生下子，恨无田地少根基。买到田园多广阔，出入无船少马骑，槽头扣了骡和马，叹无官职被人欺。县丞主簿还嫌小，又要朝中挂紫衣，作了皇帝求仙术，更想登天跨鹤飞。若要世人心理足，除是南柯一梦西！"① 贪欲，让人为了自己不正当的需要，可以不择手段、铤而走险，采取各种形式甚至冒着失去生命的代价，肆意收受贿赂或挪用、侵吞公款，或将之用于个人挥霍、消费、赌博，或借给他人使用从中谋取暴利。

在职务犯罪中，有的人是贪婪成性，以满足自己对金钱的不正当需求，如【参考案例6-1】中的"亿元水官"马某群利用手中的权力疯狂揽财。有的人是欲壑难填，不仅收受巨额财物，还为亲属铺路，如【参考案例6-1】中的刘某男手握着项目审批、资源配置等多方面的权力，这本是公共资源，刘某男却用它为自己和儿子谋取了巨额私利，形成了"老子办事，儿子收钱"的变相受贿模式。

职务犯罪人多是拜金主义者，崇尚并无限夸大金钱的作用，在金钱、权力、美色的诱惑下，心底深层的贪婪迅速浮出，从越过第一次底线，到一而再、再而三的步入深渊。【本章引例】中原河北省"第一秘"李某在被执行死刑前坦言："我要说，我要告诉儿子，爸爸是被贪权、贪钱、贪色送进地狱的。"② 马斯洛的需要层

① 刘纪舟著：《落马贪官的腐败心理——腐败心理学研究》，中共中央党校出版社2013年版，第111页。

② 刘纪舟著：《落马贪官的腐败心理——腐败心理学研究》，中共中央党校出版社2013年版，第111页。

次理论告诉我们，人的需要是与生俱来的，欲望是人的本能。但是人要学会控制自己的欲望，将需要限制在正当的范围内，一旦控制不住，出现贪欲心理，最终只能自取灭亡。职务犯罪人在贪婪心理的驱使下，大肆利用职务便利谋取不法利益，将手中的权力商品化，将职责范围内应当承办的工作当作筹码换取“好处费”。最终在贪婪心理的驱使下，自毁前程。几乎在所有的职务犯罪案件中，我们都能见到贪婪心理的作用，贪婪心理是绝大多数职务犯罪发生的心理根源。

二、腐败心理——迷

【参考案例 6-2】

杨某农，系安徽省政府原秘书长，其从贸管处副处长到处长，主管全省纺织品配额分配和发证工作，利用自己手中的权力，面对私欲私利，无视法纪，恣意放纵。其落马后沉痛地写下了万言忏悔录。“这 8 年，我寡廉鲜耻、贪恋色欲、酒池肉林，先后与多名女性发生不正当性关系，有的与我存在着权色、权钱、权利交易，有的是酒后乱性、逢场作乐。”他还利用因公出访的机会，在美国、加拿大、法国、荷兰、泰国等多个国家观看过色情表演，在美国、南非、阿根廷、澳门等国家和地区去过赌场赌博，在省会合肥也去过地下赌场打老虎机。在此期间，杨某农生活极为奢靡。“山珍海味、大吃大喝如家常便饭。一身上下全是名牌。西装有 6 套，每套都上万元，眼镜有 4 副，每副都几千元。”回忆起这 8 年，杨某农将自己比作禽兽：“我声色犬马、如同禽兽、是可耻之极，我自己都无颜面对如此恶劣行径，不惩处，天理不容。”2018 年 6 月 27 日，杨某农因受贿罪被判处有期徒刑 10 年，并处罚金人民币 200 万元。①

内蒙古自治区原政法委副书记杨某中，当职位越来越高，他的

① 参见《厅官忏悔书：贪恋色欲，与多名女性有不正当关系》，载搜狐网。

思想就开始飘忽，作风也变得独断、跋扈。面对形形色色的诱惑，他的态度从最初的拒绝、推托逐步演变为接受，后来对此更是习以为常，直到发展成主动索贿。他的单笔受贿金额动辄数十万元、上百万元，最多的一次受贿1000万元，而且从普通房产到别墅，他一概“笑纳”。杨某中个人伙同其亲属、情妇收受、索要房产21处。这些房产分布在内蒙古、北京、山东、广东、海南5个省份，总建筑面积达3000多平方米。杨某中还利用自己的职务，让一处风景秀丽的培训中心搬走，全家住了进去，10多口人住在1000平方米的豪宅中，其中4个保安、3个厨师。在2年7个月里，家庭消费达200多万元，全部以“培训费”“宣传费”等名义报销。2013年9月30日，杨某中被人民法院以受贿罪、滥用职权罪，判处死刑，缓期2年执行。①

享乐心理，主要是指片面追求吃、穿、住、行、玩等物质享受和感官刺激。享乐心理是职务犯罪滋生的土壤，他们躺在权力的温床上，寻欢作乐，高档消费，公款旅游，公费出国，养情妇，吃喝嫖赌，等等。在享乐心理的主导下，无休止地捞钱以满足其更高级的享乐需求，从而在职务犯罪的泥潭中越陷越深。主要表现如下：

一是纸醉金迷，纵欲享受。【参考案例6-2】中的杨某农就是非常典型的例子，其手握公权力，进行权钱、权色交易，挥霍无度，生活极其奢靡，甚至利用出国考察、访问的机会，到低级娱乐场所寻求感官刺激。

二是“特权”阶层，享受优先。这类人认为当官就是要享受“特权”，他们已经忘记了人民，没有了党性，在利用公款吃喝、公务消费、公务用车、个人住房等方面铺张浪费，当官即享乐的心态让他们走向了不归路。【参考案例6-2】中的杨某中就是此类的代表。其官阶越高胃口越大，最高单笔受贿1000万元，他的嗜好之一就是以权换房，房产遍布全国各地。他甚至利用特权，让全家

① 参见《内蒙古政法委原副书记获死缓　以权换房成嗜好》，载搜狐网。

住进培训中心，并将家庭消费以各种名义进行报销。甚至还有的“蛀虫”大言不惭：我平常吃的一顿饭就是一个普通工人一年的薪水，穿的一双皮鞋就是一个城市低保职工一年的收入，随手接下的一个信封，就是一个农民一年的收入。

三是面对诱惑，迷失自我。在市场经济大潮中，有的官员受到拜金主义的侵蚀，将党纪国法抛在脑后，在谋利之人的追逐下，抵御不了各种诱惑，从而走向了腐败。原北京市海淀区区长周某洛在“落马”后，反思自己没有过好权力关，在房地产商的反复劝说下，为了给孩子谋个好前程，进而进行了权钱交易。而金钱又驱使人的欲望提升，周某洛就是在这种心态下，难以自拔，权钱交易愈演愈烈，进而生活作风也滑向了深渊，被声色犬马的世界所腐蚀，注重享乐。

三、腐败心理——嗔

【参考案例 6-3】

浙江省杭州市原副市长许某永出生在一个农民家庭，从小穷怕了，工作后考虑经济问题比较多。1993 年，他第一次去美国，有个企业老板送给他 1000 元美金的出国花费，其当时就感慨，凭自己挣的工资想到国外买东西，那只能是望洋兴叹。他看到与其打交道的老板，一个个都很富有，他们每年的利润有几千万元、上亿元，甚至更多。看着他们的财富迅速增长，许某永也存在着心态不平衡和“红眼病”。他认为，人不仅要为自己考虑，也要为后人考虑，虽然地位、职务、荣誉不能传承，但金钱、资产、物品可以继承，应该多积蓄点财富给后人。最终，这位被人称为“许三多”（钱多——两个亿、房多——许多处、女人多——两位数）的市长，被判处了死刑。在反思自己犯罪原因时许某永说，“对一次一次举报，我都存在严重的侥幸心理，在我长达十多年的违纪违法过程中，群众不时有举报，组织上也给我敲过警钟，但我没有清醒，不是去改正，而是去掩盖，继续去犯错误。我总以为朋友靠得住，并心存侥幸地认为，自己所做的这些事是天知、地知、你知、我知，不会有问题，即使出了事，组织上查，也会有人替我挡一下。”“在2008年6月中旬，我听说有人向纪委举报我，怀疑我拿了某集团10%的干股。于是，我暗中与该公司董事长吕某一起做了手脚。这10%的干股，总价是1000万元。我相信他们不会说10%的股权是我的，只要吕某不说，就无处可查。而且我认为，说出来对吕某也没好处。见事后没什么动静，我以为自己又一次骗过了组织。”

四川省凉山彝族自治州州委原副书记曹某葆利用主管官员升迁工作和城市经济工作等职务之便，大肆收受各种形式的贿赂。曹某葆人到中年后，就想离开凉山，调到一个比凉山更好的工作环境直至退休，但是却未能如愿，这事对其思想触动很大，于是，干脆趁着在位多“挣”点钱，为女儿在上海找工作创造条件，不能在凉山献了青春献子孙。最终其以受贿罪、巨额财产来源不明罪被判处有期徒刑13年。①

失衡就是心理存在的某些不平衡，当个体的膨胀需要得不到满足时，往往会导致心理失衡。一些国家工作人员总会将自己付出的劳动代价及其所得报酬与他人进行比较，并由此感到不公平，产生失衡心理，企图获得补偿。认为“付出多，获得少”，工作上付出的精力与工资待遇不成正比，就想从单位得到补偿，拿到理应得到的“回报”，这是职务犯罪人普遍的失衡心态。

失衡心态有种种表现，或者因为升迁受阻，或者因为与他人的攀比，或者认为自己付出多、回报少，应该得到补偿。在【参考案例6-3】中的许某永就是看到与其打交道的老板个个都很富有，心态就开始不平衡，逐渐对自己的经济状态产生了不满，有了攀比心态，与老板比，与高收入阶层比，越比差距越大，心态越来越不平衡，进而利用职务之便，谋取私利高达上亿元。【参考案例6-

① 参见《四川省凉山贪官蜕变心路：升迁不成心态失衡》，载北方网。

3】中的曹某葆是因升迁不成而心态失衡，他生长在农村，靠国家助学金上的大学，本该在走上领导岗位后，回馈党和人民，但他在升迁不成的情况下首先想到的是自己，想到再不捞钱就没有机会了，于是利用手中的权力捞取钱财。

总的来说，心理失衡的人，往往由于某方面的需要过于强烈，而产生心理饥渴状态，并想通过不正当的手段来满足需求，在这种心态支配下，他们的关注点就会转移到金钱、地位、美色与享受上来，从此万劫不复。

四、腐败心理——逐

【参考案例 6-4】

2001 年至 2009 年，王某滔在担任湖北省十堰市副市长期间，利用分管土地、农业等职务便利，为他人谋取利益，亲自或通过特定关系人，先后收受有关企业、单位、个人贿赂款物折合人民币 130 余万元。他在悔过书中如此写道："在职期间，我也曾想一门心思干好工作，担任领导干部后，在处处受人尊敬的环境中，我把局部看作整体，对不正之风渐渐地从讨厌到喜欢，从不适应到适应，没有经受住考验。过去我常常将送礼人拒之门外，并为此遭人指责'假正经'，心中颇为烦恼。在这样的状况下，我长期坚持的原则终于被打破。有的老板先是请吃请喝，接着是送点小礼，最后发展到直接送礼金，而且金额越来越大。在我收受的钱物中，有一辆小轿车，登记的是老板的姓名，但在长达 3 年多的时间里，实际上一直由我使用。我认为这样的事例比比皆是，不足为奇，但法律最终认定'名为使用，实为占有'，完全符合受贿特征。"①

杨某溪，甘肃省兰州市原副市长。杨某溪曾经是个好同志，工作勤奋，雷厉风行，其工作 30 多年中，对自己要求还是比较严格的。但随着周围社会环境和个人工作环境的变化，给他送钱送礼的

① 参见《湖北十堰市原副市长：坚持原则被认为不入流》，载新浪网。

人多了。杨某溪称：我常常听到一些“有权不用，过期作废”、“替人办事，收点东西算什么”的言论。这使得金钱在我心中的分量越来越重。随着年龄的增长，我也开始考虑，自己辛苦一辈子，也该对子女的生活和自己退休后的生活做个安排，争取退休后全家人能过得好一点。杨某溪的敛财手段特别贪婪，仅4年就索贿、受贿300万元，最终被判处有期徒刑14年。

在心理学中，“逐”可以被予以被动跟随，即具有从众的含义。从众心理也称为随大流心理，是指个体受到群体行为的影响时，表现出符合大众舆论或多数人的行为方式。一般来说，多数人的想法和行为是对的，从众、合群下的行为都不会错，但不独立分析，不顾是非曲直盲目随大流，则是不可取的。对于国家工作人员来说，其面对的是各个阶层、各色团体和人群，跟谁学、从哪个“众”就显得尤为重要。有的官员看到领导、同僚都在捞钱，自己也就随波逐流，从而获取一种认同感，为自己的贪腐进行“合理化”解释；有的官员误认为贪腐就是官员的“潜规则”，不遵从规则，自己就是“另类”，终会被踢出队伍。【参考案例6-4】中的王某滔就是典型，在其担任领导干部后，认为社会上真正讲党性的人不多了，能够做到的就更少了，若坚持原则不动摇，人们会把他看作是不近人情、“不入流”的一个“傻帽”。【参考案例6-4】中的杨某溪就是在看到贪腐现象、听到错误的言论后，健康心理发生了变化，产生了别人都拿，我拿点也没关系的心理，从而走上了犯罪的道路。

同时，从众心理还会滋生出大范围、广面积的腐败风气。上行下效，恶性循环导致窝案、串案的产生。例如，跨界勾结窝案丛生的周某康案，以周某康为核心，既有周某、周某英等特定关系人直接仗势敛财、化公为私，又有蒋某敏、李某生、李某城等心腹把持“山头”，以中石油、地方平台公司等掌握稀缺资源的国企“红顶商人”为二传手，以何某、邓某为代表的“灰顶商人”为权力租金的直接买手，以刘某为代表的“黑顶商人”为“马仔” “力工”。从省部级中管干部到最底层的黑社会打手，从高层权力运作到基层社会盘剥，官、商、黑社会织成了一张巨大的网，在缺乏监督和竞争的权力体制下，“小国之君”和盘根错节的窝案滋生。①

从众心理造成官员心理的扭曲，而侥幸心理则是让官员在随波逐流中自欺欺人。侥幸心理，是指人们希望由于偶然的原因而获得成功或免去灾害的一种内心诉求，其本质上是自欺欺人的不健康心态。他们中有的在钻制度的空子，心存侥幸；有的认为有领导做靠山；有的自恃聪明，认为组织上查不到证据；有的巧立名目弄虚作假，都心存侥幸。【参考案例 6-3】中的许某永面对群众一次又一次的举报，存在严重的侥幸心理，没有认识到其违纪违法问题的严重性，没有悬崖勒马及时去改正错误，而是去掩盖错误，企图蒙混过关，致使胆子越来越大，错误越犯越严重。在职务犯罪中，侥幸心理表现为犯罪人在形成犯意和实施犯罪的过程中，一方面明知自己在以身试法；另一方面又自我安慰，常作成功的设想。一旦作案而未被发现，侥幸心理就会强化。绝大多数职务犯罪人就是在这种担心害怕与自我安慰的侥幸心理作用下走上了犯罪道路。湖南省机械工业厅原厅长林某悌在忏悔书中这样写道：“侥幸心理，是我疯狂敛财、不计后果的‘催化剂’，随着受贿次数的增多，侥幸心理便成为主导思想，结果胆子越来越大，受贿索贿肆无忌惮。”河北省国土资源厅原助理巡视员顾某章因侵吞公款、收受贿赂被人民法院判处死缓，他在忏悔中说：“我之所以最终走上违法犯罪道路，一个非常重要的原因，就是存有不会被查处的侥幸心理。”

【课堂讨论 6-1】

【本章引例】中李某案是一起典型的年轻干部担任领导职务后，放弃世界观、人生观和价值观的改造，私欲极度膨胀，背弃共产主义理想和党的宗旨，利用职权大肆收受贿赂、聚敛钱财的严重违纪违法案件。请思考：李某是如何走上贪腐之路的，其心理历程

① 《“老虎们”如何与商人合谋?》，载《人民论坛》2015 年第 7 期。

又是如何变化的？哪些因素会导致一个官员的堕落腐败？

第二节　职务犯罪心理分析

一、职务犯罪的心理特征

（一）贪利型职务犯罪心理特征

1. 认知偏差

贪利型职务犯罪人常常不能辩证地看待各种社会现象，以片面消极的心理来看待世界，不以对国家和人民贡献的大小来衡量人生的价值，把对金钱、财物的占有量作为衡量人的价值、能力的标准。为了不择手段的追逐金钱，有的人甚至不惜牺牲自己的人格；对社会风气的认知偏差，犯罪人总是以偏概全，放大社会上的消极腐败现象，错误地认为整个社会风气就是如此，哪怕曾经有过清廉为官的想法，也在这种错误的认知下发生动摇，心理防线也出现了倒塌，认为自己要想生存只能随波逐流，适应“社会”；对公权力的认知偏差，职务犯罪人将公权力“私有化”，将手中的权力“商品化”，认为在权钱交易中，双方各得其利，互利互惠，理所应当。

2. 情绪情感特征

基于职务犯罪主体的生活阅历、经验、智慧和社会地位都有别于其他类型的犯罪人，在犯罪过程中，犯罪人较少出现明显的紧张、惊慌、兴奋、惊喜等情绪情感特征，其情绪情感体验更具有深刻性、隐蔽性特征。但是其外表虽然镇静，内心也会紧张，甚至恐惧焦虑，害怕罪行暴露后，身败名裂。因此，在犯罪后外界的各种有关刺激信息都会引起他们巨大的情绪波动，行为人或者就此停止犯罪，或者选择携款潜逃，或者为了摆脱内心压抑和恐惧而疯狂地挥霍金钱，或者抱着破罐子破摔的心态，在犯罪的深渊中越陷越深。

3. 复杂的动机冲突

在贪利型职务犯罪过程中，始终伴随着复杂、激烈的动机斗争。尤其是对初犯来讲，其面对唾手可得的金钱会产生以权谋私的心理，但因为他们是国家工作人员的身份，对于与自己职权有关的法律法规很熟悉，在法律的威慑之下，往往缺乏勇气，动机斗争非常复杂激烈，当对金钱的不当需求占了上风之后，就会出现犯罪行为。在这个过程中，他们会寻找各种“合理化”的理由和借口来进行自我安慰，为自己辩解，来减轻压力，以寻求自我解脱。

4. 不良的意志品质

在工作中热衷搞“家长制”“一言堂”的国家工作人员的意志品质具有独断性的特征，还有一些党员干部经不起诱惑，往往在金钱、美色面前失去了果断性，失去了自制力，意志产生了动摇。辽宁省沈阳市财政局原局长李某芳因贪污罪、受贿罪、巨额财产来源不明罪数罪并罚判处有期徒刑20年，他在监狱中悔悟道：“人生最大的敌人是自己，人的欲望是无限的，如果一个人缺乏高尚的情操，成为欲望的奴隶，那么，他就会被欲望埋葬，被自己打倒。”这就说明，贪污、贿赂等犯罪的行为人往往自制力低下，不能克制住自己的恐惧、懒惰、贪婪等消极的情绪和冲动的行为，在腐蚀党员干部的不法之徒面前，在他们各种拖人下水、投其所好、诱人上钩等贿赂手段面前，缴械投降了。

5. 人格特点

犯罪人往往具有两面性，在公开场合的语言和行为完全符合道德标准和社会规范，而在私下场合却展现出其丑陋的嘴脸，追逐钱、色等这些低级趣味。广东省茂名市原常务副市长杨某亮，一面在干部群众面前是鲜亮的公务员形象，公开场合西装革履；另一面却在私下场合打扮成老板富商，穿金戴银，常常带情妇和老板们一起混，大搞权钱交易。贪污贿赂的犯罪人约81%的人属于粘液型的气质类型，具有安静、稳重、坚强等内倾性特点，思想情绪也比较稳定、适应能力强，但当他走上犯罪道理之后，就会表现出奸诈、狡猾、不容易暴露和难以改造的特征。

（二）渎职型职务犯罪心理特征

渎职型职务犯罪，主要是指国家工作人员滥用手中的职权或者不履行、不认真履行职权，致使公共财产、国家和人民的利益遭受损失，破坏了国家机关正常活动的行为，如玩忽职守罪、滥用职权罪等。在司法实践中被称为"不揣腰包"的犯罪，其本质是权力与责任的严重脱节，导致权力的失用或滥用。下面我们简单介绍一下渎职型职务犯罪区别于贪利型职务犯罪的心理特征。

1. 认知方面

渎职型职务犯罪人对权力的认知出现偏差，有着浓厚的"高人一等"的特权心理，"官本位"意识极强，误将人民赋予的权力视为自己的私有物，以自我为中心，听不进不同意见，不能忍受任何监督和制约；部分犯罪人认为"钱不进腰包就不算是犯罪"，明知自己的行为违反了相关的法律法规，却仍打着为经济、为民的幌子搞政绩；还有部分人对玩忽职守的危害认识不足，认为这只是因为工作中缺乏责任心出现的问题，不能算是犯罪；另外还有部分人有着严重不负责任的工作态度，对自己的工作把关不严格，审查不细致，最终导致了渎职型职务犯罪。

2. 动机方面

渎职型职务犯罪人有过分自尊的需要，表现为急功近利的虚荣心理，这种心理容易让人利用手中的职权贪大而不务实，他们认为国家的钱不用白不用，用了也白用，为了作出所谓的政绩，劳民伤财，大搞形象工程，不注重事物发展的长远性和连续性，大肆挥霍公务款项，给国家造成巨大的经济损失。例如，山东某市用 40 亿元人民币建造豪华办公楼；安徽某县办公大楼占地 182 亩，办公楼面积是美国白宫的 2.5 倍；重庆某地在长江边上修建人造景观，因为没有人气，又把投资几千万元的建筑炸掉；广州耗资 8 亿元建成的陈家祠广场，因"修建地铁需要"推倒重来，仅使用了 4 年。

渎职型职务犯罪人往往有着极度膨胀的权力需要，其权力支配欲和占有欲很强烈，其犯罪往往不是为金钱所诱惑，而是自我权力欲望的极度膨胀，需要他人的屈服来满足自己的权力欲和支配欲。

【课堂讨论 6-2】

职务犯罪是最严重的腐败。职务犯罪不仅严重打击了社会的公平与公正，在很大程度上造成了社会风气的扭曲，更是备受人民群众的深恶痛绝。结合所学知识，思考并讨论：如何对我国的职务犯罪进行惩治和预防？

二、职务犯罪的行为特征

（一）善于伪装

职务犯罪的主体大多是国家工作人员，有的是国家机关、企事业单位的工作人员，有的是身居要职的领导干部。一般来讲，他们身上有着让人尊敬、羡慕的身份光环，在这光环下面却隐藏着违法违纪甚至犯罪行为。所以，职务犯罪具有很强的伪装性。“双面官员”共同特点就是“作秀”和伪装，一面是勤勤恳恳、废寝忘食，一面则是骄奢淫逸、贪污腐化。电视剧《人民的名义》中的吃着炸酱面过着朴素生活的“小官巨贪”赵德汉将这种双面人生刻画的如此逼真，这也不由让人想起著名的亿元司长魏某远——国家能源局煤炭司原副司长，他表面上衣着朴素，经常骑自行车上下班，实际上却持续受贿 10 多年，家藏现金超 2 亿元。【参考案例 6-1】中提到的刘某男，一面“玩命干工作”“每天除了睡觉就在办公室待着”，还多次获得“优秀共产党员”“先进工作者”荣誉称号。而另一面却毫无原则地玩起权钱交易，甚至利用其子刘某成收受商人的贿金，唱起“老子台前办事，儿子幕后收钱”的“父子二人转”，涉案金额多达 3000 多万元。“双面官员”在一定程度上麻痹了大众的神经，牵制了大众的视线，模糊了人们的判断，这无疑增加了反腐倡廉的难度。

（二）手段狡诈、行为隐蔽

职务犯罪人大多是利用手中的职权、工作管理制度上的漏洞，或者侵吞公私财产，贪婪无度，或者进行权钱交易，欲罢不能，其手段狡诈，行为隐蔽，一般很难使人察觉。山东省临沂市政协原副主席李某良被称为行走的“受贿百科全书”，其作案手段多样性特征明显，直接收取、索取现金的数额只占受贿总额的10.9%，其他受贿行为都采取了各式各样的隐蔽方式，如高价卖房，高价租房，索要房产、汽车不过户，以借为名并通过签订借款合同作掩饰，免费装修，免费更换空调，借婚丧嫁娶和节日期间迎来送往敛财，让别人支付其个人甚至家人在吃住行医等方面的开销，“雅贿”“隐贿”五花八门，其贪念之深令人咋舌。行为人深知本行业管理制度和监督机制中的漏洞，在犯罪持续过程中，不断改变犯罪的行为方式，不断翻新犯罪手段，现代化办公设备、通信手段、信息技术的运用，为其进行高科技、智能化犯罪提供了方便，同时也增加了破案难度。

（三）犯罪活动的长期潜伏性

职务犯罪人为了追求“长远”的利益，采取了从追求现实利益向追求预期利益转变，进行先投资后收益，打着合法的旗号，利用权力想方设法达到谋取私利的目的，职务犯罪不再具有偶发性，而是犯罪主体利用手中的职权有预谋、有计划、分阶段地进行权钱交易、权权交易，增加了犯罪的非确定性和模糊性。例如，桐庐县政协原主席徐某相善于“投资”，而且每次“投资”都能获得“高回报”，稳赚不赔。徐某相当县委副书记时，挂钩联系了桐庐县某水泥制品有限公司，利用职权为公司老板俞某的综合沙石码头大开绿灯，他以女婿魏某的名义投了20万元到俞某的企业“集资”，说好了每年回报率20%，到年底时拿到10万元的分红，两年就“回了本”，回报率超高。

（四）“59 岁”现象普遍

“59 岁”现象在职务犯罪中极为典型，一些老干部、老党员蜕变成犯罪分子，主要是认为艰苦奋斗了半辈子，是时候要考虑一下个人得失，对即将退休的生活感到恐慌，担心有权不用，退休之后会人走茶凉；另外有企图为子女儿孙谋取幸福的心理，从而实施各种以权谋私、贪污受贿等犯罪行为。吉林省煤矿安全监察局原局长王某君，勤勤恳恳、廉洁奉公地工作了 40 年，却在将近花甲之年，身陷囹圄，就是因为他想着，以前从来没有利用职权照顾过家人，退休前要为自己和孩子多留几个钱。广西壮族自治区高级人民法院原党组成员、副院长欧某轩也是认为自己年过半百，即将退休，家中上有二老，下有未成家的女儿，自己身体还有病，生活中处处离不开钱，最终走上了被告席。【参考案例 6-4】中的杨某溪也是考虑到退休后的生活和子女的发展，贪婪敛财，仅 4 年就索贿、受贿 300 万元。

【课后思考】

全国人大环境与资源保护委员会原副主任委员、云南省委原书记白某培受贿近 2.5 亿元，创下了党的十八大以来省部级高官受贿金额的最高纪录。而终身监禁的量刑，又使得白某培刷新了落马高官的领刑纪录。

白某培主政云南后雄心勃勃，大力支持民企老板在云南发展，在收受了巨额好处费以后，不惜赤膊上阵、亲自打招呼，指示地方领导“关照”这些项目，明目张胆地出卖公共权力。白某培喜欢玉石、茶叶、红木家具，商人老板们就投其所好。办案人员从白某培家扣押了大量的玉石翡翠、高档木质家具、雕件制品、普洱茶。“贪了十年，玩了十年，耽误了云南十年。结交一批老板，带坏一批干部，重创了政治生态和发展环境。”这是许多云南干部对白某培的评价。

上行下效，看到白某培和老板勾结牟利，一些干部动起了歪脑筋，竞相效仿。一批投机商也闻腥而至，勾肩搭背，致使窝案、串案频发。随着资历增长和权力稳固，白某培思想严重蜕变，纵情享乐，根本无心工作，追求享受成了他最大的目标，欲望也就达到了顶点。白某培痴迷高尔夫球，还大肆建设高尔夫球场，仅昆明市所辖区域就已建或在建高尔夫球场至少12个，每个占地数千亩甚至上万亩。

白某培的妻子在其发财路上充当了“助推器”。他们夫妻联手，把家庭变成“权钱交易所”。白某培在忏悔录中写道：“我在前边办事，她在后边收钱。有时还有意创造条件，让她打着我的旗号去搞权钱交易、接受贿赂。”白某培以姻亲血缘结成“腐败共同体”，他不直接收受钱物，而是由妻子张某当“收银员”，由张某的两个表弟具体办事，一个负责在商人和官员中居间协调，另一个管理资金和物品。为便于收钱、洗钱，张某还以表弟的名义成立十余个“皮包”公司。多行不义必自毙。最终，白某培成为我国被处以终身监禁的第一人。

请思考：

白某培在其贪腐之路上，都表现出了哪些腐败心理？白某培的职务犯罪行为有哪些特征？

【课后拓展】

我国古代反腐败的严刑峻法[①]

自秦朝以来，中国古代历朝的统治者都首先以严刑峻法来治理国家，尤其是对腐败官吏采取了严格的处理方式，以惩治官吏贪污受贿等行为。《秦律》《汉律》中多有对官员违法行为进行严厉惩处的律条，“律，主守而盗直十金，弃市”“赃吏子孙，三世禁

① 李文生、田凯：《我国古代反腐败严刑峻法策略的检视》，载《检察实践》2003年第6期。

锢”。唐朝首次以国家大法的形式，把有关惩治贪污犯罪的规定作为法律固定下来，划分了官吏罪与非罪、罪轻与罪重的界限，为惩治腐败提供了基本的法律依据。《唐律》对官员贪污贿赂惩治的单独立篇规定，标志着封建王朝对贪官污吏进行严厉惩治的一次高峰。唐朝初期，唐太宗“深恶官吏贪浊，有枉法受财者，必无赦免”，并总结了历代惩治贪官污吏的立法经验，《唐律疏议》分为12篇，共502条，其首篇为《名例篇》，第三篇《职制律》中对受贿犯罪作了较系统的规定，首次在法律条文中出现了六种非法占有公私财物的犯罪总称——六赃。

对贪官污吏的严加追究，在明朝达到了顶峰时期。洪武二年，朱元璋告谕群臣说：“从前我在民间时，见州县官吏多不恤民，往往贪财好色，饮酒废事，凡民疾苦，视之漠然，心里恨透了。如今要严立法禁，凡遇官吏贪污蠹害百姓的，决不宽恕。”“此弊不革，欲成善政，终不可得。”朱元璋亲自汇集一批法外加刑的案例，加上一些峻令和自己的训话，陆续编成并颁发《大诰》、《大诰续编》和《大诰武臣》。它是《大明律》的补充，也是“法外之法”。洪武二十年，朱元璋又下令修订《大明律》，加重了对谋反、强盗、官吏犯赃等直接危害皇朝行为的惩处力度，官吏贪赃到钞六十两以上的枭首示众，仍处以剥皮之刑。明朝法律所涉及官员贪污受贿范围之广，适用的刑罚之重均为历代罕见，还创造了“剥皮实草”的酷刑，成为重刑治吏的典范。两浙、江西、两广、福建的地方官员因贪赃被杀的很多，很少有人能做到任满。从洪武元年到十九年，竟然没有一位官员做到任期期满的，大多遭到贬黜或被杀头。因杀官太多，以致有些地方衙门无人办公，朱元璋不得不实行“戴死罪、徒流还职”的办法，让判刑后的犯罪官吏，带着镣铐回到公堂办公。

洪武年间是历史上封建政权对贪污进行斗争最激烈的时期，是杀戮贪官污吏最多的时期。虽然贪官污吏随杀随犯，朱元璋也下定决心，随犯随杀，这个规模巨大的查究腐败的运动，一直到朱元璋死后才告一段落。客观地评价朱元璋乃至明朝集严刑峻法之大成的反贪污贿赂的效果，则并不能达到政策设计者的初衷。如果说明朝的贪官污吏多，很大程度上也是因为制度定得太苛刻，官员不贪污就活不下去。比如，明朝一个县官月俸五石米，其中一石实发，其余的发钱。发钱的部分一半是银子，两石米合官价只合一两银子，另两石是纸币，但由于滥发，大明宝钞根本就是纸，所以官吏想不贪污也难。

清朝的统治者也十分重视用严刑惩治贪官污吏，清朝的《大清律例》基本沿袭明朝，只是计赃单位改“贯”为“两”，量刑的规定更加具体。康熙皇帝曾在处决贪官时说：“贪官之罪，断不可恕，此等人藐视法纪”，“今若法不严，不肖之徒，何以示警”。清朝皇帝中治理官员的贪污贿赂之罪最为严厉者莫过于雍正皇帝。雍正皇帝在即位之初即清查国库，对亏空国库者三年补足，否则严惩不贷。雍正皇帝任内，大肆对官员抄家、处斩。乾隆时期经济发达，政风相对温和，但对贪官污吏的惩治，乾隆皇帝仍然很是严厉，在其任内，因贪赃枉法被杀掉的二品以上高级官吏就有30多名。

封建王朝时期的防腐败方针大多以严酷的惩治为主导，然而，这种思想并未解决实际问题，受制度本身的影响，封建王朝无论采取多么严酷的措施，总是不能解决腐败问题，最终走向灭亡的结局。

模块三

不同犯罪类型的犯罪心理

第七章　暴力型犯罪心理

【学习目标】

知识目标： 1. 了解暴力犯罪的概念和类型；
2. 掌握杀人、抢劫、绑架犯罪人的心理特征；
3. 理解杀人、抢劫、绑架犯罪的行为特征。

能力目标： 1. 运用暴力犯罪心理的相关知识解决实际问题；
2. 运用暴力犯罪心理的相关知识从事司法实践活动。

暴力犯罪，通常是指以非法使用暴力或暴力相威胁，侵犯他人人身权利或财产权利的极端攻击行为。[①] 一般包括故意杀人、故意伤害、抢劫、绑架、爆炸等犯罪。暴力犯罪具有严重的人身侵害性和社会危害性。

第一节　视生命为儿戏的犯罪——杀人犯罪心理

在各类犯罪中，故意杀人是性质最为恶劣、手段最为残忍、后果最为严重的一种犯罪形式，是最严重的暴力犯罪之一。“杀人者死”“杀人偿命”是中国人几千年不变的法律信念，汉高祖刘邦的约法三章让“杀人者死”的观念家喻户晓。我国现行《刑法》规

① 王牧主编：《新犯罪学》，高等教育出版社 2010 年版，第 216 页。

定，故意杀人罪最高可以判处死刑。[①] 即便如此，杀人犯罪仍没有得到有效遏制，犯罪率居高不下。从20世纪80年代的“东北二王特大杀人案”到1997年中国十大案件之首“白某山持枪连续杀人案”；从20世纪末的“湘鄂渝系列持枪抢劫杀人团伙的悍匪张某”到21世纪初的“苏湘渝系列持枪抢劫杀人案制造者周某”；从“皖豫鲁冀系列杀人恶魔杨某海”到“‘智能木马’连环杀人犯黄某”；最近，“南大碎尸案”“湖南操场埋尸案”这些历史遗留大案再次震惊全国。随着网络的普及，一些杀人案件屡见报端，一度成为全国性热点，如“上海男子杀妻藏尸案”“广东继父杀子抛尸化粪池案”“男子谋财将怀孕妻子推下悬崖案”等。

这些案件不仅给被害人及其家属带来了巨大的伤害和痛苦，还给人们带来了强烈的心理冲击，给社会添加了不稳定因素。本节就作案人普遍具有的犯罪心理以及行为特征进行分析，对司法实践中的具体案例进行剖析，以期对预防此类犯罪心理的形成有所帮助，从而有助于构建和谐、稳定的社会。

一、杀人犯罪的心理特征

（一）动机特征

纵观我国的杀人犯罪案例，主要有以下几种动机：

1. 图财动机

图财类型的杀人犯罪在日常生活中较为多见。犯罪人具有膨胀的物质占有欲，贪图享受、好逸恶劳，为了金钱不顾一切，采取暴力手段将人杀死，从而达到非法占有他人钱财的目的。具体表现为：抢劫杀人、盗窃杀人、经济纠纷杀人等。

---

① 《刑法》第232条规定：“故意杀人的，处死刑、无期徒刑或者十年以上有期徒刑；情节较轻的，处三年以上十年以下有期徒刑。”

【拓展阅读 7-1】

从 1994 年到 2004 年十年之间，张某、曲某、王某等 5 人实施了一系列令人发指的抢劫杀人毁尸系列犯罪。这些凶徒在作案时，都给被害人注射麻醉剂，实施抢劫后将被害人杀死并毁尸灭迹，让警方连尸骨都找不到。张某等人共抢劫杀人 3 起，绑架 1 起，故意杀死 1 个知情人，劫取财物达上百万元。

1993 年左右，张某因购买、私藏枪支被处以劳动教养 1 年。服刑期间，他认识了黑龙江人曲某，随后通过曲某认识了另外 3 个东北人王某等。出狱后，张某、曲某二人无所事事，开始想办法弄钱，但是他们一没有技能，二没有本钱，三没有资源，为了能快速的弄到钱过上"富裕"的日子，他们想到了利用注射麻醉剂抢劫杀人。在杀了第一个被害人获取了 20 万元不义之财后，他们开始做生意，后经营失败。他们想到再次犯罪，在劫取被害人财物后，给被害人注射麻醉剂，怕其不死，还会再捅数刀，并将其碎尸后多处抛弃，甚至对被他们选为作案对象的 70 多岁的老教授拳打脚踢，在老人死亡后，他们将老人肢解并熬煮，进行了毁尸。从而可以看出这个团伙为了满足自己的私欲，凶残贪婪，心狠手辣，毫无人性。①

2. 报复动机

报复类型的犯罪人往往将自己的不如意、生活中的挫折和失败，归结于他人或社会的原因，进而滋生对他人或外界的仇恨。以报复杀人的手段来宣泄愤恨，从而取得心理上的平衡。犯罪人或因个人恩怨而杀人，或因受到侵害而杀人，或因情感受挫而杀人，或因被激惹而激情杀人，甚至有的犯罪人为发泄私愤而报复社会，滥杀无辜。

① 参见《在京抢劫新东方校长两主犯判死》，载搜狐新闻。

【拓展阅读7-2】

林某与周某等人曾一起开办公司。2014年的某晚，林某想到周某一直拖欠公司及其个人欠款900余万元不还，从自家厨房拿了一把尖刀藏在身上前往周某住处。到达周某住处后，林某向周某讨要欠款，二人在门口发生争吵，林某随即拿出尖刀捅刺周某胸部等部位多刀。周某的妻子朱某见状前来劝阻，周某趁机逃离。周某经医院抢救无效死亡。本案是由民间矛盾引发的，林某因合伙债务纠纷将周某杀害，犯罪后果严重。

【拓展阅读7-3】

朱某和杨某系夫妻，二人婚后生活不尽如人意。杨某发现丈夫朱某屡次与他人发生不正当关系，朱某曾写下保证书。2016年10月17日的早上，朱某与杨某再次发生口角，继而将杨某掐死，并用被单包裹后藏于家中冰柜3个多月。作案后，朱某使用被害人钱款、身份证多处旅游、与异性开房约会等，肆意挥霍享乐，无悔罪表现。本案因婚姻家庭矛盾引发，朱某有预谋地杀人，在杀害杨某后一直用被害人的手机给亲友发送微信和短信进行欺瞒，犯罪性质恶劣，作案后长时间藏匿被害人尸体。最终，一审法院以故意杀人罪判处朱某死刑，剥夺政治权利终身。[①]

【拓展阅读7-4】

河南省某村的周某与邻居一家素有矛盾。2013年8月，周某因见邻居的妻子和儿媳在公用通道垫土，认为影响自己家通行，便产生报复杀人之念，持铁锹戳倒二人并猛戳头面部，又猛戳前来阻止的邻居的头面部，被邻居制止后逃离现场。逃离期间，周某产生了再多杀几人、制造事端、报复社会的想法。第二天，他携带两把尖刀登上公交车。在公交车行驶中，周某突然抢夺方向盘，意欲与对面驶来的大货车相撞。司机见状奋力掌控方向盘避让，最终两车

① 参见《男子杀妻藏尸案二审维持死刑原判》，载凤凰网。

侧面相撞，未造成严重后果。司机停车后，周某见未达到目的，又持两把尖刀对车内乘客乱捅乱刺，并追刺下车乘客，造成3死16伤。乘客逃散后，周某又返回公交车上，欲开车继续制造事端，因未能将车启动，遂逃离现场。

本案的周某因邻里矛盾蓄意报复杀人，持铁锹捅刺被害人头面部、颈部等要害部位，致1人重伤、2人轻伤后，又企图利用公交车制造极端事件，因未达到目的，再持刀对公交车上数十名乘客行凶，致3人死亡、4人重伤、1人轻伤、11人轻微伤，犯罪手段残忍，犯意坚决，情节特别恶劣，后果和罪行极其严重。①

3. 性欲动机

性欲类型犯罪人的性需求低级庸俗，有着错误的性观念，追求感官刺激，为了满足性欲，达到奸淫或侮辱女性的目的，就形成了暴力强奸杀人的动机。有的犯罪人以摧残、折磨女性为乐，通过强奸、性虐待直至将人杀死的方式来满足自己变态的性欲望。

【拓展阅读7-5】

王某是陕西历史上最大的单人连续奸杀案主犯，被害人高达50多人，其中20人遇害。1997年4月8日晚上，女青年贾某被强奸杀害于麦田里，犯罪人作案手段极其残忍，作案后还侮辱了死者尸体，显然这不但是个色魔，而且是个变态狂。1998年2月28日至1998年11月24日，短短9个月内，西安周边竟然发生了高达8起强奸杀人和杀人未遂案件，作案手法如出一辙，显然是同一人所为。专案组收集近十年来在周边地区发生的类似案件的资料，结果让警方大吃一惊！最早的一起案件发生在6年前，1992年6月2日，西安市18岁的女孩惨遭强奸杀害，此案久侦未破，在整个西安地区，类似的案件又连续发生了21起。在1997年和1998年，

① 参见《报复社会　公交车上持刀杀人致3死16伤凶犯伏法》，载民主与法制网。

这一系列案件的发展到了高峰期，不但作案频率高，而且作案手段娴熟，凶狠残忍，形成了固定的模式。最终，法院确认王某犯有52起强奸案，杀害20人，罪大恶极，判处死刑。

1981年王某在原籍地就因犯强奸罪被判处有期徒刑5年，后因表现好被托管，托管后再次犯强奸罪，当时正值严打期间，被加刑19年，在此时就已经能看出此人罪行深重，必将重复犯罪。1986年因患肺结核转送劳改医院，医院看管手段远不如监狱严密，给了王某可乘之机，治疗期间，越狱脱逃。之后实施了一系列的强奸杀人案。①

【拓展阅读7-6】

美国臭名昭著的连环杀手理查德·拉米雷斯在一年的时间内，残忍的奸杀了19人，在当时的美国引起了极大的轰动。他第一次杀人是在一位79岁的老婆婆家中盗窃时发生的，理查德·拉米雷斯当时没有偷到任何东西，就将老婆婆乱刀刺死，还割开了她的喉咙，奸尸后才扬长而去。理查德·拉米雷斯曾经在1985年3月17日到8月30日这短短五个月之内，作案14起，被害人从小到6岁的女童，上至69岁的老人。他不仅满足于杀人和性侵，还虐待、恐吓被害人，通过这种形式来获取更强烈的性快感。性虐待会让这类凶手更加兴奋，被害人的惨叫、求饶给他们带来更强烈的刺激感和掌控感，从而获得心理上更大的满足。②

（二）认知特征

杀人犯罪的犯罪人认知水平偏低，思维方式简单，遇到冲突、矛盾或挫折时，习惯用暴力手段解决问题，很难从自身角度去考虑问题，而是将问题的根源归结于他人或社会；同时，他们具有扭

① 参见《陕西连环奸杀案侦破纪实》，载腾讯网。

② 参见《美国连环杀手理查德·拉米雷斯，奸杀19人却备受追捧还结婚》，载探秘志。

曲、错误的道德观和价值观，如贪图享受、野蛮的英雄观、“以牙还牙，以眼还眼”的原始同态复仇心态等，缺乏最基本的是非观。

【拓展阅读7-7】

人类最古老的行为之一就是复仇。恩格斯说：“假如一个民族成员被外族人杀害了，那么被害者的全民族必须实行血亲复仇。”公元前18世纪，在巴比伦王朝第六国王汉谟拉比时期制定的《汉谟拉比法典》，是一部比较全面反映同态复仇的古法典。“倘自由民损毁任何自由民之子之眼，则应毁其眼”“倘自由民击落与之同等之自由民之齿，则应击落其齿”，也就是我们常说的“以牙还牙、以眼还眼”，它是人类一种基本的报复心理，同态复仇、以血还血、以牙还牙是一种落后的正义观，早就被历史长河所淹没。

（三）情绪情感特征

一般认为此类犯罪人具有消极的情绪反应和较低的情感水平。大多数犯罪人的情绪激烈，容易被激惹；情感脆弱，容易滋生愤怒、嫉妒、仇恨等消极情绪，情绪波动大，消极情绪长期积累容易突然爆发。例如，【拓展阅读7-4】中的犯罪人周某因与邻居的长期矛盾而产生怨恨情绪，这种不满情绪长期积压在心里未得到释放，积累到一定程度后，当某日看到邻居在公用通道上垫土，这一行为给他压抑的心理带来了强烈的刺激，进而产生报复心理，实施了攻击行为。

（四）意志特征

犯罪人的意志品质薄弱，自我调节、控制能力较差，遇到外界微弱的不良刺激可能会产生激烈的攻击行为，冲动性强。但如果犯罪人是系列杀手，由于其有丰富的犯罪经验和顽固的犯罪心理，往往犯罪意志坚定，会不惜一切代价达到自己的犯罪目的，其思维方式和犯罪心理难以矫正，重新犯罪的风险较大。

（五）个性特征

犯罪人在某种程度上具有一定的人格缺陷，通常表现较为典型的负向性格。例如，固执、任性、敏感、爱钻牛角尖；易受暗示、易冲动、易激惹、自制力较差；冷酷、残忍、缺乏同情心；爱面子、虚荣心强、以自我为中心、唯我独尊。①

【参考案例 7-1】

张某是某部队战士，某日因站岗时动作不规范被班长批评，张某因此耿耿于怀，心存怨恨。于是，趁午休之际拿出事先准备好的匕首将熟睡的班长杀死。

本案中，张某小时候被家人溺爱，生活能力弱，心理调节能力也随之较弱，入伍后因训练活动不达标屡受批评，为此他很痛苦和烦躁，不良情绪逐渐积累。另外，其性格存在缺陷，固执、敏感、自私自利，只考虑自己的感受，从来不考虑别人。据其交代，他想合群，想和大家搞好关系，但就是融入不进去。其战友也一致反映，张某太自私，只顾自己，大家都反感他。张某的这种性格缺陷导致其人际交往失败，这种失败感又反过来会加重其心理问题，使其逐渐对他人产生严重的敌意，进而形成恶性循环。张某只因受到班长的几次批评就怀恨在心，意图报复，这与其自私狭隘的性格有很大的关系。②

二、杀人犯罪的行为特征

（一）极端性

犯罪人往往心理扭曲，情感变异，在畸形的需要、仇恨、报复的动机下会通过极端的暴力手段来达到犯罪目的，所以犯罪人的犯罪行为常常不择手段、不择对象、极端残忍。【拓展阅读 7-5】中

① 陈讲生、宁凯越：《个人极端暴力案件犯罪嫌疑人的心理特征研究》，载《云南警官学院学报》2017 年第 1 期。

② 李玫瑾著：《犯罪心理研究——在犯罪防控中的作用》，中国人民公安大学出版社 2010 年版，第 109—111 页。

的王某作为陕西历史上最大的单人连续奸杀案的犯罪人，为了满足自己强烈且畸形的性需求，丝毫不会考虑被害人以及被害人家属的感受，犯下52起强奸案，杀害20人，将人杀害后甚至还侮辱尸体，手段极其残忍，罪大恶极。

（二）预谋性

大多数犯罪人作案都有预谋性，有明确的犯罪动机，作案前不动声色、事先准备，作案时能够随机应变，作案后想方设法脱逃以逃避追捕。但激情杀人不在此列，激情杀人是在受到外界强烈的刺激之下实施的瞬间性、偶发性的犯罪行为，缺乏预谋性，是临时起意的犯罪行为。

【参考案例7-2】

2006年7月，陕西省汉阴县某道观发生了重大杀人放火案，该案的犯罪人邱某因与道观管理人员发生矛盾，趁道观内管理人员和香客熟睡之机，持斧头、弯刀，将道观住持、工作人员和香客等10人杀害，其中道观住持熊某的器官还被挖出做菜，作案后邱某放火烧殿潜逃。

邱某作案具有明确的犯罪动机和预谋性。邱某与其妻到道观抽签还愿，因邱某擅自移动道观内两块石碑而与道观管理人员发生争执，后来邱某又认为道观住持熊某有调戏其妻的行为，由此心生愤恨，产生杀人毁观的念头。另外，邱某作案具有预谋性，他自带作案工具，选择在凌晨人们熟睡之时动手，作案后将涉案血衣和物品烧毁，逃离现场后还几次故意换鞋，具有一定的反侦查意识。

（三）相似性

犯罪人在犯罪时间、地点和手段的选择上具有相似性。尤其是在系列案件中，犯罪人往往将能满足自己需求的目标纳入杀害范围，连续作案，犯罪手法、方式、被害人都具有相似性。例如，【拓展阅读7-1】中的犯罪人在作案时，都是选择独身且有钱的被害人，采取同样的作案手段，即给被害人注射麻醉剂，实施抢劫后将被害人杀死并毁尸灭迹。【拓展阅读 7-5】中的犯罪人强奸杀害女性后，都有侮辱尸体的行为，多起案件手法如出一辙，这也有利于警方认定和侦破案件。

三、系列杀人犯罪的心理分析

（一）案情介绍

29 岁的河南某村村民黄某将自己家中的面条机改制成杀人的器械，取名“智能木马”。之后，他精心策划，自 2001 年 9 月至 2003 年 11 月，先后从网吧、游戏厅、录像厅等场所以资助上学、外出旅游和介绍工作为诱饵，将被害人骗到自己家中，以其要想实现自己的愿望，必须经过“智能木马”测试为由将其绑在木马上然后用布条将被害人勒死。直至案发后，黄某共杀害无辜青少年 17 人，轻伤 1 人。

2001 年 9 月份，黄某以回家玩游戏为名将在电影院录像厅认识的 15 岁学生路某骗到家中，以要想得到钱，须经过“智能木马”测试为由，将路某捆绑在“智能木马”上，用白布条将其勒死分尸埋在后院内，将衣服全部焚烧。之后的两年间，黄某以类似的手段共杀害了 17 人，直至他遇到最后一个被害人张某，黄某在某网吧认识了 17 岁的张某，以外出带张某游玩回家拿钱为名，把其骗到自己家中，黄某指着房间里的木马对张某说：“这个很好玩的，如果你躺上去就会发现好玩在什么地方。”张某没有多想就躺了上去，很快就被黄某捆了起来。四天之内，黄某 5 次尝试将张某杀死，但都没有成功。张某一直试图用言语打动黄某，并逐渐减轻了黄某的杀意，后来黄某还告诉了他自己以前杀人的事情。张某见黄某在屋里徘徊，嘴里还念叨着：“杀还是不杀?”机灵的张某说：“你放了我吧，等你以后老了我来养你。”这句话最终救了张某。黄某稍微犹豫了一会，眼角流出了泪水，随后将张某送回县城。

后经过警方侦查，在两年多的时间里，黄某共作案 16 起，杀死 17 人，致轻伤 1 人。被害人年龄最小的 15 岁，最大的 22 岁，其中未成年人 10 人。

（二）黄某的犯罪心理分析[①]

1. 动机

黄某技校毕业后，随父母外出打过工，后一直在家务农，具有正常的生活背景，表现也很正常，不是那种劣迹斑斑的人。但其犯罪动机让人琢磨不透，他既不图财，也不图色，与被害人无冤无仇，也非报复杀人，与众多被害人没有人际交往中的矛盾，并非临时起意，其不明动机会让不明真相的人们感到疑惑。

2. 扭曲的心理

黄某在家中排行老三，有两个哥哥，家境比较贫穷，他的出生只会给家里带来负担。父母为了生活到县城打工，两个哥哥也都外出打工，在这种生活背景下，亲人们都忙于生计，没人会在乎他的感受和渴望。在被记者采访时，黄某内向、不善于表达，几乎不和人对视，意味着他曾经是一个长期被人忽略的人，缺少关爱。案发前，黄某自己独居在农村，每天用一两包方便面来度日。可见，他没有朋友，也没有女朋友。黄某家庭亲情的淡漠、生活环境的冷清、周围人的冷漠，使其处于一种孤寂的生活状态中，很容易陷入想象之中，一部文学作品或一部影视作品都会引发他的无穷遐想，甚至出现幻想，将自己与作品中的人物等同，想象着自己成功的形象，从而得到心理上的满足。孤寂又无所事事的他就被“杀手”的形象唤醒了“梦想”。

3. 微弱的刺激带来的巨大反应

黄某被捕后交代，他在 12 岁时看了一部有关杀手的电影，杀手的形象特别酷，从那时起他就想当一名杀手。但我们不能将黄某的杀人动机归为不良影视作品的影响。这种具有感官刺激的电影很多人都遇到过、看过，或许也产生过类似的念头，但大多数人可以

---

① 李玫瑾著：《犯罪心理研究——在犯罪防控中的作用》，中国人民公安大学出版社 2010 年版，第 178—185 页。

调整自己的心态和行为，不会真的去实施。而黄某正是存在扭曲的心态，再加上长期乏味、孤寂的生活，他曾经的“梦想”复苏了，将“梦想”变成现实，通过杀人成为真正的杀手，让他感觉自己是一个强者，寻求心理上的一种补偿，缓解他在现实生活中遇到的种种挫折感。黄某曾交代：“做完第一起案件，把现场处理之后，我心里有一种喜悦感，自己的愿望终于实现了。”“杀了刘某之后，我心想，这样既可以满足我当杀手的愿望，又可得到钱财，自己就不能控制自己，接二连三地杀人。”

4. 情感缺失

黄某有相对稳定的生活背景，父母双全，还有两个哥哥，虽然其亲情淡漠，但黄某对亲人有明显的留恋感。黄某被抓后，记者问他最想见的是谁，他回答是父母。记者又问他想对父母说什么？他说自己想说的太多，但是说不出来，最想说的是什么呢，说不出来，用几个字代替不了自己想说的话。可以看出他对情感的渴望，以及不知如何表达自己。也正是这种缺失又渴望的情感让第 18 个被害人张某死里逃生，张某苦苦哀求的话语触动了他脆弱的情感，“你放了我吧，等你以后老了我来养你”这类语言充满了真情，让缺乏亲情、友情的黄某感受到了从来没有过的关心和重视，让其孤寂的心灵得到了抚慰，所以他才将张某放走。

5. 性格内向、智力良好

黄某相貌平平，沉默寡言，喜欢绘画，做事较为专注，性格内向，执著、甚至固执。他还是网络游戏的高手，对网络的精通和对游戏的擅长也是他接触被害人的资本；他对被害人的接触都是非暴力的，采取诱骗的方式，从未失过手。黄某通过寥寥数语，指点被害人玩游戏闯关，进而诱骗回家，通过观察他人的爱好、利用其弱点实现自己的目的，这说明黄某具有良好的认知能力、模仿能力以及良好的智力水平。

总的来说，黄某由于早年亲情的匮乏，不善言语且人际交往不畅，逐渐形成了内向的性格，缺乏伙伴和友情。同时，他情感细腻但又不会或不愿与他人交流，无法与外界建立其正常的感情联系，导致内心的孤独感倍增，希望得到尊重和爱，这种心理活动的不协调，会让其产生扭曲的心态，心理出现危机，内心对“杀手”的极其向往和渴望，最终使得其将“杀人想象”变成“杀人现实”。

【课堂讨论 7-1】

一个人的心理特征是在童年时期形成的。父母是孩子的第一任老师，家庭教育的缺陷是一个人形成不良个性的基础，同时也潜伏着使青少年走上违法犯罪道路的危机。请从家庭角度进行思考和讨论：应如何筑起预防犯罪的第一道堤坝？

第二节　以暴力威胁的犯罪——抢劫犯罪心理

抢劫犯罪是严重的刑事犯罪之一。其大多采取暴力手段来侵占财物，不仅侵犯公私财物，还带有暴力性的特征，严重危害了人身安全。近年来，重大的抢劫案件屡屡发生，实施抢劫的犯罪人大多是男性。从时间上看，夜间抢劫案件多，白天抢劫案件少，春秋抢劫案件偏少，冬夏抢劫案件较多；从地域上看，城市的抢劫案件比农村多。抢劫的手段和方法越来越多样化，持枪抢劫银行、运钞车、珠宝店，“飞车”抢劫，抢劫出租车等案件时有发生。抢劫犯罪甚至会连带其他犯罪的发生，如抢劫过程中的杀人灭口或顿起歹意，强奸女性被害人等。

一、抢劫犯罪的心理特征

（一）动机特征

纵观我国的抢劫犯罪案例，主要有以下几种动机：

1. 贪图财物

大多数抢劫犯罪人的犯罪动机是对金钱、财物的贪恋欲望。随着商品经济的发展，人们对物质的需要进一步增加，抢劫犯罪人往往有着强烈的物质欲求，为了获取财物，不计后果、穷凶极恶，甚至为了劫得财物而杀人灭口。

2. 寻求刺激

有的犯罪人尤其是青少年，并非出于财物动机，他们并不在意抢劫财物的多少，而是出于寻求刺激、好奇或逞强的心理实施抢劫；有的犯罪人在同伴中吹牛逞能，在别人的言语刺激下，为了显示自己的“英雄”气概，抢劫甚至杀害被害人以获得心理上的满足。此类犯罪人往往空虚无聊、无所事事，缺乏生活目标。

【拓展阅读 7-8】

2016 年在江苏省某广场连续发生两起拦路抢劫案件。4 名犯罪人均刚刚成年，家境都比较优越。案发前一天是其中一个人的生日，于是他邀请了一桌“兄弟”喝酒吃饭，随后又去 KTV 唱歌。“兄弟，你今天破费了啊，要不然咱们一会去‘弄’点钱，补上你的损失？唱歌喝酒多没意思，咱们去抢劫‘玩玩’，听说很刺激！”一名“兄弟”的提议，顿时得到了几人的响应。几人都是无业游民，经常参与打架斗殴，也各自备有“装备”。决定要抢劫后，几人纷纷从车里拿出了棒球棍、电棍、匕首等“武器”，而后来到了某广场实施抢劫犯罪。第一次作案得手后，几人吃了顿夜宵后以示庆祝，其间有人说不够过瘾，还想再“玩”一次。于是，几人便又来到了某广场进行了第二次抢劫。①

（二）认知特征

抢劫犯罪人自我认知能力低下，有着歪曲的认知观，大多崇尚武力，具有野蛮的英雄观。此外，他们追求金钱、贪图享乐，对物质有着膨胀、畸形的需求。在野蛮英雄观的影响下，认为只要实施暴力或以暴力相威胁就能得到自己想要的一切，打架斗狠是他们的处世之道。

① 参见《四名家境优越的小年轻为寻求刺激拦路抢劫》，载凤凰网。

【参考案例 7-3】

2018 年 11 月，杨某、张某与马某等人在西安市某酒吧附近突然对路边的 4 位消费者实施殴打，强行将 4 名被害人带往某宾馆，并使用拳头、皮带对 4 名被害人实施殴打，抢走了 3 部手机，转账数千元。一周后，杨某等人又在酒吧附近使用木棍及徒手对路人实施殴打、揪头发、打耳光、踢踹等行为，还将 2 名被害人带至偏僻处实施殴打、威胁，通过微信转账的方式劫取财物和手机。据了解，杨某所在的团伙中，年龄最大的 19 岁，未成年人有 8 名，专门在深夜结伙前往酒吧等娱乐场所消费，只要看喝酒的人不顺眼，就挑起事端暴力劫财。①

上述案例中的犯罪人年纪轻轻就沾染了社会上的不良风气，甚至将暴力作为寻求刺激、获取钱财的手段。青少年正处于三观形成阶段，其行为具有极强的模仿性和盲目性，学校、家长应在社会力量的配合下，对青少年进行正面引导，使其具备一定的是非判断能力，从而保证其有一个正常的社会化过程。

（三）情绪情感特征

抢劫犯罪人大多行为鲁莽、易被激惹，性情暴躁、情绪不稳定，自我控制力差、好冲动，具有极强的攻击性。在作案过程中，情绪处于高度紧张状态，一旦遇到对方反抗，有可能因被激惹而实施凶暴残忍、滥杀无辜的行为，也有可能产生恐惧心理而退缩。而对于惯犯或者犯罪团伙来说，现场情绪一般比较冷静、谨慎。

【参考案例 7-4】

某年临近春节的一个晚上，张某从 3 楼爬进百货大楼，潜到 2 楼黄金饰品柜附近时被保安发现，惊恐之下，张某掏出手枪将保安打伤，仓皇逃跑。时隔半年后，张某又故技重施，经过多次踩点后，进入现场先做好逃跑的准备，再去寻找作案目标。他从某商场

① 参见《西安 11 名年轻人暴力抢劫 原因竟是看对方不顺眼》，载新浪网。

的外墙爬进珠宝行6楼，再从电梯井道下到1楼，将两名保安制服后捆绑，抢走价值160余万元的珠宝，临走时还将两名保安枪杀。

从上述案例可以看出，犯罪人张某在初次犯罪时情绪高度紧张，当犯罪遇到阻碍时惊慌之下将保安打伤。当张某再次犯罪时，显示出其谋划周全、冷静耐心。警方将其抓获后，其交代，作案时还随身携带了5个自制手雷，以及假的遥控器。这就说明他考虑到万一被警方抓获，他会挟制人质、企图制造群众伤亡以趁乱逃跑。

（四）性格特征

抢劫犯罪人性格缺陷较为突出，如性格冷酷残忍、情绪不稳定、易冲动；以自我为中心、固执任性、虚荣心强；性格多为兴奋型、外倾型，易受暗示、易冲动、易激惹、自制力较差。

（五）四种典型的抢劫心理

1. 脱贫心理

部分抢劫犯罪人的生活并不如意，学历较低、打工无门、生意失败、家人患病等因素导致其经济状况极为困难，为了摆脱困境，在巨大的金钱诱惑下，铤而走险实施抢劫。他们将抢劫视为摆脱困境、发家致富的捷径。2016年夏天某夜晚，经营服装店的李女士正要打烊离店，突然窜入一蒙面持刀男子意欲实施抢劫，李女士假装用手机转账给劫匪，趁机给朋友发信息让其报警。警方介入后，通过监控迅速将犯罪人抓获。据了解，犯罪人因为手头拮据在网上借了贷款，到期后债主频频催债，才动了抢劫还债的念头。

2. 享乐心理

此类犯罪人的人生观、世界观、道德观腐朽，贪图享受、好逸恶劳，吃喝玩乐就是他们最大的乐趣。在这种观念的驱使下，实施抢劫以满足其对金钱物质、享受取乐的畸形需求，进而在抢劫犯罪的道路上越走越远。2013年至2014年间，辽宁某市发生多起专门尾随老年女性抢劫的案件，造成了恶劣的社会影响。经查，犯罪人江某和刘某早年辍学，混迹于街头巷尾，他们向往纸醉金迷的生活，又嫌打工赚钱少，就将眼光放在了老年女性身上，实施了多起抢劫案件，劫得的财物早已被挥霍一空。

3. 义气心理

此类犯罪人崇尚“兄弟”情、“哥们义气”，可以为朋友两肋插刀。其本身或许没有抢劫的念头，但由于自身意志薄弱、易受影响，被朋友强拉去抢劫，或为给朋友出气、彰显朋友情谊，冲动之下实施了抢劫行为。2011年在苏州某市，一群“90后”少年因一念之差走上了犯罪的道路，6名“90后”少年为了给其中2个朋友筹路费，抢劫了被害人几千元。张某被抓后袒露心声：我们认识很长时间了，他们要去广东但没有钱，我们几个就想办法给弄点钱，送他们走。

4. 侥幸心理

大多抢劫犯罪人都对自己的犯罪抱有侥幸心理，一次成功作案后就会强化其犯罪心理，认为作案容易成功，随着案件未能即时侦破、犯罪技能的提高、犯罪同伙的增多，犯罪人的侥幸心理就会更加强烈，进而有恃无恐地实施犯罪，难以自行终止。

二、抢劫犯罪的行为特征

（一）预谋性

大多抢劫犯罪人在作案前，对抢劫的目标和作案后的逃跑路线都要作出精心的选择和计划。有经验的犯罪人往往会对犯罪手段、过程进行分析和总结，事前踩点，事后迅速逃离现场，以逃避侦查抓捕。他们还有一定的反侦查能力，作案越来越狡诈。但青少年犯罪人实施抢劫带有一定的盲目性和偶发性，或者因一时冲动，或者出于寻找刺激，或者临时起意，或者模仿同伴。因此，并非所有的抢劫案件均经过了精心的谋划。

（二）系列性

目前，抢劫犯罪的系列作案率上升，犯罪人在作案后没有被及时抓获，侥幸心理增强，犯罪心理得到强化，再次犯罪的概率也大大增强，逐渐形成系列作案。尽管其作案具有流动性，作案手法也越来越熟练和狡诈，但其抢劫的手段和袭击目标具有一定的规律性，这给侦破此类案件提供了依据。比如，从本节上述案例中可以看出，有的犯罪人只针对老年女性进行抢劫，有的犯罪人的目标一直是珠宝店，有的犯罪人只在酒吧附近寻找被害人等。

（三）团伙性

抢劫犯罪人一旦结成团伙作案，就会实施系列、特大、重大的抢劫案件，给社会带来严重的危害性。抢劫头目往往是经验丰富的老手，对团伙内部有明确的分工，作案时成员间密切配合，成功率极高。同时，结成团伙的犯罪人相互之间可以依赖和壮胆，增加了其心理归属感，助长了其犯罪气焰，作案时会表现得更加凶残、野蛮。

（四）凶残性

抢劫犯罪人一般身体强壮，情绪易冲动，攻击性强。在抢劫过程中对被害人实施暴力时，往往冷酷无情、心狠手辣，甚至会出现强奸、杀人、放火等行为，犯罪手段十分凶残。

【课堂讨论 7–2】

抢劫犯罪人为了能够成功地劫取财物，往往对被害人采取暴力手段，甚至在情境的刺激下，会采取极端的手段将被害人杀害。请结合所学知识思考并讨论：如何有效地避免成为抢劫的被害人？

三、系列持枪抢劫犯罪的心理分析

（一）案情介绍

周某是苏湘渝系列持枪抢劫杀人案制造者。从 2004 年到 2012 年，周某在长沙、南京、重庆作案 10 起，共开 24 枪，杀死 11 人，抢走半自动步枪 1 支、现金 50 余万元。2004—2005 年期间，作案

2起，均为尾随从银行取款人员，开枪将其打死，抢走现金后逃跑；2005年，在昆明火车站被发现携带枪支和弹药，以非法运输枪支罪被法院判处有期徒刑3年；2009年在重庆枪杀哨兵并抢走其步枪；2009—2011年在长沙以相同手段作案5起；2012年在南京作案1起，劫得近20万元现金；同年，又在重庆作案1起，打死2人，打伤1人，后在警方的搜捕过程中，打死1名铁路警察，逃逸。

作案8年，在江苏、湖南、重庆等地杀死杀伤多人，抢劫巨额现金的周某于2012年8月被警方在重庆当场击毙。周某的犯罪行为对社会造成了极其恶劣的影响，引人深思的是周某的犯罪心理是如何形成的，犯罪动机是什么，他有哪些特殊的人生经历让其成为如此悍匪？

（二）周某的犯罪心理分析

1. 成长经历

周某的老家在重庆市某村，其父亲本是城里人，因某些原因被下放到农村，后与带着2个孩子的周母结婚，周某是他们后来生的孩子。周某从小就性格孤僻内向，不喜欢与人交往，痴迷武侠小说，爱好运动。不仅如此，周家在村里没有亲戚，几乎不与村民走动，生活比较拮据。周某曾经想入伍，但因为体检没有通过，导致入伍梦想破灭。周某十几岁便和父亲挖沙，收入不菲，但随着挖沙业务被人承包，其谋生之道中断。

年仅15岁的周某外出打工，因调戏妇女被派出所治安拘留14天。1993年周某携带偷来的枪支跑到武汉，被巡警发现后拒绝缴枪并向地面射击逃跑后被抓获，因妨碍公务在武汉劳教所劳教2年。劳改后回到重庆当搬运工。在此期间认识了女朋友，并与其结婚生子。1997年在云南买枪被抓，其妻将其赎出。之后与妻子运营中巴车，2001年年底中巴车出车祸，外出躲债。其间与妻子离婚，去向不明。2004年带枪回到重庆，并与前妻生活在一起。

2004—2005年，在重庆作案两起，开枪杀死、杀伤受害人，劫得现金20多万元。2005年10月，周某在云南某火车站被查获非法持有54式手枪一支，子弹6发，被判有期徒刑3年。刑满释放之后，开始了他的抢劫杀戮生涯。

2. 作案动机

通过分析周某的多次作案过程，可以看出其犯罪具有极强的目标性，就是为了抢劫钱财，杀人是为了方便抢劫，周某杀死、杀伤的均是与其目标有直接关系的人，如取款人、追捕过程中的铁路警察，像路人、围观人群这些与其无关的人并不在他的行凶范围之内。周某多次在银行附近作案，其作案前先踩点，通过银行的玻璃窗户观察并锁定目标，待其走出银行，就将其枪杀并抢走现金。周某并非一个憎恨他人、报复社会的犯罪人，尽管他的犯罪手段极为特殊，但是犯罪心理却非常简单——为抢劫而杀人。

3. 强烈的畸形需求

从周某的成长经历可以看出，其生活条件一直不是很好。幼年时家境贫困，生活拮据。读完初中就辍学打工，从小与父亲一起挖沙挣钱，后沙场被承包之后，又随亲戚当搬运工，结婚后经营中巴车，又因为车祸背负债务，不得不外出躲债。他的受教育程度、生活经历都没能让其得到一份正常的工作，不甘平庸的周某面对拮据、不如意的生活状况，逐渐对金钱有了畸形的需求。

另外，周某嗜枪如命。无论是其被劳教还是被刑事处罚，都与枪支有关。他曾经告诉前妻，枪比命重要。他爱看枪支方面的书籍、枪战影视作品，平时枪不离身。周某对枪支的极度迷恋反映出其崇尚暴力、畸形的内在需求。周某在犯罪中不断成功的体验强化了其畸形需要和盲目自信的心理，周某对金钱和枪支的畸形需要导致其逐渐产生了犯罪动机。

4. 情绪情感特征

周某连续作案8年，已经形成了惯犯、累犯所共有的情绪情感特点：作案前，计划周密，平静自持；作案时，表现的沉着、老练，一旦出现意外情况，也能控制自己的紧张情绪，在短时间内想出应变策略；作案后，若无其事、非常冷静。

5. 意志力极为坚定

周某小时候体弱多病，但他爱好练武，喜欢锻炼和爬山、跑步，每天坚持做俯卧撑、洗冷水澡，长期坚持对自己性格和毅力的锤炼。就是这些训练，导致周某的意志力极为坚定。周某经受了长期的生活锻炼和挫折困难的磨练，因而犯罪意志坚定，当他确定了犯罪目标后，就会不惜一切代价去实现，这从其连续作案8年，作案10起，劫得近百万元现金就能反映出周某犯罪意志的顽固性。

6. 性格孤僻、兴趣特殊

周某从小就性格孤僻内向、沉默寡言。他的爱好是看小说，尤其痴迷于侦探小说和武侠小说，他把自己关在了自己的世界里很少跟外人交流，不喜欢显露自己，基本不与别人交往。这种性格会让自己遇到困难时很难得到别人的帮助和心灵抚慰，难以消除内心的苦闷，容易陷于固有的思维中，使固有观念更加强烈。

警方在调取周某上网记录的时候发现，周某喜欢上网看电影，而且特别沉迷那种有杀人狂、精神变态的电影，如《沉默的羔羊》《汉尼拔》，这样的电影他看了不下10遍。周某还曾研究并分析过张某①的犯罪失误，吸取张某失败的经验，使自己能够有效地逃脱警方的追捕。这些模仿和学习使得周某在之后的犯罪中更加经验丰富、高调大胆。

7. 作案手段极为狡诈、反侦查能力强

周某和警方盘旋8年之久，是依靠超于常人的克制和精心计算，每次作案周某均身携枪支，作案筹划缜密，作案的时候选择城市比较繁华、复杂的地段进行作案，警方不好开枪，怕伤及无辜老百姓。作案之前潜入城市并用很长的时间去踩点；作案少留活口，

① 张某（1966—2001），湘鄂渝系列持枪抢劫杀人案首犯，曾纵横数省8年，犯案10余起，杀死、杀伤近50人的张某团伙在2000年9月被警方擒获，2001年4月21日，法院一审判处张某死刑，剥夺政治权利终身，并处没收个人全部财产。同年5月20日被执行死刑。

极少暴露行踪，作案中多次换乘交通工具、换装。比如，摩的换汽车，汽车再换摩的，再步行，往人群中钻，其反侦查与生存能力高于常人。在全国通缉追捕期间继续作案，可见其胆大自负，在逃亡期间很少住酒店、旅馆，通常是找个睡袋睡在公墓或者人迹罕至的山上。很少乘坐长途汽车、火车，因为这几种交通工具需要检查身份很容易暴露。他通常选择离水路不远的作案地点，因为水路可以避免检查，方便其隐蔽和逃跑。

总之，犯罪人周某从小锻炼身体，身体素质较好，对枪支有浓厚的兴趣，智商较高，通过书籍、电影学到各种反侦查的手段和枪支方面的知识，能够熟练使用枪支，这些使其拥有犯罪的能力；周某在作案前生活条件一直不好，不甘平庸的他对金钱有着强烈、畸形的需求，这是周某犯罪动机形成的源泉。此外，周某性格孤僻内向，长期沉浸在自己的世界中，受书籍、影视中暴力因素的影响，产生了暴力的英雄主义情结；周某多次逃脱警方的追捕，加深了其自信心，犯罪心理得以强化。

第三节　以人质为要挟的犯罪——绑架勒索犯罪心理

绑架勒索犯罪是一种严重的刑事犯罪，它既侵犯他人的人身自由权利，危害被害人的生命，同时又侵犯他人的财产权利。该犯罪主要包括两种行为，一是以勒索财物为目的，以暴力、胁迫或者麻醉方法强行绑架他人，以此向被害人亲友或相关人强行索取财物；二是公开绑架他人作为人质，并且以杀死、伤害或继续扣押被害人为威胁，以强迫第三方或被害人本人满足其要求，如政治目的、为了逃避追捕等。绑架勒索犯罪属于严重的暴力犯罪，其直接危及社会的稳定和人民群众的生命财产安全，性质恶劣，危害极大。

一、绑架勒索犯罪的心理特征

（一）动机特征

纵观我国的绑架勒索犯罪案例，主要有以下几种动机：

1. 贪图财物

目前大多数绑架勒索案件的犯罪人实施绑架的目的就是勒索钱财。有的犯罪人因生活拮据或欠下巨债，意图通过绑架勒索钱财来摆脱困境；有的犯罪人好逸恶劳、贪婪成性，通过绑架人质勒索钱财以供其挥霍享乐；有的犯罪人意图通过绑架这种手段来维护自己的权利，如向被害人或相关人索要债务。

【参考案例 7-5】

浙江的王某从事水电工作 20 余年，2006 年开始自己接工程，刚开始运气不错，生意巅峰时期手下有七八十名工人，长期在浙江、上海等地承包水电工程。可是好景不长，从 2014 年开始，水电工程生意越来越难做，工程款下不来，他从银行、亲戚朋友那里借钱垫资，可手下 10 余名工人的工资依然无法支付，欠债达 30 余万元。之后他不敢回家，一直住在车里，害怕回家后被亲友、银行和工人等催债。2018 年 10 月 13 日晚 6 点左右，王某随身携带刀具和胶带，开车到某公园附近寻找作案目标，看到正在玩耍的小虎，王某主动靠近交谈，并找借口将小虎抱上车带走。王某开车在外面转悠时给小虎买了玩具和巧克力，并回家洗澡换了身衣服，其间曾将小虎手脚和嘴用胶布缠住。之后向小虎要了家人的电话，勒索 200 万赎金。①

上述案例中的犯罪人王某正是因为水电工程生意不景气，向亲友、银行借钱一直无法偿还，工人的工资也没法支付，在这种经济窘迫、被人追债的情况下，铤而走险，企图通过绑架幼童勒索钱财

---

① 参见《300 警力连夜出动，8 小时抓获绑匪、解救孩子》，载浙江法治在线。

来缓解自己的经济压力。

2. 报复泄愤

此类犯罪人实施绑架的原因，往往是人际交往或者个人本身遭受挫折，如自尊受到伤害、名誉受到损害、利益受到侵害或遭受不公正的待遇，犯罪人产生了愤怒、怨恨的心理，心理极其不平衡，继而产生实施报复的犯罪动机，在这种心理的支配下，以绑架这种极端的方式来为自己“讨个说法”，使自己的心理得以平衡。

【拓展阅读 7–9】

“大姐，你面相很好，最近一定有财运。”“大哥，看你气色不错，将来一定前程似锦啊。”凭借伶牙俐齿和巧舌如簧的忽悠本事，36 岁的算命先生孙某圆了自己的发财梦。不过，一向自诩可以为别人“消灾祛病、指点迷津”的他做梦也没想到，有朝一日自己也会被人设套忽悠，骗取钱财。因为咽不下这口恶气，孙某纠集同伙找对方报复，结果却因此成了一名绑架犯，“小神仙”从此变成阶下囚。①

3. 政治目的

此类犯罪人大多数是社会政治集团的成员，其实施绑架和劫持人质的目的是实现政治集团的利益，公然与政府相对抗。比如，恐怖主义组织通过绑架国家元首、外交官、外国记者或平民等以达到自己的政治目的。2002 年 40 多名车臣绑匪闯入莫斯科某剧院，胁持了 850 多人要求俄罗斯军队撤出车臣；2010 年伊拉克某教堂发生劫持人质事件，“基地”组织在伊拉克的分支机构“伊拉克伊斯兰国”借此要求埃及和其他一些阿拉伯国家在 48 小时内释放其扣押的“基地”组织分子；2012 年日本一男子在银行劫持多名人质要求首相野田佳彦下台。

① 参见《“小神仙”被骗纠集同伙报复　绑架他人被判入狱》，载搜狐新闻。

4. 其他目的

有的犯罪人因自身素质偏低、谋生技能弱、缺乏竞争力，无法适应当前激烈的社会竞争，从而生活陷入困境；有的人属于社会弱势、边缘群体，随着贫富差距带来的矛盾加深，有少数犯罪人就会对社会产生不满、怨恨的情绪；有的犯罪人因违法犯罪受到打击惩罚而对社会心怀不满；有的犯罪人性格极端阴郁，表现欲很强，为了引起社会的广泛关注，于是采取绑架这种极端的方式来实现自己的目的。

【拓展阅读 7-10】

2017 年 1 月 31 日凌晨，江苏一名男子在医院持刀绑架护士，拨打 110 电话勒索警察 10 万元。警察到达现场后发现男子真正的目的并非勒索钱财，对人质也没作出过激的行动，男子被制服后，交代自己想去洗浴给家里要钱但母亲没给，因这件小事心生不满，临时起意实施绑架，就想把事情搞大，希望能引起社会关注。[①]

（二）认知特征

绑架勒索犯罪人的认知错误、扭曲，信奉“马无夜草不肥、人无外财不富”“绑架是聚敛财富的最有效途径”，妄图通过绑架、劫持人质来满足其畸形的需求。他们往往追求感官刺激和物质享受，渴望“一夜暴富”；其反社会意识强烈，以自我为中心，无视社会的道德和法律规范，为了满足私欲，手段残忍，不计后果。

【拓展阅读 7-11】

震惊全国的长春市以梁某东为首的黑社会性质犯罪组织通过绑架、敲诈等犯罪活动，勒索钱财价值上千万元。他们以“团结一心，向社会弄钱”为明确的行动宗旨，把矛头瞄准那些异军突起的民营企业，不择手段地敲诈敛财，疯狂至极。其最终目的就是要称霸一方，建立自己的“王国”和“秩序”。这一集杀人、抢劫、

① 参见《绑架护士敲诈警察，竟为引起关注》，载澎湃视频。

敲诈勒索、绑架、聚众斗殴、设赌抽红、组织卖淫嫖娼等多种犯罪于一身的特大犯罪团伙，几年来先后作案百余起。其中，重特大案件 70 起，杀死 4 人，致伤 33 人。

（三）情绪情感特征

绑架勒索犯罪人往往拥有扭曲、不良、消极的情感，自我感觉的压抑、种种的生活挫折、对社会的不满，这些都让其产生失落、绝望、无助、嫉妒、怨恨、仇视等消极的情绪情感。另外，犯罪人的情绪易冲动，行为受情绪所左右，缺乏理性。例如，2016 年延安女子小丽遭到了前男友何某的绑架劫持，起因是半年前她与何某交往恋爱，一段时间后，发现何某性情暴躁，遂决定与其断绝来往。何某恋爱受挫后，心怀不满，情绪低落，无法排解，最终走向了绑架报复的犯罪道路。

（四）性格特征

绑架勒索犯罪人的性格一般是极度消极、偏执的。好逸恶劳、贪婪自私，缺乏责任感和同情心；虚荣心强，承受挫折能力差，嫉妒报复心强，固执偏激，做事不计后果。这种性格中的缺陷会促使犯罪人走上暴力犯罪的道路。

【参考案例 7-6】

四川男子田某与面包车司机聂某因在道路上错车发生纠纷，田某冲下车打伤了聂某。经派出所调解，田某赔偿了 1000 元医疗费。田某赔付了医药费后心怀不满，对聂某怀恨在心，思来想去感觉自己吃了亏，为了出心里这口恶气，遂与同伴共谋报复，于是以租车为名，将聂某绑架，索款 10 万元，致聂某窒息溺亡。最终田某被法院以绑架罪判处死刑。[①]

生活中与人交往难免出现磕磕碰碰，但【参考案例 7-6】中

① 参见《心怀不满生报复　绑架勒索酿命案》，载搜狐新闻。

的田某认为赔了医药费就是吃了亏，气愤至极，报复心极强，进而采取绑架的手段欲勒索10万元，为了恐吓聂某，用绳子勒住其颈部致其失去意识。田某误认为勒死了聂某，遂与同伴将聂某弃于河道内，导致聂某溺亡。因为1000元的医药费，而闹出了人命，田某最终也难逃法律制裁，不得不说这是缺陷的性格惹的祸。

二、绑架勒索犯罪的行为特征

（一）预谋性

在绑架人质勒索钱财的案件中，犯罪人一般要进行预谋和周密的策划。比如，在选择被害人、如何实施绑架、绑架后又如何转移藏匿人质、如何勒索赎金等方面，犯罪人都有详细、周密的预谋和计划。作案前，犯罪人会选择并监视被害人，了解被害人的生活规律、体貌特征、经济状况、居住及工作环境等；为了增加作案的成功率，犯罪人还可能制订几种方案，甚至会提前演练。犯罪人对作案时间、地点，以及逃跑路线、隐匿人质的地点，与被害人亲友联络的方式，勒索赎金数量、交赎金的方式和地点、作案工具等都会做精心的选择和计划。

（二）手段多样性

绑架勒索案件的犯罪手段呈现多样性。除了常见的暴力劫持外，还有胁迫、麻醉和诱骗等方式。比如，趁被害人在醉酒、吸毒、生病、睡觉等不能反抗的状态下将其掳走；以谈生意、介绍工作、介绍对象、相约旅行等方式诱骗被害人；对于儿童往往采取冒充亲友、谎称父母意外住院、吃喝玩耍等诱骗手段控制被害人。作案工具常见的有刀具、枪支、雷管、炸药、迷药、头套、绳索、车辆等。目前，绑架犯罪的暴力对抗性逐渐加剧，使用枪支、雷管、炸药、刀具绑架人质的现象十分普遍，当遭到警方抓捕时，犯罪人一般会以人质的生命为要挟，公然与警方进行对抗，被害人、警察甚至无辜群众的生命安全受到极大的威胁，也给社会稳定带来了恶劣的影响。

（三）凶残性

犯罪人在绑架过程中，为了实现其目的，往往对人质采取捆绑挨饿、恐吓毒打甚至以将其杀死相威胁，在肉体上和精神上对人质进行摧残折磨，以逼迫其就范。一旦犯罪人没有达到犯罪目的，就会丧心病狂、气急败坏地将人质杀害；即便是达到了犯罪目的，出于自身的安全，也会残忍“撕票”，只有少数会放回人质；甚至有的绑架犯罪人实施绑架后随即“撕票”，之后再勒索钱财。

【拓展阅读 7–12】

王某是一家小吃店的老板，资金投入不大，其中一个老客户陈厂长还欠了他 3000 元钱。“胖头”和马某非设下圈套骗取王某的信任，并从王某嘴里了解到陈厂长拥有好几百万的身家。“胖头”和马某非主动提出要帮王某要回陈厂长欠他的钱。条件是让王某把陈厂长约出来。“胖头”和马某非劫持了陈厂长，索要 60 万元。王某意识到受骗，想去报案，但迫于胖头的威胁，没有行动。“胖头”和马某非使尽各种折磨、毒打手段，最后才发现陈厂长根本没有钱，气急败坏之下，“胖头”和马某非强迫王某，一起将陈厂长勒死。①

（四）智能性

基于绑架案件的性质，此类案件的犯罪人会直接与被害人家属进行沟通联系，因此，作案难度大，且容易暴露。犯罪人要揣测被害人家属的心理以及预判警方的行动模式，这体现出此类犯罪的高智能性。现代网络高新技术、通信工具、交通工具也被广泛地运用，这给警方的侦查增加了难度。比如，利用网络通信工具进行联络防止被定位、多次变更交赎金的地点以防落入警方的包围、挟持人质外逃、通过伪装手段躲避监控等。

① 参见高群书导演电视剧《真相》第二集“算计”，载优酷视频。

（五）有组织性

绑架勒索案件要经过挑选目标、实施绑架、藏匿人质、勒索钱财、释放（杀害）人质等过程，作案过程较复杂，作案持续时间长，这就决定了采取多人作案或团伙作案的成功率较高。因此，绑架案件多是团伙作案，团伙内部有组织性、分工负责、互相配合，甚至出现了职业绑架犯罪集团，其组织化程度更严密，社会危害性更严重。纵观我国发生的绑架特大、重大案件，可以看出绑架勒索是黑社会性质犯罪组织聚敛财富的手段之一。比如，以张某强为首的香港犯罪集团通过策划绑架香港富商获得数亿港元赎金。

三、系列绑架勒索犯罪的心理分析

（一）案情介绍①

2004年2月3日凌晨2点多，著名演员吴某与几位朋友刚刚谈完事从朝阳区某酒吧出来，眼前突然出现了几个陌生男子。他们自称是警察，给吴某戴上手铐，一眨眼的工夫，吴某就被几个男子拉上了汽车扬长而去，等他的朋友反应过来拨打110报警电话时，对方早已没了踪影。

北京警方立即组成了专案组，通过目击者对绑架吴某的犯罪嫌疑人及其作案手段的描述，专案组判断这起案件与平谷绑架案是同一伙犯罪嫌疑人所为，王某这个名字摆在了侦查员面前。王某，27岁，因犯抢劫罪被判处有期徒刑9年，出狱后王某每天都在变换着不同的落脚点，接触的人也十分庞杂，而且王某声称身上带着手雷，谁敢抓他就与谁同归于尽。很快，王某的数个落脚点被控制起来。

当天中午，犯罪嫌疑人打来电话，索要200万元赎金。半小时

① 李玫瑾著：《犯罪心理研究——在犯罪防控中的作用》，中国人民公安大学出版社2010年版，第72—73页。

后犯罪嫌疑人又打来了电话索要赎金。当天晚 7 点左右，王某驾驶的车辆被发现了，刑警队员一举将其抓获，从他身上和车上搜出了一把上了膛的 54 式手枪和一个手雷。犯罪嫌疑人王某依然在负隅顽抗，他承认吴某是他们绑架的，但他认为侦查员根本不可能找到他藏匿吴某的地方，只要人质在手，警方也拿他没办法。经过一段时间的较量，警方押着王某向关押人质的地点赶去，之后警方迅速地冲进屋里，不到 3 秒钟的时间将屋里犯罪嫌疑人全部抓获，人质安全获救，3 名犯罪嫌疑人全部落网。

经调查，王某 14 岁时以扰乱公共秩序受到行政拘留，17 岁时因为违反枪支弹药规定非法持有自制土枪被拘留 15 天，之后又与 15 岁的同伙揣着菜刀和假手榴弹闯入一名富商的住处，抢劫了手机等价值 2 万多元的财物，被判处有期徒刑 9 年，2002 年释放出狱。2003 年 9 月，王某叫来了在服刑时认识的王某晓和董某民以及其他几个“朋友”，在平谷的一个理发店里绑架了人质王甲，并索要 300 万元巨额赎金。王家为了儿子安全，没有报警，支付了全部的赎金。没想到，王某拿到 300 万元以后，仍然将人质王甲杀害。勒索来的赎金被王某及其同伙用来买枪和挥霍。2004 年 1 月，王某等人又对王甲的弟弟实施绑架，因王甲弟弟的奋力反抗，绑架未能得逞。之后，他们又继续绑架那些开着豪车的人。直到 2004 年 2 月他们把目光放在了开宝马豪车的吴某身上，可是没想到，在绑架吴某的第二天，就被北京警方抓获，经过法院的审判后被判处死刑。

（二）王某的犯罪心理分析①

1. 认知扭曲、错误

王某的认知水平低下，扭曲、错误。看问题片面、肤浅，对道德、法律规范无知或漠视，任意妄为。在他 9 岁的时候就意识到

① 观点来源于李玫瑾著：《犯罪心理研究——在犯罪防控中的作用》，中国人民公安大学出版社 2010 年版，第 72—77 页。

“钱是个好东西”，自己缺钱的时候不是思索如何通过合法的手段去获得，而是去偷盗，偷老师钱包、偷家里钱，他妈妈在做饭时都拿着钱包，就是为了防止王某偷钱。王某偷钱的目的是给学校的孩子们买小玩意儿，收买他们，以便让孩子们围着他转，以满足自己的虚荣心。王某成年后变本加厉，从偷盗到抢劫又到绑架杀人。他对金钱强烈的欲望以及错误、扭曲的认识促使其在刑满释放后，纠集在监狱中认识的“哥们”策划了多起绑架案。

2. 情感异常

王某从小到大，其母亲和姐姐给予了他很多关爱和帮助。母亲甚至为了他与其父亲离婚，姐姐也是一直关心着他。但他在出狱后却将亲情抛之脑后。王某曾自述：“我这个人做事比如说两个东西，必须取得一个，另外一个即使舍不得，也得狠心扔了。我衡量一个天平，一个是我个人的私欲，一个是父母亲情，我对不起他们，我一衡量，我觉得我的欲望高，就给他们舍了。我当时唯一想法是出来先把我妈杀了。因为什么，因为我妈，我要是犯罪，她受不了这个痛苦，我想瞬间让她不知道，让她结束生命，然后我就放开了，没有任何牵挂。我出来之后，基本上行为跟正常人一样，可是我知道自己心理多少有些不正常。”此外，王某对其同伙也并不信任，甚至还想等绑架成功后就杀掉其中一个不太安分的“小弟”。可见，王某的情感是异常的，不仅为了自己的私欲可以舍弃、杀害母亲，而且对和他一起作案的“兄弟”更是无情无义。

3. 反社会人格

具有反社会人格的人从小就呈现出一种人格障碍。他们出现行为问题的时间一般在 10 岁以前，主要表现是异常顽劣并多有破坏性行为，随着年龄的增长这类顽劣与破坏行为表现的越来越严重，甚至构成犯罪。王某从 9 岁时就开始偷家里的钱，怕被父亲责打，逼迫母亲离婚，偷光家里的钱后就开始偷外面的钱，因打架、偷东西成为派出所的“常客”。曾因扰乱公共秩序和违反枪支管理规定受到行政拘留，17 岁就因抢劫被判 9 年有期徒刑。刑满释放之后又实施了多起绑架勒索案，直至因绑架吴某被抓获。可以说，王某的一生基本是以犯罪为生。

另外，反社会人格的人缺乏自然情感力，对抚养自己长大的亲人没有依恋，不在乎亲人的感受，没有真正的朋友和真心爱恋的恋人，甚至对子女不管不问。王某妈妈对他那么好，然而用他自己的话讲，“因为我的欲望太高了，我只能把亲情给舍了”，他为了出狱后要大干一场，曾想过一出狱先把其母杀掉，这样他就可以放开了。这种“道德白痴”冷漠、自私，不可教化，他们心里装的都是自己的欲望。

4. 个性特征

王某非常聪明且擅长犯罪谋划，实施犯罪时反应机敏。在实施绑架勒索过程中，所有作案的工具都是王某精心购置的，作案过程和计划都是他精心设计的。有一次，当他拿到两大箱子人民币的赎金后，为防止里面装有追踪器，便将箱子扔掉，把成捆的人民币都拆开检查一遍，还把连号的新币换掉。他在劫持某个人质，给其家人打电话时，发现对方的手机响六七声才通，而一个焦急的家人肯定会随时把手机带在身边。据此，聪明的他判断对方已经报警，于是决定将人质杀害。将被害人勒死后还给其注射了一支农药，让其尸体尽快腐烂。

总之，王某犯罪主要是其反社会人格所致。在法庭上，亲友的哭泣落泪和他满不在乎的神情形成鲜明的对比。如果不是在绑架吴某时被抓获，王某的犯罪活动断然不会就此中止。如何有效地治理和防范此类犯罪，已成为学者和司法实践者研究的新课题。

【课后思考】

1. 辽宁省某市某农业银行门口一对兄妹刚取完钱准备离开时，两名男子匆匆从其身边经过，突然抽出尖刀刺向了毫无防备的哥哥，妹妹也被扎中双腿倒地，凶徒在试图反抗的哥哥身上留下了深深的 7 刀，哥哥当场毙命，妹妹身受重伤。之后，凶徒捡起兄妹刚取的 3 万余元现金，离开了现场。

案发后，凶徒的残忍和不计后果给老百姓造成了极大的心理恐惧。最终，犯罪嫌疑人杜氏兄弟落网了。据2人交代，几年来，他们共杀人抢劫作案5起，杀死5人，致伤1人，同时，抢劫、盗窃案件数十起，涉案金额达到20多万元。

请思考：

（1）分析本案犯罪人的犯罪动机，2人为何抢劫又杀人？

（2）分析本案犯罪人杜氏兄弟的犯罪行为特征有哪些？

2. “世纪悍匪”张某强被公安机关抓捕后，是这样解释自己的行为的：“从我父亲卖凉茶到我自己做裁缝，我一直认定一种人生信条：这个世界上，我不能让自己受穷，人生苦短，我没有时间和耐心去打工挣钱，在正当行业里做工，那肯定很辛苦，我同样不愿意让自己过得很辛苦……我已经40多岁了，现在不动手还要等到什么时候？在这个世界上，钱是最重要的，有了它干什么都行。我要富起来就必须采取一些突破性的手段，绑架就是其中之一。在香港，要绑架那样的富豪，别人是干不了的，只有我一个人能干……我所做的，是空前绝后的大事，几十年之内，不会有人超过我。”

请思考：

（1）张某强是如何走上犯罪道路的？

（2）试分析张某强的犯罪心理特点。

第八章　物欲型犯罪心理

【学习目标】

知识目标：1. 了解物欲型犯罪的概念和类型；

2. 掌握盗窃、诈骗、拐卖妇女、儿童犯罪人的心理特征；

3. 理解盗窃、诈骗、拐卖妇女、儿童犯罪的行为特征。

能力目标：1. 运用物欲型犯罪心理的相关知识解决实际问题；

2. 运用物欲型犯罪心理的相关知识从事司法实践活动。

物欲型犯罪，又称利欲型、财产型犯罪。它是刑事案件中主要的犯罪类型之一，主要是指犯罪人出于贪利的动机，非法占有他人或公共财物的犯罪行为。物欲型犯罪的种类主要有：盗窃罪，诈骗罪，侵占罪，拐卖妇女、儿童罪，贪污贿赂型犯罪、毒品犯罪等。本章以研究犯罪人的犯罪动机为出发点，主要介绍几种具有典型代表的物欲型犯罪心理。无论是为了满足畸形的物质需要还是为了聚敛财富而实施的各种物欲型犯罪，有着共同的犯罪心理特征，主要特征如下：

1. 认知特征

物欲型犯罪人有着明显的利己主义倾向，道德水准低下，为了满足自己的物欲，想方设法地非法占有他人财物，丝毫不会考虑别人；价值观和人生观是腐朽的，认识问题往往片面、偏激；他们大多对物质有着强烈的追求和畸形的需要，追求奢靡、享乐的生活，为了金钱可以不顾一切。

2. 情感和意志特征

物欲型犯罪人的情感淡漠，对被害人没有丝毫同情和怜悯之心。对物质的强烈需求导致其重利轻义，在金钱面前可以丧失人性。

犯罪人的个体意志薄弱，容易受到外部环境的消极影响，自我控制能力差，如与不良同伴的交往、社会消极价值观的影响等。很多人因意志薄弱，受到同伴、犯罪团伙的引诱或教唆走上犯罪道路。一旦其成为惯犯、累犯后，犯罪意志坚定，恶习难改。

3. 个性特征

物欲型犯罪人有着不良的个性倾向，如错误的三观、崇尚享乐主义、拜金主义。大多从小就形成了不良行为习惯，如小偷小摸、散漫懒惰。

犯罪人性格较为消极。从气质特征上分类，盗窃犯罪人多具有多血质、粘液质的特征，诈骗犯罪人倾向多血质的特征。

4. 行为方式多种多样

物欲型犯罪的手段和方式与犯罪人的生理、心理和其所处环境有关。通常，强壮的男性多采取直接、暴力的方式满足物欲；女性多依附于男性，或诈骗或参与拐卖妇女、儿童集团的犯罪或出卖色相；未成年人往往采取小偷小摸或扒窃的方式；中青年往往采取盗窃、抢劫、诈骗、走私等方式；公职人员往往利用手中职权贪污、受贿。

第一节　秘密窃取他人财物的犯罪——盗窃犯罪心理

【本节引例】

2017 年 10 月 22 日，家住安徽省某市的吴女士一家从外地度假回家，一进家门就发现家中面目全非，立即报警。据警方侦查，吴女士家中的黄金首饰、玉佩挂件、名牌手表等全部丢失，价值100多万元。警方发现犯罪人手法老练，还抹去了自己的作案痕迹，破坏了作案现场。经过侦查得知，吴女士家是3层别墅，犯罪人先从吴女士家东墙的栅栏爬到院内，再顺着下水管道攀爬到3楼，将防盗窗撬开进入室内进行盗窃，作案时还用绳索绑住入户门的门把手，将杂物箱抵在门内侧，防止主人突然回来。吴女士家中有两个摄像头，但犯罪人进入房间后，第一时间就切断了摄像头的电源。作案后没有直接回到其落脚点，而是在市区兜圈子，最后在某小区附近消失了。

在此之前，本市某古玩市场中有20多家商户在相继1年多的时间内连续被盗，古钱币、纪念币、手把玉器被盗贼一扫而光。几乎所有的古玩店的门窗没有被撬的痕迹，商户的摄像头均被破坏。经过现场勘查发现，古玩店的天花板由被移动的痕迹，原来这些古玩店是基于同一个场地，天花板以上都是相通的，天花板之上的龙骨有被踩踏的足迹，经过鉴定应为同一个人所为。公安机关通过侦查跟踪，发现犯罪嫌疑人也是在某小区附近消失的。

康某被警方抓捕后，沉着不配合，避重就轻，他认为公安机关没有掌握他的犯罪事实，仅仅交代出狱后曾偷过摩托车并将其卖掉，但对以上犯罪只字不提，当面对公安机关在其家里搜出盗窃所得的玉器珠宝时，康某才不得不交代。

2015年11月到2017年1月，康某通过撬天花板、拆防盗窗等方式，先后在古玩店盗得大量价格不菲的古玩。通过竹竿作为支撑，顺着竹竿从将近3米高的屋顶爬下去，进入现场进行盗窃，盗窃完毕后，通过竹竿再爬回去。

对吴女士家中被盗一案，康某一开始拒不认罪，后来在警方突破了其心理防线后，才交代：盗窃的古玩玉器不好销赃，多数被他藏在家中，一部分被他送给了异性朋友，逍遥阔绰了1年，康某又陷入了入不敷出的局面，于是他打起了盗窃别墅的念头，他在吴女士小区附近经过了多次踩点，发现在小区东侧的吴女士家，每个周末灯都是熄灭的，所以他判断这户人家周末无人，而且这栋别墅位置相对较偏僻，东面的围墙很隐秘，可以避开监控探头。

康某以前曾因盗窃入狱，但出狱后不知悔改，再次作案，以为凭借着自己谨慎和敏捷的身手可以瞒天过海，但等待他的是更加严厉的法律制裁。①

盗窃罪是司法实践中最常见的一种犯罪，是指以非法占有为目的，秘密窃取公私财物，数额较大的行为。盗窃的作案方式复杂多样，但均具有隐蔽性、技能性、非暴力性。根据作案手段的不同，一般分为扒窃和偷盗。

一、盗窃犯罪的心理特征

（一）认知特征

盗窃犯罪人具有错误、扭曲的人生观、世界观，是非观念弱化、道德感欠缺。有的犯罪人将自身窘迫的处境和错误的行为归结于社会环境和他人身上，抱怨社会对自己的不公，从而将盗窃行为合理化；有的犯罪人凭借自身高超的犯罪技能和丰富的犯罪经验，自视甚高，侥幸心理强；有的犯罪人成为盗窃惯犯、累犯后，多次受到刑罚处罚后，犯罪合理化意识严重，作案会更加贪婪和疯狂。【本节引例】中的犯罪人康某曾因攀爬高楼入室盗窃被判刑，刑满释放后，无固定工作，经常混迹多个古玩市场，但由于囊中羞涩，又喜欢在异性面前装出一副体面的样子，他再次有了盗窃的念头。可以看出康某将盗窃作为其谋生的手段，虚荣心强，好在异性面前表现，企图凭借自己谨慎和敏捷的身手瞒天过海。

（二）情绪情感特征

大多盗窃犯罪人在作案前都会对作案目标、时间、地点、手段进行精心谋划，但其在作案过程中会有紧张、兴奋甚至恐惧的情

① 参见《飞贼现形记》，载央视网。

绪。对于初犯来说，作案中紧张、恐惧情绪明显，甚至会有罪恶感，但作案得手后，会产生强烈的满足感和喜悦的情绪体验。随着多次盗窃得手且未被发现，犯罪人就会强化其犯罪心理，犯罪人的犯罪行为会反复、持续发生，进而形成惯犯、累犯。惯犯、累犯的情绪比较平静，变化不明显，更加的淡漠、冷酷、麻木。【本节引例】中的犯罪人康某是一名盗窃惯犯，可以看出他在作案过程中，手段老练、谨慎，丝毫不见其紧张不安，没有强烈的情绪变化，甚至被警方抓捕后拒不认罪，避重就轻，当警方出示了在其家中搜到的赃物时，康某才一点点交代了犯罪事实。

【参考案例 8-1】

2015 年 5 月 14 日，江西省某市公安分局接到钟某报案称：其放在家里的一部苹果手机和 2000 多元现金被盗。警方在现场勘查过程中发现，该房间门窗完好无损且都是从里面反锁，放置财物本来锁着的抽屉也完好无损，通过视频监控查看也没有发现可疑人员出入，这使得侦查民警百思不得其解。这时，与钟某一同居住、在一旁围观的张某的一个动作引起了民警的注意——他在不停擦汗，当天刚好有雨，天气不算热，怎么他的额头不断冒汗呢？难道是内贼？因此，侦查民警故意大声说，已提取到犯罪嫌疑人指纹，回去将马上进行比对，不久就可以锁定盗贼。当晚，张某迫于内心的煎熬及法律的压力，主动将盗窃的物品交还给失主钟某，并到公安分局投案自首。

经查，张某因在外欠钱，无法在短期内将钱款还上，于是产生了盗窃室友钟某财物的想法。当日下午 5 时许，张某知道钟某将一部苹果手机和 2300 元现金锁在抽屉内，于是他趁钟某打球时将其钥匙拿走，偷走手机和现金并藏在自己卧室的衣物箱内，随后将抽屉锁好后赶回球场，将钥匙放回原处。

上述案例中，犯罪人张某就是因为其紧张、恐惧的情绪而露出了马脚，对于初犯的张某来说，室友因丢失财物而报案的举动肯定给他造成了巨大的心理压力，尤其是当警方进行现场勘查时，张某处于高度紧张、恐惧、焦虑的状态，导致其生理上出现心跳加快、频频出汗的现象，而敏锐的侦查民警觉察到了张某的这一反常现象，结合案发现场的特征，很快就将犯罪嫌疑人锁定在他身上。

（三）意志特征

盗窃犯罪人往往自我控制能力差，不能约束自己的行为遵从社会习俗和法律规定，难以抑制自己的犯罪冲动，在行为上表现为反复多次的实施盗窃，即使其接受过监狱的教育和矫正，仍然不能控制自己的欲望，刑满释放后依旧会重操旧业，体现出犯罪意志的坚定性。

【拓展阅读 8-1】

四川的张某参加高考时以高考状元的成绩被北京某高校录取，张某大二的时候，因在其他高校偷学生的手机被抓，张某因此失学，在监狱中度过 1 年。出狱后，张某再次复读又不负众望考取高分，被成都一所高校录取。家人认为 1 年的牢狱生活已经彻底改变了张某，但是张某进高校没多久再次因行窃被抓，再次沦为阶下囚，又被判刑 9 个月。出狱后的张某只能随着父母外出打工为生。有一次，打工回家的张某在朋友的邀请下到重庆游玩，两天的时间张某身上的钱已经花得差不多了。他再次动了邪念，来到某大学图书馆，盗窃了 3 台价值 14000 多元的笔记本电脑。张某被抓后悔恨交加，觉得自己对不起养育自己多年、辛苦工作的父母，再一次毁掉了自己的前途。张某交代，小时候父母就长期在外打工，把自己寄养在表哥家中，很多东西自己见到别人有、自己没有，心里就非常不平衡，于是渐渐地开始小偷小摸，又没有人纠正自己，慢慢的，自己就养成了想要什么东西就偷的坏习惯。上了大学后这种不平衡逐渐被放大，一些自己买不起的东西就想办法去偷，通过盗窃来获取财富，结果却毁了自己的前程。[①]

（四）个性特征

盗窃犯罪人通常具有消极的性格和不良恶习。他们大多散漫懒惰、好逸恶劳，缺少必备的谋生技能，习惯不劳而获，再加之很多盗窃犯罪人从小就有小偷小摸的不良习惯，久而久之，就发展为盗窃犯罪。

此外，盗窃犯罪人具备熟练的盗窃技能，如撬锁开窗、割包掏包、攀爬跳跃、开保险柜、破译密码锁等。这些能力和技术在作案过程中得到进一步的练习和巩固，使之越来越熟练，进而更强化了犯罪行为的顽固性。【本节引例】中的犯罪人康某在整个作案过程中，十分谨慎小心、老练，他身手敏捷，攀爬能力强，可以徒手顺着下水管道爬到3楼，并且能在不惊动邻居的情况下，将防盗窗破坏后进入室内；另外，他可以通过竹竿作为支撑，顺着竹竿从将近3米高的屋顶爬下去，盗窃完毕后借着竹竿再爬回去，可见其技能高超，常人与其无法相比。

【课堂讨论8-1】

扒手也被称为小偷，现在多指公交车上、火车站、商场、闹市等人流拥挤的场所的小偷。根据掌握的技能不同，小偷也分很多种，有专门翻墙入室行窃的“飞贼”，也有用利刃割破他人衣服、窃取其随身财物的扒手。日本心理学家福岛章做了充分的调查后发现，在35岁之前只会行窃，在监狱内从不闹事的盗窃犯犯下其他罪行的可能性接近于零。这也就是说，在多数情况下，小偷永远只能是小偷。请思考并讨论：为何“小偷”只会行窃呢？

① 参加《高考状元盗窃成瘾　曾经两次坐牢如今在渝又被抓》，载新浪新闻。

二、盗窃犯罪的行为特征

（一）预谋性

盗窃犯罪人在作案前基本都会对作案目标和对象进行反复“踩点”，并制订详细的计划和逃跑的路线，以保证作案万无一失，盲目作案的情况很少。【本节引例】中的犯罪人康某在刑满释放之后，又打起了古玩店的主意，于是在平时闲逛时便处处留意古玩店的情况：哪里的出入口最隐蔽，是否有监控摄像头，位置在哪里，为以后实施盗窃进行反复的踩点。康某在盗窃吴女士别墅之前，就在吴女士小区附近经过了多次踩点，发现吴女士家每个周末的灯都是熄灭的，所以他判断这户人家周末无人，而且这栋别墅位置相对较偏僻，东面的围墙很隐秘，可以避开监控探头，于是康某选择了吴女士家为其作案目标。

（二）手段隐蔽、谨慎

盗窃犯罪人的突出特点就是行为隐蔽、诡秘，作案谨慎狡猾。犯罪人在反复作案过程中会形成自己独特的犯罪技巧和习惯，呈现出固定的模式，这种独特的行为模式能够为警方的侦查活动提供客观依据。【本节引例】中的犯罪人康某的盗窃习惯是利用其擅长的攀爬能力入室，入室后先破坏监控摄像头再实施盗窃行为，留在作案现场的痕迹很少，无论是盗窃古玩店还是别墅，在作案后都没有直接回到他的落脚点，而是在市区兜了一个圈子，最后消失在某小区附近；作案时间选择在凌晨 2 点到 4 点之间，此时人们往往处于熟睡之中，被发觉的可能性极低；另外，盗窃吴女士家成功后，康某知道这次盗窃数额巨大，恐怕警方会严查，便将盗窃所得赃物带到附近山上掩埋起来，等风平浪静之后，再对这些财物进行销赃。这足以说明其作案时谨慎狡猾，反侦查能力强，具有盗窃惯犯的典型特征。

（三）形式多样性

盗窃的作案形式多种多样，犯罪人一般都是以顺手牵羊、翻墙入院、溜门撬锁、开锁入室等方式进行盗窃。扒窃，是指在公共场所或者公共交通工具上盗窃他人随身携带的财物的行为。一般表现为扒手采用镊子、刀片等工具，或者采用一定的技术手段，窃取他人随身携带的财物。这种行为一般都发生在人口密集和流动性大的地方，如车站、码头、地铁、公共汽车等，扒手往往采取割、拉、掏的方式窃取被害人的随身财物，往往行为谨慎狡诈，团伙之间分工协作，善于掩护，其作案对象大多选择防范能力差的女性和老人，扒窃具有贴身、团伙、流动作案的特点。

第二节　智能型犯罪的典型——诈骗犯罪心理

【本节引例】

旭大姐在“世纪佳缘”征婚网站给在国外上研究生的女儿征婚，挑来拣去选中了李某。照片上的李某一身戎装、英俊帅气，网站留下的档案更让人羡慕，清华大学的博士、年轻的核研究及航天专家，中国最年轻的中校之一。旭大姐对李某的个人简历、经历、条件非常满意，就天天在网上通过摄像头与自己相中的这个准女婿聊天，半年之内，就被李某骗走了10多万元钱。李某不仅是旭大姐的准女婿，同时还是许多白领女性的老公，为她坠入情网的女性不下10人，诈骗来的钱款达38万多元。

身为女性的李某利用自己的中性外表，编造出来的显赫的家庭背景和职业身份，是如何让对方心甘情愿掏钱的呢？李某的博客上介绍了很多军界名人的私生活内容，而且称这些人是自己亲密的战友，还有很多部队高层领导的生活照，甚至在某领导生日宴会的照片中也有李某的身影，这些都是李某为行骗布下的陷阱。实际上这些照片都是李某从网上下载后拼接的，李某为了对付在网上征婚的人最初抱有的警戒心，主动要求和对方视频聊天，一来她的形象、声音就很中性，不足以引起对方的怀疑，二来她也做了精心的包装，一身戎装，而且佩戴醒目的军衔。另外，李某在行骗之前做足了功课，如聊天时都会说行内话，清楚地了解部队里的人事变更、研究内容，电脑中存了很多军委某主任、上将资料，让谎言瞒天过海是需要下很大功夫的。有了这些铺垫，被害人几乎对李某放下了戒备之心。

之后，李某就以各种借口开始向被害人要钱，如将别人打伤、装修房子等拙劣的借口，当审判长质问李某为何被害人会相信这些借口，李某脸上露出洋洋得意的神情说，是她们太相信我了，没办法。另外一名被李某骗的五迷三道，甚至与李某以男女朋友关系同居的女子韩某，只要听李某说生病或者有需要钱的地方，立即就给李某打钱。用李某的话来说："可能她是正儿八经的爱上了我。"

尽管李某策划的如此精密，但还是露出了马脚。旭大姐的女儿放假要回家，旭大姐就想让两个年轻人一起见面沟通沟通感情，李某听到这个消息却害怕了，从此在网络上消失了。

警方接到报案后，经过布控迅速将李某抓获。据其交代，其父母是四川某市普通的工人，她本人初中都没有毕业，只有小学文凭。4 年中，李某利用网络平台虚构了个人身份、学历、家庭背景等资料，欺骗多位网友与其建立恋爱关系、朋友关系，以各种理由向他人索要钱财，赃款累计达 38 万多元。此外，李某还找人花钱伪造了服役的印章、军官证、残疾人证和军人驾驶证，仿制了多套军装、军衔，并以此作为诈骗工具。最终李某以诈骗罪、伪造武装部队证件印章罪，被判处有期徒刑 12 年，罚金 1 万元。①

诈骗罪是传统意义上的智能犯罪，是指以虚构事实或隐瞒真相的方法，骗取数额较大的公私财物的行为。诈骗罪区别于盗窃罪、抢劫罪的主要特征是在整个犯罪过程中，犯罪人以平和、欺诈的方

① 参见《如此金龟婿》，载爱奇艺视频。

式让被害人产生错觉，主动将财物交给犯罪人，具有极大的社会危害性。

【拓展阅读8-2】

2016年8月，山东省的准大学生徐某被电话诈骗骗走9900元学费后，伤心欲绝心脏骤停不幸离世。令人悲痛的是，家住山东临沂某镇的大学生小刘也遇到了电信诈骗，就在8月22日夜间，承受不住压力的小刘也不幸离开了人世。

“对方冒充是公安局的，说是他银行卡刷了6万多。不让他挂电话，让他怎么操作，他就怎么操作。”小刘的家人说，“对方完全掌握了小刘的所有信息，知道他的大学、家庭住址，甚至身份证信息，慌了神的小刘赶紧按照对方的要求照办。小刘是1996年出生的，骗子就让他打1996元，因为自动取款机上不能打零的，就打了2000块钱。”小刘回家后越想越不对劲，和家人一合计才发觉自己被骗了。小刘的父亲看孩子被骗了很伤心，就安慰了他，全家也没当回事。可23日早晨起床后却发现小刘猝死在了沙发上。

小刘家人说，孩子的身体一直很好，怀疑孩子的死亡是因为小刘后续又被对方骗了，没敢和家人说，心理压力太大。家里存放的2万块钱，在小刘去世之后也没了。其家人一致认为，孩子从小节俭，这次被骗对他的打击太大了。①

一、诈骗犯罪的心理特征

（一）认知特征

诈骗犯罪人具有较高的认知水平，思维敏捷、反应灵活。对社会心理状态和人性的弱点十分熟悉，如利用人们对社会某些角色的崇敬之感，利用人们的虚荣心、同情心、贪便宜的心理，或者对某些现象的愚昧认识，或者易受暗示等心理，实施诈骗。【本节引

① 参见《又一名山东大学生遭电信诈骗离世》，载搜狐新闻。

例】中的犯罪人李某将自己伪装成清华大学的博士、核研究及航天专家，中国最年轻的中校之一，利用这些显赫的家庭背景和职业身份诱使贪慕虚荣、世俗的女性钻进她布下的圈套。

犯罪人自我评价很高，过于自信。自以为经验丰富、足智多谋，骗局不会被揭穿，具有很强的侥幸心理。这种心理导致犯罪人连续行骗，直至落入法网。

犯罪人的自我谴责感低。有的犯罪人认为取得别人的财物是凭借自己的才智，不偷不抢，是别人自愿给的，比暴力犯罪的罪恶小，法律后果要轻得多。犯罪人这种缩小自己责任的心理，是其认知错误、道德低下的表现。据了解，很多电信诈骗分子并不觉得自己的行为不道德，作案时也丝毫不紧张，他们认为，“没什么可紧张的，不跟受骗者靠近，又不是偷你的，又不是抢你的，只是一个电话，然后就转账过来了，就像谈恋爱一样，你自愿转过来的，你情我愿的事情。”①

【参考案例 8-2】

孟某是某平台超人气网红主播，平时直播人气非常高，坐拥几千万粉丝。一个以介绍兼职为名的团伙，通过孟某所在公会投放在平台上各个主播的广告位实施诈骗犯罪。孟某伙同妻子王某为他们招揽发布广告，并从中获得报酬，提成比例为受害人入会费的60%。孟某在私下称粉丝们为“小白”，孟某夫妻在明确得知该广告为诈骗信息之后，仍继续发布虚假广告，使得诈骗团伙骗取人民币 700 多万元。

本案中的孟某和王某在明知介绍兼职的广告是虚假、诈骗信息后仍然继续发布，挣取提成，主观上已经具有诈骗的意图，行为上为诈骗团伙提供了平台，获得了巨额的报酬，其行为为诈骗团伙的诈骗提供了帮助，是整个诈骗案件的从犯。孟某夫妻以非法占有为

---

① 参见《“诈骗之乡”儋州的骗子：诈骗就像恋爱　你情我愿》，载中华网。

目的，利用网络技术手段虚构事实诈骗他人财物，王某参与期间诈骗团伙共计骗取人民币 366 万余元。孟某参与期间诈骗团伙共计骗取人民币 335 万余元，数额特别巨大，已经构成了诈骗罪。

（二）情绪情感特征

基于诈骗的特性，犯罪人的情绪色彩不明显，没有强烈的情绪表现，在整个诈骗过程中情绪稳定。但为了行骗的需要，犯罪人往往善于伪装和表演，根据"剧情"需要，情感变化多端，或热情洋溢或声泪俱下或故弄玄虚或痛苦不堪。比如，伪装成弱势群体寻求帮助，从而激起人们的同情心和怜悯心；或伪装成某领域的专业人士，花言巧语，诱使被害人上当。

（三）意志特征

诈骗犯罪人的犯罪意志坚定，他们自认为诈骗手法高明，难以被识破，连续反复行骗，就算是某一种行骗伎俩被识破或被侦破，就会迅速研究、想出另一种新的行骗手段，在某个地区遭到通缉或打击后就会向其他地区转移，这均体现出犯罪人强烈坚定的意志力。比如，在短信诈骗中，犯罪人通常是利用个别人对某些方面知识比较缺乏，或利用人们趋利避害的心理进行诈骗，他们抱着"广撒网、捞大鱼"的心态，每天会连续不停地发送成千上万条短信息，不达目的誓不罢休。

（四）个性特征

诈骗犯罪人个性的外倾型明显，表现上活泼外向，善于交际，乐于助人，富有亲和力。实际上他们为了达到行骗的目的，具有虚伪性和狡诈性的特点，应变能力和表演性极强。在行骗中运用各种狡诈的手段进行伪装和表演，制造各种假象，骗取被害人信任；对于出现的意外情况也能灵活应对，随机应变，根据情况变化随时调整行骗手段。有的犯罪人骗术不高，表演过于夸张，容易自我暴露，有的犯罪人甚至连自己都相信了其编造的谎言并沉醉其中。比如，日本有一男子冒充作家，以"闭关写作"的名义长期住宿旅馆，谎称出版社将报销一切开支，骗吃骗喝，他晚上写小说，白天在海滩散步，当旅馆主人向他求字时，便慷慨挥毫，享受大家对他的尊敬，沉迷其中。【本节引例】中的犯罪人李某对自己编造的谎言深信不疑，甚至在法庭上面对法官的审问时，依然口口声声的称自己是一名军人，在某某军校读过几年书，其实李某的文凭仅仅是小学毕业，别说军人、军校，她连中学都没有毕业。

诈骗犯罪人性格自负，个性中具有超出常人的高冒险性。他们自视甚高，敢于在大庭广众之下夸夸其谈，冒着被揭穿的风险，采取各种花招和圈套进行诈骗，诱使被害人上当受骗。【本节引例】中的犯罪人李某，不仅假冒军人、名校毕业生，还女扮男装，在网上交友时，非但不遮挡自己的面容，还故意显露着军装的画面。甚至还与被害人从线上到线下见面、约会，这都表明李某对自己的行骗手段过于自信，具有极大的冒险性。

【课堂讨论 8-2】

【本节引例】中的犯罪人李某为了骗取他人的钱财，编造各种谎言，伪造多种证件，甚至还与某一被害人同居几年未被揭穿识破，骗术可谓甚是高明。请思考并讨论：为何会有人“在撒谎时能够面不改色”呢？

二、诈骗犯罪的行为特征

（一）多变性

诈骗犯罪人在行骗时体现出多变的特征。比如，姓名、身份的多变性，行骗地点和手法的多变性，这也体现了诈骗行为的伪装性和狡诈性。犯罪人为了行骗会冒充各种身份，如军人、警察、华侨、富商等，伪造各种相关证件进行合同诈骗、保险诈骗、贷款诈骗、广告诈骗、信用卡诈骗、短信诈骗、电话诈骗、网络诈骗，等等。犯罪人常用的行骗陷阱有如下方式：邮包诈骗，冒充领导，“熟人”借钱，山寨逮捕令，机票“改签”，通知“退费”，“画皮”求转账，虚假中奖，钓鱼网站等。

【拓展阅读 8-3】

2019 年 7 月中旬，东莞警方获得重要线索，自 2018 年至今，“蒋斯雨”（化名）组织多人以“交友”方式在多个镇区实施电信诈骗，涉案金额超过 10 万元。绝大多数被害人是男性，犯罪嫌疑人以谈恋爱、处对象的方式与被害人在社区软件中聊天，按照事先准备好的话术获取被害人的信任，再编造没钱看病、家人病重、需要车费等理由向对方索要钱财。8 月 14 日凌晨，东莞警方在市局相关部门的配合下，成功抓获陈某等 91 名犯罪嫌疑人，缴获手机 115 台、银行卡 156 张、电脑 7 台、现金 5 万多元。让人惊奇的是，被抓获的诈骗团伙中只有极少数的女性，在社交软件聊天与被害人眉来眼去、打情骂俏的“女孩”都是这群“抠脚大汉”冒充的，甚至在抓捕过程中，有些犯罪嫌疑人还在与受骗者聊天。①

（二）精心设计骗局

诈骗犯罪人为了从被害人手中顺利骗取财物，他们精心设计骗局，提前预谋，反复地预演，准备各种行骗时需要的道具。【本节引例】中的犯罪人李某为了要别人信服她，提前做了很多功课。比如，李某的博客里介绍了很多军界名人的私生活内容，还有很多与部队高层领导的合影等；李某对自己也做了精心的包装，一身戎装，佩戴醒目的军衔，伪造了印章、军官证等各种证件；提前了解部队里的人事变更、研究内容，以便在行骗时不会露出马脚；她随身携带的电脑中存了很多军委某主任、上将的资料以及关于“核物理”等方面的课题、论文，让别人感觉这确实是不可多得的精英人才。尽管李某对核物理等知识也寡闻少见，但她脸皮厚、敢胡扯，夸夸其谈，就能消除被害人的戒备心，还给对方留下学识渊博的印象。

① 参见《凌晨 2 点，东莞 91 位“女神”被抓了》，载搜狐网。

（三）短暂、非暴力性

诈骗犯罪人一旦行骗得手后，会立即逃离现场，速战速决。有的行骗时的花言巧语被识破之后，也会迅速逃之夭夭。另外，诈骗的方式是用和平的手段，让被害人陷入圈套、心甘情愿地交出财物，其行为具有非暴力性的特点。

（四）明显的行为痕迹

在一般情况下，由于诈骗犯罪人会与被害人面对面接触，被害人对犯罪人的体貌特征、言谈举止都有清楚的印象，犯罪人在行骗中往往会留下有关的假证件、假物品等。即使类似电信诈骗这类远程、非接触式诈骗也会留下手机号码、银行账号、转账痕迹、提现记录等，这些都可以成为公安机关侦查案件、法院审判时的有力证据。

【拓展阅读 8-4】

女性被婚姻诈骗的 4 种心理①

被婚姻诈骗犯所骗的女性中，有人应诈骗犯的要求，送给对方数百万，甚至数千万日元。将自己辛苦存下的存款如此轻易地交给诈骗犯，理由是什么？日本精神分析学专家小田晋先生列举出了以下 4 种原因：

1. 确保自我优势

女性不交钱，婚姻诈骗犯就会采取冷落态度。此时，女方为了挽留对方，只得听从他的要求。另外，有些女性则是出于确保自我优势的考虑才将钱交给对方。

① 心理之谜研究会编著，魏嵩译：《超有趣的犯罪心理学——带你探索人类最危险的内心世界》，湖北教育出版社 2014 年版，第 160—161 页。

2. 母性本能

在孩子还是婴儿时，母亲会喂奶给孩子喝，当孩子长大后则做饭给他吃。对于孩子而言，母亲一直是“付出”的一方。母亲本身则会产生满足感，这也是出于母性本能。而老练的婚姻诈骗犯会将与对方的关系调整至母子般的关系。只要他缠着女性“要钱”，对方会稍稍皱皱眉头，之后说句“真是难缠的孩子呢，这可是最后一次哟”，最后开心地将钱交到骗子手中……这种情况一般发生在没有恋爱经历的女性身上。

3. 感情迁移

作为婚姻诈骗犯的常用手段之一，他们会将自己不幸的身世告诉对方，以博取女方的同情。如此一来，心地善良的女性会将骗子当作自己的亲人看待。这被称作“感情迁移”，这类女性不会对骗子产生任何怀疑。这是因为，对方是自己的“亲人”，怀疑对方就等同于“出卖”自己的亲人。

4. 为常识所困

以结婚为前提的男女关系总会与金钱挂钩。从约会开支到聘礼、结婚典礼费用、新居和家具物品的准备等各个方面。其中也有以和“前女友分手”为由向女方索要钱财的婚姻诈骗犯。

第三节　泯灭人性的犯罪——拐卖妇女、儿童犯罪心理

【本节引例】

李扬导演的电影《盲山》讲述了一名女大学生被拐卖到小山村挣扎求生的故事，电影真实到令人压抑。

初踏上社会的大学毕业生白雪梅急于帮父母分担经济压力，无奈一直找不到合适工作。在她发愁之际，装扮成医药采购公司员工的人贩子向她伸来热情的双手，她随他们来到中国西北某个偏僻山

村采药赚钱。就这样雪梅被人贩子以7000元的价钱卖给了村民黄德贵。黄家把激烈反抗的雪梅关了起来并在第二天就办了酒席。“丈夫”在老父老母的呵斥和帮助下强奸了雪梅，婆婆对雪梅说：“事情已经这样了，女人家嫁谁不是嫁，你给我儿子做媳妇，不会亏待你的……”雪梅挣扎反抗逃跑也无法摆脱这样的命运，黄德贵找来其他妇女劝说雪梅，原来她们都是被拐卖来的。

雪梅不再反抗，但是她心里依旧想逃离这里。某次好不容易逃到公路上，有辆面包车，但是需要3块钱车费，雪梅身无分文，又被赶来的村民们抓了回去。雪梅来到小卖部，用身体换来了40块钱，揣着这些钱雪梅又开始计划逃跑，她到镇上坐上了小巴，眼看就能逃离这个囚笼，黄德贵却只用一支烟就让小巴司机打开了车门，把雪梅抓了回去。从此，黄家对雪梅严加看管，雪梅也为“丈夫”生下了儿子，但她始终没有放弃逃走的念头。最终村里有个小孩帮雪梅报了警，但是警车遭到全村人的堵截，警枪在这个时候也吓不到他们……

2014年上映的电影《亲爱的》是由陈可辛执导的我国第一部以“打拐”为题材的商业电影。电影主要讲述了以田文军为首的一群失去孩子的父母去寻找孩子以及养育被拐孩子的农村妇女李红琴如何为夺取孩子做抗争的故事。田文军和妻子鲁晓娟婚姻破裂，儿子田鹏是二人唯一的牵绊。某日，田鹏外出玩耍，一去不返。寻子路上，田文军夫妇偶然结识了一群同样失去孩子的父母。大家相互扶持慰藉，从不放过一丝线索希望。多年过去，一个看似可靠的线索再次降临，促使田文军等人跋涉千里穿州过省，终在一偏僻村落人家中看到一个像极其儿子的身影。在孩子的身后，却站着一个他喊着“妈妈”的农村妇人李红琴。丢失的挚爱能否找回？残缺的家能否真的破镜重圆？寻子背后，一场亲情风暴正席卷而至。影片以真实的新闻事件为题材进行改编，再现了拐卖儿童犯罪带给普通家庭的巨大伤害。

拐卖妇女、儿童犯罪严重侵犯了妇女、儿童的合法权益，还给被害人的家庭带来了毁灭性的打击，严重影响了社会和谐稳定。目前，我国拐卖妇女、儿童犯罪形势仍不容乐观，其犯罪手段更加隐蔽，作案手法变化多端，跨国案件逐渐增多。近年来，公安部开展了全国打拐专项行动抓获了大批人贩子，大量被拐卖的妇女、儿童得到解救。但打击此类犯罪具有长期性、艰巨性和复杂性，需要多管齐下、打防结合、综合治理。

一、拐卖妇女、儿童犯罪的心理特征

（一）动机特征

追求贪婪的物质需求是此类犯罪人实施拐卖行为的动机。无论是拐卖妇女还是儿童都可以获得巨大的经济利益。偷盗或诱骗儿童或者妇女所耗费的经济成本极低，将他们转手一卖利润就能翻几十番，从中赚取的差价甚至高达几万元。这种低投入、高回报的特点，滋长了此类犯罪行为的发生。

（二）认知特征

此类犯罪人的认知扭曲、错误，贪婪欲望的背后是道德的沦丧。他们往往崇尚享乐主义、拜金主义，具有腐朽的价值观念，不甘心过清贫的生活，又不肯通过劳动合法地积累财富，就把拐卖人口当成生财之道。有的犯罪人错误地认为“有了钱，就有了一切”“一切都可以进行买卖，包括人”，有的犯罪人甚至认为“拐卖人口是行善积德的好事”。

（三）情绪情感特征

基于拐卖类犯罪的特点，犯罪人在作案前对拐卖成功后的享乐生活以及被抓捕后如何抗拒，甚至可能被判处的刑期都做了设想，内心充满着向往作案成功的喜悦和可能面临抓捕的恐惧的矛盾心理。初犯的犯罪动机斗争激烈，初次作案时内心充满紧张、惶恐，而对于惯犯和累犯来讲，其情绪相对稳定平静，变化不明显，甚至更加淡漠、麻木。

（四）意志特征

拐卖类犯罪人往往提前周密谋划、行为诡秘、团伙作案、分工负责。他们自认为不会轻易暴露，就算暴露后也能找到掩盖犯罪事实的借口，侥幸心理突出。一旦第一次拐卖成功，就会强化其继续实施拐卖行为的犯罪心理，之后拐卖妇女、儿童犯罪更加猖獗、不可抑制，即便之后某一次拐卖没得手，也不会善罢甘休，会继续寻找适合拐卖的对象，犯罪意志坚定。

（五）个性特征

拐卖类犯罪人的性格具有消极的因素，思维灵活，善于抓住买主的心理需求。比如，某些贫困地区女性急于摆脱现状的心理、偏僻农村地区大龄男青年渴望娶妻生子的心理、生育困难的夫妻收养孩子的心理需求等。另外，拐卖类犯罪人的消极性格突出，如自私自利、奸诈狡猾、善于伪装、口是心非、能言善辩、冷酷无情。

二、拐卖妇女、儿童犯罪的行为特征

（一）手段多样化

近年来，拐卖类犯罪人的犯罪手段愈加多样化，包括欺骗、利诱、威胁、暴力等。一是采用编造谎言、虚构事实的方法加以欺骗，如谎称某地急需劳动力或者好找工作，使一些急于摆脱贫困状态的女性、大龄儿童受骗上当；二是打着“介绍对象”“合伙经商”“结伴旅行”等幌子加以利诱，引诱一些涉世不深、单纯的女性落入陷阱；三是采取精神强制的手段，以暴力相威胁、以破坏名誉、制造谣言等理由要挟恐吓；四是采取人身强制等暴力手段，绑架儿童、妇女用以出卖；五是拐骗、拐卖儿童的犯罪手段大多数是非暴力性的，如用吃喝或玩具来吸引、诱骗孩子，当然也存在一两岁的儿童被亲属、熟人卖掉的情况。

【拓展阅读 8-5】

小翔的父母是摆小摊卖米粉的小贩，生意忙的时候，父母就让小翔在一旁玩耍。人贩子蓝某就盯上了小翔，他趁小翔单独在旁边玩时，拿出一只小乌龟送给孩子，引诱小翔跟他走，待到了无人处，蓝某就抱走了孩子，第二天就卖到了福建。直至孩子被解救之时，手里仍然拿着那只小乌龟。①

（二）团伙犯罪较为突出

拐卖妇女、儿童犯罪中的团伙犯罪较为突出，犯罪集团内部有着明确的分工，拐卖过程中的各个环节分别由专人负责实施，如物色目标、中转被害人、联系买主等环节均由不同的人实施。整个拐卖犯罪活动由拐骗、接送、中转、出卖等相互关联的环节组成，犯罪人之间分工精细、相互配合，增加了警方侦查活动的难度。

（三）犯罪对象的扩大化

从被拐卖的对象来看，一般为智力低下或精神不正常的女性或便于控制的儿童，但随着犯罪手段花样的翻新，有些缺乏社会经验的女大学生或者女研究生也成为被拐卖的对象。

（四）作案时间长、涉及地域广

如前文所述，拐卖犯罪一般要经过多个环节，完成整个犯罪过程需要较长时间，几天、几十天，甚至更长时间。从犯罪活动发生的区域看，早期多发生在经济落后的地区或偏远山区，但近年来在城市中的车站、广场、商场等人流量大且嘈杂的地方也成为“人贩子”活动的场所，在司法实践中，跨市、跨省甚至跨国的拐卖案件时有发生。

【参考案例 8-3】

2018 年年初，在公安部统一指挥下，昆明铁路公安处侦破一起拐卖越南籍妇女案，摧毁多个以旅游、打工为名，长期从云南边境将越南籍妇女拐卖到内地的特大跨境、跨区域犯罪团伙，抓获犯

---

① 张振华：《陈士渠：对拐卖儿童犯罪零容忍》，载《方圆》2018 年第 2 期。

罪嫌疑人78名，成功解救33名被拐卖越南籍妇女。

2016年10月，昆明铁路公安处刑警支队接到一个神秘举报电话，声称有人要将几名越南籍妇女卖到浙江。经侦查，发现被举报人叶某多次从浙江到云南是独自一人。但当他从云南返回浙江时，却均出现了多名女性同行人。之后，随着深入调查发现，该案涉及境外及国内山东、湖南、浙江、江西等多个省份，由于案情重大，案情复杂，是团伙跨国、跨区域作案。

该团伙主要是以云南省某县张某、周某及其子女张某梅、张某伟为首，纠集陶某、项某、顾某、熊某等人负责从越南拐骗妇女非法入境，对越南籍妇女采用非法手段进行圈养；通过叶某、周某、易某等中间人，负责联系下家并将被拐骗妇女分销至全国各省，而被电话举报的正是负责联系下家将妇女分销至各省的叶某。①

本案中，专案组经过长期、艰苦的侦查查明，该案具有中越两国涉案成员境内外勾结、“供、存、销、购”贯通、跨境跨区、层级分明、分工明确的团伙作案特征。该团伙以云南籍上线供货人张某家族4人、陶某、项某、顾某、熊某等13人相互纠集，与境外人员相互勾结，以打工、旅游和相亲为名拐骗越南籍妇女非法入境，采用限制人身自由、打骂、洗脑、性侵害等非法手段对越南籍妇女进行囤积、圈养，再通过叶某、周某、易某等中间人，以12—13万元人民币不等的价格转卖至湘、浙、鲁、赣等多省多地，人均获取非法利润高达5000元至8万元人民币不等。该团伙作案时间长、涉案地点广，团伙内部分工明确，各司其职，给警方的侦查、抓捕、解救工作带来了极大的难度。

（五）向其他犯罪发展的倾向

某些拐卖妇女、儿童的犯罪人为了获取高额的利益，不惜铤而走险，行为不计后果、凶暴残忍。有的犯罪人从拐骗、利诱发展到

① 参见《拐卖团伙用性侵等手段囤积圈养越南女子78人被抓》，载新浪新闻。

偷人、抢人、公开绑架女性或儿童、入室劫持婴幼儿甚至为了达成目的而杀人灭口。有着“中国第一人贩子”之称的陈某香自2009年起，在两年时间诱拐了至少46名3岁以下的儿童，然后高价卖出，其被抓获后交代：对于拐卖儿童，往往都是趁大人不留神时下手，对于好哄的小孩就骗，太机灵的孩子就抢，不听话的直接打晕带走。甚至在拐卖过程中，怕孩子的哭声大引来旁人的注意，与同伙一起将孩子扔到了河里。

【课堂讨论8-3】

【本节引例】中提到的电影《盲山》是根据真实案例改编的。当我们走在人潮汹涌的街道时，往往会发现一群特别的人，举着寻亲消息，眼中流露着悲伤，怀胎十月，至亲至爱的儿女都是因为那些“人贩子”而走失了。近年来，“人口拐卖”“高金寻子”“拐卖到山区的女大学生”等词语都频繁出现在网络。请结合身边的例子思考并讨论：面对道德沦丧的“人贩子”们，我们应如何提高防范意识？

【拓展阅读8-6】

“团圆”系统——公安部儿童失踪信息紧急发布平台[①]

我国地域辽阔人口众多，妇女、儿童被拐卖之后，无论被卖到哪里都难以找寻，而且孩子太小无法报警，妇女人身自由受到限制没有能力报警，所以发现线索比较困难。不过，妇女、儿童不管被拐卖到哪里，买主的左邻右舍、亲戚朋友多半都会知道。因此，公安机关除了使用调查走访等传统手段主动发现拐卖犯罪线索之外，还需要广泛发动群众检举揭发拐卖犯罪。于是，“团圆”钉钉系统应运而生。

① 张振华：《陈士渠：对拐卖儿童犯罪零容忍》，载《方圆》2018年第2期。

“团圆”系统是基于“钉钉”软件的移动打拐平台，由公安部刑事侦查局打拐办主导、阿里巴巴集团提供技术支撑，2016 年 5 月 15 日正式上线。2016 年 11 月 16 日、2017 年 5 月 17 日、2018 年 5 月 24 日，该平台二期、三期、四期先后上线运行，得到了社会各界的关注支持。正式接入“团圆”系统的应用已达 25 家。“团圆”系统最大的亮点与优势就在于运用技术让广大用户参与进来，形成了群防群治的模式，掀起了“反拐”的人民战争。这个平台旨在通过让全国各地打拐民警第一时间上传失踪儿童信息，并通过新媒体及时同步给周边群众的方式，实现警民联动快速寻找和侦破案件。为实现更广范围的群防群治，“团圆”系统自上线以来已接入包括高德地图、手机淘宝、支付宝、百度搜索、腾讯新闻、360 安全卫士、滴滴出行、新浪、UC 头条等 25 个 APP。根据公安部要求，接入的 APP 可将儿童失踪信息和结案说明按既定规则推送给自己的用户。距离孩子丢失时间 1 小时内，发送以孩子丢失为中心，覆盖半径 100 公里；2 小时内，覆盖半径 200 公里；3 小时内，覆盖半径 300 公里；3 小时以上的，覆盖半径 500 公里。另外根据要求，结案说明必须做到精准推送，当孩子找回时，能够让曾经收到失踪信息的群众第一时间接到信息，让他们放心。据统计，这个平台每条推送信息均在 10 万条阅读量上下。2017 年 9 月，“团圆”系统又宣布上线“滴血寻亲”新功能，通过高德地图精准定位，旨在帮助更多没有找到家人的孩子与父母就近找到附近警方 DNA 免费采集点，及时采血、将 DNA 信息库录入库中，充分发挥 DNA 技术优势帮助儿童寻找亲生父母。10 月，“团圆”系统入选“砥砺奋进的五年”大型成就展；11 月，“团圆”系统在深圳荣获了“2017 中国最佳发明——公益和慈善类创新发明奖”；12 月 4 日，CCTV2017 年度法治人物颁奖礼上，公安部儿童失踪信息紧急发布平台“团圆”系统，又荣获了“年度最具网络影响力”奖。

截止到 2019 年 6 月，公安部儿童失踪信息紧急发布平台“团圆”系统上线 3 年来，共发布走失儿童信息 3978 条，找回 3901 名失踪儿童，找回率达98%。

【课后思考】

根据全国公安机关统计，2018年全国严重暴力犯罪和多发性传统“盗抢骗”犯罪逐步减少，但入室盗窃、盗窃电动自行车、盗窃车内财物、“以房养老”与保健品诈骗、“民族资产解冻”类诈骗等传统侵犯财产犯罪呈高发态势，并且呈现出专业化、职业化、团伙化和跨区域的特点，严重影响了人民群众的安全感。传统犯罪的犯罪形式和手段通过互联网不断翻新，电信网络诈骗案件增多，新兴的“互联网＋”行业成为犯罪新发的领域和“重灾区”。当前“互联网＋犯罪”的突出类型包括网络刷单诈骗、利用“伪基站”实施诈骗、保健品购物诈骗、贷款办理信用卡类诈骗、网购退款返利诈骗、网上制假贩假诈骗、盗窃及贩卖个人信息、雇佣“网络水军”进行敲诈勒索等形式。

请思考：

1. 结合所学知识，谈谈以利欲为目的的犯罪还有哪些？
2. 结合上述资料，你认为财产型犯罪的发展趋势是什么？
3. 结合所学知识，谈谈财产型犯罪普遍的心理特点是什么？

第九章　性欲型犯罪心理

【学习目标】

知识目标：1. 了解性欲型犯罪的概念和类型；

2. 掌握强奸、聚众淫乱犯罪人的心理特征；

3. 理解强奸、聚众淫乱犯罪的行为特征。

能力目标：1. 运用性欲型犯罪心理的相关知识解决实际问题；

2. 运用性欲型犯罪心理的相关知识从事司法实践活动。

性欲型犯罪，又称性犯罪或淫欲型犯罪，是指以满足性欲为目的或者以性行为为手段达到其他目的的犯罪。性欲型犯罪不仅违背社会道德和法律，还侵害了他人的性权利，破坏了社会秩序，具有严重的社会危害性。近年来，性欲型犯罪发案率增加，犯罪人不仅给被害人带来身体和精神上的创伤，甚至强奸后杀人的案件也屡见报端，青少年、女性参与性欲型犯罪的数量持续飙升，形势严峻。从狭义的角度可以将性欲型犯罪分为以下两种类型：一是以满足性欲为目的的犯罪，如强奸罪，强制猥亵、侮辱罪，猥亵儿童罪，聚众淫乱罪等；二是以盈利为目的的非法性交易类犯罪，如组织卖淫罪，强迫卖淫罪，引诱、容留、介绍卖淫罪等。

第一节 人性中的恶念——强奸犯罪心理

【本节引例】

1971年春天，日本群马县发生了多起年轻女性失踪的案件。经过初步侦查，警方并没有得到什么有利的线索，但是由于案发地点相对集中，目标群体也相对固定，于是警方决定并案继续调查。几个月后，一位上班族女性在家中留下了一张字条："有人问我愿不愿意当他的画作模特，我还是去当面拒绝一下好了。"之后她骑着自行车出门，随后便消失了。

该女性失踪之后，其哥哥一直在寻找妹妹的下落，直到发现了妹妹的自行车，并且在自行车停放处附近发现了一名开马自达新款跑车的男人。哥哥看到开着跑车在妹妹自行车附近不断观望的男子很可疑，于是上前询问，不料该男子驾车直接逃跑，随后哥哥记下车牌号并报了警，警方查到该男子就是大久保清。当警方抓大久保清回来例行问话时，他的供述让所有办案警察都惊呆了，该案件也成了日本历史上有名的系列强奸杀人案。

大久保清在18岁时开始出现犯罪行为，其中最严重的是强奸，曾被判1年刑期，缓刑期间再次强奸未遂，被关进监狱服刑3年。出狱后，他结婚生子，但其恶习难改，又强奸了两名女性，再次被判入狱。当他刑满释放后，发现妻子带着孩子不告而别，自此他便放开手脚，沉迷于搭讪骗奸之路。

根据大久保清的供述，自1971年3月31日到1971年5月10日，包括5月7日留下字条的女性在内，他在群马县范围内已经用同样的手段强奸并杀害了8名16岁到22岁的女性，并将这些女性的尸体藏匿在某处。大久保清说自己戴着贝雷帽，穿着衬衫，以画家、美术老师、英文老师等身份为幌子，开着最新款的马自达跑车，前后询问了共计150位以上的年轻女性，以"愿不愿意当我画作的模特"等非常巧妙的言语邀约女性，上车的女性有将近3

成，其中10名遭到大久保清的强奸，而被杀害的8名女性全部是因为反抗激烈或是被发现想要乘机报警而遭到杀害并被弃尸。①

一、强奸犯罪的心理特征

（一）动机特征

强奸犯罪的动机主要有以下几种：一是满足、发泄性欲。大多数的强奸犯罪人在畸形而强烈的性需求支配下实施了强奸行为。二是报复。有的犯罪人是为了报复他人、发泄仇恨而强奸妇女。三是侵犯的欲望。有些犯罪人以摧残女性为乐，为了满足自己暴虐的欲望，也有些犯罪人实施强奸犯罪是为满足自己控制他人的欲望。四是好奇、追求刺激的欲望。青少年犯罪人往往在好奇、寻求刺激的需要支配下实施的强奸行为。

【拓展阅读9-1】

2009年7月20日下午，在家玩的女孩小雨听同村的阿昌说有同学在学校等她，于是就跟随阿东、阿昌到一废弃砖厂内，小雨没有看到同学的身影便要转身离去，却被阿东、阿昌推拉进该砖厂内一房间里，强行与其发生性关系。16岁的阿东、阿昌看上去还是一脸稚气，他们瘦小的身躯难以让人把他们与“强奸犯”联系在一起。阿东初中未读完就辍学了，整日闲极无聊的他经常在网吧度日，某次偶然看到网吧电脑里收藏的色情录像和图片，那些从未见过的画面强烈地刺激着他，使他空虚的精神得到某种满足，他头脑中萦绕着不健康的幻想，渐渐地阿东不再满足只在网上观看，想模仿黄色影片上的内容，寻找刺激。阿昌也是同样，爱看黄色录像，那些画面让他的心理变得扭曲，产生了不健康的思想。2009年7月18日，阿东上网看完录像后，萌发了邪恶的念头，他到阿昌家

① 张蔚著：《犯罪心理分析：邪恶的二十个模样》，中国法制出版社2019年版，第25—26页。

玩时，提出去骗一个女孩出来玩，阿昌说小雨长得漂亮，两人一拍即合，遂决定到小雨家以同学在学校等她为由将其骗出。①

（二）认知特征

强奸犯罪人具有错误的性意识、扭曲的性道德以及腐朽的人生观和世界观。他们崇尚性自由，性欲望强烈，为了满足性欲丝毫不考虑对他人和社会的影响，具有极端利己主义倾向。有的犯罪人只顾一味地发泄自己的性欲、获得愉悦和满足，从不在乎其发泄、满足性欲的途径和方式。另外，他们精神空虚，缺乏高尚的生活情趣，一味地追求感官刺激，为了满足其畸形的性欲望，有的强奸行为还伴随着虐待、杀人、抢劫等犯罪活动。

（三）情绪情感特征

强奸犯罪人缺乏高级的社会情感，对被害人冷漠无情，没有同情心。青少年犯罪人容易受到外界刺激而实施强奸犯罪，情绪极为不稳定。在作案中，情绪容易被激惹，进而行为变得疯狂且不计后果。成年犯罪人的情绪相对稳定、情感冷漠，在作案过程中，手段暴力、凶残。实施犯罪行为之后，犯罪人的情绪具有满足性欲后的快感，又有害怕被抓捕的紧张和恐惧。【本节引例】中的犯罪人大久保清的情绪就很容易激动，特别是当别人不能顺其意或满足他时，就会出现爆发性行为，因其屡次被警察抓捕，所以特别痛恨警察。被害的 8 名女性中，有 5 名就是因为说出了“警察”这个词，就惨遭大久保清的暴怒杀害，其中一名 17 岁的女高中生，因假称自己父亲是警察，就被大久保清残忍勒死。

（四）意志特征

强奸犯罪人的意志薄弱，自制力差，经不住外界性刺激的引诱，难以控制自己的性欲，意志品质消极。但对于系列强奸犯罪人来说，其犯罪意志坚定，为了满足其畸形淫欲的目的，通常流窜、

① 参见《两 16 岁少年迷恋色情网页，为了寻刺激强奸幼女》，载南海网。

跨地区作案，哪怕某次作案没有成功，也会再次寻找目标，直至犯罪成功。

（五）个性特征

强奸犯罪人具有消极的性格品质，强奸过程中，犯罪人的容貌特征容易暴露，作案风险大，其在作案中往往会失去理智，手段粗暴、残忍。因此，强奸犯罪人的性格富有冒险性，冲动性极强。另外，他们自私自利，推诿责任。不会考虑他人的意愿，甚至还会将责任推给被害人，如有的强奸犯将犯罪归因为被害人穿着暴露、行为不端、主动勾引挑逗等。【本节引例】中的犯罪人大久保清从 18 岁开始就出现了犯罪行为，但这些犯罪行为在父母的袒护和包容之下均获得了和解或不起诉，父母的溺爱使其没有对自我形成准确的定位，犯罪心理也慢慢形成，在畸形的欲望面前他选择以犯罪的形式来满足。其作案后一直没有被抓获，犯罪心理不断被强化，再犯时间就开始缩短，程度越来越深。从其采取诱骗的犯罪手段可以看出，他很有语言天分，在他高中档案中记录着描述其性格的话：很会说话，又有很好地欺骗他人的才能。其实他的骗术并不高明，外貌也并不出众，但巧舌如簧的他至少搭讪了 150 名年轻女性，成功上车的有 30 多个，这也说明了他善于把握女性心理。

二、强奸犯罪的行为特征

（一）手段复杂多样

强奸犯罪的主要手段有：一是暴力，直接对被害人采用殴打、捆绑、卡脖子、按倒等危害人身安全或者人身自由、使女性不能抗拒的手段；二是胁迫，对女性实施威胁、恫吓，达到精神上的强制手段；三是诱骗，以谈恋爱、网络交友、征婚、招聘、宗教迷信等手段诱骗、奸淫女性；四是迷奸，以酒精、毒品、药物麻醉等手段，使被害人暂时昏迷，不知、不能反抗；五是其他手段，犯罪人往往利用女性的身心弱点进行性犯罪，如智力缺陷、精神病、懦弱隐忍、胆小怕事、愚昧无知等。

【参考案例 9-1】

一个曾经因为强奸未遂被判缓刑的犯罪人黄某，把自己包装成成功人士，在多所二级学院和专科院校进行“成功学培训课程”，在此过程中借培训名义与 10 多名女生发生性关系。本案犯罪人犯罪手段特殊，并不是直接以暴力或者威胁方式实施强奸行为，而是通过心理控制蛊惑被害人。黄某强奸女学生往往先让被害人崇拜他，然后请她们喝酒，趁机灌醉她们，最后利用心理暗示、心理控制和诉说悲惨历史的方法，单独给女学生进行特殊的“培训”，如一直强调“步入社会你首先要战胜自己的身体，自己的身体都战胜不了你怎么走向成功”等话语来催促她们，使其在 90 秒内脱光衣服，在 10 秒内躺到床上去，或者杜撰出一些悲惨故事，以博得女学生的同情。这些方式完全是心理上的控制，再加上培训老师的权力因素，使得这些女孩子根本不能，也无法知道该如何面对她们所崇拜的老师，在酒精的刺激下，稀里糊涂悲剧就发生了。①

【参考案例 9-1】中，在黄某第一次的“强奸未遂”案件里，虽然证据确凿，事实清楚，但被害者最终却在黄家的软硬兼施下达成协议接受赔偿，黄某因“强奸未遂”被判处有期徒刑 2 年缓刑 3 年。正是在缓刑期间，黄某的“培训王国”逐渐做大，在广州多所高校攻城略地，也正是在缓刑期间，黄某对多名女生实施了欺骗式的“性治疗”侵害。大学生群体尤其是女生，没有社会经验，又对未来怀有梦想和激情，相对于经过社会历练的人更容易被“心理控制”。黄某采取的方法是先在集体饭局上给女生灌酒，然后单独留下进行“心理特训”，最后实施性侵犯，这种手法并不新

① 罗兴、邵宝文：《论强奸罪的认定——从心理控制角度》，载《法制与社会》2012 年第 13 期。

鲜，但对于涉世未深的女学生来说，要识破还是比较困难。

（二）行为残忍暴力

由于强奸犯罪的特性，犯罪人在作案过程中必然遭到被害人不同程度的反抗，加之犯罪人的情绪不稳定、好冲动，这就使得被害人会遭到暴力殴打或虐待，有的犯罪人甚至会杀人灭口，或者先杀死被害人后再实施奸淫的行为。强奸往往伴随着抢劫、杀人等犯罪活动，一旦形成固定模式，犯罪会跨地区、流窜、反复发生，社会危害性更为严重。

【拓展阅读 9-2】

2019 年 5 月，由浙江省某市人民检察院提起公诉的姚某故意杀人、侮辱尸体、强奸、盗窃案在某市中级人民法院宣判，姚某一审被判处死刑。2011 年，姚某在浙江某厂打工，当时租住的房屋与被害人姐弟小嘉（7 岁）、小艺（5 岁）一家相邻而居。12 月 1 日下午，姚某在出租房内看黄色小说后产生邪念，他进入邻居家中，将小嘉推倒在地意欲奸淫，因她不断挣扎呼救，便掐住其脖子致其昏厥。弟弟小艺回家，发现姐姐昏倒在地，立即呼救。姚某迅速将小艺拖入室内，使用刀具残忍地将其杀害，担心小嘉苏醒后将其辨认出致罪行败露，遂又将小嘉杀害。

2012 年 7 月 5 日，姚某回湖北老家，在途经河道边一条小路上发现独自行走的 8 岁女孩小冰，趁女孩没防备将其拖拽进路边柑橘林，但遭到小冰激烈反抗并呼救。因害怕被人发现，姚某又将女孩从柑橘林转移到河道内，还搬来数块石块压住女孩身体，随后逃离现场。数日后，女孩尸体才被发现，后经鉴定，小冰因严重胸部外伤引起呼吸循环衰竭而死。

2013 年 2 月 18 日，姚某在湖南某县的一条山坳小路，发现独自行走的 15 岁女孩小丁，确认四周无人后，将其拖入路边菜地。因女孩激烈反抗和呼救，姚某害怕被发现，遂使用随身携带尖刀将其残忍杀害并分尸掩埋。

2015年3月31日，姚某从县城返回其藏匿处，见戊女士独自行走后，遂尾随戊女士将其拖入路边小竹林，欲强行与其发生性关系，因对方手机铃声突然响起，害怕行为败露而逃离。

2015年8月12日，姚某发现16岁女孩小己独自在公园凉亭内玩手机，随即溜至女孩身后，将人拖往凉亭边的山坡，并强行与其发生性关系。

此后，2016年3月至8月，短短半年时间姚某又犯下5起强奸案，其中，有3起案件被害人均为未成年人。这些案件均是姚某见被害人独自行走，尾随至路段隐蔽处或见四周无人后下手。

2017年7月8日，姚某在湖南正要对一名11岁女孩实施强奸时，被闻讯赶来的群众发现，在逃离过程中被围堵群众抓获。①

（三）危害后果极为严重

强奸犯罪不仅给被害人带来了生理上的侵害，同时对其心理造成巨大的阴影，危害后果甚至会影响其一生，尤其是对未成年被害人影响巨大。河南某市的3名犯罪人将醉酒的15岁女孩轮奸后，女孩不堪其辱，跳河自尽；在另外一起强奸幼女案中，犯罪人趁11岁的女孩父母外出打工之机，采取哄骗、金钱诱惑等方式，在女孩家中厕所、卧室、屋后等地多次实施奸淫，致使幼女怀孕并不得不将胎儿引产，导致被害人精神失常入住精神病院，失去正常人的生活。②

【参考案例9-2】

2009年暑期至2011年6月，湖南某市的李某采取带被害人外出玩耍、送钱、送小人书等手段，先后将14名6至7岁的幼女诱骗至山坡、农贸市场楼梯间及其父单元房等处，实施奸淫26次。

① 参见《犯下多起强奸杀人案90后变态杀人魔姚某一审被判死刑》，载正义网。

② 魏红、方庆展：《强奸未成年人犯罪特征及发展趋势分析》，载《行政与法》2018年第5期。

其中，李某于2011年五六月间，6次进入某小学校园内，从教室里或操场上，先后将8名小学一年级女生诱骗至其父单元房内奸淫，2名幼女遭多次侵害。

【参考案例9-2】是一起典型的诱骗无知幼女并对其实施性侵害的严重犯罪案件。李某曾因奸淫幼女被判处有期徒刑10年，刑满释放后仍不思悔改，在近2年时间内强奸14人26次，持续时间长，犯罪次数多，被害人均系六七岁的幼女，犯罪情节特别恶劣，罪行极其严重，社会危害极大，法院依法对李某判处死刑。尽管如此，遭到性侵的14名女孩一生将会蒙上阴影。

【课堂讨论9-1】

【本节引例】中的犯罪人大久保清曾交代：我恨女人，我也恨警察。恨警察的原因是，他们永远只听原告的，从来不理会我的解释。恨女人是因为，其实都是你情我愿的通奸，最后她们却诬告我强奸。就因为这个，我被两次冤枉地关进了监狱。请思考并讨论：大久保清是如何走上强奸、杀人的犯罪道路的？

第二节　追求淫乐的犯罪——聚众淫乱罪

【本节引例】

2010年4月7日上午9时，备受关注的“南京换妻案”在南京秦淮区法院开庭审理。检方指控，22名多次参与“换妻”活动的男女犯聚众淫乱罪。法院不公开审理此案。

2009年8月17日，秦淮公安分局在一家连锁酒店的房间里将5名参与“换妻”的网民抓获，随后又牵出17人。其中，首要分子是南京某大学副教授马某，其余多数是打工者，除了两对夫妻外，其他人均为单身。经查，马某、向某、苏某等22名被告人于2006年夏天至2009年8月间，通过“夫妻情侣自助旅游”“南京派对”“蓝玫瑰”等QQ群结识后，先后结伴在马某家、某酒店等处进行聚众淫乱活动。其中，马某组织或参加聚众淫乱活动18起；肖某组织或参加聚众淫乱活动16起；向某、何某组织或参加聚众淫乱活动6起；苏某、邓某、张某等人参加聚众淫乱活动多起。

这是近年来该罪名首次出现在公开报道中，且是被追究法律责任的参与者人数最多的一例。法院认为，马某等22名被告人以网络为平台，组织或者多次参加聚众淫乱活动，其行为均已构成聚众淫乱罪，系共同犯罪。经查，被告人马某在3起聚众淫乱中，积极邀集人员参与，并有2起提供住处作为淫乱场所，符合聚众犯罪中组织者的特征，应认定其在共同犯罪中起组织作用。22名被告人均被判处聚众淫乱罪。马某被判处3年零6个月有期徒刑。其他人由于认罪态度较好，分别被判处缓刑到3年零6个月不等刑罚。[①]

受宗教和传统思想文化的影响，聚众淫乱在阿拉伯和东亚很多国家都被认为是有伤社会风化的犯罪行为。在我国，聚众淫乱罪，是指聚集众人进行集体淫乱活动的行为，具体来说是纠集3人以上群奸、群宿或者进行其他淫乱活动。随着教授“换妻”、微博大V聚众淫乱等案件的曝光，聚众淫乱罪这一在《刑法》分则中并非十分重要的罪名却收获了相当“人气”，聚众淫乱行为违背了我国传统伦理道德观念，冲击了婚姻家庭制度，违背了公序良俗，违反了当下构建社会主义和谐社会的理念。

一、聚众淫乱犯罪的心理特征

（一）认知扭曲、道德感极低

犯罪人的性意识、性观念严重扭曲，道德感低下。他们无视性爱的社会意义和美学价值，过分夸大性的意义，追求低级的感官刺激。犯罪人往往精神空虚，追求性刺激，沉迷于淫秽腐朽的文化之中，模仿淫乱的生活方式，群奸群宿，通过聚众淫乱来刺激感官，

① 王艺陶：《马某等人聚众淫乱案评析》，2012年湖南大学硕士学位论文。

寻欢作乐。比如，曾经在网络上红极一时的淫乱派对“海天盛筵”，据传参展商为了拉拢广大的高端客户，找来大量的“嫩模”，陪“富二代”与“土豪”们，“海天盛筵”本来是国际生活品牌文化交流展，却变成有钱人寻欢作乐、女人为金钱出卖肉体的交易场，这就折射出社会中一部分人世界观、人生观、价值观严重扭曲，已经突破了道德底线。【本节引例】中的马某把自己参与性游戏的原因，归咎于为逃避两段失败婚姻造成的阴影。他说这种没有任何负担的性，不带感情色彩的性，对自己是一种解脱，他遇到的网友们，大多开放大胆，愿意尝试一切。可见，追求肉欲放纵的刺激体验、宣泄性压抑，满足其猎奇心理，是其犯罪的主要原因。

【拓展阅读9-3】

黑龙江一对夫妻，为寻求刺激，竟通过网络寻找陌生男子聚众淫乱。有着较好的物质生活条件的李某和妻子都赋闲在家。李某平日沉浸在淫秽视频里不能自拔，为了寻求更大的刺激，竟在网上找其他陌生男子共同与妻子“约会”。5月，李某夫妻约好了其他3名男子后，从某县来到了本市，在某区一宾馆开了房间。办案民警获得线索后，迅速布控，并于当晚将涉嫌聚众淫乱的5人抓获。经查，李某长期观看色情视频，近期以来已经多次组织实施了多人淫乱行为。①

（二）消极的情绪情感和意志品质

性爱是建立在情感基础上的，没有情感，性行为不过是单纯的发泄性欲。此类犯罪人在情感方面缺乏修养，为了发泄性欲或追求下流无耻的精神刺激，而不顾道德法律、社会风化实施犯罪。在实施犯罪行为之前，犯罪人容易情绪兴奋激动，这种情绪在实施犯罪过程中进一步发展，兴奋集中在性欲或性刺激的满足上。

犯罪人在意志品质方面表现为无法抑制自己的性欲和寻求刺激

① 参见《荒唐夫妇寻求刺激竟组织聚众淫乱》，载《生活报》2019年8月29日。

的心理，禁不住外界性刺激的诱惑，会主动寻求作案的对象和目标。

（三）罪责感低、法律意识淡薄

犯罪人往往对自己的行为没有清晰的认识，不像实施类似故意杀人、抢劫、强奸时明确了解行为的违法性。多数犯罪人认为公民对自己的身体拥有所有权，其拥有按自己的意愿使用、处置自己身体的权利，大家都是自愿的，不存在被害人是谁，甚至不明白何错之有。【本节引例】中的马某被抓获后交代："这是我第一次听说'聚众淫乱'这个词。我一直认为，大家都是成人，没有谁强迫谁，都是自愿的，我们是相互愿意，也没有威胁，也没有利诱""我认为，参加我们这个活动比搞第三者要高尚，搞第三者偷偷摸摸的，见不得人，不如我们。我的一些学生们知道这事后，也比较体谅我，不认为我是犯罪。"马某这样评价自己参与的性游戏，他认为这不是犯罪，他对"聚众淫乱"这个罪名毫无概念，要是知道就不干这些事情了。

二、聚众淫乱犯罪的行为特征

（一）聚众性

聚众性体现在纠集众人，由首要分子故意发动、纠集特定或不特定多数人于一定时间聚集于同一地点，聚众的"众"应是 3 人及 3 人以上。聚众犯罪的参与人数在"首要分子"操纵之下，有随时增加或减少的可能，参与的人数具有随机性，参与人员之间一般是松散的集合关系，欠缺稳固性。聚众犯罪从 3 人到数十人、数百人不等，甚至上千人。犯罪的影响较大，会对社会产生规模性的负效应。

（二）隐蔽性

此类犯罪主要表现为对某种糜烂生活方式的狂热化和极端化，其规模往往不是很大，一般并不是公开进行，实施场所具有隐蔽性。比如，在【本节引例】中的犯罪场所不是在马某的家中，就是酒店、宾馆，涉案人员通过QQ群联系，行为往往秘而不宣。

（三）自愿性

本罪的参与者主观上都是自愿的，如果聚众淫乱行为的主要发起人采取非自愿性参与的手段与之进行淫乱活动，那么有可能涉嫌强奸罪、强制猥亵罪等。比如，17岁的婷婷，初中文化程度，没有固定工作。案发当天是她的生日，苦于无处寻乐的她想起在某美发店结识的阿海、阿兵和小杨，便打电话约他们一起出来唱K，共同庆祝生日。四人又唱又跳一直玩到凌晨5点多，还未尽兴的婷婷便主动提出要到宾馆开房接着“玩”。在宾馆里，婷婷先后与阿海、阿兵和小杨多次发生性关系，其中两人进行时，另外两人就在旁边观看助兴，阿兵还用手机把过程拍摄下来，并不时变换各种角度为婷婷拍摄裸照，玩得十分疯狂……此时的他们根本没有意识到自己的行为已经触犯法律。事后婷婷承认自己是自愿与阿海等人发生性关系的，并如实交代了聚众淫乱的犯罪事实，阿海、阿兵和小杨不约而同指出，当时婷婷头脑是清醒的，并主动提出开房和淫乱活动。①

（四）社会影响恶劣

聚众淫乱罪蔑视了社会伦理和道德规范，其传染性很强，丑恶度较高，对青少年影响极大，经常诱发其他犯罪，毒化周边环境，在淫乱行为过程中，往往伴有吸毒助兴的情况。比如，2010年3月，东莞某学校爆出1个“90后”女孩和3个男孩的不雅视频，引起社会一片哗然。同时，在东莞某职校学生中间流传着另外一些性爱视频，可见，在校的青少年之间存在着发生性行为或与多人发生性行为的情况，他们甚至把性行为拍成视频。某职中高二男生说，用手机拍摄性爱视频、多人性爱、吸毒等，这些在他和哥们的

---

① 参见《少女与3男子聚众淫乱　主动开房脱衣献身》，载青岛新闻。

世界里颇为常见。

【拓展阅读 9-4】

近年来，“身心灵”概念流行于国内城市白领、业界精英等群体，形成一股热潮。媒体跟踪调查数月后发现，伴随着“身心灵热”，在广州、深圳、北京、上海等地涌现出各式“身心灵”机构，做起“身心灵”生意，声称助人生命蜕变、提升灵性。这些机构开办大量培训课，不仅大肆敛财，还公开宣称“高级课程需要发生性行为”，借“灵修”控制“门徒”精神、瓦解道德底线，甚至大行奸淫和聚众淫乱之事。

2011 年 5 月一个叫秦某远的“身心灵”导师先后在广州、北京举办了 3 次谭崔课程。谭崔（Tantra）是印度的一种教派，继承了印度教中性力派（纵乐派）的思想，认为通过性交可以使人类灵魂和肉体中的创造性能源激扬起来。在课程中，“身心灵”导师秦某远宣扬婚外性自由，公然组织学员集体裸泳，公开宣称“大家将在亲密、安全、放松的气氛中，藉由每位学员彼此间的合作与信赖来去除对性的恐惧、罪恶感及羞耻感，这将会深化我们的爱、我们的性、我们的关系”，声称“经由性，超越性，达到宇宙性高潮……”，学员们也相互鼓吹换妻换夫是女性解放的途径。同年，中央电视台曾以《疯狂培训》对谭崔课程的培训进行过报道。事实上，谭崔教义的特点很容易被邪教或者不法分子利用，以“谭崔”之名鼓吹性自由、聚众淫乱。①

【课堂讨论 9-2】

【本节引例】中的“南京换妻案”一度被媒体炒得沸沸扬扬，各界学者都发表了自己的看法。中国著名社会学家、性学研究者李银河则表示，换偶是公民个人自由权的表现，受宪法的保护，并建议取消“聚众淫乱罪”。她认为，性行为的规范是在道德范畴内的

① 参见《灵修培训黑幕重重　谭崔课程涉嫌淫秽狂圈钱》，载搜狐新闻。

事情，不能把你情我愿的性乱说成是犯罪；只要没有伤害到别人就是他的权利，不应当以违反道德或违反习俗的名义被剥夺。你如何看待李银河的观点，请讨论并说明理由。

【课后思考】

王某，从小父母离异。父亲根本不管他，爷爷奶奶也不愿管，动不动还打骂他。王某13岁就离家出走到了沈阳。一开始他只是在火车站附近掏包，后来渐渐与一批不良少年混在了一起。有了同伙，王某胆子更大。一到晚上他们就在沈阳公园转悠，寻找谈恋爱的男女，冒充警察进行敲诈，后来干脆就直接抢劫，并将女的强奸。之后，王某被“兄弟”出卖，被劳教3年。

在王某被释放的当天晚上，他就直奔沈阳河边，用木棒子将一个独自散步的女青年打倒后，实施了强奸。没过几天，王某又将一女青年用铁棒子打倒后强奸。从劳教所出来的第一年里，王某单独作案20多起，杀死几十人，强奸七八人。王某逐渐养成了残忍、暴躁的性格和极强的报复心理。妻子与其离婚后，他就对女人特别恨，在实施强奸犯罪后，都会把被害人杀死。

请思考：

1. 王某的家庭对其走上犯罪的道路有何影响？

2. 结合所学知识，对王某实施强奸、杀人的犯罪心理进行分析。

第十章　报复型犯罪心理

【学习目标】

知识目标：1. 了解报复型犯罪的概念；

2. 掌握不同种类报复型犯罪的犯罪心理特征；

3. 理解不同种类报复型犯罪的犯罪行为特征。

能力目标：1. 运用报复型犯罪心理的相关知识解决实际问题；

2. 运用报复型犯罪心理的相关知识从事司法实践活动。

报复型犯罪是以宣泄情绪为目的的犯罪，也称为情绪性犯罪。当行为人的个人欲求受阻或者个人利益受损时，就会产生诸如嫉妒、怨恨、不满、羞辱、绝望、自尊、自卑等消极情绪，而行为人又不会通过合理的手段进行调节，从而导致消极情绪积累到自我调控的上限，就会产生攻击性，遇到的挫折越大，报复型犯罪的攻击强度就越大。报复型犯罪的攻击手段分为暴力型和非暴力型，暴力型主要有故意杀人、故意伤害、强奸等，非暴力型有投毒、放火、诬告陷害、毁容等。

第十章　报复型犯罪心理

第一节　情感受挫、欲求不满——报复型犯罪

【本节引例】

2000年11月7日，轰动合肥的某高校保送研究生陈某残忍杀害女友一案，在安徽省高级人民法院开庭审理。陈某自幼家境贫困，在合肥一所重点大学就读。四年寒窗，他屡屡获得奖学金，年年被评为三好生，专业成绩排名第一，还获得了唯一的免试上研究生的资格。却不料在毕业前夕，因女朋友主动提出分手，陈某感到无法忍受，连捅数刀，将她当场杀死。

陈某出生在一个农民家庭，3个姐姐为了供他读书，均外出打工，在全家的精心呵护下，陈某顺利完成大学以前的学习。进入大学后，他衣着朴素，囊中羞涩，满口乡音，说起话来常常被人笑话，除了考试的课程，他的知识面很窄，寝室的同学常常不屑和他交谈，他因此很自卑，也感到孤独，唯有学习考试，总能考得十分光彩。他的沉默、优秀成绩和淳朴外表引起了一位女同学的注意，一来二往，两个人很快出双入对，出现在校园里。陈某特别急切地要公开他们之间的关系，他要以此来回敬那些看不起他的室友们。

临近毕业，女朋友提前和一家公司签了合同，又要忙论文，又要上班，与陈某见面时间就减少了。陈某隐隐担心，是否单位有人缠住了女友？每当问及此事，女友总是一带而过。说他“神经病”“多疑”，为此，陈某寝食不安，又无计可施。女朋友一直是他的骄傲，是他理直气壮、昂首校园的心理支柱，他不敢设想失去了女朋友，他将如何面对同学们的嘲笑和讥讽。他甚至已想到果真如此的话他宁可休学或退学。

毕业前的一个晚上，陈某一夜未等到事先约好要见面的女友，心里窝了一肚子气。他满心等待女友主动向他说明情况，谁知女友

只是轻描淡写地用“加班”打发他。陈某的疑心病一下发作，脸色发青，两眼凸出，拼命追问女友和谁在一起？加了什么班？情急之中，还动手打了女友，引得女友大怒，两人不欢而散，陈某的情绪也一下跌落到谷底。他不想就此罢休，他有几次打电话找女友，请求原谅他的粗暴，女友不仅冷淡而且要终止双方的关系。

此时，陈某痛苦极了，不想见人，不想说话，饭吃不下，书读不进，彻夜难眠，连寝室都不愿回，他不知怎么做才能减轻内心的痛苦。他从未想过和同学交流，他没有这样的习惯，也没有倾吐对象，他还认为那样会使同学更笑话他。一向自卑的他靠着女朋友在校园里昂首挺胸，此时怎么能把这个“把柄”交给同学？他一向觉得自己很优秀，此时开始怀疑自己了。他否定自己，骂自己无用，是“窝囊废”，在校园里一帆风顺的他从来未受过如此打击，他恨女友的绝情，在心里大骂女友“不给面子”。他想象着女友和他人依偎在一起的情景，又想象着同学对他审视和嘲笑的目光，每想到此，他都感到热血沸腾，无法忍受，无论如何也咽不下这口气。他甚至想到去死。突然，一个念头从心底升起“为什么我要一个人死？活着不能得到她，死在一起也好。”陈某被自己的想法吓了一跳，但这种想法却越来越强烈，挥之不去，神使鬼差之中，他甚至专门去买了一把水果刀。

毕业前的一次全班聚会时，陈某认为女友在大庭广众之下公开冷落他，这使他万分难堪。“杀了她”的想法此时又再次出现，及时而又强烈。于是他守候在女友的必经之路上，拦住女友，要女友“把话说明白”。“给我一个最后的机会”，他的脸因为愤怒而变形，一边还要动手拉她。受到惊吓的女友，以“没有什么好说的”应付了他，躲着他不让他靠近。在退让躲避之中，被绊倒了。陈某突然感到机会来了，猛扑上去，死死压在女友身上，喘着粗气，想再亲吻女友。女友拼命反抗挣扎，大叫起来。求“爱”不成，陈某的手突然触到了口袋里的刀。“杀了她”的想法又一次闪现。“我得不到的东西，他人休想得到”，“生不能在一起，死也死在一块”，陈某举起水果刀，向压在身下的女友刺去。一番挣扎之后，女友终于不动了。陈某也受到了应有的制裁。①

一、报复型犯罪的类型

报复型犯罪大多是因人际关系纠纷和冲突引起的，主要发生在恋爱、婚姻和家庭关系中，同学、同事、朋友、邻里和其他人际纠葛中。人们在人际交往中遭受到挫折后，有的人采取攻击他人、报复社会的行为来宣泄其内心的不满。“挫折—攻击理论”在本书第一章第二节已有详细阐述，在此仅介绍报复型犯罪的四种主要类型：

（一）情感需要受挫

有些人由于缺乏正确的世界观、恋爱观的引导，当其在恋爱、婚姻或家庭关系中需求得不到满足时，就会产生强烈的挫折感，进而产生强烈的情绪情感冲突，对对方不满或仇视，当这种怨恨、嫉妒、绝望、激愤等负性情绪积累到一定程度时，就会导致攻击行为的出现。

【拓展阅读 10-1】

2013 年 9 月 2 日，浙江省某市某菜市场附近发生一起故意杀人案件，致一名男子死亡，一名女子受伤。经警方调查，犯罪人与被害人刘某（女）于 2012 年 9 月份相识相恋并同居，今年刘某提出分手并搬出同居的公寓后，犯罪人始终纠缠不放。被害人彭某系刘某现任男友，犯罪人获知刘某又有新男友以后，一直怀恨在心。2 日中午，犯罪人发现刘某、彭某后，驾车撞击两名被害人，彭某被撞倒地后，犯罪人下车持刀行凶，致其当场死亡，刘某被撞受

① 严圭、吴宁编著：《犯罪心理学阅读材料》，中国林业出版社 2005 年版，第 69—70 页。

伤。该故意杀人案系因感情纠纷引发。①

（二）交往需要受挫

有些人尤其是年轻人会因日常生活中的琐事纠纷和冲突，情绪失控、怒气横生、怨恨积聚，从而引起攻击行为。这类矛盾往往发生在人际交往中，如在邻里交往、同事交际中，因琐碎小事引起，导致矛盾升级，最终大打出手，构成犯罪。

【拓展阅读 10-2】

“团结户”是中国城市特有的怪现象，由于所在单位的住房紧张，两户不相干的人家住在同一套房子里，离了婚的锅炉工万某发和新搬来的胡某、史某华便是“团结户”。胡某夫妇的夜生活搅得万某发不得安宁，而万某发深夜故意播放电大课程录音、便后不冲洗厕所，这些都使得胡某夫妇苦不堪言。后来，万某发的母亲从乡下搬来，老太太的到来使胡某夫妇觉得碍手碍脚，生存空间越发逼仄，在史某华的生日那天，两家因万母便后未冲洗厕所发生争吵，关系日趋紧张。万某发的外甥农闲到城里打工，前来投奔万某发。万某发思来想去，决定让外甥住在公用客厅里。胡某夫妇坚决不同意，胡某和万某发就此事争执起来，言词相激，终至大打出手。胡某先出一拳将万某发打得血流满面，万某发缓过神来，顺手抄起桌上的一把水果刀刺向胡某。②

【课堂讨论 10-1】

大学生正处于身心发展的早期，人际冲突处理的经验有所欠缺，情绪化和关注自我等特点也导致大学生在学习和生活中容易发生各种人际冲突。请思考并讨论：你在日常生活中如何处理遇到的人际冲突？如果你是【拓展阅读 10-2】的当事人，你该如何应对？

---

① 参见《宁波割喉杀人案 1 死 1 伤　警方称感情纠纷引发》，载水母网。

② 参见高群书、柏杉执导的电视剧《命案十三宗》之“同室杀戮”，该剧取材于河北省石家庄市真实发生的十三宗命案。

（三）不公正待遇导致的挫折

改革开放以来，我国社会政治、经济发展等各个层面发生了急剧的变化，在社会中必然有不公平或不合理的现象存在，有些人难免会受到不公正待遇。少数人不能正确对待这种不公平，产生不满、怨恨等情绪，一旦这种消极情绪情感得不到调解和消除，就会导致行为走上极端，甚至对整个社会充满怨恨。

【参考案例 10-1】

2003 年 4 月 3 日，浙江大学应届毕业生周某，因为体检结果有“小三阳”，报考浙江省公务员受挫，愤而报复行凶，用水果刀杀死、刺伤负责招录公务员的两名工作人员。许多和周某有相同体检结果，肝功化验是“小三阳”的人，都被要求退出公务员的行列。他们感到自己刚刚开始的美好前程被笼罩上了阴影，精神和身体受到双重打击，从此受人歧视、难以翻身，更可怕的是不能正常地参加工作，继而内心充满了愤怒和不安。周某的案件发生后，引起了很多乙肝病毒携带者的反响，他们抗议社会对他们在招工和就业上的歧视。

案件发生后，浙江省修改了公务员招聘的健康标准，取消对乙肝病毒携带者不能成为公务员的限制性规定。周某在监狱里看见了这一报道，他带有兴奋又遗憾地说：“真好，我为他们高兴，可是我没有机会了。”2005 年 1 月 17 日，人事部、卫生部公布了《公务员录用体检通用标准（试行）》，其中第 7 条规定，乙型肝炎病毒携带者只要转氨酶正常，即为合格。①

当我们在生活、工作中遇到不公平待遇和某种歧视时，应当如何去面对？走上极端，暴力宣泄，攻击他人，甚至报复完全无辜的人，最后被葬送的只能是自己。我们应该保持健康心态，进行合理

① 严圭、吴宁编著：《犯罪心理学阅读材料》，中国林业出版社 2005 年版，第 84—88 页。

合法的争取、抗争，拿起法律的武器，为自己争得应有的权利。

（四）自尊受挫

有些人的自尊心水平发展畸形。自尊心过高的人往往自视甚高，虚荣心强，一旦事情不能如他所愿，遇到一点挫折就会产生不满、抵触、怨恨的情绪，可能会走上犯罪的道路来满足其畸形的自尊心。有的人自尊心过低，偏激固执，对别人的行为和态度过于敏感，怀疑别人不尊重自己，对于一些琐事口角纠纷怀恨在心、伺机报复。

【拓展阅读 10-3】

山东省某市的吕某与江某相交 20 多年，在外人眼中胜似亲兄弟。两人合资开了一家房地产公司，后来因为购买一块土地的事落空，江某在公开场合说吕某办事不力，吕某认为江某伤及了自己的面子，还因此得罪了不少领导，心生怨恨，遂生杀念。之后，吕某出资 20 万元托人雇凶，将好朋友江某残忍杀害。[①]

二、报复型犯罪的心理特征

（一）认知片面狭隘

此类犯罪人认识问题狭隘、片面，不能客观公正地看待问题，容易将原因和过错归咎于他人或社会；同时，遇到问题偏激、固执，好钻牛角尖，自以为是，听不进别人的意见，具有畸形发展的自尊心和成就感，他们往往为了发泄自己的情绪，走上了极端的道路。【本节引例】中的犯罪人陈某的学习成绩虽然优异，但其知识面狭窄、家境贫困、穿着朴素，导致其非常自卑、孤独，与同学交往甚少，而女朋友是他昂首校园的心理支柱，他接受不了女朋友与其分手这一打击，甚至想到退学或休学。这无不说明陈某的认知片面，具有畸形、异常的自尊心水平。

① 参见《老总因面子受损雇凶杀死好友》，载新浪新闻。

（二）消极的情绪情感

此类犯罪人的攻击行为往往与其情绪情感有着直接的关联。情绪情感经常处于不稳定状态，起伏较大，很容易被外界环境影响，难以调节和控制自己的情绪，易兴奋、易被激惹，情绪爆发性强。另外，犯罪人容易产生不满、怨恨、愤怒、绝望等消极的情感体验，当这些消极的情绪情感积累、压抑到一定程度，会使犯罪人的行为失去理智，从而爆发出来。【本节引例】中的陈某情绪情感不稳定，在女朋友爽约后满腹怒气，听到女朋友的加班借口后，进一步追问“加的什么班”“和谁一起加班”等，甚至在情急之下还动手打了女友，这说明陈某的情绪情感在短时间内变化快、容易被激怒，情绪爆发性很强。另外，陈某在经受了分手这一挫折后，消极情绪一直挥之不去，他痛苦不堪，无法排解，甚至怀疑女友出轨，“杀死她”的念头一次次出现，他无法控制自己，当这种消极又强烈的情绪情感积累到难以忍受的程度时，陈某最终怒下杀手。

（三）意志薄弱、挫折耐受性差

此类犯罪人大多意志薄弱，容易受环境的影响和他人的暗示，不会很好地调节自己消极的情绪情感，对挫折的心理承受力差，当其找不到应对挫折的合法途径时，容易采取攻击的方式来解决问题，冲动之下，行为失控，进而导致犯罪。【本节引例】中的陈某虽然家境贫寒，但他在父母和 3 个姐姐的精心呵护下，以优异的成绩顺利考上了大学，在读大学期间成绩名列前茅，还被保送了研究生，可以说他的生活一直是顺风顺水。虽然他在学校人际交往不畅，但能交到女朋友这件事让他脸上有光，他一向觉得自己很优秀，当女友提出分手后，他开始否定、怀疑自己，一帆风顺的他从来没有受过如此的打击，他恨女友的绝情，害怕同学们嘲笑和讥讽，甚至产生了杀掉让自己“面上无光”的女友，陈某对失败与挫折的心理承受能力差。

（四）消极的性格品质

此类犯罪人大多具有消极的性格品质，如有的人褊狭、固执、自私、敏感、好猜疑；有的人脾气暴躁、易冲动、爱面子、虚荣心强；有的人缺乏同情心、自卑、冷漠，等等，这些消极的性格品质会导致他们遇到困难时，挫折感比一般人更加强烈，进而陷入不良的情绪中，无法自我调节和摆脱，最后走上犯罪的道路。【本节引例】中的陈某走上了杀人的道路，与其消极的性格有着很大的关系。他非常自卑，女朋友是他理直气壮、昂首校园的心理支柱，他无法面对失去女朋友的生活。另外，陈某自私偏激、敏感多疑，当女朋友开始上班，没有过多的时间与他厮守在一起时，就开始怀疑单位有人缠住了女友；女友提出分手后，陈某又怀疑女友早已出轨。在陈某经受不住分手的打击，生出自杀的念头时，他又有了“与其得不到她，一辈子痛苦，不如杀了她，一了百了”“我得不到的东西，他人休想得到”的想法，继而在这种念头的支配下，举起水果刀刺死了女友。

【课堂讨论 10-2】

【本节引例】中的陈某本来是风华正茂的大学生，还被保送了研究生，顺利毕业的话定能回报供其读书的父母和姐姐。但他却由爱转恨，持刀杀害了其女友，大好前途成为了泡影。请结合案例，讨论陈某持刀杀害女友的动机是什么？

第二节　外界情境的刺激——激情犯罪

【本节引例】

2013 年 7 月 23 日晚间，韩某与李某等人一起吃饭饮酒。饭后，韩某乘坐李某驾驶的白色轿车一起去歌厅唱歌。由于歌厅没有停车位，当日 20 时 50 分许，李某将车掉头欲在北京市大兴区某公交站站台附近停车。当时，徐梦（化名）带着坐在婴儿车内的 2

岁10个月的女儿孙某某正在该公交车站候车。韩某认为徐梦及其婴儿车阻挡了停车路线，下车与徐梦交涉、争执，并将徐梦打倒在地后，绕至婴儿车正面，将孙某某从婴儿车内抓起、举过头顶猛摔在地，致孙某某经抢救无效死亡。

究竟是什么原因导致短时间内韩某的暴力行为一再升级？

韩某在法庭调查时回忆，案发当天中午和晚上，他先后喝下近一斤白酒和七八瓶啤酒。在乘坐李某驾驶的汽车来到案发地附近的歌厅，准备在公交车站附近停车时遇到了推着车的徐梦。“一个‘购物车’挡在前面，徐梦站在人行道上。”韩某称，自己下车上前让徐梦挪车。“当时徐梦态度不太友好，说公交车站不让停车。”韩某称随后在交涉过程中徐梦出言不逊，并将小车横在李某的车前，“就不让你过去”。随后韩某与徐梦对骂起来，并给了徐梦一耳光，双方发生撕扯。因徐梦没站稳，把韩某拽倒在地，韩某爬起来后从徐梦推着的车里抓起来什么摔在地上。

而据未到庭的遇害女童母亲徐梦回忆，事发时她正准备乘坐公交车带女儿出门，在公交车站附近等车时，韩某过来说：“你躲开点。”“我没说话，把婴儿车推了推躲开点，看到一辆白色现代轿车停在公交车站上，就说了句‘看你这车停的地方，人家怎么进站啊’。”徐梦说，韩某随后开口骂她，并称“你信不信我把你孩子摔死”，当她再次回嘴时韩某开始动手把她打倒在地，随后，韩某抓起婴儿车内的女童，举过头顶摔在地上。

尽管韩某百般辩解，但在庭审中首次公开的监控录像显示：案发时一辆白色的轿车在北京市大兴区某公交站附近停下，一名男子从副驾上下车，与前方的女子交涉后殴打该女子，后男子走向女子附近的婴儿车，将孩子抱出后摔在地上，整个事发过程不过短短的1分钟左右的时间。

目睹这一切的李某在庭审中表示：事发时他在车里看到韩某和徐梦撕扯后，曾下车劝阻韩某，但是一把没抱住他，韩某挣脱掉后做出摔孩子的举动。“当时就疯了似的，抓起孩子，举过头顶就摔了。摔完后也没听到孩子的声音，当时是孩子的上半身着地。”

犯罪心理专家武伯欣对此案进行分析时表示，从心理学角度讲，人在激情状态下，情绪自控能力减弱，犯罪嫌疑人当时处在一种短暂的、激烈的、爆发式的状态下，在与人争吵后不能自控，做出了自己无法预料后果的事情。犯罪嫌疑人处在特定的激情状态，对于这种行为社会应及时予以谴责和打击。①

一、激情犯罪概述

（一）激情犯罪的概念

激情犯罪，通常是指行为人在特定的时间、空间、环境或条件下，因言行被激怒，瞬间丧失理智、心理失衡，丧失自我控制能力，继而实施爆发性、冲动性的犯罪行为。激情犯罪人往往也无法解释为什么事情会发生，当情绪喷发之际，便会无法控制自己的行为，具有突发性、极端性等特点，犯罪人在实施了犯罪之后大多存在悔恨心理。

【参考案例 10-2】

2009 年 2 月 11 日，安徽一对再婚的夫妻因感情不和，在电话中发生争执，爆发口角大战。丈夫张某情绪失控，放下电话后便残忍地向刚放学归来的继子冬冬举起了砖头，将其砸死。

2011 年 11 月 1 日，湖南某市的朱某与楼上住户因房屋漏水发生口角，随后引发打斗，朱某气愤难平、情绪失控，用一把牛角尖刀捅伤周某右胸部，后周某因伤势过重死亡。

类似上述案例中的行为被称为“激情杀人”，属于情绪型犯罪。激情杀人也是故意杀人，只是在主观上由于受情绪的影响，引起犯罪人认识的局限和行为在控制力上减弱，对于行为的性质、后果缺乏必要的考虑而产生的突发性犯罪。这并不意味着激情杀人就

① 参见《北京摔死女童案事发过程仅 1 分钟　嫌犯愿以命抵命》，载本地宝网。

不承担或部分承担刑事责任，“激情杀人”并不是法定从宽的量刑情节，犯罪人对情绪失去控制的程度会影响法官的量刑，但手段极其残忍、社会危害性特别严重的案件，仍有不少犯罪人被判处死刑。

【课堂讨论 10-3】

现实中存在很多与【本节引例】中的犯罪人韩某类似的案件，有的人因话不投机而打架斗殴，有的人因一个眼神而大打出手。请结合所学知识，思考并讨论：为何有些人会丧失理智，一怒之下杀人呢？

（二）激情犯罪人的心理特征

1. 认知偏激、狭隘

激情犯罪人对外在事物的认知普遍存在缺陷，如只看事情的表面，遇事想法简单，以自我为中心，只考虑自己，不会换位思考，容易对别人产生排斥心理和敌对情绪。在主观认识上比较偏激、狭隘，当其遭遇到突如其来的外界刺激时，消极的心理能量会在短时间内得到强化，进而借助对他人的侵犯和攻击发泄出来。

2. 消极的情绪情感

激情，在心理学上是指人处在一种强烈的、爆发性的、短暂的情绪状态，通常是发生在强烈刺激之后，如狂喜、愤怒、绝望、悲愤等。引起犯罪冲动并能够使犯罪实施的激情通常是“愤怒”，情绪心理学将“愤怒”情绪细化为 9 个梯级。① 只有发展到第 7 个梯级以上，才能形成激情犯罪。此时人的情绪逐步进入癫狂状态，不能够有效地控制自我，完全为情绪所控制，犯罪人在愤怒这种强烈消极情绪的驱使下，出于发泄内心的怒火和愤恨而采取了暴力攻击

① “愤怒”的 9 个梯级分别是：（1）不满，微形于色；（2）气恼，恨现于眼；（3）愠，恨声嘀咕；（4）怒，对抗相责；（5）忿，脸红辞急；（6）激愤，手颤气促；（7）大怒，会结合行动，不由自主地趋向对方指责；（8）暴怒，出现对抗、侵犯的姿态；（9）狂怒，额部血管怒张，声音嘶哑，不顾一切，狂乱、丧失理智。

被害人的行为，其实施犯罪行为时情绪已经完全失控。

【参考案例 10-3】

甘肃省某村青年张某及其兄弟，一直外出在陈某承包的工地上打工，陈某总是找各种理由拖欠工资。某日，张氏兄弟得知父亲脚骨骨折，遂向陈某提出结算工资，辞工返乡，陈某又屡次推脱。无奈之下，张氏兄弟到当地的人事劳动保障局投诉，经调解，双方同意5日内结清工资。没想到张氏兄弟当日晚回到工地，其宿舍房门被锁，二人便前往陈某家里讨要说法，陈某称自己已睡下，明天再解决，张某不同意，双方隔着门发生争吵。陈某打电话叫来苏某、吴某等四人，双方为此争吵不休，苏某仗着人多势众，上前责问、辱骂并打了张某一耳光，双方遂发生厮打。愤怒之下，张某掏出随身携带的折叠刀，不顾其弟的劝阻，先后将苏某等四人捅倒在地。①

上述案例中的犯罪人张某在上门讨薪之前，并没有犯罪的想法，只是想尽快拿到自己的工资。在正当维权屡屡无果的情况下，反而遭到被害人的殴打和辱骂，长期积压的怨气和屈辱使他丧失理智，转化为极大的愤怒，不顾一切地实施了疯狂的攻击行为。

3. 意志薄弱、自我控制能力失调

激情犯罪人的意志薄弱，缺乏应激能力和良好的自制力。当遭受刺激或挫折而产生不满情绪时，有些人不能有效地控制不满情绪，任其发展，继而产生强烈的愤怒情绪，在这种愤怒情绪的支配下，直接产生侵犯他人的激情犯罪行为；有些人在产生不满情绪后，把这种强烈的不满情绪压抑到内心深处，不懂得及时排解和宣泄，当遇到更强烈的刺激时，这种长期受压抑的不良情绪就会迸发出来，支配他们作出更严重的攻击行为。

---

① 参见王琦：《激情犯罪法律问题研究》，2014年兰州大学硕士学位论文。

【参考案例 10-4】

河南的王某年幼时父母离异，其父亲很快再婚，继母视王某为“眼中钉，肉中刺”，一直对他打骂。王某成年后娶妻生女，妻子贤惠、女儿乖巧，让王某体会到家庭的幸福，将妻子、女儿视若生命般重要。可继母总是挑妻子的毛病，还嫌弃生的是个女儿。对此，王某都看在眼里，记在心里。某日当继母再次狠狠辱骂其女儿命不长久时，王某再也忍受不了，拿起家中的菜刀将继母残忍杀死。

上述案例中王某长期压抑其不满情绪，在继母屡次找碴儿，辱骂、诅咒自己女儿后，他的自我控制能力瞬间失调，情绪难以自控，积蓄多年的仇恨瞬间爆发了出来，这种强烈的怨恨和愤怒，驱使王某将其继母残忍杀死。自我控制能力失调是激情犯罪的内在驱动力。

4. 消极性格品质

激情犯罪人性格具有一定的缺陷，往往冲动鲁莽，遇事缺乏冷静思考。他们大多自私狭隘、敏感多疑、心胸阴暗、性格内向、孤僻。具有这些性格缺陷的人，当突遇外界强烈刺激时，往往不能理智对待，容易在激情的支配下随意行事，极有可能导致严重的危害后果。

（三）激情犯罪的行为特征

1. 外界不良刺激

激情犯罪多起因于外界不良刺激。犯罪人一般都遭遇了突发性的外界不良刺激后才临时起意实施了犯罪行为，如他人的殴打、谩骂、冷嘲热讽、无理取闹等。有些产生在犯罪人与被害人的交往矛盾之中，如车辆剐蹭、路上碰触、商品还价等。诱发犯罪的不良刺激主要表现为被害人的过错行为。当不良刺激使犯罪人的消极情绪达到一定程度，加之犯罪人易冲动的心理缺陷，就激发了犯罪行为。【本节引例】中的韩某就是在寻找停车位的过程中，遇到了挡道的徐梦母女，徐梦不仅态度不友好，还将婴儿车横在其车前，说“就不让你过去”等语言，双方的口角刺激了脾气本来就不好的韩某，继而韩某冲动之下实施了摔婴的行为。

2. 情绪性

犯罪人受刺激后难以抵抗骤然爆发的愤怒情绪，在情绪失控的心理状态下，不顾一切、失去理智地对被害人实施攻击行为。与有预谋的故意犯罪相比，犯罪人没有长时间的犯罪预谋和预先确定的犯罪动机，只是源于一时冲动。

3. 瞬间性、偶发性

犯罪人受外界不良刺激，情绪突然爆发。这种情绪状态迅速、猛烈并且难以控制，带有较大的盲目性和冲动性，会不顾一切地伤害被害人，有时也会伤害无辜。激情犯罪只是因一时的激愤而引发，具有偶发性。

4. 悔罪性

由于激情犯罪因外界不良刺激引起，具有瞬间性和偶发性，因而犯罪人的主观恶性较小，当其情绪平静后会对自己的行为极度后悔。尽管激情犯罪具有爆发性，犯罪行为迅速、手段残忍、后果严重，但是当犯罪行为结束后、犯罪人暴风雨般的情绪平息下来时，看到自己造成的惨状，大多数犯罪人都会内疚和懊悔，且追悔莫及。

【拓展阅读 10-4】

2014 年 7 月，河南省某市发生了一起杀人案件。李某与妻子生活中难免有磕磕碰碰，但总的来说也其乐融融。某日早上，妻子喊李某去买早餐，李某说等孩子们起来以后一起去吃早餐，妻子便开始生气大骂李某，李某并没有回嘴，待两个孩子起床出去后，妻子洗完脸后又开始骂李某，李某大为恼火，就开始与妻子对骂，后妻子拿刀威胁谩骂李某，李某将刀夺下后，把妻子推到了床上，妻子又拿起烟灰缸扔向了李某，并一直大骂李某，妻子又让孩子去叫亲戚过来，李某害怕亲戚过来闹，又十分生气，就把妻子和孩子杀死了。在法庭上，李某回忆起当时的情形，泣不成声，并连称“对不起”，李某入狱后，懊悔和内疚一直伴随着他。

二、典型案例分析

下面通过【本节引例】中的韩某，分析一下外在和内在因素对犯罪心理的影响。

（一）外在因素对犯罪心理的影响

1. 家庭因素

1974 年韩某出生在北京丰台区某大院，韩某的父母都是航天部的普通工人。母亲是航天部下属某厂的修理工，父亲是该厂的木模工。为了响应“三线建设”政策的号召，在韩某出生前，其父就远赴四川，一走就是 12 年。等父亲回来时，韩某已经八九岁，来不及管教了，其父一旦发现儿子做错事，就抄起木板一顿揍。1988 年，韩家的一辆自行车被盗了，这相当于一个一般家庭一年的积蓄。谁也没有想到，当时年仅 14 岁的韩某竟然在别处偷了一辆自行车。很快，他被警察带走，被行政拘留 13 天，此事让韩某进了工读学校。后来韩某从工读学校辍学，其间他曾在出版社找了一份工作，出版社的编辑们很欣赏他的才华，给韩某的父母打电话，询问韩某出书的事情，父母觉得事情不靠谱，也可能是骗钱，还质疑“他还会写小说?”并将韩某的作品全部扔掉。

2. 学校因素

韩某上初一时，因为调皮捣蛋，被班主任要求转学，于是转入其舅母任教的中学。在新学校，韩某再次因为和同学打群架被勒令退学。之后，韩某被家人送往工读学校就读，他并没有得到好的教育。在工读学校对韩某来说，十分难熬。学校里的暴力比以往他参与的打架更加激烈，高年级的学生欺负、暴打低年级的学生，甚至有一次，教师当着父母的面用皮鞭抽打他，听着儿子的哭喊声，父母还是希望他在学校里好好改造，重新做人。

韩某就读的工读学校实行的是“棍棒教育”。他那时候老挨打，被学生用砖头砸过，被老师用皮带抽过。学校简单粗暴的教育方式与韩某父母的教育方式一样，每当韩某犯错，父亲就抡起木板往他身上招呼。过度的棍棒教育不仅会增加孩子的叛逆心理和对家长暴力的恐惧感，同时还有可能使孩子产生“以暴力解决一切问题”的观念，使得他们遇事会本能地暴力解决。棍棒教育看似起到威慑作用，实则是教会孩子学习使用暴力。

3. 违法犯罪经历

1988 年，14 岁的韩某就因偷窃自行车，被行政拘留 13 天，并被勒令前往工读学校就读。在那里，他结识了更多的“问题少年”；18 岁时又因殴打他人被行政拘留 10 天；1996 年 1 月的某个深夜，22 岁的韩某与朋友张某、苗某盗窃一辆价值 40 余万元的轿车，把车倒卖后，韩某分到了 3. 2 万元。

根据媒体公开报道，韩某触犯法律的行为有过三次，并且一次比一次严重。他第一次触犯法律时年仅 14 岁，这时正处于容易被贴上“问题少年”标签的年纪。很显然，韩某已经被打上了这个标签，并且被送往“问题少年”的集中地——工读学校。贴上“问题少年”的标签会刺激、加强或促成他们的恶性转化，从而进行更多的违法甚至犯罪活动。与其他“问题少年”的交往和接触，也增加了其学习违法或犯罪行为的机会。

4. 情境因素

韩某于 2013 年 7 月 23 日晚与李某等人一起吃饭饮酒。饭后，韩某、李某等人一起去歌厅唱歌，韩某坐在李某车的副驾驶位置。由于歌厅没有停车位，李某将车调头欲在某公交车站站台附近停车。此时，徐梦带着坐在婴儿车内的女儿孙某某正在该公交车站候车。李某开车靠边行驶至正在公交站台候车的徐梦及婴儿车前时停车，韩某认为徐梦及其婴儿车阻挡了停车路线，随即下车与徐梦交涉并发生争执，据韩某在法庭上陈述称，“该女子十分不友好”、冲自己吼“你离我远点”“公交车站不让停车”等。随后在交涉过程中徐梦出言不逊，并将小车横在车前，说“就不让你过去”。随后韩某与徐梦对骂起来，并给了徐梦一耳光，双方发生撕扯，因徐梦没站稳，把韩某拽倒在地。徐梦的态度以及双方交涉时的言语冲突，刺激并激怒了韩某，使其原有的不良心理因素进一步恶变，极端的愤怒情绪爆发，自我意识水平降低，进而导致了被害后果的扩大化。

（二）内在因素对犯罪心理的影响

1. 认知能力的欠缺

从韩某的违法犯罪经历来看，其从小就有很多不良行为，如打架、欺凌弱小等，暴力成性，他通过偷盗自行车这种行为来弥补家庭的损失，通过偷盗汽车得来的赃款来支撑自己的兴趣爱好，可以看出其认知能力有所欠缺，个性倾向不良，遇到极小的挫折就会勃然大怒，因口角纠纷就摔死对方的孩子，可见其心胸狭隘、认知水平低下。

2. 消极的情绪情感

（1）严重的情感缺失。

韩某在与徐梦发生争吵后，怒火难以遏制，便抓起身边的婴儿实施报复，绝大多数人在这种情况下是不会去伤害孩子的。韩某有着严重的情感缺失，从前文所述可以看出，在家庭教育中，他幼时缺失父爱、之后父亲的棍棒教育以及在工读学校的经历，这些都让韩某对父母很失望，其与父母的关系不是很亲密，亲人对其在情感方面的正面影响，有所缺失。工读学校的暴力欺压以及父亲的棍棒教育使韩某学会了以暴制暴，被同学欺负以及父母的放任不管，使得韩某的情感逐渐淡漠。22 岁的韩某到监狱服刑，其长期处于相对封闭环境中，与外界、亲友的联系受到限制，直接导致情感的缺失。面对天真可爱的婴儿，韩某竟然能够做出高举过头顶将其当众摔死的行为，足以看出其情感的缺失和人性的扭曲。

（2）情绪极易被激惹。

易激惹，是指一遇到刺激或不愉快的情况，哪怕极为轻微的刺激，也很容易产生一些剧烈的情感反应，如生气、激动、愤怒甚至大发雷霆，与人争执不已。从韩某的某些经历可以看出其情绪极易被激惹。韩某在服刑期间，在未经主管队长允许的情况下，韩某私自进入亲情电话室打电话，负责监督犯人的民警田某上前阻止，韩某与田某争抢电话，辱骂田某，并打了田某一个耳光，将田某眼镜打飞在地。这场厮打最后被在场的其他两名罪犯合力制止，造成民警田某面颊软组织挫伤、牙龈出血等，韩某因此被加刑一年。韩某的狱友介绍道，“因为精神负担重，他偶尔会情绪失控。他喝完酒就撒酒疯，一点办法都没有。”狱友还说，喝醉酒的韩某就像变了个人，“一失控他就摔我东西，把我杯子摔了，被子全扔地上。”出狱后，韩某有一次在 KTV 唱歌，女友没经他的同意把原唱掐了，韩某当场大发脾气，指责女友“成事不足，败事有余”。在摔童案发之前，韩某刚与朋友推杯换盏，醉酒的他再次因为琐事而暴怒。据韩某自己的陈述，感觉当时“十分愤怒”“有火发不出”“无法控制自己的情绪”，于是举起该女子身边的婴儿重重摔在地上。

3. 自控力低下

韩某出狱后在就业方面没有障碍，甚至实现了自主创业，并在创业失败时主动承担了大部分的亏损，表现出高度的责任感；在恋爱交友方面，更是得到了对方父母的认可，即将组建家庭。他真正的问题出在心理层面，即在遇到外界强烈刺激时，无法控制愤怒等极端情绪，并且具有攻击性，在与人争吵后不能自控，做出了自己无法预料后果的事情。一个小小的争吵，根本不至于做出这么强烈的反应，很多人都会因吵架而生气，但到情绪失控、行为疯狂的程度却是少数，人是有理性的动物，应该学会控制自己的情绪。

4. 个性特征

韩某有文学方面的爱好与特长，在其早年爱好被忽略，特长被质疑，他渴望成功，也渴望被人认同，甚至偷车卖得的赃款都用来购买书籍与准备出书。2012 年出狱前后，韩某创作了一部几十万字的描述监狱生活的自传体小说《昔我往矣》。

韩某的性格冲动、敏感、细腻，具有一定的江湖习气，脾气暴躁，解决问题时习惯采取暴力手段，但他也意识到自己的情绪容易被激惹。在监狱中，他通过自考先后获得了心理学、汉语言文学、档案管理、行政管理、新闻学五个大专文凭。韩某也希望通过学习心理学来了解自己，并管理好自己的情绪。

韩某 16 岁起就在工读学校学习，22—38 岁在监狱中服刑，脱离了社会将近 20 年。出狱后，他积极主动地寻求工作机会，自主创业，与他人确立正常恋爱关系并获得对方父母的同意认可，体现了他在远离社会 20 年后希望重新融入社会的情感诉求。如果韩某能够意识到自己存在严重的心理问题并积极寻求帮助，远离酒精刺激，学会控制自己的情绪和行为，学会如何与人交往，学会如何去疏导自己的愤怒情绪，悲剧就很可能不会发生。

第三节　宣泄不满与忿恨——报复社会型犯罪

【本节引例】

2013 年 6 月 7 日，福建省厦门市一公交车在行驶过程中突然起火，造成 47 人死亡、34 人受伤。起火的公交车是在驶离某站台 400 多米时，突然发现后门起火冒烟，司机赶紧停下了车，打开了前后车门。据公交车司机叙述，起火后大概有三四十人逃下了车。事发后 110、120、119 赶到现场救援，十几分钟后火已经基本扑灭，公交车已被烧得只剩下车架。经公安机关初步认定，这是一起严重的刑事案件。经过现场勘验、调查访问和物证鉴定、DNA 比对，最终锁定了犯罪嫌疑人陈某，他被当场烧死。

贫穷、蜗居的生活

陈某，男，1954 年出生。陈家兄弟姐妹七个，陈某排行老三，兄弟间关系不是很和睦。他曾在 1970 年因为家庭生活来源被切断，随全家下乡，历尽艰辛于 1983 年回城，但没有安排住房（一家 10 口住 28 平方米的房子里），没有安排工作，自谋出路直至 1994 年

(40 多岁) 勉强娶妻生女，一家三口挤在一套 30 平方米不到的两居室里，陈某已经在此“蜗居”了 30 年。后又摆摊卖麻糍为生，但摊位没执照又被取缔，数十年一直挣扎在贫困线上。陈某在当地“上访户”的形象为他人所熟知，在邻居眼中，他内向、不苟言笑，他之前曾领过低保，后来因外出打工，低保被取消，他为了户口和低保的事情在到处奔走。

他和妻子都没有固定工作，日子过得紧巴巴。陈家的日子并不好过，常年没有稳定收入的陈某，偶尔会去打零工，除了想办法对抗贫困生活外，陈某还需要应对正处于叛逆期的女儿。

“爱找碴儿”的男人

陈某很少和邻里、亲戚交往，在诸多邻居眼里，陈家三口话少，极少与人来往。陈某留给人的印象则是古怪、爱找碴儿。8 年前搬来的许某，租下陈某舅舅的房子，开了间快餐店，成了陈某的邻居，从此两家争吵频繁。在许某看来，陈某格外敏感，快餐店的男员工们喜欢播放音乐，嬉笑打闹。但陈某觉得，这是对自己女儿的一种骚扰，于是总对男员工们骂骂咧咧。除此之外，陈某抱怨最多的是快餐店太吵，占道经营，曾经有一次，他一天之内拨打了 9 次 110 投诉。最激烈的一次争吵爆发在两年前，陈某要求舅舅将快餐店和自己家之间的通道堵死，舅舅应允，在两家之间装上了一扇铁门。不仅如此，陈某还用木头把铁门钉得严严实实，不留一点儿缝隙。他甚至把许家的两扇窗户一同钉上了，“说是防止我们窥探他的生活。”许某说。

工作屡屡受挫

2005 年，陈某向社区申请了低保，每月领取补助七八百元。因女儿越来越大，家庭支出越来越多，陈某夫妇俩开始外出打工。2008 年 6 月，陈某通过社区的介绍，到厦门一家房地产开发公司上班，从事保安工作。因家庭收入已经超过了厦门市办理低保的条件，他的低保被停止发放。但在当年 10 月，他申请到了入住社会保障性租赁房的资格，却至今未能摇上房号。妻子说，陈某近几年基本都在从事保安工作，但屡屡遇挫，频繁更换了多家公司。2010年4月，陈某进入厦门一家负责旧城改造的物业公司工作，月薪2000元左右，有三险一金。2012年2月，陈某再次离职，于当年4月进入厦门某物业服务有限公司担任维序员。仅一个多月后，陈某又被辞退。此后一直闲在家中，至2012年11月进入厦门另一家物业管理公司担任保安，这份工作同样未能维持超过4个月。

经警方深入、细致地侦查和技术比对，并在其家中查获遗书，证实陈某因自感生活不如意，悲观厌世，而泄愤纵火。

近年来，我国发生了多起个人攻击无辜民众的案件，如陕西汉阴县邱某血洗道观案、福建南平郑某生校园弑童案、江苏泰兴徐某幼儿园行凶案、陕西米脂中学恶性砍杀学生案、香港天水围伦常惨案等，这都属于报复社会型犯罪的典型案件。不仅如此，此类案件在国外也屡见不鲜，美国赵承熙校园枪击案、日本池田小学杀人案、日本秋叶原杀人案等，报复社会型犯罪造成的危害后果之严重、社会影响之恶劣，无不被社会公众普遍关注。种种血案，暴露出犯罪人扭曲的、报复社会的心态。

一、报复社会型犯罪概述

（一）报复社会型犯罪的概念

报复社会型犯罪，一般是指行为人为发泄内心的不满和愤恨，而对不特定对象甚至整个社会实施的凶杀、爆炸、纵火、投毒等严重危害公共安全的行为。犯罪人极端暴力行为的目的并非钱财或者复仇，而是为了宣泄长久以来积累的情绪，属于情绪型犯罪。犯罪人报复社会均不是临时起意，而是其在生活中长期遭受挫折和打击，或是因为其某种愿望受到阻碍、某种利益受到损害，或是生活碰壁、身患疾病，或是人际关系摩擦、感情纠纷，或是遇到困难长期得不到解决、受到不公平待遇等问题，生活中的处处不如意引发了犯罪人对现状的不满，逐渐积累了强烈的不满、苦闷情绪，最终发展成仇恨他人、仇恨社会的心态，实施攻击行为。

【参考案例 10-5】

2008 年 6 月 8 日 12 时 30 分，日本的加藤智大驾驶货车闯红灯，以时速 40 公里的速度冲进行人专用区，致 5 名行人被撞倒并惨遭辗压。加藤智大随即下车，双手挥舞匕首，一边疯狂地大叫，一边攻击刚刚被撞倒的路人及周围群众，2 分钟内先后刺伤 12 人，因当日是星期天，该路段实施行人专用区措施，街道上满是行人，场面顿时大乱。事件中共有 7 人死亡，另有 10 人轻重伤送医，这是日本 30 年来死者最多的同类罪案。加藤智大被捕后，声称犯案动机是"对生活感到苦闷、厌世，来秋叶原是为了杀人，任谁都可以"。

加藤智大的父母为了能让加藤智大成才，从小就对他特别严格，作业写的必须完美得让老师眼前一亮，掉在地上的米饭必须捡起来吃掉，衣服也必须随时保持整洁，一旦他达不到要求，还会被罚站。这样严格到有点变态的教育让加藤智大从小的精神压力就很大。加藤智大在考大学落榜后到一家技校学习汽修，毕业后在一家工厂当临时工，这让他的父母很失望。2006 年的时候，他就试图自杀，但是没能成功。

案发的前几天，加藤智大在工厂发现工作服不见了，同事们看着他的窘态忍不住发笑，加藤智大怀疑是有人把自己的工作服藏起来了，但是没有人承认，盛怒下他擅自下班。离开工厂后加藤智大认为自己肯定被开除了，虽然工厂并没有做这样的决定。一直以来巨大的压力让加藤智大喘不过气，现在他决定发泄出来。第二天加藤智大来到一家军用物品店，在那里他选了一把匕首和一双手套，之后加藤智大又将电脑卖掉，用拿到的钱租了一辆小货车。6 月 8 日中午，加藤智大在网站上发布了一条消息，称他会在秋叶原杀人，之后他又发消息："如果我有一个女朋友，我就不会辞职，我也就不会整天与手机为伴，你们这群满怀希望的人是不会明白我内心的感受的。”①

上述案例中的犯罪人加藤智大小学和中学成绩名列前茅，但高中毕业后仅考进汽车维修员短期大学，更无法考获汽车修理员资格。其父母对他管教很严，期望很大，这就使加藤智大从小经受了巨大的精神压力。另外，他在高中时就已经显露出有暴力倾向，“拿着刀子把玩、在教室扔椅子引起骚动”，性格孤僻，给人离群独处的感觉。当他无法令父母满意，无法拥有良好的人际关系，无法取得社会认同的成就时，会对生活感到苦闷、困扰甚至厌世。加藤智大在网站上发的消息也足以看出，他在生活中孤独、无人理解的状态，他遇到的种种挫折所积累的不满情绪也无处宣泄，对生活的绝望感令其产生憎恨满怀希望的人、憎恨社会，进而通过攻击无辜的民众来宣泄愤恨、报复社会。

（二）报复社会型犯罪的诱发原因

1. 个人利益受损

在社会改革进程中会不可避免地使一部分人的权益受到损害，又因缺乏相应的基本保障，使得此类人处于弱势地位，如政府征地、住房拆迁、旧屋改造等。此外，社会不正之风、不合理、不公平的现象也会使一部分人的正当利益受到损害，如严重的贫富分化、暗箱操作或司法不公等现象。当某些人的个人利益受损，合法的救济手段又行之无效时，他们就会认为是社会的种种不公造成了他们的悲惨境遇，甚至产生悲观厌世的情绪，继而做出危害社会的举动。【本节引例】中的犯罪人陈某因为户籍的年龄问题多次向有关部门申请改正，但都因证据不足而遭到拒绝，相关执法部门在处理此事时相互推诿，这也是陈某报复社会的原因之一。

2. 个人矛盾

有些人社会适应能力很差，人际关系不良，与他人很难相处，

① 参见《揭秘日本著名奇案秋叶原“无差别”杀人案》，载东方资讯。

时常产生矛盾和冲突。比如，邻里纠纷、同事矛盾，因鸡毛蒜皮的小事发生矛盾后互不相让，积怨越来越深而得不到解决，很有可能在情境刺激下引发报复动机。从【本节引例】中的陈某与邻居许某的矛盾纠纷可以看出，陈某与别人很难正常相处，与邻居产生的冲突也是让其感觉生活艰难、悲观厌世的一个原因。

3. 情感受挫

有些人因自身问题，情感生活不如意、家庭生活不和谐、家庭人际关系紧张。恋爱失败、婚姻被他人介入、家庭矛盾重重，缺少温暖、关爱、互相帮助的家庭氛围让人压抑。部分人不从自身找原因，认为是社会某方面的制度缺陷导致自己婚姻家庭生活的失败，随即产生报复社会的心理。福建南平惨案中的犯罪人郑某生就是如此，他认为自己恋爱多次失败，尤其是与当前所谈女友进展不顺利的原因一是对方太现实，二是社会的原因导致房价太高，自己买不起房。家庭感情生活的失败使其产生了悲观厌世的念头。

4. 自尊心受到伤害

有些人往往有着不切实际、过强的自尊心水平，或者极度自卑。在人际交往中，过于敏感，总是怀疑对方不尊重自己或故意挑衅，从而引起纠纷以至于怀恨在心，进而产生报复动机。福建南平惨案中的犯罪人郑某就是如此，一旦有人在周围说什么，他如果没有听清楚，就认为别人在议论他的工作和婚姻，就会很气愤。郑某生认为前领导对他苛刻，从眼神中都可以看出领导对自己的嘲讽，其实这些都来源于自己的猜疑和自卑。

【参考案例 10-6】

2018 年 4 月 27 日 18 时 10 分许，在陕西省米脂县某中学校门外巷道发生一起伤害案件，一名男子持匕首行凶，最终致 9 名学生死亡。2018 年 3 月月底至 4 月月初，赵某先后在网上购买刀具 5 把，预谋作案。因未找寻到同学，赵某将报复目标转为米脂某中学在读学生。4 月 27 日赵某携带事先准备好的 3 把刀具，迎面冲入学生人流中进行疯狂捅刺，导致 9 人死亡，多人受伤。后被闻讯赶来的教师、保安、学生制服，并移交警方。①

上述案例中的赵某就是因工作、生活不顺而心生怨恨，自认为是在米脂县某中学读初中时受同学嘲笑致其心理受挫所致，遂对初中同学产生报复泄愤恶念，因未找寻到同学，遂将报复目标转为中学在读学生。赵某的自尊心处于异常水平，同学的嘲笑就能使其心理受挫，可见赵某极度敏感、十分自卑，甚至将自己不如意的生活也归因于此，继而产生报复心理。

二、报复社会型犯罪的心理特征

（一）犯罪动机

报复社会型犯罪的主要目的就是通过报复社会、杀害无辜群众来引起社会的广泛关注，发泄自己的不满和忿恨。犯罪人大部分来自于社会底层，是遭受了生活的种种挫折与打击的弱势群体，本就存在自卑、不满的心态，当其努力改变自己生活现状的愿望受阻或事业、恋爱屡遭不顺时，往往将原因归结于社会或他人，产生报复社会的想法，将犯罪目标定为无辜的人群，既能引起社会轰动和广泛关注，又能发泄自己的失望和不满。比如，在2013年的冀某北京爆炸案中，冀某在东莞打工时与当地的治安员发生打斗，之后身体瘫痪，生活不能完全自理，而女友又抛弃了他，只能靠父母照顾，他多次上访未果，遂产生在北京某航站楼实施爆炸来报复社会的念头。冀某的目的一是希望通过这种行为能够引起社会对自身遭遇的同情和关注，二是发泄种种挫折带来的内心不满与对社会的愤恨。

（二）认知偏激

此类犯罪人自我认知能力较弱，道德水平低下，思维偏执、狭隘，遇事容易猜忌，习惯将自己经历的种种不幸和挫折都归咎于外界和他人，从不在自身找原因，不能全面地认识自己，他们看不到

① 参见《“4·27”榆林米脂砍学生事件》，载360百科。

别人讨厌自己的原因，只看到别人对自己不好的态度，进而更加痛恨他人。很多起报复社会案件的犯罪人都选择了弱小的孩子作为作案的目标，残忍地剥夺了多条无辜的生命，这种行为已经违背了社会最基本的道德准则，突破了良心和道德的底线。

（三）消极的情绪情感

此类犯罪人情绪情感不稳定，嫉妒心强，生活稍有不如意就容易激起其强烈的负性情绪，常常经历着负面、消极的情绪体验，长期处于微弱且持久的忧愁、抑郁和不满的状态下，不善于合理的宣泄情绪，他们对这种消极而强烈的情绪能够一忍再忍，当其积累到难以忍受的程度时就会强烈地爆发出来。同时，他们对自己的情感难以调节与控制，当其面对种种挫折和生活窘境时，没有办法通过内心的调节达到心理的平衡，会对人生产生强烈的绝望情感。此外，他们的情感淡漠，大多有着严重的情感缺失，与家人关系不和睦、夫妻或恋人关系不和谐、同事朋友关系不顺畅，缺乏对感情的依恋和牵挂。

【参考案例 10-7】

2018 年 9 月 12 日晚，湖南省衡阳市某县发生一起恶性案件，犯罪嫌疑人阳某驾驶一辆越野车冲入县城某广场，故意猛烈撞击人群后，又下车持械砍伤现场群众，造成 12 人死亡，43 人受伤。阳某因涉嫌以危险方法危害公共安全罪被检察机关依法批准逮捕。阳某从 1992 年至 2018 年，曾先后 6 次被判处有期徒刑，刑期累计 13 年多。阳某 11 岁时其父亲去世，后来母亲去世。这一经历导致阳某性格偏激孤僻、沉默寡言，不轻易与人交流，其三段婚姻也均以离婚收场。1992 年，第一任妻子因离婚纠纷将他告上法庭；1997 年，第二任妻子因他不顾家，两人感情不和，结婚仅 3 个月便结束了婚姻；2007 年，第三任妻子又因他性格偏执而离婚。离婚的根本原因在于其性格怪异，恶习难改。阳某的每一段婚姻都没有生育子女，看着很多同龄人连孙子都有了，反观自己无儿无女、一无所有。①

本案中的阳某犯罪的原因，除了有其个人性格、经商失败等因素外，不可忽视的是他生活轨迹中情感的缺失，从小父母双亡，婚姻又屡次失败，没有子女，丧失天伦之乐，其家庭支持系统出了问题，现实生活中阳某已经没有让他眷恋的人，他缺失了亲人之间相互扶持、关心、帮助的感情，对家庭、情感的需求得不到满足，导致情感淡漠，才会做出疯狂的攻击无辜群众的行为。

（四）挫折耐受性差

此类犯罪人挫折耐受性差，当其遭遇挫折时，经不起打击和压力，无法摆脱和排解困境，在挫折面前往往不知所措，找不到合法摆脱挫折的途径，进而产生消极的、无法排解的情绪情感。

（五）性格特征

生活的种种困境和挫折并不会必然产生犯罪，更何况是杀害无辜、同归于尽式的攻击行为。报复社会型犯罪与犯罪人的性格有着直接的关系。此类犯罪人大多性格孤僻内向、心胸狭隘、固执己见、遇事爱钻牛角尖、嫉妒心强、不善与人交流，敏感多疑，对周围的人缺乏信任感，总是喜欢独来独往，没有可以交心、依靠的朋友，当遇到矛盾和纠纷时，他们将不满和怨恨压抑在内心，积累得越来越多，不满情绪久久无法平复。这种性格也会影响他们的人际交往、婚恋交友，与家人关系也不和睦。看到别人的生活幸福美满时更会助长其内心的积怨，有这种缺陷性格的人在特定的情境或刺激下，往往会采取非常极端的方式爆发出来。【本节引例】中的陈某性格内向、不苟言笑，独来独往，很少与邻居和亲戚交往、串门，他给邻居留下的印象是古怪、爱找碴儿，和兄弟关系紧张、与

① 参见《湖南衡东“9·12”恶性案件犯罪嫌疑人　因涉嫌以危险方法危害公共安全罪被依法批捕》，载搜狐网。

女儿经常吵架；敏感多疑，固执地认为邻居店铺的音乐和嬉闹是对自己女儿的骚扰，甚至用木板和铁门封上和邻居的通道，防止邻居窥探自己的生活。他认为自己是正确的，听不进别人的意见，也看不到自己性格的缺陷，将所遭遇的种种不顺心和挫折归因于他人或社会环境不公正。

【课堂讨论 10-4】

古巴比伦国王汉谟拉比所制定的法典中，有一条规则："以牙还牙，以眼还眼。"如果挖出了对方的眼睛就要受到同样的挖眼处罚。而在社会中也经常出现"以命抵眼"的过度报复。请结合所学知识思考并讨论："以牙还牙、以眼还眼"是道德的吗？

三、报复社会型犯罪的行为特征

（一）手段残忍、暴力

犯罪人在报复社会、发泄私愤时，往往采取最直接的暴力方式，在最短的时间里造成最大的伤亡，如刀砍、爆炸、纵火、驾车撞人、投毒、枪杀等。作案手段凶狠、残暴，具有强烈的攻击性。【本节引例】中的陈某在满员的公交车上纵火，致 47 人死亡、34 人受伤，自己也被当场烧死。日本秋叶原杀人案的犯罪人加藤智大则采取驾驶货车冲撞人群的方式，在毫不费力的情况下制造群死群伤。

（二）突发性

报复社会型犯罪具有突发性，被害人不易防范。犯罪人往往在很短的时间内，对周围无辜的民众实施疯狂残忍的杀害行为，人们不会想到，也无法预料，更来不及进行自我保护。福建南平惨案中，郑某生在小学校园门口，掏出尖刀，在 55 秒内狂捅了 13 个小学生，让人来不及防范。【本节引例】中的陈某携带汽油桶上了一辆几乎满员的公交车，谁能想到他会实施纵火的恶行？

（三）预谋性

此类犯罪与激情犯罪有很大的区别，并非是在偶然的强烈冲突过程中难以控制愤怒的情绪进而突发的暴力行为，而是犯罪人的不满、愤怒、忿恨等消极情绪强烈但被压抑，当其积累到难以忍受的程度时，犯罪人就会生出报复社会的犯罪动机，在其实施暴行之前，往往有大量的时间和精力去选择作案手段和作案目标。【参考案例10-5】中的加藤智大，在作案前卖掉自己的电脑租赁车、购买匕首等作案工具，还在互联网上留言“预告”犯罪：“我要在秋叶原杀人”，用汽车撞人，车不能用后就用刀杀。从【本节引例】中也可以看出，陈某提前写好遗书，购买桶装汽油后，用手推车拉着编织袋进行伪装，在公交站徘徊许久，坐上公交车来回几趟，最终选择了一辆满员的公交车实施了他的报复计划。

（四）对象不特定性

报复社会型犯罪的报复目标并非针对特定的人，而是随意选择不特定的无辜群众。犯罪人仇视社会的心态，让他不在乎犯罪对象是谁，只要可以宣泄压抑的痛苦与愤恨情绪，获得报复的快感即可。其犯罪目标大多是随意选择的，如政府机关、密集的人流、抵抗力弱的老人、女性，反抗能力差的病人、学生、儿童。儿童和学生这类缺少抵抗力的对象更易成为受害者；比较密集、防护困难的公众场所也会成为犯罪人倾向的作案场所，如学校、商业集市、公共交通场所，等等。【参考案例10-5】中的加藤智大选择了同龄年轻人聚集区、假日的闹市区作为攻击目标；自福建南平惨案发生后，短短两个月内，全国出现了6起校园血案，这些犯罪人无不选择小学、幼儿园等这些容易得手的场所作为行凶地。

【课后思考】

因抢劫入狱的犯罪人赵某，在监狱改造期间表现良好。刑满释放之后，他发现心爱的人成了别人的老婆，他的同学们都有了幸福的家庭和如意的工作，自己找工作却处处碰壁，左邻右舍也不拿好眼神儿看他，警察还三天两头找他的麻烦，赵某就开始怨恨社会为何对自己如此不公。他也想过重新做人，为了躲避熟人的目光，带着女朋友远走他乡，想重新开始生活，可他却看到有钱人花天酒地、汽车洋房，而自己连买自行车的钱都没有，很多女人灯红酒绿、披金戴银，他女朋友买瓶雪花膏都要合计半天。赵某打工一个月挣不到一千块钱，老板还要拖欠、克扣工资，但老板们一顿饭就能吃掉成百上千。赵某认为这是极大的不公平，就选择了对无辜老百姓下手，杀死多人。他就想让这个社会不太平，让警察不得消停。

请思考：

赵某的行为属于哪种犯罪类型？其犯罪心理有哪些典型特点？

第十一章　毒品犯罪心理

【学习目标】

知识目标：1. 了解毒品犯罪的概念及分类；

2. 掌握制、贩、运毒品犯罪人的心理特征。

能力目标：1. 运用毒品犯罪心理的相关知识解决实际问题；

2. 运用毒品犯罪心理的相关知识从事司法实践活动。

【本章引例】

刘某华贩卖、运输、制造毒品案①

刘某华出生于福建省福安市某镇。2004年，刘某华作为中国国内在逃五大毒枭之首，被中国警方悬红缉拿。据公安部曾公开发布的信息，刘某华涉嫌生产、贩卖的冰毒数量超过14吨，其中有12吨运到广州，被警方查获。刘某华构建了规模惊人的冰毒制贩网络。2005年3月5日，被公安机关抓捕归案。2009年9月15日刘某华被执行死刑。

幼年贫穷，成绩优异

刘某华幼年贫穷，12岁时父亲去世，母亲长年卧病在床，靠

① 参见《毒枭刘某华落网记》，载新浪视频。

大哥拉扯长大。但刘某华成绩优异，他考上了当地最好的中学，还在福建省中学化学竞赛中拿了个二等奖。他在化学方面表现出了浓厚的兴趣以及过人的天赋，当时家里有很多化学方面的书籍，但最后他还是因为家庭实在困难无法继续上学。高二的时候，刘某华放弃读书，选择了当兵。

招商引资，走上邪路

刘某华作为一名排级干部转业到福安法院任法警，很快就因为出色的才干被市里调到招商引资的岗位上。据传，刘某华在从事招商引资工作时，就已经和一些不正当外来资金挂钩，接触冰毒的加工流程，也是从那时起，刘某华开始自己研究冰毒的合成技术，在得到西安交大教授的无意识帮助后，他成功合成了冰毒。

盖豪宅，制冰毒

此时的刘某华在老家同时拥有两家公司，而且都是与“台湾人”合办的。1996 年，刘某华投入百万元在江边建起了一栋三层别墅。也就是在这栋别墅里，刘某华第一次用合成方法制造了冰毒。1996 年 7 月 5 日，福建警方得到线索，一宗毒品交易将在这里进行，就在两名毒贩交易的一刹那，警方迅速出动，抓获了两名毒犯，缴获冰毒 5 公斤，在死刑宣判之际，两名毒贩供出了幕后老板就是刘某华，这也是刘某华第一次出现在警方的视线中。警方立即对刘某华进行抓捕，但刘某华早已逃之夭夭，人去楼空。

臭味相投，扩大规模

1998 年年初，刘某华辗转来到地下毒品泛滥的广东普宁，他与“毒王”陈某锡一拍即合，刘某华出技术，陈某锡出资金，建立了地下冰毒加工厂。为了避免冰毒厂败露，1998 年 10 月，陈某锡、刘某华二人将普宁的制毒设备转移至宁夏银川，在一个废弃的农药厂中规模更加庞大的冰毒加工厂再次建立起来，每天生产冰毒大约一吨多。

自信狂妄，逃亡之路

刘某华的罪行暴露之后，其在逃亡生涯中依然没有放弃继续制造冰毒的念头，他随身携带着最新版本的化学书，并继续研究冰毒的制造工艺。刘某华说，成为一代冰毒“毒王”是他的梦想。虽然刘某华从一开始制造冰毒就被警方发现了，但他不但没有收手，反而越做越大。刘某华从广东逃到广西，自信的刘某华依然认为自己的罪行并没有被完全掌握，于是摇身一变成了投资商，开公司、租地、种红豆杉。正当他生意越做越大的时候，公安部的 A 级通缉令发布了。刘某华八年逃亡生涯的最后一站，选择了养育他的故乡福建福安，喜欢和命运赌博的他一方面坚持认为越危险的地方就越安全，而另一方面在长时间疲于奔命之后，他对故乡的思念和眷恋也越发深厚，最终他在福安落入了法网。

我国毒品犯罪形势十分严峻。毒品犯罪总量居高不下，毒品市场花样不断翻新，走私、贩卖、运输毒品案件屡禁不止，境外贩毒势力与境内贩毒团伙结成贩毒网络，贩毒规模不断扩大，贩毒手段不断升级。据国家禁毒委发布的《2018 年中国毒品形势报告》显示，2018 年共破获毒品犯罪案件 10.96 万起，抓获犯罪嫌疑人 13.74 万名，缴获各类毒品 67.9 吨；查处吸毒人员 71.7 万人次，处置强制隔离戒毒 27.9 万人次，责令社区戒毒、社区康复 24.2 万人次。截至 2018 年年底，全国共有吸毒人员 240.4 万名（不含戒断三年未发现复吸人数、死亡人数和离境人数），其中，35 岁以上 114.5 万名，占 47.6%；18 岁到 35 岁 125 万名，占 52%；18 岁以下 1 万名，占 0.4%。①

毒品犯罪，一般是指与毒品有关的一系列犯罪的总称。根据我国《刑法》的规定，毒品是指鸦片、海洛因、甲基苯丙胺（冰毒）、吗啡、大麻、可卡因以及国家规定管制的其他能够使人形成瘾癖的麻醉药品和精神药品。毒品分为传统毒品、合成毒品、新精神活性物质（新型毒品）。其中最常见的主要是麻醉药品类中的大麻类、鸦片类和可卡因类毒品。近年来，冰毒已取代海洛因成为我

① 参见《2018 年中国毒品形势报告》，载中华人民共和国公安部网站。

国滥用人数最多的毒品，大麻滥用人数也在增多，“神仙水”“娜塔沙”“0号胶囊”“氟胺酮”等新类型毒品不断出现，具有极强的伪装性、迷惑性和时尚性。

我国刑法从制造、运输、买卖、持有毒品等各个环节，分别规定了相应的罪名，编织了较为严密的刑事法网。主要包括走私、贩卖、运输、制造毒品罪，非法持有毒品罪，包庇毒品犯罪分子罪，窝藏、转移、隐瞒毒品、毒赃罪，走私制毒物品罪，非法买卖制毒物品罪，非法种植毒品原植物罪，非法买卖、运输、携带、持有毒品原植物种子、幼苗罪，引诱、教唆、欺骗他人吸毒罪，强迫他人吸毒罪，容留他人吸毒罪，非法提供麻醉药品、精神药品罪等犯罪活动。

【课堂讨论 11-1】

毒品不仅给吸毒者本人及其家庭带来严重危害，由此引发自伤自残、暴力伤害他人、“毒驾”等肇事事件也频频发生，给公共安全带来了风险隐患。请结合自身经验，谈谈你认识的毒品种类，以及如何防范不良人员诱导吸毒？

第一节　毒品的源头——种植毒品原植物的犯罪心理

一、非法种植毒品原植物罪概述

非法种植毒品原植物罪，是指明知是罂粟、大麻等毒品原植物而非法种植且数量较大，或者经公安机关处理后又种植，或者抗拒铲除的行为。我国历来对非法种植罂粟、大麻等毒品原植物严厉禁止，并先后发布了一系列的法规、法令和通知。① 毒品原植物即用来提炼、加工成鸦片、海洛因、甲基苯丙胺、吗啡、可卡因等麻醉药品和精神药品的原植物。在我国非法种植的毒品原植物主要是罂粟，少数地区也种植大麻。世界上最大的罂粟种植地变动过很多区域，最近的是阿富汗的“金新月”，而最负盛名的则是缅甸、老挝、泰国三国交界的“金三角”，一度供应了全球90%的海洛因，现在仍有种植。2018 年至 2019 年生长季，缅北、老北地区罂粟种植面积共 56.3 万亩，可产鸦片 500 多吨。2018 年，阿富汗罂粟种植面积 394.5 万亩，可产鸦片 6400 吨，同比分别下降 20%和 29%，虽有减少但依然保持历史高位。

罂粟是提取海洛因的主要毒品原植物，人类长期摄入容易引起神经、呼吸、消化等系统疾病，严重危害身体健康。在现实生活中，人们对种植罂粟存在着不正确的认知。第一，认为少量种植不需承担法律责任。目前，我国实行的禁种铲毒工作方针是“零种植、不让毒品原植物种子落地”，这也就是说，种植罂粟是违法行为，种植一株也是违法的。第二，为了观赏种植罂粟，认为无伤大雅。罂粟的花朵色彩绚丽，很多人为了欣赏而种植，但罂粟花再美

① 《治安管理处罚法》第 71 条规定：“有下列行为之一的，处十日以上十五日以下拘留，可以并处三千元以下罚款；情节较轻的，处五日以下拘留或者五百元以下罚款：（一）非法种植罂粟不满五百株或者其他少量毒品原植物的；（二）非法买卖、运输、携带、持有少量未经灭活的罂粟等毒品原植物种子或者幼苗的；（三）非法运输、买卖、储存、使用少量罂粟壳的。有前款第一项行为，在成熟前自行铲除的，不予处罚。”《刑法》第 351 条【非法种植毒品原植物罪】规定：“非法种植罂粟、大麻等毒品原植物的，一律强制铲除。有下列情形之一的，处五年以下有期徒刑、拘役或者管制，并处罚金：（一）种植罂粟五百株以上不满三千株或者其他毒品原植物数量较大的；（二）经公安机关处理后又种植的；（三）抗拒铲除的。非法种植罂粟三千株以上或者其他毒品原植物数量大的，处五年以上有期徒刑，并处罚金或者没收财产。非法种植罂粟或者其他毒品原植物，在收获前自动铲除的，可以免除处罚。”第 352 条【非法买卖、运输、携带、持有毒品原植物种子、幼苗罪】规定：“非法买卖、运输、携带、持有未经灭活的罂粟等毒品原植物种子或者幼苗，数量较大的，处三年以下有期徒刑、拘役或者管制，并处或者单处罚金。”

也无法掩盖它是毒品的事实，具有极大的危害性。在我国除了药用、科研和科普教育外，其他单位和个人无论出于何种目的一律禁止种植。第三，迷信罂粟可以治病、食用，却不知后患无穷。罂粟果实中含有吗啡等生物碱，对神经有麻痹、镇痛的作用，但长期食用对身体有极大的伤害。

【拓展阅读 11-1】

安徽某县的李某以养猪为生，某年春天，她圈养的猪染上了拉稀的毛病，眼见得猪仔们一天天消瘦，李某愁眉不展。一位老家的邻居见状，送给李某几株罂粟，并告诉她这个很神奇，不仅能治猪拉稀，还能把猪养的又白又壮。李某半信半疑，将罂粟拿回去连茎带叶全部煮给猪吃了，猪的病果真全好了。于是李某又向那位邻居讨了一些种子，种在自家屋后的自留地里，准备等以后猪再生病时用。不久，公安机关根据群众举报，将李某种植的罂粟强制铲除，其非法种植罂粟 625 株。最终，李某被法院以非法种植毒品原植物罪判处有期徒刑八个月。[①]

二、非法种植毒品原植物犯罪的心理特征

（一）动机特征

非法种植毒品原植物的犯罪人从其动机上分为两大类：一是由于认知能力低下，无法辨明鸦片罂粟和普通罂粟属植物的区别[②]，或者出于治病、食用、观赏等非吸食、贩卖毒品的目的而种植；二是明知罂粟果实可以提炼、加工成毒品，仍抱着发家致富的目的，

① 练惜：《警惕身边的毒品犯罪》，载《畜牧市场》2010 年第 7 期。

② 罂粟属植物有 180 余种，主产于中欧、南欧及亚洲温带，少数分布于美洲、大洋洲和非洲南部；罂粟在我国共有 7 种 3 变种和 3 变型，主要分布于东北和西北地区。普通大众所认知的罂粟，是指能够从果实中提炼鸦片进而加工为海洛因的罂粟属植物，学名为“鸦片罂粟”，是一年生草本植物，其果实成熟后的浆液经过提取可以作为制造鸦片的原料。罂粟属中的其他植物还有东方罂粟、虞美人等。

为获取高额利润而不顾风险种植罂粟。

【拓展阅读 11-2】

年近六旬的梁老伯承包了一片苹果园。为提升果园美化效果，秋后老人在果园内种植了一片罂粟苗，并悉心照顾。冬去春来，罂粟植株生长蔓延很快。根据群众举报，经公安民警现场清点，梁老伯种植的罂粟原植物为 3200 株。庭审中，老人辩称自己种植罂粟的目的仅仅是观赏，不应构成犯罪。法院审理认为，梁某违反国家对毒品的管制规定，明知是罂粟而非法种植，且数量较大，其行为已构成非法种植毒品原植物罪。考虑到其配合公安机关将全部罂粟铲除，且如实供述犯罪事实，认罪态度较好，综合案件的犯罪情节、性质及对社会的危害程度，法院以非法种植毒品原植物罪判处其有期徒刑 5 年，并处罚金人民币 5000 元。①

（二）认知特征

出于非吸食、贩卖毒品目的的种植毒品原植物的犯罪人大多认知水平低下，有的人认为种植少量的罂粟用来观赏应该不属于违法行为；有的人误认为用罂粟壳熬水可以给人和动物治病，甚至有治疗癌症的神效；还有些人文化程度偏低、法律意识淡薄，对禁毒法律法规和刑法没有较深的认识，无法充分认识到违反法律的严重后果以及种植毒品原植物的危害。

以获取高额利润而种植毒品原植物的犯罪人，尤其是在大面积种植罂粟的偏远和少数民族地区的犯罪人，他们大部分经济贫困、文化程度低、法制观念淡薄、认知水平较低，往往将种植行为当作获取收入、养家糊口的手段。

（三）人格特征

以获取高额利润而种植毒品原植物的犯罪人在贪婪的欲望驱使下，甘愿冒着生命危险实施犯罪，具有强烈的侥幸心理和冒险意

① 张兆利：《种植罂粟观赏使用皆属违法》，载《云南农业》2019 年第 5 期。

识，即使因种植罂粟受到处罚后也不思悔改，为了高额收益仍然会选择复种。

第二节 流动的毒品——运输毒品的犯罪心理

一、运输毒品罪概述

我国《刑法》第347条规定，走私、贩卖、运输、制造毒品，无论数量多少，都应当追究刑事责任，予以刑事处罚。法律将运输毒品罪与走私、贩卖、制造毒品罪并列，给予同等处罚，源于其是走私、贩卖、制造毒品犯罪中的一个必要环节，其社会危害性与走私、贩卖、制造毒品罪相当。2018年，我国共破获走私、贩卖、运输毒品案件7万起，缴获各类毒品41.8吨。随着互联网、物流寄递等新业态迅猛发展，不法分子越来越多地应用现代技术手段，全方位利用陆海空邮渠道走私贩运毒品，渠道立体化、手段智能化突出。目前，“互联网 + 物流”已成为我国贩毒活动主要方式。不法分子通过互联网发布、订购、销售毒品和制毒物品，网上物色运毒“马仔”，或通过物流寄递等渠道运毒，收寄不用真名，联络使用隐语、暗语，采用微信、支付宝、Q币等在线支付方式，交易活动“两头不见人”。①

运输毒品，是指采用携带、邮寄、利用他人或者使用交通工具等方法在我国领域内进行毒品流通和转移的行为。一般来说，以运输毒品的目的为标准可以将其分为两类：一类是犯罪人以贩卖为目的，明知是毒品而非法予以运输的行为；另一类是犯罪人以转移为目的，明知是毒品而非法予以运输的行为。② 当前贩运毒品的手法层出不穷，主要有以下几类：一是人体运毒。将毒品包装成水果糖

① 参见《2018年中国毒品形势报告》，载中华人民共和国公安部网站。

② 张帅：《运输毒品罪研究》，2019年西南科技大学硕士学位论文。

的形状吞食下去，蒙混过关后再服用药物将毒品排出，由于胃肠的蠕动和胃酸的腐蚀，一旦外包装破损，会迅速致死。二是化学溶剂贩运。利用化学方法，将毒品变成其他物质后再制作成某商品，混过检查后，再将其还原成毒品。三是利用动物。利用贩运狗、马、牛、蛇等动物，将毒品藏于动物体内再缝合起来，到达目的地后再取出。四是利用高新科技。无人机、潜艇在大规模贩运中得到广泛运用，同时利用网络和物流运输毒品成为新常态。大量毒贩不再随身携带毒品，而是利用网络购买、销售或者利用虚假的身份信息邮寄毒品，还利用第三方支付平台匿名转账支付毒资。

【参考案例 11-1】

涉嫌运输毒品罪的犯罪人于某交代，他利用同城快递向买家寄送毒品，打个电话快递员就来取货，他会事先将冰毒放到一堆东西里面，快递员很少验货。

在王某运输毒品一案中，其中一个包裹系以服装名义寄出，王某在里面放了三四件衣服、裤子，其中一件衣服口袋中藏着三四根彩笔，每根笔的笔芯都被王某放了 3 小袋冰毒，顺丰快递员收件时虽然查看了包裹里是服装，但并没有发现衣服中夹带的笔和毒品。

在另一起案件中，被告人苗某经微信联系贩毒，多次通过“闪送”向张某等人邮寄大麻共计 30 余克。其中一次是以寄送药品的名义，他用“白加黑”的药盒装着盛放大麻的自封袋，并用双面胶封住药盒，再用纸盒包装。此外，苗某还以寄食品的名义，用饭盒包装毒品。

目前，在毒品流通环节呈现出快递化、联络社交网络化、毒资移动支付化的特点。丰巢快递柜等智能无人收递设备受到犯罪分子的青睐，菜鸟驿站、国安社区、便利店等代理收发点可以避免使用真实地址，也很常用。收件人、发件人均使用虚假姓名和身份，地址不具体到门牌，甚至电话都预留他人号码，再委托他人收件转寄，这些方式增加了犯罪行为的隐蔽性和查处的难度。“毒件”包装严密，并借助常规物品精心伪装。大部分犯罪人使用自封袋、锡纸等对毒品进行包装，然后放入管状物、盒状物等再次严密封装，同时利用服装鞋帽、儿童玩具、食品药品等伪装，夹藏在快递中避免被发现。①

【参考案例 11-2】

胡某，2008 年因犯贩卖、运输毒品罪被判处有期徒刑 7 年，2013 年被刑满释放。2015 年胡某再次预谋到云南某市买毒品运回贵州贩卖，并纠集余某帮助其运输毒品，许诺事成后支付 25000 元报酬。两人在云南某市临时租赁房屋，胡某骑摩托车到中缅边境联系购买毒品，余某在租住处等候，后胡某向毒贩购买了 14 块海洛因和 1 坨鸦片，将毒品装入背包绑在摩托车上，骑车与余某会合。二人轮流驾驶摩托车返回贵州，当二人途经贵州某路段时被抓获，公安人员当场从摩托车上查获 14 块海洛因 4895.8 克、1 坨鸦片 1299.58 克，并在余某身上查获用塑料瓶装的海洛因 9.35 克。

胡某贩卖、运输海洛因、鸦片的行为已构成贩卖、运输毒品罪。贩卖、运输毒品数量大，社会危害严重，在共同运输毒品犯罪中起主要作用，是主犯，又系累犯、毒品再犯，依法应当从重处罚。余某构成运输毒品罪，在共同运输毒品犯罪中起次要作用，属于帮助犯。

二、运输毒品犯罪的心理特征

（一）认知特征

此类犯罪人具有扭曲、畸形的认知观，他们在金钱的驱使之下，不惜以身试法，过于追求物质享受。其对问题的认识是偏激、片面的，具有犯罪合理化的心理。他们将毒品犯罪的原因归为吸毒

① 参见《快递运毒犯罪一年增长 3.5 倍　北京朝阳法院建议国家邮政局加强监管》，载《北京晚报》2019 年 8 月 2 日。

人员、贩毒人身上，认为自己只是毒品的搬运工；贩运毒品的犯罪人则认为没有买方市场，自己也不会贩运毒品，将自己的犯罪行为合理化。毒品犯罪人往往结成集团、团伙，跨境或跨地区勾结作案，有的犯罪人看到集团中的同伙都在从事毒品交易，而自己则是毒品交易链条中的一颗小小的“螺丝钉”，也就觉得自己的行为没什么大不了的。

（二）动机特征

如前文所述，在运输毒品犯罪中的犯罪人，一种是以贩卖毒品为目的的运输毒品，另一种是以转移毒品为目的的运输毒品。在司法实践中，犯罪人往往为了谋取高额的非法利益，伙同他人一起贩卖、运输毒品，形成贩、运一条龙的毒品交易网络。也有的犯罪人因好奇或受人引诱而染上毒品，继而耗尽家财、欠下高额债务，为了筹集毒资，吸毒者便加入到运输毒品甚至贩卖毒品的行列。

【拓展阅读 11-3】

吴某是一名吸毒人员，且没有正当职业，在长期吸毒过程中欠下了大量的债务。某次在与张某一同吸毒后的闲聊中得知，张某的亲戚付某是从事毒品贩卖的毒枭，最近付某在找一批能够帮助自己运输毒品且靠得住的人，这些“送货”的人不但可以获得丰厚的报酬，表现良好的话还可以获得一些毒品作为奖励。吴某觉得这是一个一举两得的好机会，不但可以获得大笔的报酬还清自己的债务，而且还可以免费获得毒品。当即就让张某介绍自己与付某认识，并逐渐取得了付某的信任。某天，付某通过电话联系吴某，告知有一批货要运输到邻省，吴某欣然前往。当吴某在邻省与联系人接头时，被早已守候在周围的公安干警抓获。

（三）意志特征

以贩卖毒品为目的运输毒品犯罪人的犯罪意志强，其作案策划周密，犯罪手法隐蔽、狡诈，交易过程灵活，交货和付款地点非同一地方，不易暴露。丰富的作案经验使犯罪心理不断得到强化，犯罪过程中意志坚定、顽固。而以转移毒品为目的的运输毒品犯罪人的侥幸心理强烈，其明知运输毒品的后果，但在高额利润的刺激下，抱着“可能不会被抓到”，“就做一次”或“最后一次”的想法。

（四）性格特征

此类犯罪人的个性中冒险成分显著，为了高额的利润，不惜铤而走险。以贩卖毒品为目的的运输毒品犯罪人大多具有犯罪经验，往往以自我为中心、残忍多疑、思维缜密、善于伪装。而以转移毒品为目的的犯罪人大多自控能力差，容易受诱惑和暗示，贪图享乐，好攀比，尤其是经济窘迫的年轻人，抵不住毒品犯罪带来的暴利诱惑，贪婪的欲望让其走上了犯罪的道路。

【参考案例 11-3】

随着互联网的发展和社交软件的普及，毒品犯罪向集团化、公司化发展。犯罪集团中分解出多个分工明确、职责分明的不同环节，犯罪的专业分工日益细化。近来，出现了很多在校大学生因使用“校园贷”软件欠款后无力偿还，铤而走险参与运输毒品犯罪的案例。

2017 年 11 月 15 日，在校大学生宋某明知是毒品仍藏匿携带海洛因，准备乘坐飞机从澜沧景迈前往昆明，民警在景迈机场候机厅将其抓获，从所系腰带内和体内查获海洛因共计净重 346. 3 克。宋某运输的毒品数量大，鉴于有自首情节和悔罪表现，判处有期徒刑 14 年，并处罚金人民币 3 万元。一些大学生在网络上受毒贩招募后，不需要接头，只要按照指示到达指定位置，通过“蚂蚁搬家”的方式将毒品少量多次携带回来，短短几天时间就能完成。

昆明铁路运输中级法院审理的黄某某等人走私、运输毒品一案，就是犯罪团伙利用高额报酬，诱骗多名未成年人携带毒品从中缅边境将毒品运至国内进行贩卖。2015 年至 2017 年间，黄某某在 14 次毒品犯罪活动中，先后 9 次指挥、安排 16 名未成年人招募人员、运输毒品，最终黄某某被法院判处死刑，缓期两年执行。[①]

目前，网络、手机 APP、聊天软件等使得毒品犯罪的门槛降低，导致大学生很容易介入到毒品犯罪活动中。传统的毒品运输贩卖仅局限于涉毒团伙，但现在人们通过网络可以直接参与到运毒、贩毒中去。一些大学生由于其不合理的消费习惯或是玩游戏等原因，欠下高额的“校园贷”贷款，他们没有经济来源，又不敢和家人说，在网上受人招募后，就抱着侥幸心理铤而走险运输毒品。

第三节　猛于虎的毒品——贩卖毒品的犯罪心理

一、贩卖毒品罪概述

贩卖毒品罪是毒品犯罪中打击的重点之一。贩卖毒品，是指明知是毒品而非法销售或者以贩卖为目的非法收买毒品的行为。根据我国《刑法》的规定，走私、贩卖、运输、制造毒品，无论数量多少，都应当追究刑事责任，予以刑事处罚。贩卖毒品罪，是指贩卖毒品的行为，只要是贩卖毒品，即构成贩卖毒品罪。

贩卖毒品是毒品犯罪中数量最多，涉及范围最广的一种犯罪，毒品的贩卖是毒品从制造到消费过程的主渠道和中心环节。世界毒品非法贸易的利润已超过石油利润，贩毒已成为全球性问题。我国贩卖毒品的案件在全部毒品案件中所占比例极高，呈逐年上升趋势。2018 年，中国共破获走私、贩卖、运输毒品案件 7 万起，随着现代技术手段的迅猛发展，“互联网 + 物流”已成为贩毒活动主要方式。贩毒渠道涉及“海陆空邮港”，其中海运运毒量大、隐蔽性好、机动性强，成为大宗毒品走私贩运的主要途径，2018 年破获的 5 起特大海上走私贩毒案每起案件的运毒量都超过 1 吨。外流

① 参见《网络改变传统运毒模式　8 男子因运输毒品罪获刑》，载东方网。

贩毒仍是毒品走私贩运的主要方式，贩毒人员流窜境外走私毒品入境增多。有的外流贩毒团伙甚至流窜至缅北地区，走私毒品入境，这些团伙层级多、分工细，以高额回报为诱饵，通过网络招募无案底的年轻人，将其诱骗至缅北后拘禁起来，以恐吓、敲诈等手段强迫其体内藏毒或携带毒品运往国内，操纵国内大部分海洛因消费市场。①

【参考案例 11-4】

2015 年 12 月 10 日，海南省高级人民法院开庭审理了一起特大“家族式”贩卖、运输毒品案。海南的“90 后”女子郭某组织贩毒团伙中，其前男友汪某在广东找货源，两兄弟郭某康、郭某飞频繁运输毒品由粤入琼，现男友王某强负责找下家销售，王某强的家人、亲戚王某宽和王某海帮忙窝藏、转移毒品。

2012 年年初，郭某向其男友王某强提出共同贩卖毒品以谋取暴利，经商议后二人决定从事毒品交易。郭某负责从深圳购买毒品运回海口，王某强负责将毒品贩卖给下线。二人陆续向汪某等人购买氯胺酮 50000 克、甲基苯丙胺片剂 4850 克、甲硝安定片剂等毒品，按照郭某的指使，郭某康、郭某飞到深圳市向汪某等人收取毒品并将毒品带回海口市。

王某强、郭某在购得毒品后，将部分氯胺酮、甲基苯丙胺片剂、甲硝安定片剂等毒品进行物理混合后，加工成含甲基苯丙胺、氯胺酮成分的液体。随后，王某强直接将购得的氯胺酮、甲基苯丙胺片剂、甲硝安定片剂及加工成的含甲基苯丙胺、甲硝安定成分的液体毒品，贩卖给他人。②

该案是典型的家族式团伙贩毒犯罪。王某强和郭某是同居关系，郭某和郭某康、郭某飞是同胞兄妹，汪某是郭某的前男友，王

① 参见《2018 年中国毒品形势报告》，载中华人民共和国公安部网站。

② 参见《海南 90 后女子组织亲友特大贩毒案二审开庭》，载中国禁毒网。

某强与王某宽、王某海是亲戚关系。该案以家族关系为纽带，全家齐上阵，贩毒数量巨大，情节恶劣，社会危害性大。

二、贩卖毒品犯罪的心理特征

（一）认知特征

贩毒犯罪人的认知存在偏差、扭曲、错误，具有畸形的价值观，贪图享乐，道德观念低下，缺乏社会责任，视法律为无物，尤其是贩毒集团的首领和骨干人员的错误观念牢固，为了获得毒品的巨额利润，而不择手段实施毒品犯罪，如武装贩毒、涉毒暴力事件等。许多贩毒犯罪人将贩卖毒品视为做生意，买卖双方都有利可图，加上毒品犯罪往往是家族式、集团式，其周围的多数人都在做这种“买卖”，会产生犯罪合理化的想法，为自己开脱。【本章引例】中的犯罪人刘某华在当兵期间，嫌弃待遇不好，故意犯错误“贪污”了一笔钱，借机提前转业回老家成为了一名法警，在从事招商引资工作时，就已经和一些不正当外来资金挂钩，足以可见其为了改变家境贫困的窘境，已经放弃了社会责任和做人的底线，铤而走险走上了贩毒的道路。当问到他为什么制造冰毒时，他也有自己的一套说辞：“我的毒品不给国内人消费，只给外国人消费，人家曾经用鸦片打开中国的大门，我也应该可以用冰毒打开他们的大门。”而事实上他制作出的首批毒品就在福州当地进行了贩卖。可见，其冠冕堂皇的言论，只不过是为自己制毒、贩毒寻找的借口。

（二）谋取暴利的贪婪动机

对金钱的贪婪和无止境的追求是毒品犯罪人的共同心理动力。毒品犯罪是“一本万利”的“行业”，在巨额利润的驱使下，犯罪人甘愿冒着被法律制裁、坐牢杀头的风险，不择手段地通过各种渠道贩卖毒品。【本章引例】中的犯罪人刘某华出身贫寒，一直怀着“发财”的梦想，渴望暴富，这也是他走上制毒、贩毒道路的直接原因。还有的人因吸毒欠下高额债务或为了筹集毒资而参与贩毒，由吸到贩，以贩养吸，形成恶性循环。

（三）侥幸、冒险心理严重

我国在毒品管理、检查、缉私、防控等方面工作经验略有不足，毒品犯罪具有极强的隐蔽性，这就导致某些犯罪人认为进行毒品犯罪有可乘之机，抱有强烈的侥幸之心。一旦其制造、贩卖、运输、走私毒品活动获得成功，侥幸心理得到强化，实施犯罪程度就会越来越严重。侥幸心理是犯罪人屡屡作案的心理基础。

另外，毒品交易的高额利润引诱着犯罪人冒着生命危险，大肆从事贩毒活动。在制毒、贩毒、运输、走私毒品的犯罪人中普遍存在这种冒险心理。“一夜暴富”“富贵险中求”这些观念促使犯罪人甘愿以青春和生命作为赌注，进行毒品交易活动。【本章引例】中的犯罪人刘某华在被警方通缉之后，潜逃到桂林，利用2000年人口大普查这一时机，取得了“合法”身份成功“黑洗白”，在当地活动近5年无人知晓，并以投资商成为当地政府的座上宾，开公司、租地、种红豆杉，屡次出现在当地公众面前，这说明刘某华具有极强的冒险和侥幸心理，逃亡路上竟然敢在地方公开露面，伪装成招商引资的富商，骗取当地政府的信任，方便在当地活动，伺机制造冰毒。

（四）犯罪意志坚强

贩毒犯罪人将贩毒当做生意来经营，是其赖以谋生的“营生”。以往的贩毒活动以及谋取的暴利，使他们的犯罪心理不断得到强化，实施犯罪行为成为习惯，犯罪意志也越来越坚定，为了达到谋取暴利的目的，他们贩毒往往不择手段，行为会更加疯狂。【本章引例】中的犯罪人刘某华在长达9年的逃亡生涯中继续在广东、宁夏、广西等地制毒，多次进入到警方的视野，又多次顺利逃脱，犯罪意志强烈且坚定。

（五）个性多疑、冷酷、残忍

大多数贩毒人员社会阅历广，具有丰富的犯罪经验，他们往往敏感多疑，阴险狡诈，掩饰性强，善于伪装，有较强的对付公安机关查缉的能力。尤其是贩毒集团的组织者思维缜密、头脑冷静、残忍多疑，对贩毒活动计划周密、手段狡诈。【本章引例】中的犯罪人刘某华出生于贫困家庭，极其聪明，善于社交。种种迹象表明，当过兵、做过法警的刘某华躲避警方追捕的能力非同一般，自视甚高。落网后的刘某华异常镇定，甚至对警察说道："你们想知道什么事情，列个清单，你如果想以智慧战胜我呢，不可能!"

【课堂讨论 11-2】

我国吸毒人员中，35 岁以下吸毒的人占到一半以上。青少年大多对毒品一知半解，缺乏科学、客观的认识。大多数人初次吸毒是受好奇心驱使。结合自己的经验，谈谈如何才能守住思想防线，远离、防范、抵制毒品?

【课后思考】

警方在一处废弃的养鸡场发现了多处可疑的残留物并确认这是一处制毒窝点。现场缴获的制毒原料可制成冰毒成品 3.6 吨。如若全部流入市场，制毒团伙能非法获利两亿元左右。经对制毒原料进行化验，警方发现其中主要的制毒原材料并没有被列入国家管控的易制毒化学品目录里，但其制作出的成品确实是冰毒。制毒分子采取了一项全新的制毒工艺。

经过多次布控和侦查，警方终于抓捕了多次更换制毒场所的嫌疑人陈某川等人，陈某川交代向他提供制毒工艺的是杜甲、杜乙兄弟，他们多个家庭成员都参与制毒、贩毒活动，已经形成了一个家族式的制、贩、运、销毒品团伙，构成相互稳定的利益链。

新的制毒工艺由哥哥杜甲研发，他曾经在大学就读化工专业，这些年一直在老家承包鱼塘，收入不是很高，弟弟杜乙赌博输了很多钱，为了帮助弟弟还钱，兄弟俩认为制毒、贩毒来钱最快，可以在最短时间内把赌债还清。两人先后成功制毒9次，对外出售毒品约400公斤。

一开始与杜氏兄弟联手的是陈某川的儿子陈某飞，在高额暴利的诱惑下，逐步把各自的家庭成员拉了进来，形成了两个家族的犯罪“联姻”。在制毒过程中，陈某川负责找适合制毒的场所和工人，杜氏兄弟负责提供制毒工艺和原料，销路主要由陈某川打开，由于采用新工艺制造出的冰毒品质不错、价格适中，受到吸毒人员的追捧，而大批量制毒需要人手协助，陈氏父子、杜氏兄弟又先后拉拢一些家族成员参与其中，越陷越深。①

请思考：

1. 结合案例，请分析制毒犯罪人的心理特征。
2. 结合案例，请分析贩毒犯罪人的心理特征。
3. 结合案例，谈谈毒品犯罪的发展趋势。

【课后阅读】

第三代毒品——新精神活性物质②

2017年年初，据环球网官方微博报道，英国街头近日常出现一种诡异景象，几个人如“丧尸”般走路跌跌撞撞，还会忽然静止不动、丧失意识，犹如行尸走肉。原来这是服用一种名为Spice的新毒品后的反应。据称，这种毒品效力比大麻强百倍，甚至造成多起死亡案例，令当地政府十分担忧。

新精神活性物质其英文名为New Psychoactive Substance，简称NPS。它也被称为“策划药”或“实验室毒品”，以香料、花瓣等形态出现，是不法分子为逃避打击而对管制毒品进行化学结构修饰得到的毒品类似物，具有与管制毒品相似或更强的兴奋、致幻、麻

① 参见《汉江边的毒工厂》，载央视网。

② 参见《真实版〈生化危机〉，沾毒变“丧尸”吓着英国政府》，载搜狐新闻。

醉等效果，成为继传统毒品、合成毒品后全球流行的第三代毒品。主要包括氯胺酮、合成大麻素类、卡西酮类、芬太尼类、色胺类、植物类等。很多新精神活性物质被列入《非药用类麻醉药品和精神药品列管办法》，通俗易懂地讲它就是毒品，是属于被国家严格管制的物品。

新精神活性物质不仅“新”，而且相比传统毒品，其传播的范围更广，危害也大。新精神活性物质同许多合成毒品具有类似之处，成瘾性极强，新精神活性物质的上瘾机理和毒品是一样的（即对中枢神经的破坏），直接作用于中枢神经，直接破坏人神经元的平稳和稳定。另外，现实中的新精神活性物质混合加工成“新型毒品”，滥用后极容易导致急性过量中毒，无法进行抢救，诱发各类疾病甚至死亡。吸食新精神活性物质常见心动加速、血压升高、肝肾功能衰竭等急性中毒症状，甚至引发抽搐、休克、脑中风死亡。其对人体的损害丝毫不亚于过去的传统毒品和合成毒品。对人直接的影响就是导致吸食者精神错乱，诱发恶性暴力案件。卡西酮类、苯乙胺类以及色胺类物质均有致幻作用，大量吸食后可能引起偏执、焦虑、恐慌、被害妄想等反应，甚至导致吸食者精神错乱，进而自残或暴力攻击他人。

滥用新精神活性物质的社会危害性十分严重。尽管此类物质出现时间较短，成瘾性和长期生理损害有待深入研究，但其社会危害已日益显现，由此诱发的恶性暴力案件、致幻引起自杀、过量吸食导致死亡的案例屡有发生。比如，2012 年美国迈阿密州“啃脸”事件就是一吸食卡西酮类物质人员所为。事件发生在 2012 年某日下午 2 时左右，地点就位在迈阿密前锋报大楼的南边。一名妇女看到两名男子打斗，拦下附近警方出面处理。目击者表示，当这名警察走近，赫然发现一裸男其实正在啃咬另一人的头部。警察喝令裸男后退，但他仍持续狠咬受害者，警察于是开枪射击。尽管遭到射击，“食脸男”仍继续“啃食”另一人，迫使警察持续开枪。目击者表示，他们至少听到 6 声枪响。“食脸男”最终遭击毙，面部朝下俯卧在迈阿密前锋报停车场前的人行道上。

日本有研究发现，滥用该类物质导致的暴力犯罪案件是管制毒品的7倍。同时，新精神活性物质种类繁多，效果也有显著差异。很多情况下滥用者并不知道自己购买的实际种类，难以把握用量，由于吸食过量导致急性中毒甚至死亡的案例也时有发生。

第十二章　网络犯罪心理

【学习目标】

知识目标：1. 了解网络犯罪的概念和类型；

2. 掌握网络盗窃、网络谣言、网络黑客犯罪人的心理特征；

3. 理解网络盗窃、网络谣言、网络黑客的犯罪行为特征。

能力目标：1. 运用网络犯罪心理的相关知识解决实际问题；

2. 运用网络犯罪心理的相关知识从事司法实践活动。

据统计，截至 2018 年 6 月 30 日，我国网民规模达 8.02 亿，互联网普及率为 57.7%。2018 年上半年新增网民 2968 万人，较 2017 年末增长 3.8%。[①] 网络不但是一种信息能在瞬间生成、瞬间传播、实施互动、高度共享的传播媒介，它还是一种新的生活方式。[②] 正是这种新的生活方式，给世界带来了翻天覆地的变化，同时也给犯罪提供了可乘之机，网络犯罪已然成为当今世界范围内的社会公害之一。随着网民规模的逐年增多，我国的网络犯罪也呈上

① 数据来源：中国互联网络信息中心发布的《第 42 次中国互联网络发展状况统计报告》，2018 年 8 月 20 日。

② 刘文富著：《网络政治——网络社会与国家治理》，商务印书馆 2002 年版，第 4 页。

升趋势，各种传统犯罪与网络犯罪结合的趋势日益明显，网络诈骗、网络盗窃等侵害他人财产的犯罪增长迅速，制作传播计算机病毒、入侵和攻击计算机与网络的犯罪日趋增多，利用互联网传播淫秽色情信息及从事赌博等犯罪活动仍然突出。

网络犯罪并不是刑法典中明文规定的一类犯罪，而是随着网络技术的成熟和发展到一定程度，在社会生活中逐渐形成的一个概念，通常同传统犯罪相对应。通常来说，网络犯罪，是指行为人操作网络终端设备，利用网络信息技术，以网络终端设备为工具或攻击对象，以网络空间为主要的犯罪活动场所，直接危害网络安全和正常运行秩序以及其他严重危害社会的犯罪行为。

网络犯罪的类型主要分为两大类：第一类，以网络为对象的犯罪行为，影响网络正常运行或者造成危害，包括非法侵入计算机信息系统罪、破坏计算机信息系统罪，如攻击网站、篡改信息数据，入侵网络管理系统，在线传播木马病毒等。第二类，以网络为工具的犯罪行为，利用网络实施金融诈骗、盗窃、贪污、挪用公款、窃取国家秘密以及电子讹诈、网上走私、网上非法交易、电子色情服务及色情、虚假广告、网上洗钱、电子盗窃、网上毁损商誉、在线侮辱、毁谤、网上侵犯商业秘密、网上组织邪教组织、在线间谍、网上刺探、提供国家机密的犯罪。[①]

当今我国网络犯罪中较为突出典型的有网络谣言犯罪、网络色情犯罪、网络诈骗犯罪、网络赌博犯罪、网络侵犯知识产权犯罪、破坏网络正常运行的犯罪以及危害网络信息安全的犯罪。这些犯罪行为随着网络技术的普及和发展更加多样化和复杂化，因此应该成为我国今后的重点打击对象。本章将为大家介绍几种常见的网络犯罪及其心理分析。

---

① 王英锋：《防范计算机网络犯罪之对策思考》，载《北京政法职业学院学报》2011年第2期。

第一节　言传猛于虎——网络谣言

【本节引例】

秦火火造谣事件①

2013年8月20日，全国公安机关集中打击网络有组织制造传播谣言等违法犯罪专项行动拉开序幕。将“谣言并非止于智者，而是止于下一个谣言”奉为圭臬的“秦火火”、“立二拆四”等人，因涉嫌寻衅滋事罪和非法经营罪被北京警方刑事拘留。

秦火火，原名秦某晖，男，32岁，高中毕业，曾是北京某策划公司员工。其用互联网蓄意制造传播谣言、造谣滋事、恶意侵害他人名誉，是非法攫取经济利益的网络推手公司中的一员。秦火火承认，他制造并传播的谣言多达3000余条。

秦火火的造谣事件，主要有三种类型：

第一种，借热点事件造谣。

一、造谣“7·23”动车事件后，我国政府用2亿元人民币赔偿死亡的外籍旅客。原微博的内容是：“刚得到消息，铁道部已向动车事故中意大利遇难者茜茜协议赔偿三千万欧元（折合人民币接近两亿），据悉，这是铁道部参照欧洲法律中有关人身意外伤害条款后，不得不同意此赔偿协议。若此赔偿协议属实，将开创中国对外个人意外最高赔偿纪录。”

二、造谣地方公务员被强令给红十字会捐款，并恶意攻击我国的慈善制度。原微博的内容是：“中国红十字会再度发生大事，由于受郭某美及卢某卿事件影响，红十字会七八月份捐款严重缩水，九月红十字会通过各地民政局发通知，要求各地单位企业职工按工

① 参见百度百科：秦火火。

作年限进行捐款，标准为工作一年一百块，工作两年两百块，以此类推。如有不捐，单位须从职工工资里扣，该规定暂于普通职工中执行。”

第二种，借助名人炒新闻。

谈到为何要针对人，秦火火说，只有颠覆已经成名的名人，才能快速提高知名度。

一、造谣全国残联主席张某迪是日本国籍。原微博的内容是：“曾经的一代偶像张某迪，请你回答以下这几个问题：你的妹妹张某燕为何更名叫张某威？亿万富翁、山东某建筑工程有限公司董事长张某威，还是中国国籍吗？山东某建筑工程有限公司是否承接过残联的工程项目？请用事实证明你们不是白眼狼，我们不想当年的爱心结果养了一头白眼狼。”秦火火曾在微博中发布了一张张某迪坐在汽车里的照片，并质疑：“不是说残疾人不能开车吗？她怎么就能，我就是要发出来给大家看看。”可他却没做最基本的调查与了解，早在2010年，公安部就公布了新修改的《机动车驾驶证申领和使用规定》，其中对残疾人学车放宽了条件限制，允许符合条件的双下肢残疾人考取驾照。

二、造谣雷锋6元工资穿90元行头。原微博的内容是：“这是雷锋1959年为自己添置的皮夹克、毛料裤、黑皮鞋等全套高档行头，皮夹克、毛料裤、皮鞋加起来当时在90元左右，而当时雷锋一个月才6块钱。”

第三种，运用色情手段炒作包装。

中国互联网的乱象之一是低俗恶毒文化流行，如干露露事件、凤姐事件，这些事件的网络推手正是“秦火火”曾任职的策划公司及其骨干员工。他们甚至使用淫秽手段对多位预出名女孩进行色情包装，“中国第一无底限”暴露车模、“干爹为其砸重金炫富”模特等均是他们“引以为豪”的“杰作”。

2014年4月17日，秦某晖（网名秦火火）犯诽谤罪，判处有期徒刑二年；犯寻衅滋事罪，判处有期徒刑一年六个月，决定执行有期徒刑三年。鉴于秦某晖归案后能如实供述所犯罪行，认罪悔罪态度较好，法院对其所犯诽谤罪、寻衅滋事罪均依法予以从轻处罚。

涉及网络造谣事件，比较常见的罪名是侮辱罪、诽谤罪、故意传播虚假恐怖信息罪、煽动分裂国家罪等。无意中传播了谣言的事可能很多人都会遇到，那么是否触犯法律有没有严格界限？如果网友只是讨论、评论，那是公民的权利。但是专门编造传播虚假信息、损害公共利益者，则涉嫌造谣。人们上网时不能以虚假信息故意引导他人，更不能为了取乐、谋取利益或博人眼球而散播不实信息。

一、网络谣言概述

近年来，随着QQ、微博、微信、论坛等媒体的兴起，谣言传播的速度越来越快，影响范围也越来越广，造成了严重的后果，杀伤性极大。一般认为，网络谣言就是指网络上传播的没有事实根据的传闻、虚假捏造的消息。网络谣言与传统的谣言性质是一样的，只不过其传播的工具不同，从口头传播转化为网络中的文字或视频等其他多媒体方式，传播没有事实根据的传闻和捏造虚假消息。网络谣言往往涉及公众感兴趣的暴力犯罪、色情、食品安全等领域，以醒目惊人的标题来吸引人们的眼球，如大连持枪抢劫运钞车案、公安局局长强奸中学生、某地中心广场将发生爆炸案。各种谣言、丑闻搅得人心惶惶，严重损害了政府的公信力，甚至影响了社会的稳定。又如，【本节引例】中的秦火火造谣事件，仅仅是他以及其背后的网络推手团队制造传播逾3千多条谣言中的九牛一毛，其组织网络“水军”长期在网上兴风作浪、炮制虚假新闻、故意歪曲事实，制造事端，混淆是非、颠倒黑白，并以删除帖文、联系查询IP地址等方式非法攫取利益，严重扰乱了网络秩序。

网络表达的匿名性、平等性等特征赋予了网民强大的话语力量。我国对于网络空间治理的法律及技术短板，使网络空间成为滋生网络谣言的温床。2013 年 9 月 5 日最高人民法院通过了《关于办理利用信息网络实施诽谤等刑事案件适用法律若干问题的解释》，对网络谣言分别从诽谤、寻衅滋事、敲诈勒索、非法经营等罪进行全面规制。从实践来看，只有严重的网络谣言相关行为会被追究刑事责任，大部分单纯的造谣行为，未造成严重后果或情节不严重的，均依《治安管理处罚法》予以行政处罚。随着网络谣言的肆意蔓延，《刑法修正案（九）》在“妨害社会管理秩序罪”一章中增设了拒不履行信息网络安全管理义务罪，非法利用信息网络罪，帮助信息网络犯罪活动罪，编造、故意传播虚假信息罪等。这些专门维护网络空间秩序的罪名的诞生，体现了刑法对打击网络犯罪的重视与严厉态度。

【课堂讨论 12-1】

目前，互联网已经与我们的工作生活密不可分，网站、论坛、贴吧、微博、QQ 群、微信等网络载体传播信息渠道的多元化，致使网络谣言在网上大量滋生，与传统媒体相比，其传播的速度更快，影响更恶劣。请同学们思考并讨论：我们应该如何正确对待网络谣言？

二、典型案例分析

（一）政治、军事型谣言

每当国内某地举办重大的会议、展览、赛事时，类似的政治造谣就会出现。2016 年 9 月 G20 杭州峰会举办前一个多月，一篇名为《杭州，为你羞耻》的网文，通过自媒体在网络广为传播。文章开头说：“今年没有去过美丽的杭州，但常常听到杭州的新闻。”然后就是一系列“听说”：“听说每个参加保卫的警察会补贴十万元”“听到的每个工程的花费金额都是天文数字”“据说一共预算 1600 亿元”“听说为了赶进度，好多项目完全抛弃了招投标的法律程序”……作者最后质问：“杭州，你为什么就不能以素颜，以平常心，坦坦荡荡地迎接世界?”《浙江日报》辟谣称：以预算总额为例，整个杭州市2016年一般公共预算支出才1230亿元，一个峰会的筹备费用怎么可能超过全市全年预算?后来，浙江警方将造谣者抓获，发现他是某地一名46岁的公职人员郭某某，文章发在QQ空间后他“发现影响力太大，心里害怕就删除了”，但恶劣影响已经广为传播，他也为此付出了被依法行政拘留10日的代价。

2011年12月，一则标题为“5000警官打造长沙最牛婚礼”的视频在国内各大视频网站迅速蹿红。视频画面显示，几台婚车停在路上，一排法院的警车陆陆续续地从旁边经过，还有数百名法警步行而过。视频声称，结婚新人“背景强硬，有5000警察护卫，百辆警车开道，公车私用，办婚礼充门面”。视频一出，立即引发热议，网友纷纷将矛头指向长沙警方，质疑“公车私用，办婚礼充门面”。该视频在网络上被大量点击、转发，误导大多数网友认为警察不务正业，造成了恶劣的社会影响。事件发生后，湖南省高级人民法院新闻办发表声明对此事做了澄清：6日上午，湖南省法院系统的法警在省武警总队训练基地演练，视频拍摄路段是通往训练基地的必经之路。演练散场后，参演车辆及数百名法警归队途中恰逢当地群众举办婚礼，法警和车辆纯粹是路过，和婚礼根本没有关系。而涉案人员佘某和肖某分别拍摄了视频并肆意捏造事实，将视频发布到网络上。最终，二人因自己的行为受到了法律的制裁。

目前，在中国特有的环境下，许多网络谣言都有“泛政治化”的倾向，大量以社会热点话题为名的谣言其实也是政治谣言的幌子。主要体现为揭露官员腐败、煽动民族分裂、抨击国家内政和社会主义制度等方式，某些自媒体账号造谣、传谣是为给自身带来流量，之后就可以成为他们向广告主开价的砝码，最终是为了金钱利益。他们并不在乎谣言的种类与造成的后果，甚至更“偏爱”政治谣言，因为引流效果更佳，带来的利润更高；只要利润足够高，他们“就敢犯任何罪行”。不容忽视的是，还有某些个人或机构受到反华组织收买，为其卖命，刻意在自媒体平台上抹黑中国，企图对中国进行意识形态渗透。

而涉及军事领域的谣言繁多，利用大众难以知晓国家军事秘密但又很关注军事进展的心理，造谣水平大多低下庸俗，只求花边噱头而无基本常识，造谣者大多目的是吸引公众的注意力和关注度，从而获得满足感。比如，“中国081型两栖攻击舰”的话题在国内外媒体被热炒，起因居然是已被证实子虚乌有的“中国航母分段”。以一个谣言为基础，新的谣言又发酵，甚至还煞有介事“披露”了“081型两栖攻击舰”的数据：长250米，最宽40余米，最大航速23节，乘员1068人，航程7000海里，可以搭载8架直升机，采用全通甲板，满载排水量至少超过25000吨。类似还有“歼-10B战机试飞坠毁”的谣言，2011年10月网上流传一则消息称，“中国一架歼-10B战机在陕西阎良进行试飞时坠毁，飞行员殉职”。香港和国外多家媒体转载了这一消息，并进行评论称：这是歼-10型战机从试飞到列装以来的第1次坠机，而歼-10B已到最后测试阶段；这次坠机可能影响到解放军列装这种战机的进程。而我国空军有关部门随后进行了证实，没有发生所谓歼-10B战斗机试飞时坠毁事件，也没有飞行员殉职，“这是一条假消息，纯属编造的谎言”。这一谎言是北京一家网站人员编造的，在其个人博客上发表后，引起有关媒体的关注并盲目转载。由此可以看出，消息传播者在这次事件中没有认识到一些人恶意攻击我军现代化建设的企图，以及一些媒体惯用移花接木和断章取义的手段来臆测我军，制造轰动效应，对于网络上充斥的虚假消息没有仔细辨别和认真区分。

（二）社会生活型谣言

社会生活类谣言比较普遍，涉及公共事件、自然灾害、食品药品安全等领域，正是因为这些与公众密切相关，传播、影响范围会极其广泛，引起的社会影响较大，容易造成社会恐慌，破坏社会稳定。

2011年3月11日，日本东海岸发生9.0级地震，地震造成日本福岛第一核电站14号机组发生核泄漏事故。谁也没想到这起严重的核泄漏事故竟然在中国引起了一场令人咋舌的抢盐风波。从3月16日开始，中国部分地区开始疯狂抢购食盐，许多地区的食盐在一天之内被抢光，其间更有商家趁机抬价，市场秩序一片混乱。引起抢购的是两条消息：食盐中的碘可以防核辐射；受日本核辐射影响，国内盐产量将出现短缺。经查，3月15日中午，浙江一位叫“渔翁”的网友在QQ群上发出消息：“据有价值信息，日本核电站爆炸对山东海域有影响，并不断地污染，请转告周边的家人朋友储备些盐、干海带，暂一年内不要吃海产品。”随后，这条消息被广泛转发。即日，北京、广东、浙江、江苏等地发生抢购食盐的现象，产生了一场全国范围内的辐射恐慌和抢盐风波。3月17日午间，国家发改委发出紧急通知强调，我国食用盐等日用消费品库存充裕，供应完全有保障，希望广大消费者理性消费，合理购买，不信谣、不传谣、不抢购，并协调各部门多方组织货源，保障食用盐等商品的市场供应。18日，各地盐价逐渐恢复正常，谣言告破。3月21日，杭州市公安局西湖分局发布消息称，已查到“抢盐”信息源头，并对始作俑者“渔翁”作出行政拘留10日，罚款500元的处罚。①

四川的“蛆橘事件”让全国的柑橘严重滞销。“告诉家人、同学、朋友暂时别吃橘子！今年广元的橘子在剥了皮后的白须上发现小蛆状的病虫。四川埋了一大批，还撒了石灰……”2008年的一条短信这样说。这条短信不知道被转发了多少遍。此间，又有媒体报道了“某地发现生虫橘子”的新闻，虽然语焉不详，但被网络转载后再度加剧了人们的恐慌。自2008年10月下旬起，它导致了一场危机：仅次于苹果的中国第二大水果柑橘——严重滞销。在湖北省，大约七成柑橘无人问津，损失或达15亿元。在北京最大的

① 徐云峰、谢丽丽等编著：《网络犯罪心理》，武汉大学出版社2014年版，第148页。

新发地批发市场，商贩们开始贱卖橘子，前一天还卖每斤0.8—1元，次日价格只剩一半。山东济南的商贩为了证明自己的橘子无虫，一天要吃6—7斤“示众”。10月21日，当传言已经严重影响全国部分地区的橘子销售时，四川省农业厅对此事件首次召开新闻通气会，并表示，此次柑橘大实蝇疫情仅限旺苍县，四川全省尚未发现新的疫情点，并且该县蛆果已全部摘除，落果全部深埋处理，疫情已得到很好控制。①

“皮革奶粉”传言重创国产乳制品。2011年2月17日，网络上出现了一篇名为《内地“皮革奶粉”死灰复燃长期食用可致癌》的文章。文章说，销声匿迹数年后，内地再现“皮革奶粉”踪影，内地疑有不良商人竟将皮革废料的动物毛发等物质加以水解，再将产生出来的粉状物掺入奶粉中，意图提高奶类的蛋白质含量蒙混过关。“皮革奶粉”再次被摆到台面上，引起人们对食品安全的担忧。该文章一出，立刻引起轩然大波：伊利、蒙牛、三元、光明等奶制品企业的股价应声下跌，蒙牛跌幅高达3.3%；同时，公众、奶制品企业和监管部门的神经也立刻紧绷起来。当晚，农业部在官网上再次声明，2010年抽检生鲜乳样品7406批次，奶站4778批次，运输车2628批次，三聚氰胺全部符合临时管理限量规定，没有检出皮革水解蛋白等违禁添加物质，生鲜乳质量安全状况总体良好。谣言虽然破了，但消费者对我国乳制品的信心遭到重创。2008年三聚氰胺事件发生以来，公众对国内乳制品的不信任感居高不下，具备购买能力的消费者一般都会优先选购国外奶制品，内地乳制品企业则在战战兢兢中向前发展。②

近年来网络谣言滋生蔓延，既有针对公民个人的诽谤，也有针对公共事件的捏造。网络谣言不仅败坏个人名誉，给被害人造成极

---

① 黄庆畅、张洋：《近年来在社会上产生严重后果的十起网络谣言案例》，载《人民日报》2018年4月16日。

② 黄庆畅、张洋：《近年来在社会上产生严重后果的十起网络谣言案例》，载《人民日报》2018年4月16日。

大的精神困扰，更损害国家形象，影响社会稳定，其危害不容小视，必须依法惩处，公众也要自觉抵制谣言的传播。

三、网络谣言类犯罪的心理分析

（一）娱乐心理

编造谎言或者将已经存在的谣言换种说法、换个省份，发布到网络上，引起人们的深信不疑和广泛传播，这给人一种成就感和满足感。这类造谣者往往内心空虚，寻求刺激，有的单纯是为了“好玩”，图个乐，他们往往能够从造谣和传谣中得到快感，有些人有意迎合网友的娱乐心理，演绎一些所谓的事实“真相”，千方百计地吸引“粉丝”关注，以增加自己博客、微博的点击率、浏览量。【本节引例】中的秦火火造谣张某迪的心态就是如此，案发后，秦火火解释说，“就是发来看看，乐一下、好玩一下，她一直都挺正面的，又没别的绯闻什么的可说。”而另外一些人只是觉得网络谣言“挺逗”而不考虑对社会的影响和对被伤害者的感受，听风即雨，胡编乱造而传播。2014 年，四川省甘洛县公安局网安情报大队发现，该县一名网友在其 QQ 空间中，发布了“恐怖分子已经到甘洛了，新市坝中心校已经发生砍人事件，一名学生被砍伤”等造谣信息。该信息经其他网友转发后被放大，引发城区学生和家长不安，短时间内造成了不良社会影响。经过侦查，警方将散布谣言的男子毛某抓获。经审查，毛某今年 22 岁，是新市坝社区居民，因感觉内心空虚，为寻求刺激，就编造了“恐怖分子到甘洛”的帖子，想要提高 QQ 空间的点击率，吸引人气。

（二）宣泄心理

有些人因为自己的成长经历或者生活中遭受了种种挫折，而对整个社会或某些人感到不满，通过编造并传播谣言，来发泄自己的情绪。某些人仇官、仇富，在网络上捏造官员的性丑闻、贪腐、垄断权势等假新闻，或者杜撰富人、名人的身世、不良言行等，来夺人眼球，哗众取宠。秦火火造谣李某江之子非亲生，造谣杨某从股市骗钱、诈捐、逃税，造谣地方公务员被强令给红十字会捐款，他曾在接受外媒采访时说，就是要用这种手段来发泄自己的不满。

还有些人对当前社会现象存在着诸多不满，或者欲打击报复与自己有私人恩怨的人，网络的隐匿性则为其提供了宣泄、减压、释放的机会。2015年，黑龙江庆安火车站发生了暴力袭警事件，随后就有网友在微博上发表文章称："（快讯）有良知未泯的工作人员愿意实名举报：庆安枪杀访民案有某华社两名黑心记者收受有关部门好处费3.8万元，尔后颠倒黑白进行歪曲报道，美化行凶者李某斌。"随即，该微博被媒体网站、微博、微信大量转发，对新华社和被攻击的两位记者造成了严重的负面影响。造谣、诽谤者柴某因涉嫌寻衅滋事罪被警方依法刑事拘留，他曾因扰乱公共场所秩序被警方行政拘留，据其交代，自被单位开除后从事"摩的"生意，经常遇到一些烦心事，常常利用自媒体、微博发泄不满情绪和牢骚。所有关于庆安事件的报道都是从网络上获知的，事发当天被顾客刁难谩骂，晚上喝了酒，上网看到新华社的报道，联想到此前听说记者报道中会收取好处费的情节，就借着酒劲臆想这个报道背后可能也有此类黑幕，便发了上述帖文。

（三）猎奇心理

基于网络的匿名性、便捷性，人们在网上可以轻松窥探他人的私密信息，随意侵入他人私人生活空间，尤其是公众人物、影视明星的私生活和高层人士的秘闻往往是传播最快最广的内容，公众对此类的消息很有兴趣且希望得知其真实性，但官方解释常常滞后，谣言就会更加夸张、扭曲，甚至被人们信以为真，造谣者正是抓住人们的猎奇心理。很多商业竞争，就把谣言作为一种商业手段，我们经常接触的就是明星制造绯闻，一般某电视剧或电影上映之前，制片方为了宣传的目的，就故意放出谣言，类似男女主角因剧生情等等消息，这类消息在网络上广为流传，就为影视剧做了免费又高效的广告。

（四）盲从心理

面对广受关注和热议的网络谣言，在无法明鉴的情况下，更多的人往往大量转帖、评论、加工，只有少部分人能够保持理智，凭借自己掌握的知识辨明真假。大多数人的自我分析和评判能力弱化，选择随波逐流、跟风造谣。这种盲目从众心理加速了网络谣言在更大范围内的关注和转发，从而造成了谣言迅速的传播甚至演变。比如，在2010年2月，关于山西一些地区要发生地震的消息通过短信、网络等渠道疯狂传播，由于听信传言，山西十几个县市数百万群众凌晨走上街头“躲避地震”，当周围人相信地震谣言时，一个人很难不随波逐流，人们就是出于“宁可信其有，不可信其无”的心理，使得这类谣言在网络上蔓延，甚至引起公众的恐慌。

（五）质疑心理

网络谣言的产生和蔓延与权威信息的滞后、模糊有很大关系，大家对公开的、官方的信息有时表现得很质疑。这是缘于有些传统媒体对突发事件进行信息处理时“报喜不报忧”，使自身在网民中的信任度被大打折扣，公信力大减；有的政府部门对突发事件的处理，让网民产生不爽的心理感受，增强了他们对政府部门的不信任感，甚至使他们更信谣、更传谣；另外一些地方的不合理、不公平的社会现象不仅没有及时消除，而且变本加厉，所以一旦谣言出现，网民便信以为真。官方越辟谣，他们反而越质疑，越相信谣言。政府应对疫情灾情、群体冲突等突发事件时，信息公开机制尚不健全，不全面、不客观等现象时有发生。广大群众不能及时知悉突发事件的实情，但他们内心又迫切地希望探究事件的本来面目。此时有关部门习惯于封锁消息，必然造成网上传言“满天飞”，给人“猫腻”感。比如，一些网民已将网络谣言当成“倒逼”真相的方法，当谣言产生一定的影响后，政府等相关部门就会来“辟谣”。

第二节 更隐秘的窃取——网络盗窃

【本节引例】

重庆特大网络盗窃案①

2012年2月，重庆市公安局网安总队接到多起群众报案，称QQ号码被盗，QQ中的Q币被人非法窃取。警方调查发现，多名举报者QQ中的Q币被换成QQ仙侠传元宝在游戏中进行了转移，而接收仙侠传元宝的是同一个名为“小懒虫”的游戏ID。这个ID一个月内涉及交易的QQ号码竟多达1471个，折合人民币近29万元。经调查，“小懒虫”的真名叫梁某，与其妻明某在淘宝网开设一网店，从2011年7月起，其通过贩卖QQ仙侠传元宝，共销售获利86万余元人民币。

警方调取了梁某夫妻的资金往来记录，发现了其主要联系人“亮亮”。一个以“亮亮”为核心，横跨全国开发制作、策划组织、指挥种植“木马”，通过“木马”植入盗窃QQ信息，将QQ信息中的Q币进行网上销售的网络犯罪团伙浮出水面。

王某，木马制作者，系武汉某大学研究生二年级学生，其编写出木马软件，卖给“亮亮”用于盗取QQ号等信息。“亮亮”（吴某），团伙核心成员，网络犯罪圈内知名人物，具备较强号召能力，具有丰富从业史。2009年曾因非法入侵计算机信息系统案被打击处理，在团伙中主要从事策划、组织、指挥工作；尹某，主要从事“洗信”，按照“亮亮”的授意，对盗窃而来的“信件”（即用户QQ信息）进行分类处理；“香草”（翁某）等5人主要从事

① 参见《警方斩断全国最大盗窃Q币产业链 犯罪团伙非法获利600余万元》，载人民网。

“挂马”。以开设的“楠天网络科技公司”为掩护，通过种植木马病毒，控制客户主机的方式，大肆开展DDoS攻击，帮助“亮亮”传播“QB马”病毒，导致用户感染；团伙中另外3人自行开发盗号辅助软件，协助“亮亮”传播木马，收取费用分成；“小懒虫”（梁某）及其妻主要从事贩卖Q币，从“亮亮”处以7.0至7.3折买进Q币，以游戏元宝形式在网店以7.9折出售，赚取差价。和某等3人在“亮亮”的指使下，协助梁某夫妇进行“洗信”销赃活动。

该团伙制作木马程序，通过在互联网上“挂马”的方式，大规模盗取QQ号码及Q币。自2011年3月以来，先后对1000多万台电脑植入木马，盗取Q币进行贩卖，非法获利600余万元。同时，还将被盗QQ号码广泛用于诈骗好友、靓号买卖、微博推广、垃圾短信等违法犯罪活动。

公诉机关认为，被告人吴某、王某、明某、梁某以非法占有为目的，多次秘密窃取他人财物，且数额巨大，被告人和某多次秘密窃取他人财物，其行为均已构成盗窃罪。被告人伊某违反国家规定，侵入国家事务、国防建设、尖端科学技术领域以外的计算机信息系统，获取其中存储、处理或者传输的数据，情节特别严重，其行为已构成非法获取计算机信息系统数据罪。

一、网络盗窃的概念和类型

近年来，网络上各种各样的虚假QQ有奖、劲爆抽奖等活动铺天盖地，令人眼花缭乱、防不胜防。各种仿冒网银支付平台的虚假网店更是令人真假难辨，稍不留神，银行账户便被洗劫一空。根据360互联网安全中心的研究数据显示，网上银行、支付宝账号、网络游戏账号、微信账号、QQ账号等已成为网络盗窃的主要对象。网络的普及给人们的生活带来很大的便利，但同时也给犯罪人提供了非法获利的机会。网络盗窃犯罪，主要是指犯罪人利用计算机网络技术，以非法占有或非法获利为目的，在虚拟空间内实施秘密窃取的行为。【本节引例】中的犯罪人吴某和王某通过木马程序入侵他人计算机，窃取他人的 QQ 账号、密码和 Q 币数量等信息数据，并在被害人不知情的情况下利用窃取的账号密码信息秘密登录被害人账号，转移被害人 Q 币从而谋取不法利益，侵犯了被害人的财产权，造成被害人的财产损失。

网络盗窃主要包括以下几种类型：

（一）盗窃虚拟财产

2003 年北京市朝阳区人民法院受理的第一起网络虚拟财产纠纷案件，使得网络虚拟财产进入了大众的视野中。案件的起因是李某在一个网络游戏里花费了几千个小时的精力和上万元的现金，积累和购买了几十种虚拟“生化武器”，这些装备使他在虚拟世界里所向披靡，但当某天他再次进入游戏时，却发现自己辛苦攒下的所有武器装备不翼而飞，一气之下便向法院提起了诉讼，要求游戏运营公司返还其游戏里的武器装备。庭审的焦点集中在李某丢失的这些虚拟物品是否属于“财产”。原告认为，“武器装备”虽然是电脑数据，但是具有财产性质，可以通过人民币的方式进行交易，属于财产。而被告游戏运营公司认为，这些虚拟装备只是游戏中的信息，由电脑数据构成，本身并不以“物”的形式存在，运营公司不能为不存在的东西负责任。最终，法院判决被告恢复原告李某的虚拟财产。在判决中，法官将虚拟财产认定为一种应受法律保护的无形财产，这一结论有力地维护了消费者在虚拟空间所享有的财产权益。

随着互联网的高速发展，网络虚拟财产已经不再限于电脑游戏中的“武器装备”，也广泛地存在于电子商务平台、社交网络平台中，除了涵盖电子邮箱、QQ 账号、域名、微博、微信等，只要是在网络环境中产生、能够通过交换或其他方式产生价值的数据资料都应该属于网络虚拟财产的范围，如游戏道具、网络账号、游戏点卡、游戏币，Q 币和比特币、莱特币等虚拟货币。虚拟财产具有一般商品的属性，是一种无形财产，虚拟财产所有人依法对自己的虚拟财产享受所有权，任何人不经虚拟财产所有人的许可不得使用、占有、处分该财产。若盗窃具有财产属性的虚拟财产数额达到量刑标准的，应以盗窃罪定罪量刑。若通过修改计算机信息系统的数据来侵犯虚拟财产的，在其造成严重后果的情况下，应该被认定为破坏计算机信息系统罪。在【本节引例】中，犯罪团伙制作木马程序，通过在互联网上“挂马”的方式，大规模盗取QQ号码及Q币进行贩卖，非法获利600余万元。Q币是腾讯公司针对QQ软件所发行的虚拟财产，玩家可以向腾讯公司直接购买，其具有一般商品的属性，可以作为盗窃罪的对象。

（二）盗窃电子货币

【参考案例12-1】

2013年下半年，乌克兰出现ATM机无故吐钱事件。当时的监控录像显示，在没有插入银行卡或触碰按钮的情况下，一台ATM机竟会时不时自动吐出现金，并且有人“准时”待在机器前将钱取走。2016年5月15日早晨，日本100多名窃贼使用1600多张伪造信用卡从自动取款机上取走14亿日元现金。窃贼利用伪造的1600多张信用卡，从分布在东京和16个县的大约1400家便利店的ATM机上取现14000次，每次取现金额为取款上限10万日元。事发当天是星期天，银行不营业，也就未能及时发现并采取措施。

知名的反病毒机构卡巴斯基实验室（Kaspersky Lab）2015年2月发表的一份报告说，一个跨国黑客团伙专门针对全球约30个国家和地区的100多家银行和金融企业发起网络攻击，并盗取银行账户资金。美国、欧盟、日本等均深受其害，迄今已损失高达10亿美元。这是全球银行业涉案金额最高、波及范围最广的“网络盗窃行为”之一，案件的严重性在于黑客袭击的对象是银行本身而非银行的终端用户，目的是冲着钱来而不是获取资料或情报。罪犯进行网络盗窃的手段非常熟练和职业化，银行无论使用什么防护软件对他们来说都没有差别。①

电子货币是一种表示现金的加密序列数，它可以用来表示现实中各种金额的币值。一般是以电子计算机技术为依托，进行储存、支付和流通的。用一定金额的现金或存款从发行者处兑换并获得代表相同金额的数据或者通过银行及第三方推出的快捷支付服务，通过使用某些电子化途径将银行中的余额转移，从而能够进行交易。电子货币可以成为盗窃罪的犯罪对象，盗窃电子货币，符合《刑法》关于盗窃罪数额规定的，同样也构成盗窃罪。例如，【参考案例 12-1】中所述，跨国犯罪集团利用伪造信用卡在 ATM 机上大量取现的案件近年来时有发生，犯罪人一般从感染计算机病毒的金融机构的计算机系统入手，伪造户头并从 ATM 机上提取现金。因电子货币存在的形式，盗窃过程由计算机系统以数据传输方式来实现，可以不分地域的瞬间完成，比传统盗窃危害更大。

（三）盗窃信息数据

【参考案例 12-2】

网络游戏、政府网站，这两个原本毫不相干的领域，却因为一款名为“大小姐”的木马病毒联系在了一起。2008 年 5 月，“大小姐”木马病毒“攻陷”了江苏省水利厅政务网站，导致该网无法访问。黑客发动攻击仅仅是为了借助政府网站的“壳”传播病毒，继而盗取网络游戏账号。“大小姐”木马病毒专门攻击网站并以此盗取玩家游戏装备，包括“自由幻想”“武林外传”“梦幻西游”等 40 多款网络游戏，受害网民不计其数。这些黑客先将木马程序植入正规网站，网民访问这些已经“中毒”的网站后，“大小姐”木马病毒会悄悄进入网民的电脑。此后，一旦有人在这台电脑上运行网络游戏，“大小姐”木马病毒就会自动把游戏账号、密码发送

① 李忠东：《防不胜防的网络诈骗与网络盗窃》，载《世界文化》2016 年第 12 期。

给黑客。拿到了游戏账号，黑客就会进入网络游戏，将游戏里的虚拟财产（如游戏人物的装备、金币等）进行转移。然后这些虚拟财产会在专门的网站进行买卖。犯罪人靠木马病毒已经非法获利1400余万元，同时严重影响了网络游戏运营公司的正常运行，造成了重大经济损失。

信息窃取型网络盗窃是行为人利用计算机网络科技手段，借助网络传输，窃取未被信息所有者公开于网络的有关信息。该类型的犯罪往往需要掌握专门制作的计算机病毒程序代码，植入某网站或程序，随着计算机的运行而感染扩散。【参考案例12-2】中的犯罪人就是利用木马病毒窃取网络游戏账号，形成了制作病毒、病毒传播、流量交易、虚拟财产套现等多环节的黑色产业链。具有特定功能的木马病毒通过钓鱼网站、邮件、QQ等方式大范围的传播，造成被害人自己打开“后门”，犯罪人长驱直入取得所需要的信息。

【课堂讨论12-2】

近年来，随着网络的快速发展，网络交易的日趋普遍，网络虚拟财产渐渐进入公众视野，与更多人的切身利益紧密相连。请结合自己的经历，思考并讨论：一旦网络游戏装备、游戏账号、QQ、微信账号等网络虚拟财产被盗，我们应当如何维护自己权益？

二、网络盗窃犯罪的心理特征

（一）贪图财物心理

在贪图财物心理的主导下，犯罪人对物质利益有着无止境的追求，犯罪人通过高超的信息技术来盗取他人的财物，相比传统盗窃，网络盗窃不需要与被害人进行实际的接触，隐蔽性高，负罪感低，风险低但受益巨大。盗窃行为是在贪财图利心理的驱使下实施的，具有收益高、作案时间短、空间不受限制、不易被发现等特点，通过犯罪轻易得到财物后，会使得犯罪人更加贪得无厌，对物质有极强的占有欲。

（二）侥幸心理

屡次犯罪、犯罪得逞都强化了犯罪人的侥幸心理，又因网络盗窃有着隐蔽性和低风险性，这就更加助长了犯罪人的侥幸心。网络的虚拟性和开放性使得犯罪人在不接触被害人的情况下就可以完成犯罪，同时，留下的犯罪痕迹少、侦查难度高等特点使得犯罪人自我安慰、鼓励，犯罪心理得到强化。

（三）盗窃成瘾

盗窃犯罪人大多从小偷小摸开始，逐渐发展到盗窃，一时的盗窃只是暂时满足了欲望，随着钱财的消耗，又产生新的动机，最终盗窃成瘾，恶习难改。另外由于侥幸心理得逞，使得犯罪人产生错觉，认为网络盗窃只要掌握某种技术，就简单易行，不容易被发现，随着敲击键盘，别人的钱财就能快速地进入到自己账户里，这些因素不断诱使犯罪人进行更多次的网络犯罪，欲罢不能。

第三节　黑客的行为——网络攻击

【本节引例】

中国的互联网行业，曾经因为“熊猫烧香”这款病毒一时间闻名世界，甚至被评为2006年的计算机“毒王”，可想而知，它的传染性和破坏力有多么的强大。“熊猫烧香”是一款拥有自动传播、自动感染硬盘能力和强大的破坏能力的病毒，被感染的用户系统中所有可执行文件全部被改成熊猫举着三根香的模样。该病毒的制作者李某2003年开始自学计算机编程技术，2004年到北京、广州等地的网络安全公司求职，但因学历低而屡遭拒绝，他心有不甘决定报复社会，编写了病毒。李某将自己以前在国外某网站下载的计算机病毒源代码调出来进行研究、修改，在对此病毒进行修改的基础上完成了“熊猫烧香”电脑病毒的制作，并采取将该病毒非法挂在别人网站上及赠送给网友等方式在互联网上传播。李某先后将此病毒以500—1000元人民币的价格分别卖给了120多名网友，直接获利10万多元。购买了病毒的网友利用这些病毒来盗取他人的网络游戏账号、QQ账号来进行出售牟利，“熊猫烧香”病毒自此肆虐于网络之间，入侵个人电脑、感染门户网站、击溃数据系统，给上百万个人用户、网吧及企业局域网用户带来无法估量的损失，全国有将近半数的电脑受到影响。感染病毒的电脑非常难以恢复，很多人因此不得不放弃感染病毒的电脑而更换电脑，不仅是企业和家庭电脑受到影响，政府内部电脑也没有躲过“熊猫烧香”病毒袭击，致使政府工作几近瘫痪。

湖北省网监部门、公安部国家计算机病毒应急中心专家、各地的网监精英进行了专案研讨，在网监总队的部署下，运用多种网络技术手段对李某进行技术定位，才顺利将其抓获。最终被人民法院以破坏计算机信息系统罪判处4年有期徒刑。①

一、网络黑客攻击

近年来，黑客攻击事件经常占据各大新闻网站的头条，如2017年7月，美国征信业巨头Equifax的1.45亿用户数据被窃；2017年8月，雅虎母公司宣布全球30亿雅虎账户遭到入侵；2018年9月，英国航空公司遭黑客攻击，38万笔支付信息被窃。黑客攻击事件频频发生，攻击手段层出不穷。

一般来说，黑客攻击是指黑客破解或破坏某个程序、系统及网络安全。黑客攻击手段可分为非破坏性攻击和破坏性攻击两类。非破坏性攻击一般是为了扰乱系统的运行，让系统变慢或者隐藏某些文件，并不盗窃系统资料，不会造成实质性的危害；破坏性攻击是以侵入他人电脑系统、盗窃系统保密信息、破坏目标系统数据、篡改删除数据为目的。【本节引例】中的“熊猫烧香”病毒就属于破坏性攻击，不仅具有本机感染功能、局域网感染功能及U盘感染

① 参见360百科：熊猫烧香。

功能，并能中止许多反病毒软件和防火墙的运行，中了该病毒的电脑会自动链接访问指定的网站、下载恶意程序等，电脑还会出现蓝屏、频繁重启以及系统硬盘中数据文件被破坏等现象。同时，该病毒的某些变种可以通过局域网进行传播，进而感染局域网内所有计算机系统，最终导致企业局域网瘫痪，无法正常使用。

【参考案例 12-3】

2017 年国家支持型黑客攻击事件频发。被认为是由俄罗斯政府支持的黑客组织 APT28，不仅被指干涉美国 2016 年的总统大选，还被曝出试图干涉 2017 年法国大选、攻击黑山共和国以及罗马尼亚外交部网络等重量级事件。APT28 利用社交媒体发布言论，试图控制社会舆论。而疑似与越南政府有关的黑客组织 APT32 也一直活跃在东南亚地区执行网络间谍任务。

黑客攻击的目的有多种：一是为了政治目的的黑客攻击。黑客一般通过网络对政府的网站、计算机系统进行破坏性攻击，有的是为了维护祖国的利益，有的是为了抗议某一国政府的行为，还有的是为了对一国进行打击。【参考案例 12-3】所述，国家间的网络间谍活动一直以来都是各国进行网络安全防范的重点，随着世界各国对网络攻击这种“不对称”武器的重视，以及网络攻击技术的飞速更迭，由国家支持的黑客攻击规模和影响将不断增强甚至可能造成国际政治格局震荡。

【参考案例 12-4】

电影里面黑客侵入银行系统并盗取巨额资金的情景已经司空见惯了，事实上这样的入侵行为第一次发生在 1994 年。范德米尔·列文（Vladimir Levin），这位来自俄罗斯的超级黑客当时还是一名学生，他利用网络入侵了美国著名的花旗银行的电脑系统，更改银行账户的存款数目，把总额 1070 万美金的巨款转移到自己位于美国、芬兰、荷兰、以色列和德国的账户。这是世界上第一起成功的网上银行劫案。花旗银行与 FBI 及国际刑警联合对此案展开调查，

3 年以后列文在伦敦被捕，并于 1998 年被判 3 年徒刑。[①]

上述案例中的范德米尔·列文就是典型的为了经济利益而进行的黑客攻击。通过制作和传播病毒或使用黑客软件来窃取他人的账号、密码等信息，从而达到谋取钱财的目的。案例中的列文最初的梦想是做一名出色的程序员，但在无意之中光顾了一个俄罗斯黑客网站后，支撑他前进的人生信仰就发生了改变。这些出色的电脑奇才们聚集在一起更多的是讨论一些技术方面的问题，当他们通过网络发现了不少国际大银行的网络系统其实漏洞百出。本来他们更多的是嘲笑这些所谓固若金汤的系统，但是列文却想通过这些漏洞搞到金钱。对金钱的过度追求和向往，最终导致列文只能面对铁窗生涯。

【参考案例 12-5】

蠕虫病毒的始作俑者是罗伯特·莫里斯，他是美国国家计算机安全中心（隶属于美国国家安全局 NSA）首席科学家的儿子，康奈尔大学的高材生，1988 年冬天，正在康奈尔大学攻读的莫里斯，把一个被称为“蠕虫”的电脑病毒送进了美国的互联网。1988 年 11 月 2 日下午 5 点，互联网的管理人员首次发现网络有不明入侵者。它们仿佛是网络中的超级间谍，狡猾地不断截取用户口令等网络中的“机密文件”，利用这些口令欺骗网络中的“哨兵”，长驱直入地侵入互联网中的用户电脑。入侵得手后，立即反客为主，并闪电般地自我复制，抢占地盘。计算机在被“蠕虫”感染后，其资源迅速耗尽。“蠕虫”事件最终导致 15.5 万台计算机和 1200 多个连接设备无法使用，许多研究机构和政府部门的网络陷入瘫痪，经济损失巨大。“Hacker”一词开始在英语中被赋予了特定的含义，莫里斯事件震惊了美国社会乃至整个世界。而比事件影响更大、更深远的是：黑客从此真正变黑，黑客伦理失去约束，黑客传

① 参见百度百科：Vladimir Levin。

统开始中断，大众对黑客的印象永远不可能恢复。计算机病毒从此步入主流。①

类似罗伯特·莫里斯的这类黑客痴迷于计算机网络技术，通过发现他人的系统漏洞来进行黑客攻击，但之后又提供修补漏洞方法的也大有人在。有的黑客为了验证自己的技术，探索互联网世界，而对他人的计算机系统进行攻击，造成电脑死机、网络瘫痪，但其目的并不主动窃取他人的信息。罗伯特·莫里斯在被抓后，声称其放置蠕虫病毒知识是为了探究当时的互联网究竟有多大。

二、网络黑客攻击与犯罪

黑客攻击是所有网络犯罪中最让人心惊肉跳的一种，但也并不是所有的黑客攻击行为都构成犯罪，网络黑客攻击行为可能涉及的刑法罪名主要有以下几种：

（一）非法侵入计算机信息系统罪

根据《刑法》第 285 条第 1 款的规定，非法侵入计算机信息系统罪，是指违反国家规定，侵入国家事务、国防建设、尖端科学技术领域的计算机信息系统的行为。犯本罪的，处 3 年以下有期徒刑或者拘役。

（二）非法获取计算机信息系统数据、非法控制计算机信息系统罪

根据《刑法》第 285 条第 2 款的规定，非法获取计算机信息系统数据、非法控制计算机信息系统罪，是指违反国家规定，入侵国家事务、国防建设、尖端科学技术领域的计算机信息系统之外的计算机信息系统或者采用其他技术手段，获取该计算机信息系统中存储、处理或者传输的数据，或者对该计算机信息系统实施非法控制，情节严重的行为。犯本罪的，处 3 年以下有期徒刑或者拘役，

① 参见百度百科：罗伯特·莫里斯。

并处或者单处罚金；情节特别严重的，处3年以上7年以下有期徒刑，并处罚金。

【参考案例12-6】

2017年6月18日，据媒体报道，有人在QQ群中兜售远程控制家庭摄像头的破解软件，并有大量人员非法购买后利用摄像头进行偷窥，严重侵犯了公民个人隐私。民警发现，该案为新型网络黑客犯罪，在当时尚无司法案例可遵循。经深入调查，该案犯罪行为隐秘，犯罪地点波及范围广，此类破解软件可扫描出存在漏洞的摄像头IP，不法分子就是利用此漏洞远程控制了摄像头。北京警方掌握涉案QQ群组及号码共计5000余个，其中涉及北京共计100余个。北京市局网安总队依托网络专业优势，循线追踪，最终发现了出售扫描破解软件的党某某等6人，并掌握了赵某某在内的18名购买破解软件后非法入侵他人家庭人员。市公安局充分发挥警务大数据侦查优势，缜密工作，仅用19天破获该案，成功打掉了全国首例网上传播家庭摄像头破解软件的犯罪链条，抓获涉案人员24名。①

上述案例中的党某某在得知通过破解网络摄像头密码可以偷窥他人隐私，随后非法获取某品牌摄像头破解软件，采用黑客手段破解网络摄像头IP，并在相关QQ群中将已被破解的摄像头IP进行贩卖，构成非法获取计算机信息系统数据罪；而购买人员赵某某，在网上发现有关破解网络摄像头IP的QQ群组，因好奇加入此类QQ群，向群管理员购买了扫描破解软件。他利用该软件成功破解出100余个摄像头IP，并观看、保存了摄像头拍摄内容，其行为构成非法控制计算机信息系统罪。

（三）提供侵入、非法控制计算机信息系统程序、工具罪

根据《刑法》第285条第3款的规定，提供侵入、非法控制

① 参见《黑客用破解软件攻破家庭摄像头 家中隐私被直播》，载青岛新闻网。

计算机信息系统程序、工具罪，是指提供专门用于侵入、非法控制计算机信息系统的程序、工具，或者明知他人实施侵入非法控制计算机信息系统的违法犯罪行为而为其提供程序、工具，情节严重的行为。犯本罪的，处 3 年以下有期徒刑或者拘役，并处或者单处罚金；情节特别严重的，处 3 年以上 7 年以下有期徒刑，并处罚金。

（四）破坏计算机信息系统罪

根据《刑法》第 286 条的规定，破坏计算机信息系统罪，是指违反国家规定，对计算机信息系统功能进行删除、修改、增加、干扰，造成计算机信息系统不能正常运行，后果严重，或者违反国家规定，对计算机信息系统中存储、处理或者传输的数据和应用程序进行删除、修改、增加的操作，后果严重，或者故意制作、传播计算机病毒等破坏性程序，影响计算机系统正常运行，后果严重的行为。犯本罪的，处 5 年以下有期徒刑或者拘役；后果特别严重的，处 5 年以上有期徒刑。

（五）非法利用信息网络罪

根据《刑法》第 287 条之一第 1 款的规定，非法利用信息网络罪，是指利用信息网络，设立用于实施诈骗、传授犯罪方法、制作或者销售违禁物品、管制物品等违法犯罪活动的网站、通信群组，或者发布有关制作或者销售毒品、枪支、淫秽物品等违禁物品、管制物品或者其他违法犯罪信息，或者为实施诈骗等违法犯罪活动发布信息，情节严重的行为。犯本罪的，处 3 年以下有期徒刑或者拘役，并处或者单处罚金。

（六）帮助信息网络犯罪活动罪

根据《刑法》第 287 条之二第 1 款的规定，帮助信息网络犯罪活动罪，是指明知他人利用信息网络实施犯罪，为其犯罪提供互联网接入、服务器托管、网络存储、通信传输等技术支持，或者提供广告推广、支付结算等帮助，情节严重的行为。犯本罪的，处 3 年以下有期徒刑或者拘役，并处或者单处罚金。

【参考案例 12-7】

王某伙同赵某某、曹某等人预谋在微信上运营“开鑫牧场”游戏非法获利。被告人何某、姚某、刘某是东莞某信息科技有限公司的程序员，均听从赵某某的管理。从 2016 年 12 月份开始，赵某某指令被告人何某、姚某、刘某等技术人员负责游戏程序的开发和维护，何某、姚某等人在明知“开鑫牧场”游戏规则设计存在多级分销，可能被用于违法犯罪的情况下，仍然共同开发了该程序。王某等人以“开鑫牧场”实施了诈骗或组织、领导传销。王某等主要犯罪人员均证实只是让何某等技术人员开发、修改或维护游戏，未告知技术人员通过该游戏实施诈骗或传销等违法犯罪的情况。①

上述案例中的 3 名被告人除了领取工资和开发游戏的补贴，也并未从犯罪所得中领取不合理的报酬。因此，3 名被告人只是知道涉案游戏被用于犯罪却依然提供技术支持，但是主观上和同案人王某等人事先并无诈骗或者组织、领导传销的共谋，依法应当以帮助信息网络犯罪活动罪追究 3 人的刑事责任。

习近平总书记指出，没有网络安全就没有国家安全。黑客犯罪破坏的就是网络安全，执法机关应该予以重点打击，责无旁贷，然而单纯的打击不能彻底解决问题，不仅需要打防结合，更需要全社会共抓、共管、共治、共同努力。

【课堂讨论 12-3】

网络安全威胁主要来自病毒、木马、黑客攻击以及间谍软件攻击。你的电脑是否曾经被病毒、木马或者流氓软件牢牢控制过呢？请结合所学知识，思考并讨论：如何有效地防止计算机病毒的入侵？

① 参见《帮助信息网络犯罪活动罪的两个裁判规则》，载 110 法律咨询网。

三、网络黑客犯罪的心理特征

（一）认知两极化

一方面，有的犯罪人具有较高的认知水平和能力，大多接受过高等教育，具有娴熟和高超的计算机专业手段和能力，其本身拥有的高超技术促使他们的好奇心、好胜心膨胀，在利益诱惑等目的的驱使下进行违法犯罪活动。在犯罪中沉着冷静，犯罪后会进行犯罪痕迹和证据的销毁，负罪感不高。另一方面，有的犯罪人认知水平和能力较低，通过自学获取了高超的计算机水平，但缺乏正确的教育与引导，在好奇心和冒险欲望的驱使下进行违法犯罪，追寻内心的快感和满足感。这类犯罪人犯罪后一般不会进行犯罪痕迹和证据的消除。

（二）炫耀、表现心理

在网络犯罪刚刚进入到大众视野时，大多是来自于“电脑黑客”的恶作剧，如被公认为“世界头号电脑黑客”的天才少年凯文·米特尼，在他 15 岁时闯入“北美空中防务指挥系统”，翻阅了美国指向苏联及其盟国的所有核弹头的数据资料。当他发现联邦调查局在调查自己时，侵入联邦调查局的中央电脑系统，恶作剧地将几个负责调查的特工的档案改成十足的罪犯。这些行为无不是为了显示自己计算机技术的高超，为了炫耀自己的特殊才能，成功之后获得巨大满足感，全然不顾其行为造成的严重后果。最初犯罪人只是为了证明自己的能力，随着侵入网络会发现大量敏感信息，部分犯罪人会萌生好奇心，利益欲望膨胀，就会演变为破坏性更大的行为。

（三）个性特征

黑客攻击的犯罪人对计算机有着强烈的兴趣，心思缜密，逻辑性强。极度信任自己的计算机技术能力，自尊心强，一旦受到他人或外界的刺激，急于证明自己。在网络环境中，具有极强的好斗性，以证明自身的价值。但是对现实生活抱着无所谓的态度，社会责任感低，负罪感较低。

第四节 网络犯罪心理分析

一、网络犯罪的心理特征

（一）认识错误、自我评价高、盲目自负

目前我国的网络技术迅猛发展，但相关的道德教育、法律规范以及社会监管力度还不够，使得网络中充斥着大量不良的信息，错误的人生观、价值观在网上大行其道，给人们尤其是青少年的思想带来极大的冲击，使他们容易被表面现象迷惑，直至形成错误的价值观念。无论是以网络为对象的犯罪，还是以网络为工具的犯罪，犯罪人大多掌握了一定的技术，或是专业的计算机技术，或是熟知网络中的某种漏洞，他们的心理优越感强，自我评价也相当高，自认为其犯罪手段相对传统犯罪来讲神不知鬼不觉，警察根本奈何不了，盲目自负。

（二）情绪情感冷漠、无情，罪责感低

网络犯罪人情绪情感往往不受社会道德规范的约束，借助网络的掩盖，有人在网络中毫不留情地攻击他人、社会；有人在游戏中血腥残暴、杀人如麻；有人利用“病毒”肆虐网络空间；在网络中表现出的冷漠、无情、残忍的情绪情感，一旦形成之后，遇到相似或相同的环境后，就有可能导致暴力犯罪。例如，2008 年落网的石家庄“砍刀团伙”的犯罪人就是因为沉迷于网络暴力游戏，挥着砍刀，制造了网吧恶性连环抢劫杀人案。

另外，网络犯罪相对于传统犯罪，犯罪人心理承受的压力和罪责感是较低的。大多数传统犯罪的犯罪人会直接面对被害人，会遇到被害人反抗、犯罪环境的变化等情况，这都会使犯罪人出现紧张

心理，甚至惧怕心理，负罪感会极其强烈。而网络犯罪的犯罪过程大多通过键盘、鼠标来完成，这种类似“游戏”的过程，几乎看不到现实的危害，甚至有的计算机专业人员是为了获得内心的“满足感”与“成就感”，罪责感就降得更低了。

（三）自控能力降低，行为失控

网络是虚拟的空间，具有隐蔽性，这就让道德、法律的约束力在网络空间中失去了其原有的调控力。网络犯罪人的自控力极低，在网络上，他们会毫无节制地表达自己，发泄在现实生活中受到抑制的欲望，毫无节制的超越道德、法律的界限，行为失控，直至实施犯罪行为。

（四）人格的缺陷

此类犯罪人的人格往往有如下特征：性格内向、孤僻偏执、敏感、不善与人交往、以自我为中心、自私自利、不顾他人感受。他们沉迷网络时间越长，就越不能面对现实生活，越无法与人正常相处，孤独感和抑郁感就越强，容易产生挫折感，继而容易导致其产生相应的攻击行为。

（五）侥幸心理突出

网络空间的虚拟性、隐蔽性，给了犯罪人一定程度的安全感，助长了其侥幸心理。犯罪人在网络中的作案痕迹、作案工具很容易被清除，犯罪人的身份更是可以变化莫测。一旦犯罪人初期的犯罪行为没有得到刑事处罚，那么犯罪心理就会被“强化”，侥幸心理也会进一步增强，其会更加肆无忌惮地实施犯罪。

二、网络犯罪的行为特征

（一）智能性

网络犯罪尤其是以网络为对象的犯罪，大多与先进的计算机技术有着密切联系，犯罪人主要是一些掌握计算机技术的专业研究人员或者对计算机有特殊兴趣并掌握网络技术的人员，他们大多具有较高的智力水平，既非常熟悉计算机及网络的功能与特性，又了解掌握计算机及网络的缺陷与漏洞。比如，一些职业黑客可以利用黑客技术或侵入计算机信息系统篡改数据，或植入“木马”盗窃数据，或控制他人计算机从事违法犯罪活动。某省警方破获的黑客犯罪案件中，黑客可以轻易更改 DNS 服务器域名指向等方式向游戏玩家计算机植入木马，除了窃取游戏币外，他们还偷看棋牌网络游戏底牌实施诈赌。

（二）犯罪成本低廉

网络犯罪的成本相对较低。网络的管理和控制还不够成熟、相关法律制度还不够完善、网络犯罪的惩处力度还不够，这都是造成网络犯罪成本不高的原因。以电子邮件为例，比起传统寄信所花的成本少得多，尤其是寄到国外的邮件。随着网络的发展，现在只要敲一下键盘，只需几秒钟就可以把电子邮件发给众多的人，很多诈骗信息和病毒就是通过电子邮件来传播的。① 犯罪的成本低廉也导致了网络谣言四起，严重危害了社会稳定。例如，臭名昭著的网络造谣事件“秦火火造谣事件”，这种虚假信息被不知情的网民肆意转发，在网络上和社会中造成了极为不良的影响，严重扰乱了社会秩序和人们生活的安定。

（三）犯罪手段隐蔽性、连续性、复杂性

网络犯罪具有较强的隐蔽性，由于网络空间的虚拟性、开放性、不确定性，犯罪行为并不受时间、地点的限制，没有案发现场，没有目击证人，大多是面对机器进行操作的，而且成员之间大多是以虚拟的身份进行联系，难以取证，增加了侦破的难度。

犯罪行为往往呈现出较强的连续性，会使得犯罪人的犯罪心理得到强化，犯罪责任感减轻，从而造成犯罪行为的无节制。即使被

---

① 徐云峰、谢丽丽等编著：《网络犯罪心理》，武汉大学出版社 2014 年版，第 83 页。

抓获，行为人也会因为证据不足、无法律依据而只得到轻微的惩处，然后继续犯罪。

网络犯罪具有复杂性的特点。随着科技的进步和社会的多元化，网络犯罪的犯罪对象越来越复杂多样，盗用、伪造客户网上支付账户的犯罪，电子商务诈骗犯罪，侵犯知识产权犯罪，非法侵入电子商务认证机构、金融机构计算机信息系统犯罪，破坏电子商务计算机信息系统犯罪，恶意攻击电子商务计算机信息系统犯罪，虚假认证犯罪，网络色情，网络赌博，洗钱，盗窃银行，操纵股市等网络犯罪行为层出不穷。①

（四）欺骗性

欺骗似乎是网络生活的自带属性。在网络犯罪中常见的电脑病毒传播中，电脑病毒设计者往往利用人们的好奇心，使病毒具有很大的迷惑性。比如，“爱虫”病毒、“库尔尼科娃（网球女明星）”病毒和“裸妻”病毒。如果网民克制不了自己的好奇心，点击了程序链接，就会受到病毒的感染，以致造成许多严重后果。

另外，网络诈骗的花样更是层出不穷，欺骗手段多种多样，如假冒好友、网络钓鱼、网络托儿、网银升级诈骗、电信诈骗等。最近，互联网上公布了几种网购诈骗的方式，包括：一是谎称其货品为走私物品或海关罚没物品，要求网民支付一定的保证金、押金、定金；二是谎称网民下订单时卡单，要求网民重新支付或重新下订单；三是谎称支付宝系统正在维护，要求网民直接将钱汇到其指定的银行账户；四是网民在网购飞机票时，嫌疑人谎称网民提供的身份信息有误，要求网民重新支付购票款；五是谎称店内无货，朋友的店里有货，于是推荐一个看似差不多的网址……

（五）社会危害性巨大

网络的普及程度越高，网络犯罪的危害也就越大。主要表现

① 徐云峰、谢丽丽等编著：《网络犯罪心理》，武汉大学出版社 2014 年版，第 85 页。

为：一是会造成巨大的财产损失。据美国联邦调查局统计测算，因计算机犯罪给总部在美国的公司带来的损失约为2500亿美元。二是有可能危及公共安全和国家安全，使政治、经济机密泄露，国家安全受到巨大威胁。三是网络色情泛滥，严重污染社会风气，危害青少年的身心健康。

随着科技的迅猛发展，世界各国对网络的利用和依赖将会越来越多，来自世界各地的攻击也会更多。网络犯罪不仅能使一个企业倒闭，也能使个人隐私泄露，甚至能使一个国家的经济瘫痪，这些绝非危言耸听。

【课后思考】

出生在江苏农村的王某自幼就是爱学习、肯钻研的孩子，尤其喜欢电脑知识。随着掌握的计算机知识越来越多，王某开始对信息安全技术产生了浓厚的兴趣，并牵头创建了一个QQ群，在群里与其他志趣相投的电脑爱好者一起探讨信息安全知识。2015年的暑假，即将进入高三学习的王某，出于炫耀自己的“黑客”技能，吸引更多的好友加入自己的QQ群，他侵入了一个网站系统后台，并且窃取了含有大量公民信息的文件压缩包然后发到群里，供人随意下载。此时的王某，由于法律观念淡薄，根本不知道自己的这一炫技行为已经涉嫌犯罪。2017年年初，经群众举报，公安机关将已经就读某大学信息网络管理专业的王某抓获，之后将他取保候审。这个时候，王某在大学里学到了更多的计算机知识，已经实实在在成为一名高手。

王某交代，他组建QQ群是为了提供一个相互学习计算机的交流平台。在互联网上，利用搜索到的各种检测网站漏洞的代码去检测国内外网站是否存在漏洞。公安机关将案件移交审查起诉时，检察机关发现，这个少年有着极高的计算机天赋，聪明勤奋，他当黑客也不是为了赚钱，而是出于年轻人的骄傲，作出的“炫技”之举。检察官们对王某进行了大量的社会调查，了解王某涉嫌犯罪的根源，并想办法在依法办事的同时如何挽救这个年轻人。他的母亲表示愿意承担监管职责，司法局也同意纳入社区矫正，具备帮教转化的条件。最终，对其作出附条件不起诉的决定。

重返校园的王某，终于将计算机技术用上正途，他个人在国家信息安全漏洞共享平台官方网站“白帽子原创积分排名”中，长期保持全国前五名，成为了名副其实的守护网络安全的“白客”。

请思考：

王某具有哪些个性特征，并分析其走上犯罪道路的心理。

第十三章　变态犯罪人心理

【学习目标】

知识目标： 1. 了解变态心理的概念和类型；

2. 掌握人格障碍、精神障碍、性心理障碍犯罪人的心理特征；

3. 理解人格障碍、精神障碍、性心理障碍犯罪行为特征。

能力目标： 1. 运用变态犯罪心理的相关知识解决实际问题；

2. 运用变态犯罪心理的相关知识从事司法实践活动。

【本章引例】

白银连环杀人案①

从1988年至2002年的14年间，甘肃白银市和内蒙古包头市两地发生了11起相似的疯狂杀人案件，有11名女性惨遭入室杀害，部分被害人曾遭受性侵害。凶手专挑年轻女性下手，作案手段残忍，被害人除遭到强暴、杀害之外，身上均有多处刀伤，甚至有的部分身体器官（如双手、耳朵、乳房、性器官等）被凶手割下

① 参见360百科：白银市连环杀人案。

取走，造成了巨大的社会恐慌。案件发生后，案件迟迟没有取得实质性突破。直到2016年，办案刑警在白银市某小卖部内将犯罪嫌疑人高某勇抓获，其对在1988年5月至2002年2月间实施强奸杀人作案11起，杀死11人的犯罪事实供认不讳。部分案件经过如下：

（1）1988年5月26日下午5时许，白银某公司23岁的女职工白某被害于家中。警方勘验发现，被害人“颈部被切开，上衣被推至双乳之上，下身赤裸，上身共有刀伤26处”。经高某勇供述，该案件是因盗窃未遂，被被害人撞破才杀人。

（2）1994年7月27日下午2时50分，白银供电局19岁女临时工石某在其单身宿舍遇害。被害人颈部被切开，上身共有刀伤36处。

（3）1998年1月16日下午4时许，居民发现白银区胜利街29岁的女青年杨某在家中遇害，调查证实杨某被害时间为1月13日。被害人颈部被切开，全身赤裸，上身共有刀伤16处，双耳及头顶部有13厘米×24厘米皮肉缺失。

（4）1998年1月19日下午5时45分，27岁女青年邓某在家中遇害。被害人上衣被推至双乳之上，裤子被扒至膝盖处，颈部被刺割，上身共有刀伤8处，左乳头及背部30厘米×24厘米皮肉缺失。

（5）1998年7月30日下午6时许，白银供电局职工曾某8岁的女儿苗苗（化名）在家中遇害。被害人下身赤裸，颈部系有皮带，阴部被撕裂并检出精子。

（6）1998年11月30日上午11时许，白银某公司女青年崔某在家中遇害。被害人颈部被切开，上身有22处刀伤，下身赤裸，双乳、双手及阴部缺失。

（7）2000年11月20日上午11时许，白银棉纺厂28岁的女工罗某在家中遇害。被害人颈部被切开，裤子被扒至膝盖处，双手缺失。

（8）2001 年 5 月 22 日上午 9 时许，白银区妇幼保健站 28 岁的女护士张某在家中遇害。被害人颈部等处有锐器伤 16 处，并遭强奸。

（9）2002 年 2 月 9 日下午 1 时许，25 岁的女子朱某在白银区某宾馆客房中遇害。被害人颈部被切开，上衣被推至双乳之上，下身赤裸，遭到强奸。

轰动全国的“白银连环杀人案”凶手高某勇一审被判处死刑。从 1988 年至 2002 年，高某勇在甘肃白银市及内蒙古包头市连续强奸残杀 11 名女性，包括一名年仅 8 岁的女孩。这样极端残忍、毫无人性的人究竟有着怎样的变态心理？

大部分犯罪人都有一定的犯罪动机和目的，其心理特点和犯罪原因很容易被人理解，然而有部分人很特殊，其心理状态与常人不同。比如，【本章引例】中的犯罪人高某勇，其强奸的犯罪心理可以理解为满足其畸形的性需求，但在其实施强奸行为之后割下并带走被害人的双手、耳朵、乳房或性器官的行为就令人费解了，他为什么要这么做？目的是什么？这就是我们这章要解决的问题。

变态心理是相对于常态心理而言的。常态心理，是指在适应周围环境方面具有被大多数人所认为的应有的反映方式；而变态心理，是指人的心理特征和行为表现在一定程度上超出了正常范围，甚至表现为自我某种程度地丧失了辨别能力或控制能力。变态心理并不等同于心理全部异常，很多具有变态心理的人，智力和某些心理活动都很正常，不过在某一活动对象或方式上不同于常人。比如，恋物癖者把某种物作为性爱对象的替代物，以满足其性欲，而其他方面的心理表现都很正常。广义的变态心理主要有人格障碍、精神病、性变态、精神发育迟滞、神经质等。

实际上，并不是所有的变态心理者都会犯罪，犯罪的变态心理者只占所有变态心理者的一小部分，但在服刑的罪犯中，变态心理者所占比例高达 30%以上。比如，美国巴尔的摩一名大学生将室友杀害并肢解吃掉其身体器官，迈阿密一名裸男吸食毒品后当街啃食人脸等案件，都与犯罪人的变态心理有着密切的联系。在此，我们主要介绍人格障碍、精神障碍、性变态这些与犯罪关系较为密切的变态心理类型。其中，性变态的犯罪率高居首位，在人格障碍中反社会、偏执型和爆发型人格障碍者的犯罪率也很突出。

【课堂讨论 13-1】

变态心理是在生物因素、心理因素与社会文化因素诸多因素综合作用下形成的。结合所学知识思考并讨论：变态犯罪动机具体表现在哪些方面？

第一节　人格障碍与犯罪

一、人格障碍概述

人格障碍，是指人格特征明显偏离正常，使患者形成了一贯的反映个人生活风格和人际关系的异常行为模式。[①] 这种模式显著偏离特定的文化背景和一般的认知方式（尤其在待人接物方面），明显影响其社会功能和职业功能，造成对社会环境的适应不良。简单来讲，就是其人格显著偏离常态，且给人的生活造成了影响。日常生活中，人格障碍的人给他人的感觉是性格古怪，行为怪癖，难以处理复杂的人际关系，常与他人发生冲突，有的表现为情感冷漠、敏感多疑、刻板固执等，这都是病态人格造成的结果。

【参考案例 13-1】

小芳自认为工作压力大而紧张、疲劳、失眠和易发脾气。问及根源时，她说："工作时同事们总嫌我做事拖拉而故意大声喧哗影响我"，"他们经常在领导面前告我的状"，"要不是我很小心，肯定会受他们的欺负和利用"。经了解，她所说之事毫无依据。长期

---

① 参见《中国精神障碍分类与诊断标准第3版（CCMD-3）》。

以来，她对别人都怀有敌意，而且敏感多疑、嫉妒。

上述案例中的小芳就属于人格障碍的一种——偏执型人格障碍，总是处于过于警惕的状态，时时提防别人的攻击，常断言自己被误解，故而表现出敌视、愤怒、控诉或攻击行为；对挫折和拒绝过分敏感；易产生怨恨、怀疑，常常将无意的或友好的行为看成是恶意的，等等。

通常人格障碍者能够正常地从事学习和工作，智力发展基本正常，但是他们不能始终用理智控制自己，其在变态心理的支配下，会反复出现偏离社会规范的行为。由于其人格某些特征的极端性，有时会在诱因的刺激下或偶然动机的驱使下，实施严重的犯罪行为。但不能理解为人格障碍者一定会实施违法犯罪行为，只能说具有人格障碍的人与犯罪有较为密切的关系。涉及犯罪的人格障碍主要有以下常见类型：反社会型人格障碍、偏执型人格障碍、爆发型人格障碍、情感型人格障碍、怪癖型人格障碍、分裂型人格障碍等。

二、人格障碍的犯罪类型

（一）反社会型人格障碍

本书第七章第三节分析的系列绑架勒索案的犯罪人王某让人印象最深刻的是，王某害怕挨父亲打，竟然逼迫母亲离婚，为了做大案又怕母亲知道后痛苦，竟然想把母亲杀掉一身轻松去闯江湖。这些麻木和凶残的表现让人们怀疑王某是否还有情感。反社会型人格障碍的一大特点就是冷酷无情、“道德白痴”，没有什么能够触动他们，他们可以毫无顾忌甚至津津乐道地描述其犯罪的可怕细节，对于被害人的痛苦和社会的道德谴责表现的无动于衷，他们只被自己的愿望、需求所驱使。这类人格的人完全缺乏道德良知和同情心，只在乎自己想做的事情。王某的人格特征是没有良知、缺乏同情心、极端自我、做事不计后果。比如，王某为了满足自己当

“老大”的虚荣心，肆无忌惮地偷家里的钱、偷老师的钱，为了逃避父亲的打骂，逼迫母亲离婚，丝毫不会考虑父母的感受。他自私到只关注自己的欲望，一心要做大案、要案轰动北京城，对于社会规范、道德、他人的感受毫不在乎，对绑架的被害人及其家属丝毫不会产生内疚和悔恨。在庭审时，王某没有为自己进行任何辩护，现场的神情也是满不在乎甚至嬉皮笑脸，毫无悔意。

反社会型人格障碍者无论在何种环境下，这类人极端自私，行为完全由冲动的欲望驱使，为了达到个人目的不择手段、不顾后果，无情无义且妄自尊大，也称无情型、冷酷型或悖德型人格障碍。反社会型人格的犯罪人一般具有以下特征：

1. 一般从儿童时期就表现出种种不良行为习惯

反社会型人格障碍者一般从儿童时期就会出现逃学、说谎、偷盗、打架、离家出走或流浪以及性行为紊乱等不良行为习惯，有前科劣迹，成年以后违法犯罪者比较多，一般男性多于女性。本书第七章第三节分析的系列绑架勒索案的犯罪人王某从 9 岁就开始偷，偷完家里偷外面，直至因抢劫罪被判入狱。除此之外，还有渝湘鄂系列持枪抢劫杀人案的主犯张某，他从小顽劣，6 岁时就开始偷别人的钱，十五六岁因为扒窃进过少管所，高中辍学后无所事事就开始四处打架斗殴，17 岁时因持刀伤人被判 3 年的劳教。之后历时 6 年张某犯案十余起，杀死、杀伤近 50 人，抢劫现金、首饰价值 600 多万元，制造了震惊全国的渝湘鄂系列持枪杀人抢劫案。

2. 情感冷漠，不能正常与人相处

这类人自私自利，情感上冷漠自私，始终不能被温情感化，只会不择手段的满足自己，从不会为他人着想，不能建立和维持正常的感情关系和人际关系。通过前文的分析，我们已经看到王某的冷漠无情，他从小到大并不缺少亲情，母亲和姐姐给予了他很多的关爱和帮助，其犯罪原因中环境背景因素并不突出，更多的是他个人的心理问题。渝湘鄂系列持枪抢劫杀人案的主犯张某在这方面表现得无情无义，他有很多情妇，而他对任何女人都没有付出过真正的感情，都是利用而已。与他一起抢劫的同伙被误伤了，张某竟然趁其不备将同伙砸死，理由是杀了他可以延续自己的生命，他只讲生存，不讲义气。

3. 无道德感和罪责感

缺乏自我约束力，难以用社会道德约束和评价自己的行为。在实施犯罪时，道德麻木，毫无紧张感和焦虑感，犯罪后也毫无悔意，缺乏罪责感。本书第七章第三节分析的系列绑架勒索案的犯罪人王某即使被警方抓捕后，仍然负隅顽抗，和警方讨价还价：我也不想人质出事，我让我的人撤了，再带你们去。此外，在另一起绑架案中，拿到300万元赎金后，王某团伙就将人质王甲杀死，不久后，他竟然还往被害人家里打电话，“再给100万，我就告诉你们埋尸地点。”可见其为了满足贪婪的物欲，丝毫没有对虐杀同类的同情和悔意，被害人只是他获得钱财的工具。

4. 自我中心性强，易冲动，攻击性强

这类人社会情感发展欠缺，对挫折的耐受力差，以自我为中心，行为冲动、随意，缺乏自制力，为满足欲望为所欲为，攻击性强，总是处于易激怒状态，与他人发生冲突时，总归咎于别人。

5. 反复性、持久性，不易被矫正

这类人犯罪后感受不到良心和道德的谴责，没有罪责感，也不会感到痛苦，容易发展成惯犯、累犯，反复实施持久性的危害行为。同时，由于上述特点，他们不容易接受教育和矫正。

该类型人格障碍是对社会影响最严重，也是最容易发生违法犯罪的变态人格之一。反社会型人格障碍者犯罪的主要特征为犯罪行为多受情感冲动或本能欲望的驱使，犯罪行为后果往往害人害己，作案手段残酷，易从事暴力犯罪和性犯罪等活动。

（二）偏执型人格障碍

【参考案例13-2】

李某总是担心同事要伤害他，一天在工作中使用台式电锯的时候，他的手滑入了电锯，差点被切掉，他就怀疑这是有人对电锯做了手脚。这次事件后，他发现同事们总是盯着他并且相互低声说着什么。他把自己的怀疑告诉了老板，但老板认为他的想法很疯狂，那次意外也只是因为他不小心而已。李某没有一个亲近的朋友，甚至他的弟弟妹妹都躲着他，因为他总是把他们的话当做是对他的责备。他结婚后总怀疑妻子马某有外遇，要求她不许和任何朋友往来，没有他的陪同不允许外出，妻子决定与他离婚，李某对妻子说："你就是跑到天涯海角，我也要找到你，到时你没有好下场的。"

某天，李某挎了一个帆布包来到妻子的娘家，看到她的父亲便飞快地从帆布包中抽出一把明晃晃的西瓜刀，猛然向其头部连砍数刀，他又砍向了已吓呆的马母。住在隔壁的马某的哥哥看到如此情景，忙喊："你怎么如此狠毒！把刀放下！"李某说："我要报仇！"说完，提刀扑向马某的哥哥，马某的哥哥情急之中顺手拿起木棒，一棒将李某打翻在地，李某又从帆布包中拿出一个炸药包，嘶喊道："再过来，我们同归于尽！"此时，邻居们都闻讯赶来，情况十分危急，马某的哥哥飞步上前，两棒打掉炸药包。见炸药包被打掉，李某又用刀割颈，直至昏迷。后来李某交代，为了不让妻子离开自己，"不得已"采取了恐吓和极端等手段相威胁，后来见事情弄巧成拙，遂动了恶念，并自制了炸药包，准备与妻子及其家人同归于尽。①

偏执型人格障碍者是一种以猜疑和偏执为主要特点的人格障碍，表现为极其顽固的固执己见。偏执型人格障碍的人易实施杀人、纵火、投毒等严重的报复性或攻击性的犯罪行为。具体表现为：

（1）极度的感觉过敏，时常怀疑别人不怀好意，无端怀疑别人欺骗自己，或责难别人有不良动机，并且对这些主观片面的想法

① 参见《得不到就要将她毁灭？偏执型人格障碍如何鉴别、预防、治疗？》，载搜狐网。

耿耿于怀。

（2）思想行为固执死板，敏感多疑、心胸狭隘。

（3）嫉妒心十足，对别人获得成就或荣誉感到紧张不安，妒火中烧，不是寻衅争吵，就是在背后说风凉话，或公开抱怨和指责别人，易与他人发生争辩、对抗。

（4）自以为是，自命不凡，对自己的能力估计过高，惯于把失败和责任归咎于他人，在工作和学习上往往言过其实；同时又很自卑，总是过多或过高地要求别人，无法去信任别人，总认为别人存心不良。

（5）不能正确、客观地分析形势，有问题易从个人感情出发，主观片面性大。持这种人格的人在家不能和睦，如果结婚，常怀疑配偶或者伴侣的忠实，在外不能与朋友、同事融洽相处，别人只好对他们敬而远之。

【参考案例13-2】中的李某就是如此，他过度敏感和多疑，在工作上怀疑别人动手脚想害自己，在生活中无端怀疑妻子有外遇要甩掉自己，无论对方怎么解释也无济于事，最终采取了极端的方式，毁了自己，也毁了别人。这些都与他偏执型人格有着密不可分的关系。这类人的人际关系会很糟糕，包括亲密关系，都很难维持长久。

福建南平惨案中的犯罪人郑某生在案发前总是向小贩抱怨他人对他的不好，诉说同事们都很有钱，看不起他，嫌他穷，甚至敏感到光看人家眼神，就知道大家在讥笑嘲讽他的落魄。可见其人格特点过于敏感和多疑，自身条件的匮乏让他耿耿于怀，经济的拮据让他不愿意和人交往，他偏执地认为上级对他有意见，同事也看不起他，家里人无论是哥哥、嫂子还是母亲都对他有怨言。他还有一个特点，就是遇到挫折后不从自己身上找原因，而是习惯于将自己失败的责任归咎于他人。从卫生所辞职，四十多岁谈不到女朋友，经济上的捉襟见肘，他把造成其现状的原因完全归咎于与他有过节的领导、重金钱的女人甚至社会。而他所认为的过节都是在常人看来一些微不足道的事情。正是这种偏执的人格导致他内心产生更多的不平和愤恨，最终对一群手无寸铁的儿童举起了屠刀。

（三）爆发型人格障碍

【参考案例 13-3】

2009 年的最后一天，北京大兴区一名男子张甲和申某明在赴完朋友黄某的宴席后，决定再喝一顿。在张甲家楼下的麻辣烫小餐馆，两人又要了一瓶白酒。那天申某明穿了一件黑色貂皮短大衣，张甲想借过来穿，但申某明不肯，两人为此吵了起来。张甲说，喝完酒回到家后，申某明还是没完没了地拿话挤对他，说他没有自己混得好。两人在家里发生争吵后，他从电视柜下边的抽屉里拿出水果刀，把申某明扎了。一旁的女友张乙发出尖叫，张甲怕引起邻居注意，又扎死了张乙。张甲认为“杀一个也是杀，杀两个也是杀”，随后，张甲为杀人灭口，驾车至申某明的住处，在骗开房门后，又持刀将申某明的父亲、母亲及其怀有 7 个月身孕的妻子刺死。

为了探寻张甲连杀五人的原因，公诉人向张甲连发三问：你与申某明有何矛盾？你与张乙有何矛盾？你与申某明的父母、妻子有何矛盾？“没有矛盾”，张甲对于三个问题的答案是一致的。他称，自己杀人没有太多理由，如果非要追问缘由，一是“喝多了”，二是“生气”。①

爆发型人格障碍也称为冲动型人格障碍，具有这种人格的人，个性极强，易被激惹，微小的刺激就会爆发出强烈的愤怒情绪和冲动行为，自己完全不能控制。不发作时一切正常，对爆发时的所作所为感到内疚、后悔，但不能防止再发。爆发型特质的人情绪极其容易被激起，一旦受到刺激就会爆发，在愤怒火焰的燃烧下很容易发生暴力事件攻击他人。这种类型的人一旦发作起来对社会危害极

① 参见《北京大兴灭门案嫌犯，张甲检举他人希望活命》，载腾讯新闻。

大，容易发生应激性、偶发性和激情性犯罪。

【参考案例 13-3】中的犯罪人张甲与被害人申某明酒后发生言语冲突，申某明言语刺激了他，他无法控制自己的暴怒情绪，用尖刀扎死了被害人。张甲与被害人是朋友关系，无冤无仇，只因被害人微小的言语刺激，便引起强烈的情绪反应，不仅杀死了申某明，还杀害了其全家，连怀有 7 个月身孕的孕妇都不放过，其行为不计后果，手段十分残忍。由此可见，张甲的忍耐性极低，不能与人正常相处，微小的刺激就能使他陷入狂怒状态而不能自制，实施了残忍的凶杀案。这些行为特征完全符合爆发型人格障碍的表现。

在本书第十章第二节提到的震惊全国摔死女童案的凶手韩某的人格也是如此。通过案例我们可知韩某的行为无动机可言，仅仅因为与女童的母亲言语起了冲突，就摔死了女童，实在让人费解。实则是因为韩某在情绪方面有着严重的缺陷，一个小小的争吵就导致他作出这么强烈的反应，难以自控。案例中的资料无不显示出韩某性格中的冲动性，情绪不稳定，也无法控制自己的情绪，容易与他人发生争执，稍有不如意就会爆发不计后果的行为，这类人身上存在着一种戾气，存在着遇到问题后采用斗狠、斗勇、暴力、极端的方式解决的心理。

（四）怪癖型人格障碍

【参考案例 13-4】

小辉，因纵火 11 次被公安机关抓捕。他在夜深人静的时候点燃草垛，着火后就在现场观看，在审讯时交代："纵火前有难以控制的点火欲望，看到着火后心里舒坦、痛快和满足。点火之前心理紧张，点火有难以形容的兴奋，并有性快感体验，明知道纵火是违法犯罪行为，但就是难以控制。"

小丽，是一名初中女生，因在一个月内在小区楼道里放火 18 起被抓获。警方向其询问纵火原因时，小丽说："我喜欢看别人忙着救火那种手忙脚乱的样子，很有趣很生动，消防车来来回回地灭火也很好玩，很过瘾，每次我都躲在一边等别人来救火，观赏他们救火的样子。隔几天不看就心里痒痒，晚上睡不着觉，明知道放火是错误的，但总是忍不住，自己也很痛苦。”①

怪癖型人格障碍的主要特点是存在一种顽固的、以内心体验为目的的、常人难以理解的怪癖，这种怪癖往往不被社会所允许，如纵火癖、偷窃癖、赌博癖、谎言癖等。行为人在实施怪癖之后会感到满足，同时也伴有自责和后悔的情绪，但其无法控制自己。【参考案例 13-4】中的小辉和小丽就属于纵火癖，其放火不是为了报复、破坏或陷害他人，没有任何理由，只是为了获得心理满足。其基本特征为反复出现不能克制的强烈的纵火欲望，对纵火行为和焚烧场面有着浓厚的兴趣、强烈的迷恋和好奇心。纵火前有不断增强的紧张感，纵火后或目击火焰时有难以形容的轻松感、愉快感和满足感。个别人会随着熊熊的火焰产生性快感，或者有手淫射精的行为，称为“色情纵火狂”。② 通过上述案例可以看出，犯罪人对纵火很沉迷，即使在事后感到后悔和自责，但纵火给其带来的兴奋和快感会持续驱使犯罪人再次进行纵火，呈现一定的周期性和冲动性。

【课堂讨论 13-2】

在社会经济飞速发展的进程中，产生心理危机的因素日益增多，不少人罹患或轻或重的心理疾病，如果不能得到及时处理，破坏性心理一旦指向外界，达到极端时就会实施报复社会犯罪。请思考并讨论：作为社会的管理者，政府应该更加重视哪些方面的社会责任呢？

① 常娟编著：《犯罪心理学》，中国时代经济出版社 2011 年版，第 103—104 页。

② 罗大华主编：《犯罪心理学》，中国政法大学出版社 2014 年版，第 350 页。

第二节　精神障碍与犯罪

一、精神分裂症

【参考案例 13-5】

陆某在凌晨六点被人发现死于家中厨房。他俯卧于地面，下身赤裸，上身着一蓝白条线衣，尸体周围有大量血迹，尸体后腰部被砍断，肠管多处断裂、缺失，溢出体外，旁边饭桌上有大量擦蹭血迹，地面上多处血足迹。在厨房周围墙壁及地面上有多处断裂肠管黏附，其他房间均未见异常翻动痕迹。经过侦查，抓获了犯罪嫌疑人张某，男性，信教，与死者陆某较熟悉。经过审讯，张某交代，他认为死者陆某身体内有魔鬼，就从家中取出菜刀来到陆某家杀死陆某，并将肠管、大网膜等取出拿到桌上找魔，因未找到魔，把肠管、大网膜等甩到周围墙壁上，在现场停留近五个小时。后经精神病鉴定机构鉴定张某为精神分裂症。①

这是一起典型的精神病杀人案件。作案人张某杀人的原因竟然是认为陆某身体内有魔鬼，这种动机让人听起来匪夷所思。通过分析现场也能判断出这起凶杀案不同于正常人作案的特点：一是本案中死者损伤大部集中在腰背部，且腰椎被砍断，一般正常的作案人为了达到迅速致人死亡的目的，砍伤部位通常选择头部和颈部。二是张某在案发现场停留近五个小时，而正常人作案后，一般都急于离开现场，即使有所停留也是为了谋财或伪装现场等，而张某集中在厨房活动，其他房间均未见异常翻动痕迹，不符合正常人作案；如果说前两点也可能是仇杀或泄愤杀人的表现，那么第三点则能显示出本案的特点，即案发现场的厨房桌面上的血迹是作案人将死者

① 刘玉春：《精神病患者杀人 1 例》，载《法医学杂志》2009 年第 5 期。

肠管取下放置所留下的，墙壁上多处血迹印痕是甩肠管时形成的，这充分说明了本案是由张某的变态心理和精神病态所引发的。

精神分裂症是一种最常见的精神病，是指心理活动的分裂和不协调。多在青壮年缓慢或亚急性起病，精神分裂症的临床症状复杂多样，可涉及感知觉、思维、情感、意志行为及认知功能等方面，个体之间症状差异很大。即使同一患者在不同阶段或病期也可能表现出不同症状：出现幻觉、幻听等；出现妄想，尤其是被害妄想（如被监视、被排斥、担心被投药或被谋杀等），在妄想影响下会做出防御性或攻击性行为，这也就是导致精神分裂症患者杀人的原因；情感淡漠、易激惹、抑郁及焦虑等；活动减少、离群独处，行为被动，对工作和学习兴趣减退，不关心前途，对将来没有明确打算。按其临床表现的特点可分为单纯型、青春型、妄想型、紧张型。

据中央电视台《新闻调查》栏目统计称：每年有超过万例精神病暴力肇事案件，精神病人多以侵犯人身、财产和妨害社会管理秩序为主。可见，精神病患者犯罪现象比较普遍，特别是凶杀案，手段极其残忍，严重危害社会治安。此类犯罪主要有以下特点：

（1）作案手段多样，极其残忍。由于精神病人对凶杀后果缺乏认知，其杀人手段多种多样且极其残忍凶狠，大多也不认为自己有何过错。例如，【参考案例13-5】中的张某不仅将被害人拦腰砍断，还将内脏掏出，甩溅到四处，残忍程度让人咋舌。

（2）凶杀行为主要是受幻觉、妄想等病理性体验直接的影响，出现短暂的突然冲动性行为，自己往往无法控制。例如，【参考案例13-5】中的张某就是认为被害人体内有魔鬼，才将其残忍肢解寻找所谓的“魔”；又如，某精神分裂症病人妄想确信地球将毁灭，为了拯救人类，必须杀掉有罪恶的人才能防止世界末日，因此连续砍杀数人。

（3）无明显的动机或动机古怪或处于无意识状态，让正常人难以理解。作案一般无预谋，对作案的时间、条件不加任何选择，作案工具无准备，一般都是从身边顺手取得，不太可能存在故意伪装现场或破坏现场的行为，思维逻辑怪异，如杀人后将被害人衣服脱下后叠好放在尸体旁边，或将被害人的头部割下后，提着人头到处跑等。

二、感知障碍

【参考案例 13-6】

一名 40 岁男子聚会时认为朋友们在窃窃私语他大龄未婚的事。自己在聚会结束后走回家的时候，开始听到有个“听不清”的声音。回到家后脑袋里的恶魔耳语变得更大声，那个声音一直叫他去杀人，让他们痛苦，然后把地球变成地狱。于是他持着斧头冲往附近超市，看到顾客的脸都是扭曲的，牙齿就像獠牙一样，仿佛一口就能将其吞噬，他脑海中的那个声音就更清晰了，“杀掉他们，他们都是嘲笑你的人，不然你就会被吃掉。”于是这名男子就挥舞斧头砍伤了两名顾客，受害者鲜血立刻喷出，脸部伤势严重。事后，该男子交代自己是自卫行为。

通过上述案例，我们可以看出，该男子当时看到的和听到的属于“幻视”和“幻听”。幻觉是一种没有外界刺激的情况下出现的知觉体验，最常见的是幻听、幻视。按照感官的不同，还有幻触、幻嗅、幻味等。幻听是能听到别人都听不到的声音，常见的是能听到有人在评论他，多是贬低、嘲笑的话，或者有人告诉他去做一些什么事情，极端的可能去伤人、杀人。比如，【参考案例 13-6】中的这名男子的伤害行为就是受幻听支配去做的，不是他本人意愿能控制的。幻听可能是指令性的，也可能是诱惑性的，在幻听的驱使下很容易实施危险性的行为，如杀人或者自杀。

幻觉是感知障碍的一种。感知障碍，是指感觉和知觉发生了异常的变化、明显失常，常见的感知障碍有幻觉和错觉等。错觉大多是离奇的，如将人看成魔鬼，将晾晒的衣服看成尸体，这些错觉很容易让行为人产生惊恐、焦虑等情绪，从而导致其产生攻击行为。

三、情感障碍

【参考案例13-7】

方先生家紧邻马路，一天夜里11点，躺下休息的方先生忽然听到自家院外吵吵闹闹，就起身到屋外去查看，结果还没走到门口，就被冲进屋内的男子王某抓住推搡，随后王某一口咬掉了方先生的鼻子，家人随即报警并送医，事后鉴定方先生已经构成了7级伤残。在派出所接受讯问时，王某称自己开车经过方先生家门外时，看见前面有一辆大货车停在路上，后又有一辆大货车驶来。“我以为遇见打劫的，就砸了车后的挡风玻璃逃了出来，跑出没多远就撞到一个人，我以为他和两个大车是一伙儿的，就咬掉了他的鼻子。”讯问中，民警发现王某言行举止异常，经送精神病司法鉴定中心鉴定确认，王某系有精神病性症状的躁狂症。法院经审理后认为，本案中，王某是在躁狂症发作的情况下对自己的行为暂时失去控制致方先生受伤，王某对此存在过错，理应依法赔偿王先生损失。结合方先生的诉求和法律规定，法院判定王某向方先生赔偿误工费、精神损失费等共计40万元。①

四川省某市的罗某由于长期遭受父亲的虐待而患上抑郁症，想把父亲杀了再自杀，没想到罗某误将某电脑店老板错认成父亲将其杀害。很快，罗某被公安机关抓获，审讯时公安机关发现罗某的神情和言谈举止都异于常人，遂将其送至司法鉴定机构进行鉴定，结果显示，罗某是一名抑郁症患者，不具备刑事责任能力，被害人亲属将罗某及其父亲告上法庭，要求赔偿其各项费用共计43万元。

澳大利亚一名母亲患有严重的抑郁症，觉得活着就是折磨、痛苦和受罪，于是谋划了与自己两个孩子一起吞食安眠药自杀的计划，她不想让孩子活在这个她已经彻底失去希望的世界，但是药物并没有起到作用，这位母亲竟然掐死了两个孩子，最终澳大利亚法

① 参见《北京：男子躁狂症发作咬掉路人鼻子判赔40万》，载搜狐网。

庭判了这位母亲27年监禁。

【参考案例13-7】中的王某所患的躁狂症和罗某所患的抑郁症均属于情感障碍。情感障碍是人的内心情感体验的强度与持续时间超过正常的范围，或者情感反应与外界环境不协调甚至发生矛盾。躁狂症的表现是情感高涨，情绪不稳定，容易被激惹，稍不如意就勃然大怒，伴随精力旺盛、言语增多、活动增多，严重时伴有幻觉、妄想、紧张等精神病性症状。【参考案例13-7】中患有躁狂症的王某在案发时，看到前后的大货车就毫无根据的认为是遇到了打劫，随即砸了车窗逃出来，随后遇到了开门的方先生，以为其是劫匪，说明他已经出现了被害妄想，想法和行为异于常人。王某二话不说也不多问，就张口咬掉了方先生的鼻子，这说明王某处于情绪高涨、紧张的状态，对他所认为的“劫匪”实施了暴力反抗。

近些年，有许多杀人案件或是恶性伤人事件，犯罪嫌疑人都被冠以“抑郁症”的标签。从早些年的“榆林米脂杀人案嫌犯可能患有抑郁症”、“济南灭门案嫌犯患有抑郁症”到最近的“杀害空姐嫌犯被指患抑郁症”，这样的例子比比皆是。抑郁症患者的违法犯罪行为通常是杀人、伤害、盗窃、抢劫、纵火等，其中以暴力型犯罪为主。接下来，我们具体了解一下抑郁症。抑郁症是以情感低落、思维迟缓、言语动作减少、迟缓为典型症状。临床可见心境低落与其处境不相称，情绪的消沉可以从闷闷不乐到悲痛欲绝、自卑抑郁，甚至悲观厌世；可有自杀企图或行为，甚至发生木僵；部分病例有明显的焦虑和运动性激越，严重者可出现幻觉、妄想等精神病性症状，常伴有消极自杀的观念或行为。

抑郁症患者以谋杀和暴力犯罪最为常见，如暴怒激情杀人、幻觉妄想杀人、扩大性自杀、间接性自杀。近年来，扩大性自杀的案件越来越多，主要是指行为人因极端抑郁而产生自杀的观念，同时出于或怜惜或慈悲的动机，将自己的子女或配偶先杀死，在他们看来这是对被杀者的一种解脱。【参考案例13-7】中那名澳大利亚母亲就是这种类型，作为母亲不能留自己的孩子在这个充满失望的世界中，为了孩子“好”，将其杀害。这类案件对家庭的创伤和社会的危害极大。又如，某抑郁症患者为了达到其自杀的目的，招了“小姐”到酒店，妄图将其杀害以达到自己能被判死刑的“自杀”目的。这类案件属于间接自杀，又称曲线自杀，是指患者想死意念坚决，但又无勇气自杀身亡或屡屡自杀不成（受阻或被救），于是转而采用“杀人偿命”的方法杀死无辜者，希望以此被判处死刑来结束自己生命。

抑郁症是世界第四大疾病，严重的抑郁症者会有自杀或危害他人生命健康的倾向，对其防治和识别工作应当亟待重视。

四、思维障碍

【参考案例 13-8】

一对结婚多年的夫妻，丈夫李某赚钱养家，妻子温柔贤惠。但最近一段时间，李某总是神经兮兮，行为怪诞，大热天身穿棉袄戴着棉帽子，还总让别人帮他盯着周围，家里一有生人来访，就迅速跑到储藏间躲避，嘴里还念念有词，说着跟踪、谋害之类的话。晚上稍有动静就会醒来，还总是恳求妻子回心转意，妻子觉得莫名其妙，不予理会。某日，夫妻二人在路上遇到妻子的男同事，随即闲聊了几句，李某非但不理会该男子，还站在稍远处“偷听”二人谈话，当他听见两人谈论领导离婚之事，立即意识到妻子的确已经“变心”，他们的低声交谈和说说笑笑，也证实了自己一直以来的怀疑：该男同事就是“奸夫”，想谋害自己，取而代之。于是，李某转身在小吃摊的案板上拿了一把菜刀，悄悄走到二人身后，举刀就砍，二人毫无防备，躺在了血泊之中。张某边砍边喊：你们干了坏事，就该死，我杀死你们，我就去自首。李某在供述中说，“奸夫”一直跟踪自己，晚上总听见“奸夫”敲窗户的声音，那是他们约会的信号。后来经过调查，李某所说的情况完全是无中生有。之后，经过对李某的司法鉴定，其属于精神病症状患者。

上述案例中的李某患有典型精神病妄想症，毫无理由地怀疑妻子与别人有不正当的关系，怀疑别人要谋害自己，仅仅是听到妻子与同事的正常聊天就肯定了两人的“奸情”，进而痛下杀手，杀人理由荒诞离奇，手段残忍暴力，杀人后还振振有词，毫无悔意。李某的妄想症主要变现为被害妄想和嫉妒妄想，其杀人行为是在这种妄想的支配下实施的，丧失了辨认和控制自己行为的能力。妄想症是思维障碍的一种类型，属于病理思维。

思维障碍的种类有很多，主要分为思维表达障碍和思维内容障碍两大类，其中思维内容障碍极易使精神病人产生危害社会的行为，妄想是其常见的症状。妄想是极其不现实也不可能的想法，但是精神病人对此坚信不疑，甚至会收集证据来证明自己的想法并采取实际的行动。比如，【参考案例13-8】中的李某常常毫无根据地想象有人在跟踪、监视或暗中谋害自己或家人，晚上听到风吹草动就怀疑是“奸夫”前来和妻子约会，毫无事实根据，也不会去查看门窗是否打开、妻子是否不在身边等实际情况，只是主观猜测、无端怀疑甚至坚信自己的想法，随之会出现紧张、恐惧的情绪，从而极易实施暴力行凶的行为。

妄想还有很多其他的类型，如关系妄想、嫉妒妄想、影响妄想、罪恶妄想、钟情妄想、疑病妄想，这些都容易导致违法犯罪行为的发生。但是在病理性妄想作用下实施的社会危害行为，由于其不具有刑事责任能力，一般不构成刑法意义上的犯罪，也就是其精神病态成为了大众口中的“免死金牌”。但在司法实践中，这类案例要责成家庭监护、治疗或者强制治疗①，被害人及其家属还可以依法提出民事赔偿的要求，并非我们普遍认为的精神病人杀人不用承担任何责任。

① 强制医疗，是指对依法不负刑事责任的精神病人，在其实施了暴力行为，危害公共安全或者严重危害公民人身安全，且有继续危害社会可能的情形下所适用的刑事处分措施。人民检察院对强制医疗的决定和执行实行监督。

第三节　性心理障碍与犯罪

性心理障碍，又称为性变态、性倒错，泛指在两性行为方面的心理和行为明显偏离正常，并以这类偏离作为性兴奋、性满足的主要或唯一方式为主要特征的一种精神障碍，主要表现为寻求性满足的对象或者满足性欲的方法出现异常。简单来说，这类人产生性兴奋、性冲动及性行为的对象和一般人不一样，他们对一般人不引起性兴奋的某些物体或情境，如对女人用过的内衣、手帕等会产生强烈的性兴奋，而对正常的性行为方式有不同程度的干扰或减低。可分为以下几种类型：

（1）性身份障碍，即长期对自己的生理性别有强烈的厌恶和排斥感，同时具有强烈的转变性别的心理要求和实际行为，如易性癖。

（2）性偏好障碍，即长期或唯一采用的不同于正常人的性欲满足方式，如异装癖、露阴癖、窥淫癖、性施虐癖、性受虐癖等。

（3）性指向障碍。起源于各种性发育和性定向的障碍，且为此感到内心痛苦、焦虑、抑郁等，如双性恋、同性恋、恋物癖、恋兽癖、恋尸癖、恋童癖等。

可以说，性变态并不一定导致犯罪，但某些性变态类型与违法犯罪关系密切。恋童癖、露阴癖、窥阴癖以及施虐癖等类型经常与性犯罪有关。下面我们将进行具体案例分析。

一、色情杀人狂

【参考案例 13-9】

泰德·邦迪是70年代美国著名的连环杀手。他绑架、强奸并杀害了至少30名女性，不过真正的被害人数量仍属未知。通常，邦迪会棒击被害人，而后再将其勒死，还伴有强奸与恋尸行为。因其在狱中协助警方分析另一起连环杀人案而被影片《沉默的羔羊》

设定为人物原型之一。

第一眼看上去，泰德堪称是美国中产阶级成功与幸福的典范和样板。他聪明、迷人，活跃于政界，在法学院读书。但是在这样的外表之下，他却有一个极其阴暗和混乱的生活。他的母亲路易莎·卡威尔是个未婚妈妈，为了避开丑闻，路易莎和她的父母达成一致，对外称这个孩子是他们收养的，而路易莎是他的大姐姐。路易莎的妹妹朱丽叶15岁时不止一次在睡梦中醒来看见她3岁的小侄子手里握着一把刀立在床边看着她。她说："他就是站在那儿龇牙咧嘴地笑。"

泰德渐渐长成一个英俊的小伙子，在学校里表现得相当好，但从上高中起，泰德就开始偷偷地透过窗子去窥看那些夜里没穿衣服的女人。他还偷一些昂贵的衣服以及其他东西。后来他回忆道，自己努力学习就是要压制心中邪恶的另一个自己，他早在青少年时期就对"性"和强暴的行为不能自已，他的连环杀人方式有两种，一是入室行凶，二是将被害人骗到自己车上，带到偏僻处行凶，之后伴有奸尸、肢解等行为。他承认自己最少将12个被害人的头用锯子割下来，有的扔在了山里，有的放在壁炉里焚烧，他经常会躺在尸体旁边回忆，并且奸尸，直到尸体腐烂而不得不丢掉它们，再次寻找新的目标。

他在大学期间，爱上了一个富有的斯坦福大学的女生，但后来分手了，他陷入了消沉，开始弃学，很快被学校开除。他对这种拒绝无法忍受，开始重新塑造自己的形象，他开始变得活跃于政治，热衷于社交。经过一段时间后，两人再次相遇，关系发展迅速，当女孩向邦迪要求结婚时，邦迪消失了，他说"我只是想证明自己可以得到你"。没有人知道两人之间究竟发生了什么，也没有人知道谁是邦迪的第一个被害人，他是什么时候开始杀害女性的。下面列举一些与邦迪有关的部分案件。

1973年12月6日，在麦肯尼公园发现15岁的凯西·迪瓦恩（Kathy Devine）的部分尸体。凯西是被扼死的，在那之前凶手对她实施了肛交，然后将她的喉咙划开。现场没留下任何线索。

1974 年，乔尼·莉茨（Joni Lenz）被以类似的手法杀死。

1974 年 1 月 31 日，琳达·安·希利（Lynda Ann Healy）被发现失踪了。在她公寓的枕头上发现了鲜血，但是床垫和枕套却不见了。衣柜里面的睡衣领口上有鲜血的痕迹。

1974 年夏天和冬天，一共有 7 名女学生在犹他、俄勒冈和华盛顿地区失踪。所有被害人都是白人，身材修长、单身居住、留着长发，在失踪的时候都穿得很随便，而且时间都是在晚上。有人发现一个腿上或手上打着绷带的奇怪男性似乎披着衣服在现场出现过，并向附近一些年轻的女性询问问题。另外一些人则说，这个男人说自己车坏了，在请求帮忙。

1974 年 8 月，在 Sammamish 湖州立公园发现了一些尸体残余，但是只剩下一些头发、骨头、头颅碎片和下巴骨。最后证实那是当年失踪的 2 名女学生的，证人作证，现场有个英俊的年轻人出现，而且还知道他的名字叫泰德。

1974 年 10 月，犹他州米德韦尔警察局长路易斯·史密斯（Louis Smith）的 17 岁的女儿失踪，9 天以后尸体被发现了，又是同样的手法，扼死、肛交和强奸。

1974 年 10 月，劳拉·艾梅（Laura Aime）也失踪了，之后在瓦萨奇（Wasatch）山区一条河边发现了尸体。她被一根铁撬打在脑袋和脸上，同样也被进行了肛交和强奸，死亡原因是失血过多。在所有案件中，证据似乎都被刻意消除了。3 个州的警察局在一起展开行动。此时唯一的线索就是一个名字“泰德”。

1975 年 12 月，泰德意外被抓，在等候判决的时候，他越狱成功，并逃往佛罗里达。他的大量时间都用来在佛罗里达州立大学校园里闲逛，1978 年 1 月 14 日凌晨 3 点，女生公寓发现有两名女生死于自己床上。法医发现她们被一根木棍敲在头上，被强奸后扼死。随后他们发现在被害人身上有撕咬的痕迹，一处在臀部，一处在胸部。被害人利萨（Lisa）的乳头几乎被咬掉了。她还被用一个喷发水瓶进行过性侮辱。1978 年 2 月 9 日，莱克城（Lake City）警方接到报警电话，12 岁大的金伯莉·利奇（Kimberly Leach）失踪。8 个星期以后，金伯莉的尸体在萨旺尼（Suwannee）县被发现了，尸体已经高度腐烂。

最终，泰德于 1989 年在佛罗里达州因其最后一次谋杀行为而在电椅上被执行了死刑。①

（一）犯罪心理特征

1. 认知范围狭窄

此类犯罪人只对引起其性兴奋、性幻想的情景和事物有着浓厚的兴趣，为实现其目的，往往计划周密，提前预谋，案件侦破难度大。【参考案例 13-9】中的连环杀手泰德·邦迪的犯罪对象都是年轻女性，犯罪过程全部都与性侵犯有关。邦迪在被逮捕后曾交代，杀害那些年轻漂亮的女人是因为他想那么做，从中获得一种难以解释的快感，从而内心得到满足。

2. 情绪情感特征

（1）冷酷无情，残忍并缺乏同情心，对自己实施的杀戮行为毫无罪责感，反而洋洋得意，自得其乐。作案时冷静镇定，作案后没有惊慌、恐惧心理，甚至有些人还会将作案经过记录下来，慢慢回味。【本章引例】白银连环杀人案的犯罪人高某勇杀害的被害人中有一名 8 岁的小女孩，不仅遭其杀害，还有性侵的痕迹。泰德·邦迪也是如此，他杀害的最后一个被害人年仅 12 岁，足以可见他们毫无同情心和道德感。

（2）冲动性强。往往在性冲动和犯罪欲望的支配下，寻找合适的时机，迫不及待地实施犯罪。

① 摘自［美］约翰·道格拉斯、马克·奥尔沙克著，岳盼盼、白爱莲译：《变态杀手——恶性犯罪深层心理探究》，海南出版社 2001 年版，第 281—291 页。

3. 犯罪动机不明显

色情变态系列杀人犯罪的动机并非常见的报复、泄愤、图财、图色等明显的动机，性变态是其系列杀人行为所特有的心理动力和基础。通过强奸、杀人、性虐待、残害尸体器官等方式激起性兴奋，满足变异的性心理体验和性欲，虐杀被害人就成为了其难以改变的性行为，且反复实施难以停止。泰德·邦迪在1989年的供词表明，他喜欢在杀死被害人之前，很长时间让她们保持昏睡，而且他总是将被害人尸体埋在同一个地点，然后经常回去看她们。他不断对警方强调说："杀死她们不是仅仅为了满足暴力的需求，而是为了占有。当你看着她们身体上最后一缕呼吸离开的时候，你就觉得她们成为了自己的一部分，看着她们的眼睛，你就觉得自己像一个神。"

（二）犯罪行为特征

1. 犯罪手段残忍

色情变态系列杀人案件的犯罪手段多种多样，或者只杀不奸淫，或者先奸后杀，或者先杀后奸尸，或者先奸杀后食肉，或者带走性器官等。总之，犯罪手段极其残忍，具有极大的社会危害性。【参考案例13-9】中的泰德·邦迪将被害人的头部锯下，或者扔掉或者放在壁炉中焚烧；【本章引例】中的犯罪人高某勇在将被害人强奸杀害后，还切割身体的部分皮肉或器官，这一方面是宣泄内心对女性的愤恨，另一方面是将其作为自我变态心理满足的战利品，甚至有的犯罪人是为了满足吃人的变态癖好。

2. 作案有预谋，计划周密，隐蔽性强

由于犯罪人要满足其变态的性心理，作案时往往会精心策划和设计，甚至具备一定的反侦查能力，导致犯罪的成功率高，且犯罪人会连续作案。【参考案例13-9】中的泰德·邦迪已经成为美国历史上最为出名的连环杀手之一，无论是在数量，还是在凶残程度上，他都似乎是首屈一指，至今遭其毒手的被害人数量仍属未知，据估计为26—100人不等，一般估计为35人。而【本章引例】中的高某勇在1988年到2002年间奸杀了11名女性，犯罪手段大体相似，直到2016年才将其抓获，足以可见此类案件的侦破难度之大。

3. 侵害对象往往是异性，无特定目的

【参考案例13-9】中的泰德·邦迪选择的被害对象都是大学年龄的白人女孩，长得漂亮，身材姣好，有齐腰的长直发。【本章引例】中高某勇选择的被害人大多是二十多岁单独活动的女性，这些被害对象的特征很可能与犯罪人早起遭受心理创伤有很大关系，从而触发了其极端的仇恨感。

二、恋童癖

【参考案例13-10】

2004年7月，在潮州市一家旅馆里，有一名6岁的女童突然死亡。在勘察现场时，公安人员发现，女孩身旁放着一些水果、玩具等物品，经检查表明，女孩受到过残忍的性侵犯。服务员提供情况证明小女孩是在前一天被一个20多岁的男子带来的。在侦破阶段，有一名男子经常打电话咨询案情进展情况，并提供一些凶案的具体信息，引起警方怀疑。而这期间竟然又有一名6岁女童失踪。警方顺藤摸瓜，并在对其寓所搜查中发现，他的床下有一本“杀人日记”，在这一日记中详细记载了他的犯罪事实，同时还记载了另一起在旅馆中杀害6岁女童，并对尸体进行性侵犯的犯罪事实。他把这两次时间分别称为“花仙王”（花先亡）第一行动和第二行动。警方及时进行抓捕，并在他打算进行第三次行动时，解救了第三名女童，逮捕了这名罪犯。而这一变态杀人狂就是黄某平。那么黄某平为什么专门对那么弱小的女孩下手呢？黄某平在日记中曾经描述自己是个非常自卑的人，与聪明能干、惹人喜爱的弟弟相比，他觉得自己蠢笨、迟钝，再加上技术不佳，挣不到钱感觉没有好前途；此外，他有个十分可爱的妹妹，由于平时没人愿意与他交往，和年幼的妹妹关系很好。但由于家境困难，父母不得不将妹妹送人，这对他来说是个沉痛的打击，无论他如何阻拦都没能改变这个事实。黄某平的自卑和自我封闭导致了他不敢与正常成年人交往，正如他自己所说的，虽然他内心渴望和成年异性交往，但是他没有勇气，觉得这些成年女性不太纯洁，怕自己高攀不上，怕她们瞧不起自己，因而才喜欢那些小女孩。在不断喜欢和对妹妹的思念中，便产生一种非常矛盾的心理和情结——恋妹情结。正是在这种情结的驱使下，在自卑的作用下，这种情结逐渐转变成了一种替代性的报复——要让其他哥哥、父母体会失去妹妹、爱女的感受。①

恋童癖，又称为恋童色情狂，这类人的性满足对象指向性发育未成熟的儿童，常常通过猥亵和奸淫儿童来满足其性欲。恋童癖者多见于男性，通常在 30 岁以上发病，他们对成年人没有性兴趣，多数独身，大多数患有阳痿。恋童癖是严重的性犯罪，具有严重的社会危害性，涉及的罪名大多有强制猥亵罪、强奸罪等。

通过这些情况，我们来具体分析【参考案例 13-10】中犯罪人黄某平的犯罪心理。黄某平受恋妹情结的驱使，对妹妹的思念以及自卑，这些都持续地积累转换成了性的变态，也就是我们所说的“恋童癖”。黄某平就是在恋童癖的作用下产生了一种冲动，通过虐待异性儿童行为来满足自己的性欲，而最极端手段就是通过杀害他们来满足自己强烈的性欲。

（一）动机特征

（1）通过案例的叙述，可以看出犯罪人符合恋童癖的行为特征，通过选择儿童来变态地满足其性欲，同时伴有性虐待和杀害的行为。

（2）其内心充满矛盾。一方面，黄某平有着杀害女童满足自己邪恶、扭曲欲望的冲动；另一方面，对自己“恋爱女童”的行为十分鄙视，称自己是犯了病。他还曾经到殡仪馆看过第二个被杀

① 参见《恋童的“代偿”往往是生命的代价》，载飞华健康网。

女孩的尸体，当时他感到惭愧和内心的痛苦，称自己杀人后“活得生不如死”，心灵备受煎熬，并决定在第三次行动后以自杀了结残生。

（二）性格特征

通过黄某平的“杀人日记”中的记载“天生迟钝、笨拙，谁都不理我”，可以看出他的性格孤僻、内向且自卑，没有朋友，没有可以交往的对象，也没有勇气与异性进行正常交往。

（三）意志特征

黄某平的犯罪行为有计划、有预谋，目的明确。但他面对自己的欲望无法很好的控制行为，明明对性虐待且杀害女童这一行为有着罪恶感，却仍然继续实施第二起、第三起。其内心存在强烈的冲突，通过黄某平多次打电话给办案民警，并举报自己的行为，说明他还存在一定的道德感，内心希望警察把自己抓获，从这种痛苦不安的冲突中解脱出来，

出现恋童癖的原因很复杂，一般认为其性心理和性生理发育不成熟以及性功能障碍，国外出现很多恋童癖的案例，有一个共同的特点就是恋童癖者在童年时曾经遭受到或家人或邻居、熟人的猥亵或鸡奸，童年遭受到虐待尤其是性虐待，往往成年后也会变成一个施虐者。另外他们缺失关爱，无论是从小来自父母的爱，还是成长中来自朋友的爱，长大后来自社会、单位的关爱。

三、恋物癖

【参考案例 13-11】

在美国洛杉矶，将近一年的时间内，相继有漂亮的女孩失踪和被杀。第一位被杀的女孩是一名 19 岁的模特，其尸体在洛杉矶附近的沙漠中发现，全身赤裸，死因是被绳子勒死，死前曾被性侵。第二位被杀的女孩是兼职模特，其尸体在洛杉矶附近公园中被发现，同样也是被绳子勒死，全身赤裸地躺在一颗大仙人掌后面。很

快，第三位女子出现了，死状与前两名一样。警方从死者赤裸裸的死法和临死之前被性侵的事实推断出，凶手可能是一个性变态者。

很长时间内，洛杉矶再也没有失踪者和被害者，直到第四个兼职模特被害人的出现。这个女孩在报纸上看到有人发布招聘模特的信息，就和那个人联系了，之后坐上了对方的车，然而车并没有向着市区开去，其行驶方向与前三名被杀女模特的抛尸地点相吻合。车子行驶到一片沙漠边上时，停下来，开车人用枪指着这个女模特，逼她脱光衣服，女孩害怕极了，趁凶手不备，上前抢夺凶手的枪，在激烈撕扯过程中，一辆警车经过，巡警随即逮捕了这个凶手，救下了女孩。后来经过证实，这个凶手就是杀害前三名年轻女孩的凶手。

这个凶手自幼举止怪异，经常将自己悬挂在梁上获得快感，其智商很高，但是长得很丑，没有女孩愿意和他交往。他在小的时候经常干的事情是拿着假枪威胁陌生的女孩脱掉衣服给他看，当看到女孩的内衣和内裤时，就有难以抑制的兴奋感。他因此被关进监狱5年，出狱后他成为一名业余的摄影师，经常躲在摄影棚中偷看女模特的身体和换衣服时露出来的内衣裤来获得性满足。某次，他领一个女模特回家进行拍摄，将其强奸后，还强迫女模特穿着内衣裤供他拍照，拍完后就将女模特勒死，脱下女模特的内衣裤供自己把玩，将其尸体埋在了沙漠里，这就是本案的第一个被害的女孩。之后他以同样的手法骗来了第二个、第三个女孩，如法炮制地杀害了她们，留下了她们的内衣裤供自己日后慢慢回味。①

恋物癖，是指一个人的性需求要依靠无生命的物品或者人体的某一部分来得到满足，多数恋物癖者是男性，其迷恋的东西一般有女性内衣裤、丝袜、丝巾、头发甚至洗澡水等，恋物癖者典型的性活动是一边爱抚、亲吻或嗅闻其物恋对象，一边伴随着自慰行为，

① 盛唐著：《FBI 犯罪心理：美国联邦警察教你读懂犯罪心理》，台海出版社 2016 年版，第 40—43 页。

以此获取性满足。

【参考案例 13-11】中的凶手是一个性变态者，其变态的方式是迷恋女人的内衣裤，也就是恋物癖者。对于正常人来说，性取向是异性，而对恋物癖者来说某种物品会让他们达到性高潮，很多恋物癖者对两性关系本身并不感兴趣。恋物癖者一般有以下特点：一是把某种物体作为性爱对象的替代物，如【参考案例 13-11】中的犯罪人看到女性的内衣裤就会突然产生一种冲动，甚至在奸杀女被害人后，还收集她们的内衣裤，通过观看、抚摸达到性满足。二是恋物癖者往往在其青少年阶段就有了明显的迹象，如案例中的犯罪人在小的时候经常干的事情是拿着假枪威胁陌生的女孩脱掉衣服给他看，当看到女孩的内衣和内裤时，就有难以抑制的兴奋感。三是恋物癖者为了获得有关物品，往往不择手段、不计后果。本案中的犯罪人就是如此，为了获取女性的内衣，不惜将其杀害。大多数恋物癖者往往会涉及盗窃等犯罪行为，如 2008 年日本国脚茂源越人被爆恋物癖丑闻，因先后两次入室盗窃女性内裤被日本警察逮捕。

【课后思考】

近年来，我国相继发生了多起性变态杀人案件，如内蒙古乌兰察布赵某红系列强奸杀人案、广州罗某标系列强奸杀人案、甘肃白银连环杀人案、辽宁杨某军系列强奸杀人案等。这些案件的犯罪行为人以其魔鬼般的连环强奸杀人行为，不仅仅让一个个鲜活的生命稍纵即逝，同时也让公众留下了挥之不去的血色记忆。犯罪行为人在侵害被害人生命和尊严的同时，还对其身体器官进行肆意摧残，犯罪场面血腥残暴，给人们心理造成极大的恐慌。

请思考：

分析这类在性变态心理的驱使下实施的系列强奸杀人案件的特点、产生原因以及防范措施。

【课后思考】

模块四

不同犯罪经历的犯罪心理

第十四章　不同犯罪经历的犯罪心理

【学习目标】

知识目标：1. 了解初犯、偶犯、累犯和惯犯的概念；

2. 掌握初犯、偶犯、累犯和惯犯犯罪人的心理特征；

3. 理解初犯、偶犯、累犯和惯犯的犯罪行为特征。

能力目标：1. 运用不同犯罪经历犯罪心理的相关知识解决实际问题；

2. 运用不同犯罪经历犯罪心理的相关知识从事司法实践活动。

根据不同的犯罪经历，可以将犯罪人分为初犯、偶犯、累犯和惯犯。从初犯到累犯再到惯犯，是犯罪人的犯罪心理向恶性发展的一般过程。由于犯罪人的犯罪经历不同，支配其行为的犯罪心理也会随之有不同的特点，偶犯、初犯、累犯和惯犯的心理特征和行为特点有着较大的差异，具体表现在犯罪动机、犯罪经验、犯罪手段、犯罪的心理状态、犯罪意志以及行为表现等方面，认识这些差异的规律性，可以为司法实践中甄别、讯问以及矫治犯罪人提供心理依据。

第一节　“初出茅庐”——初犯和偶犯的犯罪心理

一、初犯和偶犯的概念

从刑法学意义上来讲，初犯是指第一次实施刑法所规定的犯罪行为，应受相应刑罚处罚的人。但在犯罪心理学中，初犯的涵盖面更广，是指第一次出现违法或犯罪行为的人。一般认为，初犯大多发生在青少年时期，其犯罪心理还没有定型，犯罪恶习不深，对自己的行为充满着矛盾，一方面是外界不良的强大诱惑，另一方面是被抓捕后即将面临的刑罚，当前者占据了上风，作案成功后，初犯往往会悔恨自己的行为，自责、内疚，一经开导后很容易投案自首、改过自新。初犯的犯罪行为产生后，会向着两种不同途径发展：一种是良性发展。犯罪人能明白一失足成千古恨，认罪服法，从此改掉自己的行为恶习，悔悟过往，停止违法犯罪，犯罪心理得到矫正，从而成为守法的公民；另一种是恶性发展。犯罪人经过屡次犯罪活动，获得了愉悦和成功的体验，犯罪的自觉性和主动性增强，犯罪心理受到了刺激和强化，犯罪频率不断增加，犯罪行为不断向恶性发展，从而发展成为累犯、惯犯甚至职业犯。

偶犯是相对于惯犯而言突然犯罪的人，偶犯自身本来存在着某些不良的心理因素，当某种特定情境出现时实施了犯罪行为。比如，行为人碰巧看到被害人装有1万元的钱包掉在地上，拾得后经被害人索要拒不归还，行为人以侵占罪追究刑事责任，这就属于偶犯。“看到钱包掉在地上”这种偶然的外部情境或条件对犯罪的发生起着主要作用，具有偶发性。又如，临时起意的小偷小摸，被人羞辱后盛怒之下的故意杀人，都属于偶犯的范畴。偶犯的犯罪行为很有可能是其第一次也是最后一次犯罪。一般来说，偶犯也是初犯，初犯中包含偶犯，但初犯和偶犯的侧重点不同，初犯强调的是实施违法犯罪的次数，而偶犯强调的是受外部情境和不良心理因素影响的偶然性。从教育矫正角度来看，对初犯的矫正难于偶犯。

二、初犯的犯罪心理

（一）初犯的犯罪心理特征

【参考案例 14-1】

张某从小父母离异，跟随奶奶长大，高中时因无人管教，无心学习再加上家境贫困，就辍学在家务农，手头拮据，期期买彩票幻想有朝一日成为有钱人。时值春节，张某应邀参加了同学聚会。组织者赵某也是早早辍学，子承父业经营着自己家的生意，聚会完毕后，赵某热情地邀请同学们到自己家中参观，张某坐在沙发上，在沙发缝隙中无意间触到了一样东西，偷偷一看，竟是一条金项链，张某立即把它放回原处，心里还咚咚直跳。张某和同学们继续谈话，赵某正在炫耀自己的漂亮女友，还说最近给女朋友买的金项链还没送出去就不知道哪里去了，不过无所谓，反正也就几千元钱。说者无意，听者有心，张某一下子想起了刚才摸到的项链，心想："凭什么你那么富有我那么穷，几千元我要花多少时间才能挣得到，反正赵某认为项链是丢了，不拿白不拿。"一连串的念头产生后，他竟坐不住了，手又鬼使神差地触到了那条项链，如此几次，他已无心说话。张某终于下定决心，颤抖着双手，准备偷拿项链，在此过程中，他高度紧张，浑身僵硬，随时准备放弃，害怕被抓个现行，幸运的是，同学们那时正在参观赵某的豪宅，无人注意他，张某趁机将金项链拿到手，胡乱塞到裤兜里，立即告别了同学们，捂着裤兜匆匆离去，在走出赵某家门时，由于慌乱还差点被门槛绊个跟头。

一连几天，张某坐立不安，生怕被发现，夜里失眠，一直在犹豫是将项链偷偷还回去，还是卖了换钱。几周过去了，赵某似乎没有发现项链丢失的事，张某认为平安无事后卖出了金项链，几千元钱让他潇洒了一段时间，他得意之余，觉得这种钱来得太容易了。钱花完后，他又到赵某家趁其不注意偷得一件价值上万元的玉挂坠，结果被赵某当场撞破，将其扭送到公安局。被捕后，张某觉得一切都完了，自己还这么年轻，要在监狱里待上好多年，实在难以忍受，曾经一度想自杀，被警察发现后制止了。后在警察耐心细致的教育下，张某终于悔悟，非常后悔自己走上了这条道路，也想起到自己给赵某带来的财产损失，悔不当初，于是决心痛改前非，努力改过自新。

可以看出，上述案例中的张某是初犯，其犯罪手段幼稚，缺乏犯罪经验，整个犯罪过程都处于紧张、恐惧的情绪中，犯罪动机冲突激烈。总的来说，初犯的心理特征如下：

1. 认知特征

（1）认知能力低下。初犯的认知范围狭窄，对犯罪行为的后果及其严重性缺乏正确的认识和判断，在不良需求的驱使下产生了犯罪行为。【参考案例 14-1】中的张某就是在金钱的强烈诱惑和刺激之下，伸出了罪恶之手。

（2）认知内容错误。初犯往往形成了错误的三观，如一味地追求物质享受或低级趣味的消极生活方式，利己主义的人生观，等等。在这些错误观念支配下，违法犯罪难以避免。【参考案例 14-1】中张某的观念是错误的，“凭什么你那么富有我那么穷”、“不拿白不拿”，这些仇富、自私的观念以及对金钱强烈的渴求是其犯罪的根本原因。

2. 动机特征

初犯通常在犯罪前心理相当矛盾，一般都经历了激烈的动机冲突，犯罪动机、犯罪心理形成时间较长，也很难立即产生犯罪决意。一方面，犯罪人因各种原因或强烈的物欲、性欲或报复心理产生了犯罪冲动；另一方面，大多数犯罪人没有犯罪经历和经验，害怕被发现受到惩罚，犹豫不定，又会产生抑制犯罪的动机。这种内心的冲突贯穿整个犯罪的始终。上述案例中的张某在作案前手碰到金项链后立即将其放回原处，之后又反复摸到项链，一直在犹豫，到底是将金项链拿走还是不拿，动机斗争激烈；同时在作案中内心恐慌，做好了随时停下来的准备；在作案后，也一直在犹豫是返还还是卖掉金项链。可以看出，其经历了激烈的动机冲突。

3. 情绪情感特征

在犯罪前，初犯情绪兴奋、焦虑不安、紧张恐惧，侥幸心理突出。【参考案例 14-1】中的张某无意中触摸到金项链时心咚咚直跳，手心里都是汗，表现出既恐惧紧张，又兴奋羡慕的内心活动。

犯罪过程中，初犯因缺乏犯罪经验，情绪会惊恐不安，既紧张又恐惧。【参考案例 14-1】中的张某在偷拿金项链过程中，颤抖着双手、高度紧张、浑身僵硬，临走时还差点被门槛绊个跟头，这都表明了其紧张又恐惧的心理。

犯罪刚刚成功时，犯罪人会有欣喜、轻松的心理感受，但随之因担心罪行败露，往往会出现紧张、恐惧的情绪，表现为极度的心虚，对别人的言行过度敏感。有的犯罪人会出现悔罪心理，良心上感到自责内疚，如加以利用，可以转化为悔罪行为。有的犯罪人会自暴自弃，破罐子破摔，走向犯罪心理恶化的道路。

4. 意志特征

初犯一般意志薄弱，自我控制能力差，难以抵制外界不良诱惑和刺激而实施了犯罪行为；同时在犯罪的果断性和坚持性等方面表现得薄弱，摇摆不定，遇到困难情况或者经人劝解容易放弃犯罪。

（二）初犯的犯罪行为特征

1. 预谋性

初犯大多数具有预谋性的特点，经过了一个准备阶段，为了确保犯罪行为顺利实施，往往进行了周密的计划和安排。

2. 简单幼稚性

初犯的犯罪技能不熟练，尽管经过了提前谋划，其犯罪行为往往是模仿影视剧的情节和自我琢磨的结果，难以设想周全，作案手段简单，犯罪现场会遗留很多犯罪痕迹，再加上犯罪时有很多突发状况，初犯往往难以应对，导致手忙脚乱，行为极易败露。【参考案例 14-1】中的张某的犯罪行为既简单又幼稚，他将金项链拿到手后，胡乱塞进了裤兜，还用手捂紧裤兜溜走，如果当时赵某稍加注意，就会立即觉察到张某的不对劲。

3. 共同犯罪较多

初犯的犯罪心理不稳固，尤其是青少年往往会寻找犯罪的合作者来增加其作案的勇气，减轻犯罪时的心理压力，使犯罪更容易实施，而犯罪后果也会因此更加严重。当然，初犯也有很多单独作案者，但总的来说，共同犯罪较多。

三、偶犯的犯罪心理

【参考案例 14-2】

2010 年 10 月 20 日 23 时许，药某鑫驾驶红色雪佛兰小轿车送完女朋友返回西安，当行驶至西北大学长安校区外西北角学府大道时，撞上前方同向骑电动车的张某，后药某鑫下车查看，发现张某倒地呻吟，因怕张某看到其车牌号以后找麻烦，便产生杀人灭口的恶念，遂从随身携带的包内取出一把尖刀，上前对倒地的被害人张某连捅数刀，致张某当场死亡。之后，迅速逃离现场，在行驶中再次撞伤行人，被抓获。在审讯过程中，药某鑫并未向警方说明撞伤并杀死张某的过程。3 天后，药某鑫在家人的陪同下向公安机关自首，随后被拘留、起诉、审判，并于 2011 年 6 月 7 日被执行死刑。

（一）偶犯的犯罪心理特征

1. 需要特征

偶犯本身存在着某些不良需要，如过分看中财物、渴望一夜暴富，或者过于在乎名誉地位等。当某种特殊的情境和诱因出现时，这些不良需要就会膨胀，形成强大的动力，促使犯罪人迅速产生犯罪动机和犯罪决意，犯罪行为瞬间发生。

2. 动机特征

犯罪动机在外部诱因刺激下瞬间产生，因此，偶犯与初犯不同，其很少出现激烈的动机斗争，当外部诱因、刺激不存在时，犯罪动机也随之消失。【参考案例14-2】中可以看出药某鑫开车将张某撞倒后，从下车查看到拿刀捅死张某，不过短短几分钟，药某鑫几乎没有任何动机斗争，其杀人灭口的念头是在一瞬间产生的。药某鑫撞伤路人并将其杀掉这一看似愚蠢的举动，是在他处于高度强烈动机之下，缺乏理性和良知的心理反应，药某鑫在撞伤张某后，暂时的动机是逃避责任，当他发现被害人正在识记自己车牌号时，为了“不被农村人缠住”，又产生了杀人灭口的动机。

3. 情绪情感特征

在犯罪行为瞬间爆发后，偶犯的情绪主要表现为紧张、亢奋、惊恐不安和内疚自责。偶犯在犯罪中的紧张亢奋往往高于初犯，短时间内实施惨烈的犯罪，而在犯罪后，偶犯会立即产生内疚、后悔、自责的情绪，后悔度往往也要高于初犯。药某鑫案属于初犯，同时也是偶犯，但更具有偶犯的特征，他在气愤的情绪冲动之中杀人，在短时间内捅了被害人张某8刀，导致张某当场死亡，犯罪结果极其恶劣，他在恐惧之中又企图逃逸。在作案之后药某鑫又产生了后悔自责的情绪，在父母陪同之下去自首，在法庭上痛哭流涕，这无不显示了其忏悔心理。

4. 意志的两极性

偶犯的意志存在明显的两极性，在外界情境和诱因的刺激下，犯罪意志坚决，爆发力强，而抑制犯罪的意志微弱，几乎无法察觉。

5. 性格特征

偶犯的性格缺陷与其犯罪行为的产生有很大关系，其性格的弱点有冲动、软弱、固执狭隘、计较个人利益等，偶犯之所以犯罪，往往是其遇到问题后钻牛角尖，不懂得变通，用固有的偏激观念和简单错误的方法去解决问题。【参考案例14-2】的犯罪人药某鑫是家中独子，父亲对他非常严厉，母亲对他宠溺有加，药某鑫的同学评价其性格是极端、叛逆、多疑。药某鑫的生活环境过于狭窄，以至于他没机会接触社会，缺乏社会经验，不懂得如何处理生活中的冲突和矛盾，再加上其性格的缺陷，这些是他对被害人痛下杀手的根源。

（二）偶犯的犯罪行为特征

1. 无预谋性

偶犯是在外界情境和诱因的刺激下产生的犯罪行为，客观环境因素无法预料，所以偶犯在犯罪前没有预谋，大多是临时起意的犯罪，如见财起意、见色起意等。【参考案例 14-2】中药某鑫的行为不是一起有计划、有预谋的犯罪，属于偶然突发事件，在交通事故发生后，其为了逃避责任，临时起意将被害人捅死灭口。

2. 冲动盲目性

偶犯往往是受外界环境影响，没有明确的犯罪目的，具有较大的盲目性。同时，由于偶犯事前没有预谋，犯罪人的犯罪冲动强烈，其冲动行为有可能自己也没有料到，犯罪结果往往超乎想象。

3. 偶发性

此类犯罪一般是偶然发生的，偶然出现了某种特殊的情境或诱因刺激，犯罪行为才发生。在【参考案例 14-2】中，药某鑫深夜开车将张某撞倒、张某识记车牌号码的动作、地处偏僻等这些因素组合起来构成了刺激药某鑫持刀杀掉张某的客观因素，具有偶然性。

4. 单独性

偶犯的偶然性决定了导致犯罪的外界因素出现无法预料，所以，偶犯大多都是单独作案，在这方面与初犯有着典型的不同。

【课堂讨论 14-1】

犯罪人经过激烈的动机斗争，最后选择了犯罪，其重要原因是产生了侥幸心理。请思考并讨论：侥幸心理产生的根源是什么？初犯在犯罪过程中，何种情绪占据了优势，具体表现是什么？

第二节　破罐子破摔——累犯犯罪心理

一、累犯的概念

根据我国刑法之规定，累犯是指因故意犯罪接受过刑罚处罚，在刑罚执行完毕或赦免后，法定期限之内又实施犯罪并接受刑罚处罚的犯罪人。累犯包括一般累犯和特殊累犯。一般累犯，是指实施了故意犯罪被判处有期徒刑以上刑罚的犯罪人，刑罚执行完毕或者赦免以后，在5年以内再次实施故意犯罪且应当判处有期徒刑以上刑罚之罪的犯罪人；特别累犯，是指因犯特定之罪而受过刑罚处罚，在刑罚执行完毕或者赦免以后，又犯特定之罪的犯罪人。一般累犯在司法实践中较为常见，我们将重点论述之。

一般累犯至少实施了两次故意犯罪，而且均被判处至少有期徒刑以上的刑期，客观上来讲，其对社会危害性较大；主观上来看，其人身危险性较高。相对于初犯来说，累犯的作案经验老到且丰富，有参加刑事诉讼整个过程的经历，多数累犯具有较强的反侦查和反审讯能力。

二、累犯的心理特征

（一）需要特征

累犯的生理性、低级性需要占据了主导地位，个人低级欲望膨胀。首先，对于金钱物质方面有着强烈的贪欲，在犯罪补偿心理的驱使下，会不择手段的满足欲望；其次，部分累犯的性欲畸变，以暴力征服或者胁迫为乐趣，甚至不去选择对象就施暴；最后，累犯低级交往的需要，社会交往体现“物以类聚，人以群分”，一旦结成犯罪团伙后，会更加肆无忌惮地疯狂作案。

（二）认知特征

累犯的认知极端错误，其三观严重扭曲，蔑视法律的权威，甚至会产生“犯罪合理化”的观念，一旦刑满释放，往往重操旧业，犯罪行为更加猖狂恶劣，最终形成强烈的反社会意识，认为社会对自己不公平，以各种合理化借口为自己的犯罪行为推脱，有的对社会、司法机关产生敌视、对抗甚至报复心理。

（三）动机特征

累犯的犯罪动机具有复杂性。因其受过刑罚处罚带来的身心痛苦，部分累犯在第一次重新犯罪之前，会有较为激烈的动机斗争，有的人会有“破罐子破摔”的心理，重蹈覆辙，有的人会害怕再次遭受牢狱之苦而“金盆洗手”，也有的人抱着侥幸心理，铤而走险。另外一部分累犯很少有明显的犯罪动机冲突，其反社会意识强烈，犯罪对其来说如同家常便饭，作案心安理得。

（四）情绪情感特征

1. 稳定性强

累犯较初犯而言拥有丰富的犯罪经验和服刑经历，作案时情绪较为稳定，一般没有明显的紧张、兴奋的情绪，相对冷静。同时，作案时更为谨慎，一旦受到阻碍，可能会暂时放弃，不会不顾一切地完成。

2. 社会情感冷漠

累犯的多次犯罪经历以及其错误的认知观，使其丧失了应有的同情心和社会责任感，作案时只考虑自己的欲求是否得到满足，丝毫不会考虑给社会、他人造成的伤害。

（五）意志特征

一方面，累犯一旦形成犯罪动机，就会想方设法地实现其犯罪目的，实施犯罪的意志强烈；另一方面，累犯抵制犯罪的意志较弱，随着犯罪的成功体验增多，其犯罪心理向恶性发展，累犯抵制犯罪的意志力越来越弱，直至最终形成“犯罪合理化”的观念。

三、累犯的行为特征

（一）周密性和谨慎性

累犯往往会制订详细而周密的作案计划，精心地挑选作案目标、方式，如何破坏、伪装犯罪现场等，以确保犯罪顺利实施。同时，累犯积累了丰富的犯罪经验和熟练的作案技能，还有一定的反侦查经验，因此，其作案手段狡猾多端，行为谨慎。

（二）残忍性和疯狂性

累犯实施犯罪时，不择手段，极其疯狂残忍。因其极强的反社会心理和报复社会的观念，他们会频繁作案，大案要案、系列恶性案件一般都出于累犯之手。

（三）团伙性和流窜性

在累犯低级交往需要的驱使下，累犯在监狱中会结识一帮犯罪人，甚至会习得更多的犯罪技能，出狱后，他们往往会勾结在一起，疯狂作案。为了逃避打击和抓捕，他们往往流窜各地作案。

四、典型案例分析

张某，是渝湘鄂系列持枪抢劫杀人案首犯，曾纵横数省 8 年，犯案 10 余起，杀死、杀伤近 50 人，劫得财物价值 600 多万元。张某团伙系列抢劫杀人案件是中华人民共和国成立以来罕见的暴力性集团犯罪案件。

张某 1966 年出生于湖南常德，17 岁就因流氓斗殴被送进少管所待了 3 年，1990 年又因流氓斗殴被判入狱。出狱后，张某非但不悔改，反而认为干什么都不如抢劫来钱快，一开始张某单独作案，后来陆续和亲戚朋友组成了一个暴力抢劫团伙。1993 年，张某与刘某合伙抢劫，慌乱中张某误伤了刘某，在逃跑途中为便于逃跑将刘某砸死。从此，张某走上了一条犯罪不归路。以下是张某团伙实施的重大案件：

1991 年 6 月 25 日，张某持枪抢劫湖南省津市市一个体香烟批发店，开枪致 1 人轻伤。

1993 年 4 月 19 日，张某等持枪抢劫湖南安乡县一百货生意商人家里，开枪致 1 人轻伤；同年 4 月 20 日，张某持械致 1 人死亡。

1994 年 2 月 8 日，张某在广西宁明县持械致 1 人死亡，劫得人民币 6000 余元；同年 8 月，张某在云南省开远市持枪劫走人民币 1 万元；同年 10 月，张某在云南省开远市开枪致 2 人死亡；同年 11 月 23 日，张某在重庆市持枪抢劫，致 1 人死亡，抢走人民币 6000 余元。

1995 年 1 月 25 日，张某、严某在重庆市渝中区持枪抢劫，开枪致 1 人重伤并最终导致其死亡，抢走人民币 5 万元；同年 12 月 22 日，张某、秦某碧持枪抢劫重庆某商店黄金柜台，开枪致 1 人死亡、2 人轻伤，劫得黄金、铂金首饰价值人民币 45. 5 万元。

1996 年 12 月 25 日，张某、严某明持枪抢劫某百货重庆店黄金屋，开枪致 2 人重伤、1 人轻伤，抢得黄金饰品价值人民币 63 万余元。

1997 年 11 月 27 日，张某、李某军、严某明持枪抢劫湖南省长沙市某商城黄金柜台，致 2 人死亡、1 人轻伤、1 人轻微伤，抢得黄金饰品价值人民币 137. 2 万元。

1998 年 10 月，张某、李某军、陈某清、赵某洪在湖南汉寿县某乡某村野鸡窝山，持械杀死 1 人；同年 12 月 19 日，张某、赵某洪开枪杀死 1 人，抢得出租车 1 辆；同年 12 月 20 日，张某、李某军、陈某清、赵某洪、王某持枪冲闯湖北省公安县治安检查站和收费站，致 2 人死亡。

1999 年 1 月 4 日，张某、李某军、陈某清、赵某洪持枪抢劫湖北省武汉市某广场黄金饰品柜，造成 1 人死亡、3 人重伤、3 人轻伤；共劫得人民币 3 万余元、黄金饰品价值人民币 263. 4 万元、出租车 1 辆。

2000 年 6 月 19 日，张某、李某军、陈某清持枪抢劫重庆某储蓄所押款人员，抢得人民币 14 万余元、出租车 1 辆，致 2 人死亡、2 人轻伤。

2000 年 7 月 21 日，张某、全某燕在湖南汉寿县开枪致 1 人死亡。

2000 年 8 月 15 日，张某、李某军、陈某清、赵某洪、许某共谋后，持枪抢劫湖南安乡县某银行行长，致 2 人死亡，劫得人民币 1.6 万元，财物价值人民币 1.9 万元，3 张存单共计人民币 40.6 万元。

2000 年 8 月下旬，张某、赵某洪、李某生在常德市某区某镇开枪致 1 人死亡。

2000 年 8 月 31 日，张某、李某军、赵某洪在湖南省常德市鼎城区郊区，持械持枪杀死 1 人。

2000 年 9 月 1 日，张某、李某军、陈某清、赵某洪在湖南省常德市持枪抢劫常德某银行分理处运钞车，致 7 人死亡、4 人轻伤、1 人轻微伤，劫得经警微型冲锋枪 2 支及其子弹 20 发。①

通过上述案例可以看出，张某是一个典型的累犯，他进过少管所，被判过刑，出狱后仍然不知悔改，在违法犯罪的道路上越走越远。他是具有反社会人格的犯罪人。

（一）张某的犯罪心理特征

1. 认知错误，心态失衡

张某好逸恶劳，看到别人致富后的想法是：别人有钱，日子过得好，我也要有钱，我也要过好日子，我不能靠劳动致富，我就去抢。张某认知极端错误，毫无道德观念，为了满足自己对金钱的追逐，丝毫不顾及被害人的痛苦，他不在乎法律和刑罚，杀人、抢劫毫不手软，心里全部是自己的欲望。张某抢劫并杀害了对自己很好的老乡。检察官问起时，张某的回答是："只要有机会，谁的东西我都想抢。"由此可见，常年流窜疯狂地实施犯罪，使其犯罪心理

① 参见百度百科：湘鄂渝系列持枪抢劫杀人案首犯。

越来越恶化，形成了顽固的犯罪意识，犯罪合理化的观念根深蒂固。

2. 情感异常

张某没有明显的情感色彩，只有功利性的目的与现实需要的满足。他曾提着菜刀闯入自己看中的女孩家逼婚，女孩被逼嫁给他并生了两个儿子，但张某离家后先后有了数名情人，也从未对妻儿表示过关心。而对情人，他称“自己不会对任何人有感情，只是利用”，张某在很多地方都有情妇，每到一个城市都有女人，但他对任何女人都未付出过真正的感情，都是利用她们来逃避侦查。张某还杀死了被自己误伤的同伙，他认为杀了他，可以延续自己的生命。他只讲生存不讲义气，足以可见其情感上具有严重的缺陷。

3. 贪婪重欲

张某组织的犯罪集团是他谋取利益的工具，他在集团中有着绝对的领导权，抢劫的目标、成员分工、逃跑方式及路线均由其一人说了算，张某把抢劫来的赃款大部分自己占有，给同伙仅仅分个零头。此外，张某比较贪色重欲，每次作案踩点之前都会在当地物色一名情妇，一来为其案发后提供藏匿、销毁作案工具的处所，二来可以解决其生理需求。除了固定情妇之外，他还经常找卖淫女来满足自己需求。另外，张某平常在衣着、吃喝、住行等方面都比较奢侈，挥霍无度。

4. 唯我独尊，张狂残暴

张某想出人头地、成为人上人的心理十分强烈。他的犯罪集团成员必须绝对服从于他，一切听命于他的指挥和调遣，不能有任何的反叛行为。他在拉人入伙时，都要入伙者写下了忠于“组织”，一切听从“组织”安排的誓言。这个“组织”实际上就是他自己。张某对集团成员的管理十分残酷，谁都不得有半点违抗，否则予以处罚。集团成员中，陈某清、李某军、赵某洪、严某明、王某等人都不同程度地受过张某的体罚。严某明被打伤住院，陈某清被迫砍断了左脚小趾，李某军在长沙作案前踩点因没按张某吩咐，离开指定地点 10 多米，被张某罚站 8 小时。①

（二）张某的犯罪行为特征

1. 行为计划周密、谨慎

张某集团作案屡次成功，诱使他不断冒更大的风险，制造更大的案子，抢劫更多的钱财。其作案手段和性质也越来越残忍和恶劣，张某团伙对作案的时间、地点、手段、工具、分工等都作了详细的调查，甚至组织团伙成员事前演练，从犯罪的准备、实施到撤离现场以及逃跑路线、车辆和作案工具的处理等方面考虑得很周全。比如，在长沙某商城作案时，张某提前半年就开始酝酿，之后召集同伙多次到现场踩点，以便熟悉现场的每条路线，绘制了 3 公里以内的建筑分布和路线图，甚至还制作了与某商城黄金柜台大小一样的模具，进行端盘装袋的“技能训练”，把作案时间精确到 1 分钟之内。

2. 行为狡诈，反侦查能力强

张某有很高的犯罪智能，其有着与公安、司法机关打交道的经验，积累了较丰富的逃避打击的经验。其同伙成员居住地分散，都是单线联系，作案前才会召集在一起，与不同的成员联系用不同的电话卡，枪支统一保管，作案前才发放，还伪造了身份证、警官证和工作证，以逃避公安机关的追捕。张某还规定每名作案成员在作案过程中不得使用方言联系，必须说普通话。张某集团犯罪以常德为活动据点向长沙、武汉、重庆辐射，流窜作案，作案空间大、范围广，造成侦查方向难以准确判定，排查控制工作不易开展，增加了破案的难度。

3. 手段残忍，凶残狠毒

张某的犯罪集团在短短几年内作案近 20 起，杀死、杀伤近 50 人，张某反复告诫集团成员：干这样的大事必须下手狠，凡是妨碍

① 戴纲、周利凡等：《张某犯罪集团心理特点及活动规律分析》，载《中国人民公安大学学报（社会科学版）》2001 年第 1 期。

作案的一定不能留下后患，开枪必须打头部，特别是对付警察至少要两枪以上。在一次作案之后逃跑过程中，一名路人多看了他们几眼就被张某团伙随手一枪打死，途中遇到一名小女孩在路上玩耍，张某将其撞伤后又分别开枪将出门观望的居民和一名推板车挡道的老人击伤。这些足以看出，张某及其团伙丧心病狂，心狠手辣。

第三节　根深蒂固的恶习——惯犯犯罪心理

一、惯犯的概念

惯犯，是指反复实施同类犯罪，已经形成犯罪恶习的犯罪人，也称为“常习犯”。在我国，惯犯多见于财产型犯罪，如盗窃惯犯、诈骗惯犯、抢劫惯犯、赌博惯犯。惯犯和累犯都是多次实施犯罪行为，但是惯犯不一定受过刑罚处罚，通常惯犯只会实施某特定种类的犯罪，犯罪占据其生活的大部分，而累犯却不限于实施某一种类的犯罪，两者的犯罪心理和行为特征存在一定的差异。

二、惯犯的心理特征

（一）需要特征

由于惯犯多次、重复实施某种同类犯罪，其犯罪行为已经习惯化、定型化，犯罪行为本身已经成为惯犯的需要，其实施犯罪不仅是为了满足自己低级、物质的需要，同时也是为了犯罪而犯罪，犯罪的需要结构向畸形发展。

（二）认知特征

大部分惯犯有一套错误的犯罪观，将犯罪视为其谋生的手段，认知内容极端错误，不以犯罪为耻，反而形成“犯罪合理化”的观念。这和累犯的认知特征大体相同，甚至有的惯犯形成了反社会意识，仇恨社会，作案疯狂，对其行为毫无悔改之心。

（三）动机特征

由于惯犯的犯罪行为已经定型，其动机冲突较为微弱甚至消失，作案时表现出果断、坚决、毫不犹豫。但其在犯罪过程中并非肆无忌惮而是动机斗争极其不明显，遇到突发状况，惯犯仍会犹豫、紧张、慌乱。

（四）情绪情感特征

惯犯相对于初犯而言，其在作案前平静自若，照常进行工作生活，没有其他异常反应，表面不露出任何作案准备的痕迹；作案中，情绪稳定、沉着老练，在遇到突发状况时恐惧、紧张感较小并能自我调节情绪，能够抑制恐惧和紧张，善于掩饰，必要时能够随机应变，顺利达成犯罪目的。作案后情绪比较稳定，表现看起来若无其事。另外，惯犯缺乏高级情感，对社会和他人情感冷漠，毫无悔意。

【参考案例 14-3】

新疆乌鲁木齐某镇的马老汉请人干活，给工头结账时从屋里直接拿钱，不料这一外露钱财的行为被李某等三人盯上，李某三人是流窜到本地的抢劫惯犯。某晚凌晨2时许，李某三人蒙面、戴手套携菜刀、榔头等作案工具，由李某翻墙进入马老汉家院内，将院门从里面打开，三人进入马老汉屋内后，翻找钱财，不料将睡觉的马老汉惊醒。见马老汉醒了，李某、张某用被子捂住马老汉，在马老汉反抗过程中，用刀将马老汉面部、右肩部砍伤，当日马老汉家中现金不多，三人在抢得300元现金后分头逃跑至外地。在逃跑途中又实施一起抢劫犯罪，故意伤害将他人致死。

通过【参考案例 14-3】可以看出，惯犯在实施犯罪过程中，沉着冷静，即使遇到突发状况——马老汉被惊醒，也毫无恐惧和慌张，能够随时调整自己的作案计划，为了顺利达到犯罪目的，而将马老汉砍伤。逃跑途中再次抢劫，更加猖狂的是将被害人伤害致死。李某等三名惯犯冷漠无情，为了满足抢钱的需求，而不顾他人生命。

（五）能力特征

惯犯大多是非观念不强，文化程度不高，缺乏正常的生活技能，但其长期实施同一类的犯罪活动，积累了相对熟练的犯罪经验和能力，犯罪技能高超，有的苦练犯罪技能甚至能够达到专业化水平。比如，入室盗窃的惯偷，大多都下功夫研究锁具，技术高超的打开防盗门仅需不到一分钟的时间，开锁入屋盗取财物，15 分钟之内便可全身而退。据某“技术惯偷”交代，偷一辆电动车也不过两三分钟的事，撬锁、拔线、接电、盗车一气呵成，技术老练。

（六）犯罪心理形成的自觉性和主动性较强，形成了顽固的犯罪定性

对于惯犯而言，犯罪行为已经成为其生活中的习惯和重要内容，只要出现合适的作案机会，就能激活其犯罪冲动，进而实施犯罪行为，犯罪手段和技巧十分老练，犯罪活动已然定型。例如，有抢劫前科的张某刑满释放之后重操旧业，趁着夜色尾随独行女性，用榔头或砖块猛击其头部实施抢劫，短短一个月之内，就作案 11 起，抢到的财物数万元。据张某交代，只要在晚上遇到独行、看似有钱的女性，就会上前将其打伤后实施抢劫。

三、惯犯的行为特征

（一）习惯性

在适合作案的外部情境出现下，惯犯就会自动、立即实施犯罪行为，其犯罪行为已经形成了动力定型，犯罪行为已经习惯化。这种习惯化又促使犯罪心理进一步恶化，使得犯罪行为向更严重、恶劣的方向发展。

（二）类似性

惯犯的犯罪经验中包含模式和习惯化的特点，每一种类型的惯犯在其犯罪方法方式、犯罪手段技术等方面都有类似之处，形成了

自己的特征，如以“放鸽子”的形式进行婚姻诈骗，骗取钱财，或者“盲井式犯罪”① 等。

（三）连续性和坚定性

犯罪行为的习惯性决定了惯犯会在短时间内连续作案，如惯偷在地铁上作案，往往不会将作案目标定为一个人，一次盗窃活动中可能作案多起。例如，因盗窃罪“三进宫”的惯偷于某，刑满释放后，本打算找份工作，却因好吃懒做又干起了盗窃的勾当，短短一个月内共盗窃 5 家店铺、1 家武馆。

【课堂讨论 14-2】

根据有关数据显示，即使盗窃惯犯、扒手等犯罪人多次被抓，刑满释放后，他们还是会重操旧业。请思考并讨论：惯犯无法停止作案的深层心理是什么？

四、典型案例分析

通过对本书第七章第二节讲到的苏湘渝系列持枪抢劫杀人案的分析，可以看出犯罪人周某属于累犯、惯犯，他身上有着惯犯特有的普遍心理特征和行为特征。以下是周某的具体涉案情况：

（1）2004 年 4 月 22 日中午 12 时左右，重庆市某酒店的出纳和会计两名女职工取款后被持枪歹徒抢劫，歹徒开枪打死一人、打伤一人后逃逸，抢走现金 17 万元。

（2）2005 年 5 月 16 日上午 9 点 35 分左右，重庆沙坪坝区发

① 盲井式犯罪，是指在煤矿上进行的犯罪行为，在矿上谋生的矿工们，诱骗智力障碍者、流浪汉、务工者，甚至是同乡、亲友，到矿上打工，趁其不备将其砸死、推进矿井、放炮炸死等，伪造矿难现场，再找人冒充家属向矿方索要赔偿。事成之后，用来作案和讨价的筹码——人命，无再利用价值，便遭遗弃。这种人为制造矿难骗取赔偿案，因与电影《盲井》情节类似，被称之为“盲井式犯罪”。2016 年 5 月 30 日，内蒙古自治区巴彦淖尔市人民检察院对外公布，嫌疑人艾某、王付某等，在山西、陕西、河北、甘肃、新疆、内蒙古六个省区涉嫌故意杀害 17 人伪造矿难。

生一起持枪杀人抢劫案件。歹徒尾随2名取款人员，开枪将其打死，枪声惊动一过路男子，歹徒顺势向该男子射击将其打伤，在抢走2名取款人员的17万元现金后逃逸。

（3）2006年2月21日，周某因非法运输枪支罪被云南省昆明铁路运输法院判处有期徒刑3年。2008年4月出狱后，他继续制造血案。

（4）2009年3月19日，在重庆枪杀哨兵，并抢走自动步枪，另一赶来查看的哨兵遇袭重伤。

（5）2009年10月14日，长沙市天心区南郊公园山坡上发生一起枪击案，被害人李某寿身中6枪，身上20元钱未被抢。

（6）2009年12月4日，长沙市天心区芙蓉南路新姚路口发生一起持枪抢劫杀人案，歹徒持枪杀害从银行取款出来的郭某，抢走现金4.5万元。

（7）2010年10月25日，歹徒枪杀湖南环城经贸公司经理肖某，抢走其手提电脑一台。

（8）2011年6月28日，湖南长沙某基建工地附近，张某被歹徒开枪击伤，致头部、腰部负伤。伤者当时开了一辆雷克萨斯轿车，下车后中枪。

（9）2012年1月6日，南京市某农业银行发生持枪抢劫案。歹徒持枪打死某公司提款人，抢走19.99万元现金后逃窜。

（10）2012年8月10日，重庆沙坪坝区某中国银行储蓄所门前发生一起持枪抢劫杀人案。歹徒打死2人、打伤1人，抢走死者单肩大挎包，逃离现场后，搭乘“摩的”逃逸。歹徒逃逸后，一名铁路民警在搜捕过程中身中三枪，尸体在2小时后才被发现。

下面我们从犯罪经历的角度，对苏湘渝系列持枪抢劫杀人案的制造者周某的犯罪心理和犯罪行为特征进行分析。

（一）周某的犯罪心理特征

1. 畸形的需要结构

周某生活贫困，曾因车祸背负巨额债务，他需要钱但没有正当职业，所以他决定抢劫，周某对金钱的强烈渴求但又不想通过正当途径来获取。同时，周某嗜枪如命，经常擦拭枪弹，拆装枪支熟练，平时枪不离身，对枪乃至暴力的这种畸形的需要，导致了周某的犯罪特点——持枪抢劫。

2. 动机斗争弱化

周某在连续作案多起并屡次得手，他多次反复实施了持枪抢劫，其动机斗争已经渐趋弱化。在作案前、作案中、作案后都表现出无比冷静、镇定、自持，作案手段残暴又冷血。

3. 情绪相对稳定

周某有着惯犯共有的情绪情感特点。在作案前，计划周密，平静，在实施抢劫时沉着老练，毫不慌张，得手后有条不紊地离开现场，作案后，冷静地躲避侦查，表现得若无其事。周某在重庆“8·10”作案后，明知警方围捕随时可至，但他选择了最慢的路——沿小铁路逃跑。正在巡线调查的铁路民警朱某超见周某的神色有异遂上前盘查。高度紧张的周某，随即掏枪，向朱某超头部和胸部连开3枪，致其死亡。可见周某即使遇到突发状况，也能随机应变、迅速脱身。他对被害人和警察表现的极其冷漠，丝毫没有同情之心，下手凶狠残暴，非死即伤。

4. 典型的犯罪性格和意志特征

据了解，周某从小就孤僻、犹豫与社会联系面窄，不愿意与人分享内心，正是这种心理和性格有助于他长期作案而不被外界注意。周某小时候体质欠佳，但他爱好武术，喜欢锻炼和爬山、跑步，每天坚持做俯卧撑，长期坚持对自己性格和毅力的锤炼，这些行为使周某的意志力极为坚定，只不过周某把这种意志品质用在了犯罪的道路上。

（二）周某的犯罪行为特征

1. 行为计划十分周密

周某每次犯罪都精心准备，如如何踩点、事先做哪些准备，如何作案，抢钱以后选择什么交通工具逃离现场等。比如，在事先踩点时，周某不到银行里面，而是在外面透过玻璃来寻找作案的对象，看谁取款，等他出来的时候慢慢靠近他，突然袭击要害，打倒被害人后拎包就走，逃跑过程中还会换装等。

2. 犯罪行为极其狡诈

周某作案地点选择地形复杂，人员较多、交通便利的地区，便于作案后迅速逃跑，逃跑时搞声东击西。比如，他住的地方在东面，他就先往西面走。他在走路的过程中，特别敏感，总是回头看有没有人跟着他，然后再往前走。为了逃避打击，避免睡觉的时候被抓捕。他在山下作案，山上住宿，用睡袋和帐篷睡在公墓下面，这些都给追捕工作带来很大的困扰。

3. 犯罪行为的连续性

周某在将近8年的时间内作案8起，如果不是最后被枪毙，他将持续犯罪下去，其犯罪行为具有连续性。

4. 犯罪行为坚决、残忍

周某作案特别残忍，犯罪行为总是很坚定，在他多次作案中，为了达到抢钱的目的，不择手段，选择用开枪爆头的方式将被害人杀害，很少留活口，方法极其残忍疯狂，作案累累，谋财害命，滥杀无辜。

总之，周某连续多次实施持枪抢劫犯罪，主要是因为他已经形成主动性、自觉性的犯罪心理，带有自动化的倾向。周某拥有多个枪支且能够熟练地使用枪支，作案工具齐备，已经形成了稳定的作案方式。当侵害对象出现，有利于犯罪的现场条件一出现，周某的犯罪行为随即产生。另外，周某一般都选择在繁华城市的复杂地段作案，一方面便于逃跑，另一方面警察会顾及老百姓不方便开枪，同时，周某大跨度大区域的作案，喜欢有山有水的地方，长期习惯野外生存，案发后长期生活在山区，躲避警方抓捕。从这些都可以看出周某作案体现了惯犯典型的行为特点。

【课堂讨论14-3】

刑罚的目的之一，就是通过对犯罪人进行教育以及施加一定的痛苦防止其再次犯罪。很显然，累犯和惯犯都是重新犯罪的犯罪人。结合所学知识思考并讨论：累犯和惯犯有何异同？

【课后思考】

盗窃惯犯钱某在回忆他第一次作案时的情形时说："当我第一次把这双不干净的手伸进人家口袋的时候，手好像不是自己的，不停地发抖，手心里出了很多汗，心里又慌又怕，好像周围所有的人都在盯着我，马上就会发现我是小偷，我的心就更慌张了起来。但当我想到偷到钱就可以和朋友大吃大喝、泡网吧玩游戏的时候，我就鼓起勇气把钱偷了出来。"而多次偷盗后，他现在是"没有钱要偷，有钱也要偷，三天不偷手就发痒，见了钱偷不到手就更难受。"

请思考：

1. 该盗窃惯犯第一次作案和现在作案的心理特征。
2. 该案例给我们什么启示？

模块五

反人类的犯罪人心理

第十五章　反人类的犯罪人心理

【学习目标】

知识目标： 1. 了解邪教犯罪、暴恐袭击犯罪的概念和危害；

2. 掌握邪教犯罪人、暴恐袭击犯罪人的心理特征；

3. 理解邪教犯罪人、暴恐袭击犯罪人的犯罪行为特征。

能力目标： 1. 运用反人类的犯罪人心理的相关知识解决实际问题；

2. 运用反人类的犯罪人心理从事司法实践活动。

第一节　邪教犯罪心理

【本节引例】

2014 年 5 月 28 日，“全能神”邪教组织成员张甲、张某冬、吕某春、张乙、张某联等人为宣扬邪教、发展成员，在山东招远一家麦当劳快餐厅内向就餐的顾客索要联系方式，为发展“全能神”教徒做准备。因张乙两次向被害人吴某艳（女，殁年 35 岁）索要手机号码遭拒，张甲、吕某春遂认定吴某艳为“恶灵”，张甲率先持餐厅内座椅砸击吴某艳，吴某艳反抗，在场的张某冬、吕某春、张乙上前与张甲共同将吴某艳打倒在地，张甲手撑餐桌反复跳起用力踩踏吴某艳头面部直至无力跳起。后张甲将张某冬购买的拖把分别递给张某冬和张丙，指使张某冬、张乙、张某联、张丙上前“咒诅”、殴打吴某艳。张某冬抡起拖把连续猛击吴某艳头面部，直至将拖把打断，又将吴某艳从桌椅之间拖出，用脚猛力踢、踩、跺吴某艳头面部。被害人吴某艳因颅脑损伤当场死亡。

其间，张甲看到吴某艳的上衣腹部位置在抖动，认为对方在“发功”，“吸我及我周围人的精气”，遂认定吴某艳是“邪灵”，必须要把她除掉。在残忍殴打吴某艳的同时，张甲等六人口中喊着“她是一个恶魔”“死去吧，恶魔”等口号。

经法院依法审理，以故意杀人罪、利用邪教组织破坏法律实施罪数罪并罚判处张甲、张某冬死刑，判处吕某春无期徒刑；以故意杀人罪判处张乙有期徒刑10年，判处张某联有期徒刑7年。①

“全能神”，又称“实际神”“东方闪电”“闪电派”，由“呼喊派”衍生而来，是一个冒用基督教的旗号，行害人之实的邪教组织。国家有关部门早已认定其为邪教并予以取缔。然而，仍有大量不明真相的群众受到“全能神”歪理邪说的蛊惑。该组织散布歪理邪说，骗钱害命，欺骗拉拢大量不明真相的群众。“避天灾”是其发展信徒的惯用伎俩，“全能神”向信徒宣称，只要加入“全能神”，就能得到福报，许多迷信的人辨识不清，在邪教歪理邪说的哄骗下越陷越深。

为推销自己的“世界末日”邪说，“全能神”邪教组织头目赵某山煽动组织规模性聚集滋事活动，组织成员集体到公共场所散布各种歪理邪说。

“全能神”邪教在拉拢哄骗群众入教的过程中，经常以“救世主”“慈善”的面孔出现在信徒面前。为扩大信众基础，他们经常会重点选择那些家庭比较困难、文化水平较低、有迷信或者宗教信仰基础的人作为发展对象，用伪善的面孔宣扬灌输邪教理念。“全能神”邪教组织也会让年轻漂亮的女信徒对可利用之人进行女色诱惑。为实现对信徒的绝对控制，他们成立“护法队”，用暴力惩治“不听话”的信徒，打伤、打残、非法拘禁等也都是“全能神”

① 参见360百科：“5·28”山东招远涉邪教故意杀人案。

邪教成员常用的手段。“护法队”负责殴打不愿入教或意图脱教的人，为了报复惩戒一名意欲脱教的“全能神”成员，“护法队”将其仍在读小学的孩子残忍杀害，弃尸于一处柴垛处，并在其脚心印上闪电标志。

“全能神”邪教向信徒宣扬“奉献”“捐赠”，通过向信徒收取“奉献款”，迫使他们献出辛辛苦苦赚来的血汗钱，许多信徒甚至献出了毕生的积蓄，邪教组织每月只给信徒50元至70元，美其名曰“照顾生活开支”。而搜刮来的钱财基本都用于支付邪教的非法活动和供赵某山在境外挥霍享乐。

2017年4月28日，山东省即墨市人民法院审理了一起组织、利用邪教组织破坏法律实施案件，16名“全能神”邪教成员以聚敛钱财为目的，将所得“奉献款”大肆向海外转移，涉案金额高达2676万元。2017年6月，黑龙江省公安机关成功打掉一个覆盖多地区、多层级、全链条的“全能神”邪教组织犯罪团伙，抓获一批流窜于东北地区的“全能神”邪教骨干人员，该案所涉及地区直接接受境外“全能神”邪教指挥，并向境外秘密转移大量资金，仅在2016年11月至2017年3月间，转移到境外的资金就达1.4亿元人民币。[①]

据统计，全世界邪教组织有上万个，信徒数亿人。邪教是以拯救人类为幌子，散布迷信邪说，打造一个自称有超自然力量的教主，作为信徒顶礼膜拜的偶像，对信徒进行精神灌输和控制，从中不择手段地敛取钱财。震惊中外的邪教事件有：乌干达邪教组织“恢复上帝十诫运动”、美国邪教组织“人民圣殿教”惨案、“太阳圣殿教”自杀事件、日本“奥姆真理教”毒气惨案、我国的“法轮功”天安门自焚事件，还有【本节引例】中介绍的“招远邪教杀人案”。20世纪90年代初“法轮功”实施的各种非法行为，是当代我国最典型的邪教犯罪。总的来说，邪教犯罪，是指冒用宗

① 参见《揭秘全能神教主赵某山》，载凯风网。

教、气功或其他名义，神化首要分子，利用制造、散布迷信邪说等手段蛊惑、蒙骗他人，发展、控制成员，实施危害社会、触犯刑法的行为。

一、邪教犯罪的心理特征

【本节引例】中的邪教犯罪人张甲在庭审现场脸上露出不屑的表情和笑容，没有丝毫悔改之意，不仅不承认自己故意杀人，甚至还想当庭宣扬邪教教义。这让人不禁要问，是什么让这位读过大学、年纪轻轻的女子走火入魔？他们在残忍杀人后神态淡定、面带微笑的背后，究竟出于何种心理？在邪教犯罪中，邪教教主与信徒的各自作用和心理特征有着很大的差异，具体分析如下：

（一）偏执且错误的认知

邪教本身就是反人类、反社会、反科学的歪理邪说，邪教教主在社会、伦理道德等方面存在偏执、错误的认识，具有反动的政治信仰和荒谬的政治逻辑，自我意识十分强烈，且自命不凡。“全能神”教主赵某山宣扬“全能神”统治的“国度时代”已来临，将对人类进行审判；还声称“当今中国是一个没落的帝王大家庭，受大红龙支配”，煽动信徒要在“神”的率领下与“大红龙”展开决战，“将大红龙灭绝，建立全能神统治的国度”。全能教的“神”告诉教徒们：“为我效完力的人，要老老实实地退去，不得吵吵闹闹，因为工作的需要，我需要的人也不同，该舍的就舍，该砍的就砍，该杀的就杀，该留下的必须留下……我的话就是权柄，谁改动谁就触犯刑罚，必遭我击杀，严重的断送自己的性命。”纵观当今的邪教教主，均狂热地相信自己做什么都是正确的，把信徒视为草芥玩弄于股掌之间。

邪教信徒的认知存在偏差，一般入教之前就有信仰认知的偏差和负面的认知、思维特征，如喜欢以偏概全，凡事绝对化，有消极、悲观、偏执等心态。入教后这种心态得到强化，形成偏差的认知模式，进而认知上产生扭曲，进一步受邪教教主的精神控制。例如，“法轮功”创始人李某志说：“地球第一次爆炸是我祖师爷定的，第二次是我师傅定的，第三次是我定的。”这些歪理邪说之所以被信徒接受并深信不疑，就是在于他们已经丧失了正常思维，丧失了判断是非善恶的标准。信徒一般具有某种倾向信教的天性，崇尚鬼神，深信超自然力量。几乎所有被发展成为“全能神”邪教信徒的人，最开始被拉进来时并不知道它是邪教，其向信徒宣称，只要加入“全能神”，就能得到福报、“避天灾”，许多迷信的人辨识不清，在邪教歪理邪说的哄骗下越陷越深。

（二）强烈的反社会情感

邪教犯罪人的反社会情感突出，他们认为社会现实限制了其自由和理想，对国家和社会有着强烈的不满和敌对情绪，一旦寻到合适的时机，就与政府作对，煽动组织规模性聚集滋事活动，制造社会恐慌情绪。赵某山指使某些地区的“全能神”人员集体围攻公安机关、掀翻执法车辆、打伤执法民警，暴力抗拒执法。一些受毒害信徒受邪教裹挟，甚至丧失理智，全国发生多起自杀、自残等极端事件。2012 年 12 月，“全能神”邪教人员坚信末日来临，大规模走上街头，公开传教，与政府对抗。

（三）意志特征的两极性

一方面，邪教犯罪人意志薄弱，在物质利益面前放弃原则，从事犯罪活动。“全能神”邪教向信徒宣扬“奉献”“捐赠”“将自己所有的奉献给神”，要求信徒都要为神捐“奉献款”，这些搜刮来的“奉献款”基本都用于支付邪教的非法活动和供赵某山在境外挥霍享乐。另一方面，在实施犯罪活动中，邪教犯罪人反社会和危害国家安全行为的意志顽固。2000 年，赵某山在被劳教 3 年后，非但不痛改前非，还与妻子杨某斌以及 5 名骨干人员伪造证件潜逃到美国，建立了“全能神”总部，任命何某迅为“全能神”国内“监察组组长”，实施远程控制，其间疯狂敛财达上千万。2014 年，赵某山在韩国首尔设立“全能神”亚洲总部，加强对中国境内组织的进一步控制。可见，其进行邪教活动的坚决性和顽固性。

（四）人格特征

一般来说，邪教教主往往具有某种人格障碍，有着自命不凡的妄想型病态心理，伴有自恋型、偏执型人格特征。他们习惯以自我为中心，认为自己是世界的救世主；偏执于自己的妄想，往往自私残暴、狡猾奸诈，控制欲、领袖欲极强。赵某山喜欢受人膜拜，在永源镇时信徒见了他要“下跪祷告”。为实现对信徒的绝对控制，“全能神”邪教成立“护法队”，用暴力惩治“不听话”的信徒，打伤、打残、非法拘禁等都是“全能神”邪教成员常用的手段。血腥、诅咒更是他们控制人心的重要手段。为维护邪教的地位，甚至不惜制造血案，打断不肯入教者的四肢、割去耳朵，杀死“叛教者”子女，信徒为遵从“神意”杀子祭神、杀妻“重生”。其他不少邪教（如“太阳圣殿教”“奥姆真理教”）都让信徒过一种封闭式且没有自由的集体生活，目的就是对教徒的思想、财产甚至生命进行绝对的控制。

邪教信徒之所以加入邪教，根源主要在于其人格特征。他们往往理想主义色彩浓厚，幼稚不成熟，具有较强的依赖性，易受暗示，属于逃避型人格，遇到挫折时总是采取消极逃避的方法寻求解脱，容易被邪教营造的虚假温馨氛围所欺骗，自我评价过低。邪教组织“门徒会”的一名信徒性格偏执，易受暗示，加入邪教后因深信教义，认为杀死他人就能“升天”，便将他的母亲残忍地掐死。而“太阳圣殿教”的信徒们服从组织的安排集体自杀，警方找到他们的遗书，遗书中称他们是为“寻找另一个极乐世界”。可见，这些人极度依赖于邪教组织，被邪教组织所编造的“极乐世界”所迷惑，不惜放弃自己的生活而接受组织任务。

二、邪教犯罪的行为特征

（一）组织性

邪教组织往往有严密的组织和层级、森严的戒律以及人数众多的信徒，有组织名称，有职务分工，有内部纪律，参加的成员有共同的反动信仰，也有部分被蒙骗不明真相的群众。“全能神”邪教等级分明，组织严密，名义上的最高权威“女基督”的主要工作只是负责说话，而“大祭司”赵某山才是真正的掌权者。他所负责的工作包括行政管理、安排各地的行政教务、差派工作，分配钱财，制定和监督教规的执行，以及确定各地分部的领袖。“大祭司”以下设“各部门领导”，主要是协助赵某山处理“教务”工作，并为他出谋划策。然后依次为“省级分部领导”“区级领导”“县级领导”“城乡领导”。他们每10到20人分为1个“小组”，设组长1名；40人为1个“小排”，设排长1名。各排各组均有1名“上级”（从外地调来的“讲道高手”）。自上而下，每层安排1名女性给该层的“男负责人享用”，“全能神”邪教称之为“过灵床”。从“省级分部领导”开始，每层设有一线、二线、三线、四线人员，在各地设有“联络站”（负责接待）和“训练基地”（负责训练、洗脑）。①

（二）精神控制

精神控制属于洗脑的一种方式，通常是用一种特殊方法打碎人的固有信念，改造并形成一种新的观念。世界上几乎所有的“邪教团体”，都在使用“精神控制”来控制信徒们，重塑信徒的信仰和人格。那么，如何来进行“精神控制”呢？

1. 利用人们的信仰需要

“全能神”的教主赵某山用市场经济的眼光看懂了中国人的信仰心理，知道中国人也有信仰神和宗教的这种心理（精神）需要。他在20多岁的时候就醉心于宗教活动，信仰基督教，驾轻就熟地打着基督教的旗号，把杨某斌包装成道成肉身的“女基督”，冒充正统基督教欺骗信众，招揽信徒。

① 参见《揭秘全能神教主赵某山》，载凯风网。

2. 利用信徒企盼灵魂不死的愿望

尽管生老病死是生命的自然规律，但是死亡的恐惧又驱使人们寻求灵魂的永生、精神的不死。像“全能神”之类冒充宗教的邪教，都极力宣扬只要信仰了它，灵魂就会不死，就可以在天国里获得永生，更何况赵某山把虚无缥缈的上帝变成道成肉身的“女基督”展现在众人面前，从看得见、摸得着、能讲话的“神”口中发出“信她者生、不信者或背弃她者死”的神谕的时候，就比传统宗教的神更能让信徒痴迷和认同。

3. 利用人们的崇拜心理

教主要想将信徒的心理攥在自己手中，首先就必须让信徒对他在心理上产生狂热的崇拜，这种崇拜一旦建立，信徒们就完全落入了教主的掌控之中。赵某山将一个因为高考失利患有精神疾病的少女杨某斌包装成“神”，并为其罩上众星拱月和“可想而不可及”的神秘感，同时将她的一些带有妄想色彩的病态语言说成是神的话语，编辑成长达 120 万字的《话在肉身显现》和《东方发出的闪电》《救主早已驾云重归》等书籍，让信徒无休止地诵读这些颂扬“女基督”的书，使信徒虔诚地拜倒在“女基督”的脚下，不敢有丝毫疑虑地相信她就是肉身再现的基督，就是“神”，从而对之产生狂热的教主崇拜。

4. 利用人的恐惧情绪

赵某山借“神”之口，不断制造“世界末日”“宇宙会坍塌”的谣言，让信徒和社会人群面对生死恐怖，以期用这些方法来激起人们极度的恐惧情绪，同时，大肆吹嘘“女基督”是真正的“神”，能用“神力”保护信仰者，使信徒因恐惧而对“全能神”更加敬畏、更加依赖，从而牢牢的对信徒们进行精神控制。

【本节引例】中被“全能神”彻底洗脑的张甲，人格变异，心灵扭曲，不断作出令人匪夷所思的咄咄怪事，使其家庭混乱不堪。她置家庭道德与社会伦理于度外，唆使父母离婚，给父亲张某冬找了个比自己小 6 岁的“小情人”张某联，竟不知廉耻地称他俩是

“亚当”和“夏娃”，认为父亲张某冬跟张某联本来应该是夫妻，张某联是“神”的创造和安排，来做她的“新母亲”。她还撺掇父母把家里的1000万元人民币奉献给了“全能神”，硬生生把一个小康家庭拖垮。在审判庭上，张甲面带微笑，不但没有丝毫悔改之意，甚至要在法庭上宣扬邪教。可见，她丧失了每个人都应该拥有的道德底线，因为“全能神”的“女基督”曾说过，“因为工作的需要，我需要的人也不同，该舍的就舍，该砍的就砍，该杀的就杀”，张甲俨然已经被成功洗脑，所以就成了杀人不眨眼的恶魔。她蔑视法律，思想麻木，在事发后记者采访张甲，问她怕不怕法律对她的严惩，她说：“不怕，我只信神，而且我也不后悔这样做。”可见在她心中，“全能神”依旧是心中不可替代的“神教”，如果没有这次事件，她可能会走向更疯狂的深渊。邪恶的“全能神”就这样把一位大学生，由“人”塑造成“鬼”，一步步将其推入癫狂深渊，终成杀人恶魔，走向人生毁灭。

（三）私利性

邪教组织为了谋取发展以及满足教主的私利，往往会不择手段大肆敛财，敛财手段多种多样，常见的有诱骗或逼迫信徒捐赠，组织走私、洗钱等。就拿“全能神”来举例，其敛财更加的明目张胆、蛮横霸道和贪婪凶狠。“全能神”一方面赤裸裸地要求信徒向教主“献祭”，告诉信徒只要交上“奉献款”，神就能保证他们不得病，远离灾难；另一方面又宣称“没有善行的人就是没有人性，与魔鬼撒旦没有什么区别。当灾难来临的时候，那些尽本分太少或者没有尽本分的人，都要受到应得的惩罚。”如果信徒不交，其甚至还会通过威胁、恐吓、色骗的手段，强行逼捐。实际上搜刮来的钱财基本都用于支付邪教的非法活动和供赵某山在境外挥霍享乐。赵某山把所谓“诺亚方舟”末日逃生装置，以150万元到500万元的价格卖给信徒，唆使信徒向路人兜售“通往天堂的户口本”“登上诺亚方舟的船票”，7年时间搜刮了超过6000万元人民币。

（四）社会危害性

1. 邪教组织往往危害国家政治的稳定

邪教教主往往妄图将信徒的狂热、盲目地崇拜转变为自己对抗社会、政府的资本，甚至密谋策划反政府运动，建立“政教合一”的集权体制。一些邪教组织充当他国干涉本国内政的工具，成为国际政治斗争的棋子。例如，法国的“科学神教”组织信徒以维护“人权”为幌子，四处游说、活动，并且意图鼓动美国政府和“国际人权联合会”，攻击法国打击“科学神教”的行动是搞宗教歧视。①

2. 邪教组织的活动不仅侵犯了信徒的基本人权，还给国家、社会带来了极大的危害和不良的影响

邪教教主通过精神控制，让信徒绝对服从教主、维护教义，在这个过程中，会欺诈或者强占信徒的财产，诱骗女信徒向教主“献身”，甚至教唆信徒自残、自杀、扰乱公共秩序、危害公共安全等。“人民圣殿教”在圭亚那集体服毒自杀，使上千名信徒死亡；“太阳神殿教”诱迫近百名信徒在深山中自杀；“奥姆真理教”在东京地铁制造了沙林毒气案，导致12人死亡，5000余人受伤；“法轮功”痴迷者轻信李某志“放下生死”“升天”“圆满”的蛊惑，在天安门广场集体自焚，“法轮功”致死达到上千人，伤者无数，很多家庭受到极大的伤害，给社会带来恶劣的影响。【本节引例】中提到的“招远邪教杀人案”更是被邪教控制了精神的信徒犯下的滔天罪行，不仅如此，为推销自己的“世界末日”邪说，“全能神”邪教组织头目赵某山煽动组织规模性聚集滋事活动，组织成员集体到公共场所散布各种歪理邪说。据公开报道，全国公安机关依法处置“全能神”几十人以上规模聚集滋事就达100起，暴力抗拒执法案件达30余起。为制造社会恐慌情绪，赵某山还指

① 潘嘉：《略论外国邪教的危害行为》，载《福建公安高等专科学校学报》2003年第4期。

使一些地区的“全能神”人员集体围攻公安机关、掀翻执法车辆、打伤执法民警，暴力抗拒执法。一些信众受邪教裹挟，甚至丧失理智，全国发生多起自杀、自残等极端事件。[①]

【课堂讨论 15-1】

大多数的“邪教”是以宗教的名义，大肆收敛钱财的团体，他们往往拥有大批的信徒，甚至会有极其虔诚、狂热的信徒，盲目地听从组织的一切命令。请思考并讨论：为何人们会被邪教组织欺骗，甚至越陷越深？

第二节　暴恐袭击犯罪心理

【本节引例】

新疆乌鲁木齐“4·30”、“5·22”暴恐案[②]

2014年4月30日19时10分许，在乌鲁木齐火车南站旅客出站口发生一起爆炸袭击案件，暴徒在出站口持刀砍杀群众，同时引爆爆炸装置，造成79人受伤，3人死亡（其中1名群众，2名暴徒引爆身上炸弹身亡）。

2014年5月22日7时50分许，2辆无牌照汽车在新疆乌鲁木齐市某早市上冲撞群众。此地是乌鲁木齐人流量较大的早市，已有22年历史。在这条200多米长的居民区街道上，有蔬菜瓜果、肉类和日用百货等摊位。暴徒驾驶的2辆车冲破防护隔离铁栏，冲撞碾压人群，引爆爆炸装置。现已查明，实施此案的暴恐团伙共有5

---

① 节选自《起底邪教“全能神”：“传教”为幌实为敛财》，载《南方读书报》（网络版）。

② 百度百科：“4·30”乌鲁木齐火车站恐怖袭击案、新疆乌鲁木齐市“5·22”暴力恐怖案。

名成员，4 名现场实施犯罪的暴恐分子当场被炸死，参与策划的另 1 名暴恐团伙成员努甲于 5 月 22 日晚在新疆巴音郭楞蒙古自治州被抓获，死亡暴恐分子的身份已经 DNA 检验认定。案件共造成 39 名无辜群众遇难，94 人受伤。暴恐分子努甲，麦甲，热甲，麦乙，阿甲等人长期受宗教极端思想影响，参加非法宗教活动，收听收看暴力恐怖音视频，于 2013 年年底初步形成了 5 人暴恐团伙。为实施暴力恐怖犯罪，该团伙购买制爆原料和作案车辆，制作爆炸装置，选定袭击目标。5 月 22 日 7 时 50 分，麦甲等 4 名团伙成员实施了暴力恐怖犯罪。

乌鲁木齐市中级人民法院于 2014 年 12 月 8 日，对乌鲁木齐火车南站“4 · 30”暴恐案和公园北街“5 · 22”暴恐案一审宣判。判处“4 · 30”暴恐案被告人艾甲、“5 · 22”暴恐案被告人阿乙等共 8 人死刑，另有 5 人被判处死刑缓期 2 年执行，4 人分别被判处无期和有期徒刑。

云南昆明火车站“3 · 1”严重暴力恐怖案①

2013 年 12 月以来，依甲、吐甲、玉甲纠集他人形成恐怖组织，指挥该组织成员为实施暴力恐怖活动在广东、河南、甘肃等地进行暴力恐怖犯罪准备，并共同策划在昆明火车站进行暴力恐怖活动。2014 年 2 月 27 日，依甲、吐甲、玉甲因涉嫌偷越国境在云南省红河州沙甸被捕，拒不供述其组织成员将在昆明火车站实施暴力恐怖犯罪。同年 3 月 1 日晚，该恐怖组织成员帕甲、阿丙、艾乙、阿丁、盲甲在昆明火车站持刀砍杀无辜群众，致 31 人死亡，141 人受伤，其中，40 人重伤。因抗拒抓捕，帕甲被民警开枪击伤并抓获，其余 4 人被当场击毙。

据昆明市中级人民法院消息，经最高人民法院批准，2015 年 3

① 百度百科：“3 · 1”昆明火车站暴力恐怖案。

月 24 日，云南省昆明市中级人民法院依法对云南昆明火车站“3·1”严重暴力恐怖案中犯有组织、领导恐怖组织罪、故意杀人罪的被告人依甲、吐甲、玉甲 3 名罪犯依法执行了死刑。

2015 年 2 月 10 日，9 名疑涉云南昆明火车站“3·1”严重暴力恐怖案的犯罪嫌疑人已逃至印度尼西亚，其中 4 人日前在苏拉威西被警方围捕，3 人逃进森林，另 2 人趁乱逃入马来西亚。起初，9 名嫌犯中有 4 人声称自己来自中国新疆，是维吾尔族。但经警方审讯后，这 4 人又改口称他们来自土耳其。报道称这些人同穆斯林激进组织“伊斯兰国”（ISIS）有关。

我国大多数人普遍认为恐怖主义离现实生活很遥远，自云南昆明火车站“3·1”严重暴力恐怖事件之后，“暴恐袭击”一词家喻户晓，大家“谈恐色变”，然而在新疆，这类暴力恐怖袭击犯罪始终就没有停止过，如 2011 年 7 月 18 日和田暴力恐怖袭击案、2012 年 2 月 28 日叶城恐怖袭击事件、2012 年 6 月 29 日和田暴力恐怖劫机案、2013 年 4 月 23 日喀什巴楚县暴力恐怖袭击案、2013 年 6 月 26 日鄯善县暴力恐怖袭击案、2013 年 12 月 30 日莎车县暴力恐怖袭击案、2014 年 2 月 14 日乌什县暴力恐怖袭警案、2014 年 4 月 30 日乌鲁木齐火车站暴力恐怖袭击案、2014 年 5 月 22 日乌鲁木齐市爆炸袭击案、2015 年 9 月 18 日阿克苏地区暴力恐怖案，再加之较早的“8·4”“7·5”事件等。① 新疆及其他各地爆发的多起暴力恐怖事件表明，中国所面临的本土恐怖主义风险和威胁正呈上升态势。恐怖主义事件往往令人震惊、措手不及，并被认为是一种极端的行为，那么，为什么某些人或者组织会发动对无辜平民的攻击？而且这种攻击似乎是无限制的，攻击者有时甚至是以自己的生命为代价，或是将自己视为一种攻击武器。为什么会有恐怖主义？是什么导致他们实施这种散发着恐怖气息的行为？暴恐袭击分子的心理

① 孙宝财：《新疆恐怖活动状况及反恐维稳对策研究》，载《广西警官高等专科学校学报》2019 年第 5 期。

又是如何？

一、恐怖主义概述

美国“9·11”事件后，恐怖主义犯罪的惩治与预防问题愈加成为国际社会着力关注的重点问题。其实，我国一直面临着恐怖主义犯罪的现实和长期的潜在威胁，在新疆地区，“东突”恐怖分子长期从事恐怖主义分裂活动，实施恐怖主义犯罪活动，严重危害着我国的社会公共安全。总的来说，恐怖主义，往往是指对特定目标的不确定公众及财物使用爆炸、杀人或者其他危险行为，或威胁使用上述手段制造社会恐怖气氛，以实现政治的、宗教的或者其他社会目的的行为。【本节引例】中讲到的云南昆明火车站“3·1”严重暴力恐怖事件系由一伙暴徒持刀冲进昆明火车站广场、售票厅，对普通市民进行无差别攻击，已造成百余人死伤，且事后查证是由新疆分裂势力策划实施的、以分裂国家实现独立为政治目的的恐怖主义活动，是一起典型的暴力恐怖袭击事件。暴恐袭击犯罪的动机往往是特定的政治目的、社会目的或宗教目的，而非个人目的。比如，在俄罗斯发生的“别斯兰人质事件”，恐怖主义分子劫持俄罗斯北奥塞梯一所学校的教师与学生，其动机就是迫使俄罗斯普京政府在车臣问题上作出让步。

二、暴恐袭击犯罪的心理分析

（一）认知特征

1. 认知的局限性

由于历史和现实的原因，恐怖主义分子或组织的认知较局限，在某些领域存在着偏见，宗教偏见、政治偏见、信仰偏见都是其极端的表现形式。暴恐袭击犯罪人在面对其他群体或组织，面对政府的各项政策，以及社会民众的某句话、某个行为、某件事情时，无论性质如何，都持怀疑的态度，认为其他群体或组织、政府“别有用心”“是圈套”“是迫害”“是强者对弱者的欺压”。因此，当他们与其他群体发生矛盾冲突时，都斥责强者，美化自己。

2. 认知过程的偏执

极端的宗教信仰和民族意识对恐怖主义分子影响巨大，恐怖主义犯罪组织的建立多由地域接近的人群组成，由于受一定区域社会历史背景、文化、意识形态等的影响，并在秘密的环境下接受"信仰"洗脑，极易形成一种偏执的宗教狂热，坚信恐怖手段的合法性和必要性，这种认知偏差会逐渐发展为对恐怖主义犯罪活动的合理化认识。例如，"东突"恐怖组织以伊斯兰原教旨主义为自己的宗旨，宣扬通过"圣战"来清洗这个世界的罪恶。其宗教思想与世俗格格不入，却偏执地认为世俗不堪、现存的社会必须被摧毁，这样新的秩序才能建立。这种认知过程的强烈偏执性，导致恐怖主义分子由反社会的极端宗教思想、狭隘的民族意识发展到对恐怖主义犯罪活动的合理化认识。新疆乌鲁木齐"5·22"暴恐袭击者们就是长期受宗教极端思想影响，参加非法宗教活动，收听收看暴力恐怖音视频，而后将这种偏执的想法转化为行动，滥杀无辜，制造恐慌。

（二）情绪、情感特征

1. 情绪压抑

恐怖主义组织要求其成员在意识形态上保持绝对的一致化，恐怖主义分子一般都具有高自律性，大多数人的行为受他人的支配，言行与群体其他成员高度一致，长期的高自律性，会导致恐怖主义分子心理上产生压抑感。这种意识形态的一致性，一方面是他们所追求的，但另一方面也抑制了其思想的自由表达。当外部势力或力量稍有举动，他们就会积极踊跃，争先恐后以暴力来宣泄长久的压抑，也借此寻找自身的存在感。

2. 冷酷麻木的情感

由于对世俗社会的极端失望和对自己追求目标的极端绝望，恐怖分子大多持有一种极端麻木冷酷的情感状态，毫无同情怜悯之心。从 IS 组织公布斩首人质的视频就可以看出，他们根本就没有把人质当做人来看待，手段之残忍血腥令人不寒而栗。【本节引例】的新疆乌鲁木齐“5·22”暴恐案中的暴恐分子驾驶车辆疯狂冲撞、辗轧无辜人群，甚至还不断扔出爆炸物，最终在最密集的市场中心引爆爆炸装置，死伤无数。云南昆明火车站“3·1”严重暴力恐怖事件中体现得更为明显，暴恐袭击者面对手无寸铁的无辜平民，无论男女老少，肆意砍杀，看到奄奄一息的还要补刀。可以看出，其表现出很强的与主流社会的对立性和情感麻木的特征。

3. 仇恨体验的深刻性

仇恨是暴恐袭击犯罪人最为典型的情感特点，恐怖主义极端犯罪行为就是在日积月累的歧视、偏见、仇恨中爆发的。由于对世俗社会的极端失望，对强势力的极端仇恨，对渴望实现目标的极端绝望，恐怖主义分子对自身生命麻木，无所畏惧，只要恐怖组织需要，随时可献出生命。对他人生命漠视冷酷，在他们眼中只有信仰，只有组织利益和目标，为了组织利益和实现组织目标，再严重的后果都是必要的。

（三）意志特征

暴恐袭击犯罪人的意志品质具有坚韧性、残忍性。暴恐袭击事件都是在精心策划下，有目的、有计划、有步骤地进行的，这是与临时起意或偶发性的暴力犯罪最大的不同。在策划到实施恐怖主义活动的过程中要克服种种困难，体现了犯罪意志的坚韧性。暴恐袭击犯罪人意志的残忍性表现在实施犯罪活动中，由于受极端信仰的支撑，受长期积压的仇恨情绪驱使，并无一般犯罪常见的动机斗争和心理冲突，一旦抓住机会，就会一意孤行，不惜献出自己的生命，不顾残害无辜，不达目的决不罢休。【本节引例】中，有的暴恐袭击犯罪人引爆了身上的炸弹，有的在实施暴行过程中被当场击毙，显现出其为了实现目的，毫不顾忌自己的生命。

（四）个性特征

1. 较高的智能

恐怖主义组织所实施的暴力犯罪，无论是传统的暗杀方法，还是现代的爆炸、劫持人质等方法，都对实施者有较高的智能要求。暴恐袭击犯罪人在实施这些行为时，一般能够审时度势，寻找最佳的行动时机；能够运用有科技含量的武器或炸弹，甚至会自己制作爆炸物，等等。在恐怖主义组织中从事其他活动的人员，如组织联络人员、筹集资金人员、情报人员等，也具有与其从事的工作相称的智力水平。

2. 冒险、敢为

暴恐袭击犯罪人大多直接使用暴力，所采用的犯罪手段（如爆炸、暗杀、绑架、劫机等）破坏性强，极具杀伤力，能够造成众多人员伤亡和财产被毁的严重后果，严重影响民众的安全感；实施这些暴力行为时，人通常会处于一种高度紧张及危险的情境中，这种情绪要求置身于其中的人必须具有敢于冒险和不畏惧死亡的精神。

3. 狂热化

狂热化的性格特征往往与其生活环境或自身性格缺陷有关。例如，斯里兰卡“泰米尔猛虎组织”的“英雄主义”教育就独具特色，该组织成员从童年时代就被灌输种族仇恨的思想，诸如泰米尔人如何被歧视，在种族暴乱期间如何被屠杀等，这种教育在其成员头脑中深深埋下仇恨的种子。该组织的敢死队中，被选中执行任务的队员往往受到该组织全体成员的尊敬，享受莫大的荣誉。在崇尚烈士氛围的熏陶下，很多人长大后成了视死如归的战士。[①] 当然，也有一部分暴恐袭击犯罪人对其自身的生活与成就不满，造成其特殊的心理状态——他们存在的理由就是献身于恐怖主义犯罪活动，

---

① 马长生主编：《国际公约与刑法若干问题研究》，北京大学出版社 2004 年版，第 320 页。

他们认为不属于他们群体的人都是恶魔，他们渴望通过暴力释放他们永恒的愤怒。

4. 反社会心理

这是暴恐袭击犯罪人共有的特征，其蔑视道德和法律，从根本规范上置道德和法律于脑后，其行为是对整个社会秩序的一种反抗和挑衅；他们都对社会有强烈不满的情绪，近乎绝望，内心充满仇恨，需要进行破坏性的发泄，矛头直指国家与无辜民众。他们都崇尚暴力，追求死亡，以死亡作为武器来反抗强者。

三、暴恐袭击犯罪的行为特征

（一）思想意识形态化

在国际恐怖主义思想意识的影响下，我国某些单纯的犯罪团伙意识形态由分散的犯罪现象逐渐演变成在国际恐怖主义支配下的恐怖主义犯罪意识形态体系。我国近几年出现了多起暴力恐怖事件，无辜民众死伤无数，如在“东突”势力思想的支配下发生的新疆乌鲁木齐“7·5”打砸抢烧严重暴力犯罪事件；云南昆明火车站“3·1”严重暴力恐怖事件中的女暴徒也供述称其受过专业训练，想参加“圣战”，其作案动机涉及国家安全和社会稳定，这也显现出了众多的相似性。这些暴徒都有组织地参加过地下“讲经班”或观看过宣传宗教极端和暴恐内容的音像视频，受到极端宗教思想的毒害，大多公开打出“圣战”旗帜，呼喊“圣战”口号，追求“伊吉拉特”意识形态化的“迁徙圣战”模式。一些人甚至公然在课堂上或公开场合宣扬暴力思想，如被批捕的中央民族大学教师伊甲曾宣称：“维吾尔人要像当年反抗日本侵略者一样反抗政府”“维吾尔人要用暴力的方式开展抗争”。尤其是一些少数民族的青少年受到这些分裂主义思想与暴力恐怖思想的毒害，竟在大街上向汉族民众扔玩具手雷，个别青少年甚至公然挑衅武装巡逻的武警。这无不说明了一些人的思想意识形态受到了严重的渗透毒害，恐怖主义思想意识形态化。

（二）具有突发性

暴恐袭击犯罪人拿起武器是恐怖分子，放下武器就能隐身于普通市民中，难以识别。此外，现代社会交通便利，他们很容易在各地流窜。由于我国的反恐意识不强，缺乏相应的预警监视机制，难以提前发现、甄别恐怖主义分子，当其突然发动打、砸、抢、烧、杀等暴行时，也很难在第一时间内得到制止。云南昆明火车站“3·1”严重暴力恐怖事件发生时，昆明火车站并无异常，来自五湖四海的人群川流不息，突然，一伙暴徒持械冲进昆明火车站广场售票厅，见人就砍，周围群众既恐惧又惊诧，最终造成31人遇难，141人受伤的严重后果。这类事件事发非常突然，防不胜防。

（三）行为隐秘性、手段常规性

暴恐袭击主要有绑架与劫持人质、爆炸（包括邮包炸弹、汽车炸弹、燃烧弹及纵火等）、武装袭击、劫机（及劫持车船）、暗杀，以及施毒、阴谋恐吓、破坏计算机信息系统等方式。而我国的暴恐袭击犯罪人隐迹于社会角落里，如果他们没有任何犯罪行为和犯罪事实，我们没有办法发现其犯罪的预兆。他们在谋划极端犯罪时，借助于大众身份的掩护，因此，事先往往难以预料，在恐怖主义事件发生前都是未知数；当政府出动大量警力巡逻震慑时，他们则潜伏藏匿，以逸待劳；当政府有所放松时，他们又伺机袭扰。同时，我国的暴恐袭击事件所使用的武器都是常规的，手段较为传统，如爆炸或者持刀砍杀等，这与国际恐怖主义犯罪有所不同。国际上目前多利用现代高科技手段，制造并使用具有大规模杀伤力的武器，如1995年发生在日本的“东京地铁沙林毒气”事件、2000年1月发生在美国的“炭疽菌邮件”事件、“9·11”事件后恐怖主义分子制造的“炭疽热”事件。相比较而言，我国仍属于传统常规型的。

（四）具有一定的目的性

无论是新疆打砸抢烧严重暴力事件还是云南昆明火车站的极端恶性暴力事件都只是恐怖主义的表现形式之一，但这些事件都有一定的目的。我国在遏制恐怖活动的手段上还处于初期阶段，让“东突”分子钻了空子，他们从新疆转移到内地，目的就是利用暴力手段制造恐怖氛围，扩大自己的影响，利用国家“两会”等重大活动期间搞恐怖袭击，来扩大自己的政治影响。同时，我国也存在贫富差距、宗教矛盾、民族矛盾等问题，致使一些不满的民众转化为恐怖主义犯罪人或者向恐怖主义分子靠拢。

（五）危害结果极其严重

恐怖主义犯罪的社会危害性极其严重。一方面，恐怖组织通过一系列残暴的犯罪行为，给世界的和平与安宁带来实际的危害，如新疆乌鲁木齐“7·5”打砸抢烧严重暴力犯罪事件造成了大量的人员伤亡和财产损失；另一方面，恐怖组织实施的恐怖行为，严重影响了民众的安全感，扰乱了正常的社会生活秩序。

【课堂思考 15-2】

近年来，我国部分地区发生的暴力恐怖案件表现形式呈现多样化，暴恐犯罪一经完成便极可能造成重大人员伤亡和财产损失，在犯罪结果发生后法律才予以介入显然已为时过晚。请思考并讨论：为有效地实现对暴恐犯罪的预防，应采取哪些措施和政策？

【课后思考】

1978 年 11 月 18 日，“人民圣殿教”的美国教派的 900 多名信徒，突然在该教派设在圭亚那首都乔治敦附近的一个营地里集体服毒自杀。这件惨案震动了美国社会。信徒们首先毒死了儿童，然后集体自杀，不愿自杀的信徒被强迫服毒，有的被开枪打死，在营地之中，尸体狼藉，惨不忍睹。

“人民圣殿教”是由美国人琼斯在 1953 年创建的。他声称，“人民圣殿教”反对种族主义的魔鬼、饥饿和不正义，经常宣传世界末日即将到来和核战争恐怖，鼓吹自杀才是“圣洁的死”。他以经办农业为名，带领教徒到荒野、丛林中过着脱离社会现实的生活。

这个教派的教徒是一些对生活感到绝望的人和得不到社会帮助的人、吸毒者、老年人和孤独的人。他们对社会现实不满，对前途感到渺茫，对核战争恐惧异常。不少人受虚无主义思想影响，认为人生无常，活着是一种痛苦。因而他们入教之后，经常议论自杀。这一教派的教规极其野蛮。信徒入教之后，从经济、信仰到肉体都受教主支配。信徒常受到殴打、鞭挞和种种精神折磨。小孩违犯教规，也要受罚，甚至可能被投入水中溺毙。该教的教主极其专横，生活腐朽透顶。这一教派因此受到了外界的抨击和信徒亲属的控告，但是，却得到一些美国统治阶级人士的赞扬。众议员瑞安到圭亚那调查教徒受虐待的情况，在他启程回美国时，有约20名信徒要求随他离开营地。这时“人民圣殿教”教主下令枪杀了瑞安和随行的记者等人，然后又强迫营地全体信徒服毒自杀。[①]

请思考：

“人民圣殿教”是如何一步步地以信仰的崇高名义引导人们走向死亡的？

【课后拓展】

奥萨马·本·拉登的个案分析[②]

据说，几年前在美国联邦调查局的电脑里，被列入恐怖分子名单的有20余万人，恐怖组织有3000多个。那么，为什么会不断产生新的恐怖分子呢？这是一个值得深思的问题。霍夫曼在《恐怖

① 节选自《人民圣殿教惨案》，载ZAKER新闻。

② 邱国梁著：《犯罪心理学的理论与运用研究》，群众出版社2005年版，第254—258页。

主义透视》一书中指出，恐怖分子中许多人并不像人们所预料的那样是“不能自拔的狂暴者或疯狂的杀手”；相反，他们是极善于谈吐并且极富思想的个体，对他们来说，恐怖主义完全是一项合理的并经过慎重的思考与争论的选择。下面我们就分析一下奥萨马·本·拉登的心理。

罗马尼亚西部的三座东正教堂里的壁画上，魔鬼撒旦有了新的“形象”——奥萨马·本·拉登骑在一架飞机上，正穿过烈焰向左下角的世贸中心飞去。拉登已成为恐怖主义分子的代名词，但他绝不是天生的魔鬼，剖析拉登就必须透视他所走过的人生道路。

拉登出身于沙特的富商之家，作为20个儿子中的一个，论才学和相貌都很一般。由于没有受到父亲的重视，他逐渐形成了沉默寡言甚至带有几分腼腆的内向性格。据拉登的一位老师回忆，拉登小时候在学校表现很好，作业从不拖拉，对宗教也没有显示出极端的热情。他大学毕业后，当过工程师，经营多种行业积累了巨额资产。当苏联于1979年入侵阿富汗后，年轻的拉登来到阿富汗，先是参加了美国支持的阿富汗伊斯兰圣战组织，之后他又率领一支阿拉伯志愿军直接与苏军作战。拉登表现出毫无惧怕的胆略和军事才能，他的毅力和勇气鼓舞了大批阿拉伯青年。当时的拉登得到美国和西方国家的支持，作为美国中央情报局的盟友，他从中学到了许多策略和暴力手段。1988年，拉登在阿富汗领导“阿拉伯圣战者”建立了“阿尔·伊达”（基地）军事组织，他的目的是通过暴力建立按照伊斯兰教戒律统治的政府，实际上基地组织成了原教旨主义极端组织的领导中心。1989年苏联撤军后，拉登离开了阿富汗，回到沙特阿拉伯以后，因与沙特政府意见不一，转而要推翻沙特王室，沙特政府于1994年4月取消拉登的沙特国籍，冻结了他在沙特的财产，并将他驱逐出境。直至1996年5月他又重返阿富汗。从事恐怖主义活动的拉登，已有十几年的历程，他是恐怖主义事业的领导者、组织策划者、指挥操纵者。

之前，美国白宫发言人认为，拉登是恐怖主义的终极象征。据报道，美国自“9·11”事件后，连刚学会说话不久的孩童，看见电视上拉登的画像，也会瞪着惊恐的小眼睛对妈妈说：“那个大胡子的是本·拉登，我认识……”拉登走上恐怖主义的不归之路，他的内心基础是伊斯兰原教旨主义，原教旨主义对现实世界极其不满，提倡恢复伊斯兰教的原始形式，主张发动圣战，建立“政教合一”的伊斯兰国家。20世纪20年代后期，在中东就有这种伊斯兰原教旨主义的恐怖组织。拉登在20世纪70年代开始关注伊斯兰教在阿拉伯世界的重要地位，他的诠释就更加极端了。在他看来，世界必须返回伊斯兰教原始教义上来，所有的穆斯林都应进行圣战，正义的伊斯兰教与注定灭亡的西方国家是势不两立的。拉登号召所有的穆斯林兄弟，向西方世界宣战，主张圣战是唯一的职责，目的就是保卫正义和宗教。可以断定，拉登宣扬的伊斯兰原教旨主义是一种曲解，他充分意识到宗教信仰的力量，因而对伊斯兰教作出极端主义的解释。拉登的恐怖主义道路是与他的宗教极端主义分不开的。

作为恐怖主义力量的代表，拉登的人格是极端主义宗教型。他崇拜暴力和死亡。在圣战檄文（1998.2.23）中，拉登说，有组织地杀死美国人和他们的同盟军士兵和公民是每一个任何国籍的穆斯林在有可能的情况下的义务。在接受彼得·阿内特的采访时（1997.3），拉登声明，我们向美国发起了圣战，因为美国政府是不公正、可耻和残暴的政府，他说对于美国公民，他们并不是没有责任的，他们选择了这样的政府而且支持他的行为。在接受约翰·米勒的采访时（1998.5.28），拉登回答道，在对付美国人的圣战中，我们不会区分穿军装的人和一般公民，他们均是这场圣战的打击对象。在“9·11”事件两周年前夕，拉登在录音讲话中盛赞“9·11”袭击事件，要求其支持者群起效仿，搞出新的“9·11”事件。拉登制造的恐怖事件，在世界各地造成了成千上万人的死亡；他还准备掌握生化武器和核武器，在将来制造更大规模死亡。

为了圣战，拉登号召他的信徒和支持者献出生命，走向死亡。他在圣战檄文中，号召信仰者献身圣战，不能留恋生命甚于死后的一切，与死后的一切相比，生命是如此微不足道。

他在接受彼得·阿内特的采访时，狂热地宣称：我们把为真主的事业而献身当成先知所期待的至高荣誉。他号召为真主的事业（即圣战）而死去，说我们无所畏惧这也是我们所期待的一切。

他把为圣战而死的恐怖主义分子称为“英雄”“烈士”，企图把更多的信徒推向死亡。所谓圣战，就是死亡之战。拉登本人不惧怕死亡，1998年12月22日，他在接受伊斯密尔的采访时就申明：我随时准备献身伊斯兰教事业，圣战需要我，真主保佑我；我从不惧怕死亡，我到这里（阿富汗）来就是做好准备献身的。拉登逃过了美国的无数次追杀，2004年3月18日，美国众议院一致通过一项法案，将提供线索导致本·拉登被捕的赏金从2500万美元增加到5000万美元。虽然普遍认为本·拉登藏身于阿富汗与巴基斯坦边境一带，实际上外界没有人知道本·拉登身在何处，甚至指他早已身亡。2011年5月2日，美国总统奥巴马发表声明，指拉登在巴基斯坦阿伯塔巴德的一座豪宅里被美国海豹突击队第六分队突袭击毙。其尸体于次日海葬于北阿拉伯海。

拉登在发动圣战中充满着仇恨，仇恨成了他的圣战的动力。他说在穆斯林的心中对美国政府和美国人充满着仇恨，他把以色列人、美国人及其支持者看成是撒旦，主张唯一的方法就是使用暴力，以牙还牙。

拉登具有常人没有的毅力，为了圣战，他过着隐士般的清苦生活。在不断的圣战中，他的意志力是顽强的，表现出不屈不挠的精神。拉登还有冷漠、狂妄的一面，他是贪婪的，怀有强烈的权力欲。

可以看出拉登是巨大财富、极端宗教信仰和强烈仇恨相结合的畸形产物。他的认知完全是宗教极端主义的偏见，有一套恐怖主义的理论：崇尚暴力，富有经验；外表文静，内心深沉，富有感染力、号召力，善于应变；怀有圣战的领袖欲（政治野心），狂傲自大，不怕冒险；充满仇恨，用心险恶，耐受挫折；运筹帷幄，具有领导和组织能力。拉登的圣战历程表明，他的反社会心理是随着伊斯兰原教旨主义的信仰偏见和政治野心的扩张而不断发展的。只要产生恐怖主义的基础和消极因素仍然存在，那么，像拉登这样的国际恐怖主义人物还是会经常出现的。

模块六

刑事司法心理

第十六章　正义与邪恶的技术较量

【学习目标】

知识目标：1. 了解犯罪心理画像和犯罪心理测试技术；

2. 掌握我国犯罪心理画像和犯罪心理测试技术的发展；

3. 理解犯罪心理画像和犯罪心理测试技术的意义。

能力目标：1. 运用犯罪心理画像技术从事司法实践活动；

2. 运用犯罪心理测试技术从事司法实践活动。

第一节　犯罪心理画像

【本节引例】

纽约疯狂炸弹客：第一个用心理画像技术逮捕的罪犯①

20世纪40年代至50年代“纽约疯狂炸弹客”乔治·米特斯基在纽约市多处公共场所放置炸弹制造恐怖威胁，他至少放置了33枚炸弹，其中22枚爆炸，致15人受伤。同时，他还是以早期的犯罪心理画像分析技术逮捕的罪犯之一。

---

① 摘自《纽约疯狂炸弹客：第一个用心理画像技术逮捕的罪犯》，载《北京时间》2019年5月1日。

乔治·米特斯基曾在联合爱迪生公司工作，1931 年他在工作的时候汽锅热气突然引发了火灾，虽然医生并没有在他身上发现任何严重或永久的伤害，但乔治·米特斯基坚持认为这场灾害使得他身体受损，并提出工伤赔偿。他在 1943 年申请永久伤害赔偿，声称那次事故让他得了肺结核。被拒绝后，连续三年给联合爱迪生公司写信诉苦。1937 年，他停止了写信，1940 年，第一个炸弹爆炸了。1951 年至 1956 年之间，乔治·米特斯基把几枚炸弹放置在公共场所，如电话亭、图书馆和公共交通中心，将炸弹藏在储物柜、电影院椅子和公共厕所内，还向“纽约先驱论坛报”发了一封信，信件中表示他将继续放置炸弹，直到联合爱迪生公司被绳之以法，为它所做的恶意行为负责。这封信还描述了两个炸弹地点，其中只有一个地点隐藏了一枚炸弹。在这段时间里，乔治·米特斯基制造的炸弹袭击让纽约市陷入了一片恐慌之中，没有人知道自己是不是炸弹客的下一个猎物。由于乔治·米特斯基留下的线索极其稀少，除了几张署名 FP 的信件，几乎没有什么，要找到这个炸弹客是非常困难的。在 1956 年 12 月 2 日傍晚，就在这个喜庆的圣诞之夜，位于布鲁克林区的派拉蒙戏院又发生了爆炸，造成 6 人受伤。

联合爱迪生公司的离职员工成千上万，警方面对炸弹案无从下手，于是向精神病学家求助，他们找来了纽约州心理卫生助理研究员詹姆斯·布鲁塞尔博士（Dr. James A. Brussel）。查阅过警方案宗后，布鲁塞尔花了 4 个小时对案件作了如下推断：

（1）罪犯是男性。因为以前制造并放置炸弹的人都是男性，无一例外。

（2）罪犯年龄在 50—60 岁之间。FP 认为联合爱迪生公司害他生病，渐渐地认为整个世界都同他过不去，人一旦被这种思想纠缠，就变成了“偏执狂”。根据心理分析，偏执狂有潜伏期，在一个时期内病势发展缓慢，但是一过 35 岁就变得一发不可收拾。罪犯放置炸弹已经有 16 年了，所以年龄应该在 50 岁以上。

（3）联合爱迪生公司曾对罪犯有过不适当的处置。偏执狂都很爱护自己，在行动时认为是在自卫。他们从不承认自己有缺点，而把遇到的麻烦归于别人，尤其是某个大组织。

(4) 受过良好的中等教育。从清秀的字体看他受过良好的中等教育。

(5) 不胖不瘦，中等身材，体格匀称。有心理学家证明人类的体格、个性和任何精神疾病的发展都有关系。其中85%的偏执狂具有运动员的身材。

(6) 工作一丝不苟，属于模范职员。从清秀的字体和干净的信纸，推断罪犯的工作态度一定不错。

(7) 不是纯粹的美国血统。“卑劣罪行”用的不够美国味。他还把爱迪生公司写成“Society Edison”，而不是美国人常用的“Consolidated Edison”的缩写“Cons. ED”。

(8) 是斯拉夫人。对仇敌采取报复措施在各国都有，但是地中海沿岸的人多用匕首，斯堪的纳维亚人用绞索，斯拉夫人用炸弹。

(9) 信仰天主教，并定时上教堂。斯拉夫人大都信仰天主教，所以罪犯应该信仰天主教，并定期上教堂，因为有规律是他的习惯之一。

(10) 居住在布里奇莱特区（位于纽约和韦斯特斯特之间的斯拉夫人聚居区）。匿名恐吓信不是在纽约就是在韦斯特斯特投寄，因此罪犯的住所可能在两地之间。布里奇莱特是两地间最集中的斯拉夫人居住地。

(11) 一定受过一定程度的心理创伤，有恋母情结并憎恨父亲。男孩子在幼年时会由于恋母情结而憎恨父亲，偏执狂一定会这样。他经常会反抗父亲，并一直处于那样生活。从反抗父亲的权威转变为反抗社会的权威，这也是他到处放置炸弹的原因。

(12) 独身，没有女友或男友，与年长的女性亲属共同生活。由于失去母爱，所以他非常痛苦，在以后的生活中，没有人给他爱情和友谊，创伤一直没有愈合。所以他独身，没有男友或女友，可能连女性也从未吻过。他和年长的女性亲属共同生活，这可以使他想起母亲，得到慰藉。

(13) 衣着整齐、风度翩翩。一个偏执狂病人在衣着或举止上都不愿意落在水准之下。

(14) 居住在一个单独的院落中。制造炸弹必须有一个设备很好的工作室，不会妨碍邻居，也不会被人发现的隐蔽所在。

(15) 身患心血管疾病。他一再声称自己是病人，他可能患癌症、肺结核或心血管疾病，患癌症的话活 16 年的可能很小，患肺结核的话应该已经治愈了，所以他患心血管疾病。

最后，詹姆斯·布鲁塞尔博士自信的称炸弹客被抓铺时，身上必定穿双排扣上装（当时一种普通样式上装），纽扣扣得整整齐齐。因为他对新样式的衣服比较犹豫，所以穿着最普通的款式的衣服。

当布鲁塞尔博士做了以上犯罪侧写后，着实让警察们惊讶得目瞪口呆。根据上述描述，警方迅速锁定了乔治·米特斯基，和布鲁塞尔博士的犯罪侧写描述的一模一样，唯一不符合的是乔治·米特斯基患的是肺结核而不是心血管疾病。

不用见到凶手本人，只根据其作案手段、凶器、作案现场留下的种种痕迹等信息，就可以大致判断出凶手的生理特征、心理特点、受教育程度及家庭状况等，这就是刑侦科学中被称为“犯罪心理画像”的尖端技术。心理画像与模拟画像都是一种刑侦技术手段，都是“画像”，但模拟画像是通过案件目击者口述，用画笔、模拟画像专用软件等工具来描绘出犯罪嫌疑人的面部肖像，用以张贴、摸排犯罪嫌疑人。在我国古代就配有逃犯的画像告示（即“画影图形”），以便官民辨识和缉拿逃犯。而心理画像是通过言语文字来描述人的心理、个性特点、外貌特征、行为举止甚至家庭背景等。

鉴于犯罪人在犯罪现场的行为会反映其人格特征、犯罪方法特征，专家在心理学研究的基础上，通过对犯罪嫌疑人在犯罪现场留下的种种痕迹以及犯罪行为的分析，大致可以推断出犯罪人的心理特点、个性特征、形象特点甚至犯罪动机等信息，这种通过语言文字的形式对犯罪人进行人物心像描述就是犯罪心理画像。犯罪心理画像主要适用于系列案件，如系列杀人、系列抢劫、系列盗窃、系列伤害案件等，同时也适用于具有典型特征的普通案件。据国外相关的研究，犯罪心理画像也有多种称谓，如犯罪人画像、心理的画像、犯罪人格画像、行为画像、犯罪现场画像和犯罪侦查分析等。

一、犯罪心理画像研究的历史

15 世纪，一本作为缉捕巫师的专业手册《巫师的锤子》出版了，它是最先出版发行的犯罪心理画像教科书。书中提到了各种巫师的画像方法，对居住区、男人或孩子带来伤害或灾难的女人被描述成巫师，于是宗教裁判所便以此为依据，杀害了许多无辜的女性，这次“女巫大清洗”活动被认为是犯罪心理画像的最原始应用。

犯罪心理画像研究的历史可以追溯到 19 世纪晚期。1888 年，托马斯·邦德在一起系列杀人案“开膛手杰克”（Jack the Ripper）中对被害人尸体进行解剖时意外发现这些死者的伤口出奇相似，于是邦德认为这些案件是由同一人所为，这种独特而稳定的犯罪手段体现出了凶手获得了心理上、情感上的满足。因此，凶手是一个衣着得体、温文尔雅的成年人，从其杀人的手段上来看其没有屠宰和外科知识。另外，第二次世界大战期间美国战略研究机构邀请精神病学家沃尔特·朗格对希特勒进行画像，来判断希特勒的野心和性情以及失败后对他的审讯策略。朗格经过对希特勒的研究，作出了一份详尽的报告。历史事实证明，朗格的许多预见都成了事实，特别是针对有关战事对希特勒不利的情况发生时，朗格预见希特勒会变得更具侵略性、更为狂暴，但最后会走向自杀，对希特勒命运的准确预言足以让世人震惊。

【拓展阅读16-1】

“开膛手杰克”于1888年下半年在伦敦东部造成了巨大的恐慌。对于犯罪专家来说，这个案件是有史以来第一次企图对连环杀手进行心理画像的案件。从1888年8月到11月，至少有5名妓女被残忍的杀害，在第一起谋杀案和一周后的第二起谋杀案中，凶手用刀割开了两名受害者的腹部。而三周后，中央新闻社收到一封用红墨水写的信件，这封署名为“开膛手杰克”的信使伦敦陷入了恐慌。在中央新闻社接到信件后不到两天，又有两名受害者被发现，此后中央新闻社又收到了笔迹相同的明信片。至今，大多数专家认为信件和明信片都是记者伪造的，但在两周后一封笔迹不同的信件寄到了刚成立的巡逻委员会的成员手中，这封信上写着“来自地狱”，署名则是“来抓我吧”，信中还附带了半个肾脏。之后第五个死者出现了，这也是最后一个确定为被“开膛手杰克”杀害的受害者。这起谋杀案发生在一个女子公寓里，因为犯罪手法，警方曾一度怀疑凶手可能是医护行业的从业人员。协助警方解剖的是托马斯·邦德，经过解剖后，邦德医生直接对凶手进行了描述：“首先五名被害者是被同一人杀害、凶手是一名力气很大的男人、他很冷静也很大胆、他没有帮凶，凶手经常会有谋杀和其他的冲动。而对尸体的分解证明他是一名色情狂。从外表看来，凶手应该是一个看起来无害的人，他多半衣着整齐、习惯穿风衣或大衣，不然无法在沾染受害者血迹的情况下不被他人注意。他多半单独行事，没有正常的职业，他周围可能会有人怀疑他的精神状态。”虽然之后FBI也对“开膛手杰克”进行画像，但与邦德医生的极为类似，也无法确定凶手的身份。①

20世纪，精神病医生詹姆斯·布鲁塞尔对“纽约疯狂炸弹客”案件的凶手进行了画像。凶手在八年内共实施了32起邮件爆炸事件，【本节引例】中详细阐述了布鲁塞尔对凶手做的“心理画像”，

① 百度百科：开膛手杰克。

这起案件对犯罪心理画像的成功运用，使得此项技术受到更多国家警方和司法部门的重视。

20世纪60年代，霍德华·泰坦发展了犯罪心理画像技术。20世纪70年代，他正式启动了犯罪心理画像项目，并将其运用到案件的侦破中，同时还在美国联邦调查局国家学院开设了应用犯罪学课程。FBI的犯罪行为科学部（BSU）是犯罪心理画像技术发展背后强有力的推手，由许多具有心理学专业背景的人士组成，并存贮各类犯罪人的特征、家庭、社会背景资料等，着重分析奇异和屡次再犯的犯罪行为，尤其在强奸犯、纵火犯、系列杀人案件等方面积累了丰富的经验和资料，并在案件破获中屡次运用这种技术手段。

美国许多联邦机构和州执法部门设立了犯罪心理画像小组。英国、加拿大、荷兰、澳大利亚等国家的执法部门也相继设立了专职画像小组。除了专门的官方研究机构外，还有许多非官方的画像团体。这些画像团体由各种相关或无关专业背景的专家或非专家人员组成。其中一个处于领先位置的团体叫“行为画像协会”（Academy of Behavioral Profiling，简称ABP），该协会成立于1999年3月，是第一个国际性的、独立的跨学科专业团体。该协会的设立主要针对进行画像工作或正在学习画像的人员，该团体的目标是为进行嫌疑画像工作的各种专家提供组织和支持，并允许会员在各自的职责范围内进行深入研究。

目前，国外的犯罪心理画像技术已经有几十年的历史，它是一种跨学科的技能，犯罪心理画像专家还需要精通其他专业的学科知识，其在刑事侦查和司法实践中发挥着越来越重要的作用。

【拓展阅读16-2】

2003年11月，美国臭名昭著的“绿河杀手”加里·里奇韦当庭供认自己的罪行，从1982年开始，先后有49名女性惨遭其毒手，大家把注意力都集中在这个恶魔身上时，很少有人知道一位已经退休的老人为此案付出的心血。他就是约翰·道格拉斯，曾是美国联邦调查局的特工，同时还是一位著名的犯罪心理学家。从20

世纪70年代，道格拉斯就开始研究“心理画像”技术，当时亚特兰大发生一起连环杀人案，有20名黑人小孩被拐走后遭到杀害，道格拉斯应邀提供协助，很快对凶手作出了“心理画像”，警方根据“画像”抓捕到了凶手，道格拉斯的“画像”技术得到了验证和认可。

“绿河杀手”案件发生后，警方邀请道格拉斯协助调查，他根据现场取证做了一些调查和个性分析后，写出了一份12页的分析报告。“画像报告”指出：“绿河杀手”是一名男性，白人，年龄在25—35岁之间，有过婚史或者离婚、分居的经历，对女人有敌意或仇视妓女，当他看到女人公开卖淫时，就会感到愤怒、激动。凶手近期和一个对他很重要的女人分道扬镳，那个女人很有可能因为其他男人而抛弃了他。“绿河杀手”被捕后，人们发现，道格拉斯的“心理画像”基本吻合。里奇韦确实是一名白人男性，年龄也符合分析报告，曾被妻子抛弃导致他仇视女性，想尽可能多的杀死那些他认为是妓女的女人。但道格拉斯的心理画像也有判断失误的地方，一度让警方的调查误入歧途。比如，道德拉斯认为凶手在单亲家庭中成长，有犯罪史、吸烟喝酒，但实际上凶手幼年时双亲故去，不吸烟、不喝酒。道格拉斯还设想过凶手有可能是两个人，因为凶手处理尸体的方法有所不同。

1995年，“绿河杀手”仍然逍遥法外，道格拉斯带着遗憾退休了。尽管如此，他的犯罪心理画像技术在其他案件中屡立奇功，心理画像已经成为现代常用的案件侦破手段。

2001年4月，随着刑侦科技手段的发展，通过对凶手精液取样的调查，警方终于锁定了“绿河杀手”的真实身份。里奇韦杀害的40余名女性中，有一半都是未成年人，里奇韦先和被害人发生性关系，再将其残忍地勒死弃尸，他变态地认为，这些女人就再也无法抛弃自己，他就可以永远地占有她们。①

二、犯罪心理画像的方法

犯罪心理画像专家一般根据警方提供的犯罪现场勘验记录、法医尸检报告以及与案情有关的线索信息，甚至有的专家亲自到犯罪现场，借用犯罪心理学以及其他相关的科学知识来推测凶手的个性、心理特征，进而描绘出凶手的性别、年龄、职业甚至学历、家庭情况等一系列的特征。这种技术主要来源于四个方面：刑事侦查、法医鉴定、心理评估、预测以及文化人类学。现阶段，犯罪心理画像有三种主要方法：

（一）FBI 犯罪现场分析法

20 世纪 70 年代美国联邦调查局（FBI）成立了犯罪行为科学部，重点研究产生于特定犯罪技巧下的犯罪人的个性特征和犯罪动机。他们注重犯罪现场的各种特征，将犯罪现场特征与被害人的详细信息等数据输入犯罪特征数据库中进行比对和画像。犯罪心理画像的过程划分为六个阶段，分别是画像输入阶段、决策过程模型、犯罪评估阶段、画像阶段、辅助侦查阶段和逮捕阶段。

【拓展阅读 16-3】

1978 年美国 FBI 成立犯罪行为科学部，在历届领导者中，最著名的莫过于 1990 年正式出任犯罪行为科学部科长的约翰·道格拉斯，这位侧写大师有着“现代福尔摩斯”之称。在 20 世纪 80 年代初期，整个 FBI 的犯罪心理画像工作全都是由他一人完成。在道格拉斯从 FBI 离职后撰写的专业书籍《心理神探》中，记载了他多年从事重大刑事案件调查的经历，其中包括著名的“艾德·盖恩连环杀人案”。这起案件当时因犯案手法之残忍而震惊了全

① 节选自陈泊菡著：《FBI 犯罪心理画像》，中国法制出版社 2015 年版，第 6—13 页。

美。此后多次被电影编剧们借鉴在作品当中，如希区柯克导演的《惊魂记》中杀母的男主以及《沉默的羔羊》中剥人皮的“野牛比尔”，都有着艾德·盖恩的影子。道格拉斯作为侧写专家使用的心理画像方式，可以说是目前最主流的、应用最广泛的刑侦方式之一。①

（二）调查心理学的方法

英国的大卫·坎特（David Canter）使用统计学的方法建立了调查心理学的方法，注重犯罪现场的行为特征所反映的心理学意义，用犯罪行为来推理出犯罪人的日常生活行为。他提出了犯罪人与被害人之间的互动因素，即五因素模型：人际关系的一致性、时间空间的显著性、犯罪人特征、犯罪人生涯、法庭科学知识。这种方法对案件侦查起着积极的引导作用。

（三）行为证据分析法

布伦特·E·特维是一名法庭科学家和犯罪心理画像学家。他不赞成在犯罪画像中所采取的收集和分析数据的方法，特维认为每个案件必须具体分析，利用科学的方法分析所有的证据，并提出了“行为证据分析法”，认为犯罪心理画像工作必须依据犯罪现场客观存在的证据进行分析。特维提出用演绎推理的方法进行行为证据分析，认为演绎式犯罪心理画像要从下面四个方面入手：首先，在进行犯罪心理画像之前，必须根据所有的物证对案件进行全面的刑事分析以确保所分析的被害人和作案人行为及犯罪现场特征的完整性。其次，对被害人特点的全面研究分析。了解被害人的所有信息，并根据被害人的特点推断出作案人的动机、惯技等。对被害人研究的部分内容是风险评估。画像人员不仅要评估被害人在日常生活中的生活方式具有的风险系数，而且也对被害人遭受袭击时的风

① 《法人》特约撰稿 WY：《不要误读犯罪心理侧写》，载《文化》2017 年第 9 期。

险系数及作案人对被害人实施犯罪行为的风险系数进行评估。再次，分析犯罪现场特征，如现场进入方式、攻击方式、对被害人的控制方法、场所类型、性行为的种类和顺序，器械的使用、言语活动及案件准备行为等。犯罪现场特征可以从刑事证据和对被害人研究中明确地找到。一个作案人的犯罪现场特征能推断出作案人的精神状态、计划、幻想和动机，这将帮助画像人员区分出作案人的惯技行为和标记行为。最后，进行犯罪人特征分析。在前三步的基础上推断犯罪人的行为特点和个性特征。犯罪人的特征主要有：种族、职业、婚姻状况、特殊技能、犯罪经历、体态特征等。①

【拓展阅读 16-4】

布伦特·E·特维发明了一套和 FBI 不同的画像手法，即“行为证据分析”。他的著作《罪犯画像》（1999）中，特维描述了自己采访连环杀手杰罗姆·布鲁多斯的经历。

布鲁多斯小时候经常受到母亲的责罚，他从 5 岁开始就迷恋女性的衣物，经常偷窃女性的鞋子和内衣。成年后布鲁多斯跟踪穿着漂亮鞋子的女人，并潜入其住所，将其勒晕后，强奸她们并偷取她们的鞋子。1968 年的某天，一名年轻女性推销员来到了布鲁多斯的小区，布鲁多斯将她带到了地下室，在女孩毫无防备的情况下将她打晕，强奸并勒死了她。之后，他给女孩的尸体穿上自己收集的女式内衣和高跟鞋，并拍下了各种照片，还割下了尸体的左脚将其藏在了冰箱里，随后进行了抛尸。10 个月后，布鲁多斯又将一名女孩骗到了自己的新家中，强奸并杀害了她，并将其尸体挂在车库里长达 5 天，其间多次凌辱她的尸体，并拍照取乐，还割下了尸体的一个乳房作为纪念品。在之后的几个月里，布鲁多斯几乎用同样的方式，残害了多名年轻女性。

1991 年在波特兰州立大学心理系读书时，特维首次采访了这个连环杀手布鲁多斯。特维称：我意识到自己对性犯罪者的认知是

① 邢雷雷：《犯罪心理画像及其本土化研究》，2007 年吉林大学硕士学位论文。

多么的天真，在采访他近 5 个小时里，他说出的每一句话几乎都是假的，他甚至说自己从未杀过人，我没有被他所欺骗，因为我看过所有犯罪现场的照片，甚至还有布鲁多斯与尸体一起拍下的照片。我学到了重要的一课，我开始明白，罪犯是会撒谎的。获得犯罪现场中被害者和罪犯行为的客观记录的唯一方法就是通过证据重现当时的情境。这成了我的座右铭。①

之后，通过不断积累经验，特维逐渐创立了自己独有的画像手段，即行为证据分析法。

【拓展阅读 16-5】

1978 年的美国，22 岁的瓦林太太在准备外出倒垃圾时，在自家客厅被歹徒攻击，瓦林太太穿着一件类似汗衫的宽松上衣及一件内裤，案发后，上衣、胸罩及内裤已褪下，腹部被狠狠地连戳数刀，从门前一直到卧室留下许多挣扎的痕迹，现场外还发现了两颗子弹以及被害人的血被掺入酪乳的瓶子中，被歹徒一饮而尽。歹徒分文未取，现场侦察测不出凶手的犯罪动机。心理分析官针对这一犯罪现场，对犯罪嫌疑人作如下的描述：白人，男性，年龄介于 25 岁至 27 岁之间，消瘦、外貌看似营养不良，本人生活懒散、邋遢，有精神方面的疾病。

心理分析官之所以下这样的结论有其心理学依据，因为犯罪人在行凶时，没有刻意地消除那些暴露自己身份的线索，而且这种特定的行凶手段不是一朝一夕就形成的，凶手的这种偏执的妄想大都产生于十几岁，并且还有 10 年左右的“孕育期”。认为凶手年龄在 30 岁以下是因为附近尚未发现过类似的事件；认为凶手之所以消瘦是因为大抵患有精神病的人，吃饭、睡觉不好，造成营养不良。②

---

① ［美］布来恩·隐内著，［美］王旸译：《FBI 犯罪心理画像实录》，化学工业出版社 2013 年版，第 152—153 页。

② 《犯罪心理画像是什么》，载《方圆》2017 年第 16 期。

三、犯罪心理画像在我国的发展

我国在20世纪90年代末才引入犯罪心理画像理论，由于时间较短，对犯罪心理画像技术的理论研究和应用处于起步阶段。一些专家、学者翻译了大量国外犯罪心理画像的专业书籍和最新研究成果，并结合我国司法实践对犯罪心理画像进行了深刻且卓有成效的探索、研究。例如，中国人民公安大学犯罪心理学专家李玫瑾教授对皖豫鲁冀系列杀人案、阳泉连环扎刀杀人碎尸案等案件的犯罪人作出了正确的心理画像；“画心人”刘峰教授将中国传统文化的周易哲学、阴阳五行学说以及中医理论与量子物理、心理学、宗教、艺术等多门学科结合起来，经过几十年的理论与实践，创立了自己独特的以“心理画像技术”理论与方法为主导的“全息心理学派”，在侦查破案中成功应用犯罪心理画像技术。

在应用研究领域，目前我国只有少数地方公安部门设有犯罪心理画像协会。例如，2007年3月郑州市公安局成立了全国首家专业性的犯罪心理画像社团组织——犯罪心理画像协会。该协会的宗旨是通过分析犯罪行为特征和物证特征等信息，描绘出最可能的犯罪嫌疑人的特征，为公安工作特别是刑侦工作服务，并致力于推进犯罪心理画像的研究交流、培训与合作，促进基层刑侦民警素质的提高。[①] 这体现出我国刑侦领域对犯罪心理画像的重视和期待，为进行犯罪心理画像研究的政法实务部门以及从事理论研究的高校教师搭建了一个调研和交流的平台，从而通过利用犯罪心理画像技术提高刑事案件调查能力。

下面为大家介绍几起国内利用犯罪心理画像技术成功侦破的刑事案件。

（一）阳泉连环扎刀杀人碎尸案

从1992年开始近13年的时间内，山西阳泉某居民区大约1.5

① 董少俊：《犯罪心理画像应用技术研究》，2011年浙江大学硕士学位论文。

平方公里范围内，连续有 11 名女子被人用刀从背后捅死、捅伤，犯罪人大多趁着夜黑路歧从被害人背后袭击，作案针对女性，只扎、只杀、不奸、不抢，现场无指纹、无血型、无 DNA，生还者无法提供有效证词。在这个居民区域里，还曾经发生过两起针对女性杀害并带有针对性器官虐尸痕迹的案件。当地警方无法判断杀人碎尸案和扎刀案是否一人所为。

从发生第一起案件开始，警方于 1992 年成立的专案组从未撤过，但是凶手每次作案后如同人间蒸发一样，被害人之间几乎没有任何关联性，找不到凶手的犯罪动机。十几年过去了，案子毫无进展，专案组到中国公安大学请来了犯罪心理学专家李玫瑾教授，希望通过心理分析的方法对犯罪人做一个形象的勾勒。

李玫瑾教授坚定地认为杀人碎尸案和扎刀案可以并案，并对犯罪人作出如下推断：

（1）年龄：40 岁左右；

（2）职业：无业或自由职业，白天在家，夜间偶尔可独居；

（3）性格：有强迫行为倾向、古板、固执；

（4）家庭：有婚配；

（5）动机：对女性的仇恨心理。

专案组按照以上特征，罗列出二十多个犯罪嫌疑人，之后又将嫌疑人进行筛选，最后剩下 7 个。李玫瑾教授和同样来自中国人民公安大学的心理测试专家丁同春逐个排查，在互不知情的情况下，都将杨某某排在犯罪嫌疑人首位。警方根据线索找到他深藏的包裹，里面有所有未处理的凶器，沾染着被害人血迹的 20 多把刀。

李玫瑾教授对作出并案处理的决定进行了解释：所有的案件有个关键行为一样，就是没有侵财，不碰被害人任何物品，碎尸案被害人的金耳环还在耳朵上。作案者心理很奇特，他可以凶残地杀人，却微妙地认为不能拿人财物，对盗窃所不耻，这就是心理标记。事后也证明了这一点，杨某某在被讯问时交代，父母从小对自己教育严格，人要活得有尊严，不能做丢人败兴的事情。

但是为何杨某某又那么凶残的残害女性呢？关于作案动机，李玫瑾教授此前的预测为对女性的仇恨心理，一开始杨某某坚称自己只是心里烦躁，出于无聊，他也不知道为什么。经过讯问了解到，杨某某个人成长及生活状况基本正常，父母健在，母亲勤俭持家，兄弟姐妹5人和睦友爱，没有婚恋挫折，妻子有稳定职业，女儿活泼可爱，这些经历找不到让他憎恨女性的任何理由。李玫瑾教授在和杨某某交谈过后，认为他对欲望有着极端而久远的压抑，杨某某在交谈后久久思索，在墙上写下一行字：禁欲是魔鬼。

这个案件在完全没有任何证据线索的情况下，采用犯罪心理画像技术，画出了犯罪人的形象范围继而找到犯罪人。

（二）湖北武汉系列枪杀案

20世纪80年代至90年代，一桩系列杀人案曾经困扰湖北省武汉市警方达8年之久。此案的作案人嗜杀成性，8年里先后有25名无辜者倒在他的枪口下，其中21人丧命，4人重伤。1991年除夕夜发生在武汉市橡胶厂的那起凶杀最为惨烈。这天夜里，该厂4名值班人员同时被害，其中3人的头颅被凶手割下带走。歹徒的嚣张以及作案手段的残暴震惊了整个湖北省。由于凶手大多是在凌晨或夜间作案，幸存者未能看清其模样，现场又基本没留下有价值的信息，侦查工作迟迟未能取得进展。

1987年5月，正当侦查工作陷入困境，而凶手仍作案频频、被害人数不断增加之际，曾参与过此案现场拍摄工作的武汉市公安局警官刘锋在一篇公开发表的论文中，对凶手作了颇为详细的文字“画像”。刘锋做了如下推断：

嫌疑人未婚，父母早亡，身高在168—172公分之间，体型偏瘦但十分结实，牙齿长得不好，首次作案时年龄应在20—22岁之间。刘锋还对此人的肤色、头发、文化程度、个人感情经历等作了细致描述。1991年，凶手终于落网，其个体特征和家庭情况与刘锋的判断吻合度达到了95%以上。

刘锋从未在事前亲眼见到过凶手，如此精彩的“画像”是他根据凶手的行为特征，运用犯罪心理学知识分析得出的。和现在流行的“心理画像”不同，刘锋在分析中大量运用了中医学理论。例如，根据中医学理论，“男以肾为本”，而肾主胆，人胆量最大的时期当在性发育至性成熟，男性为16—24岁之际，此时随着性意识的产生，个体产生性释放需求，这种需求如不能通过正常健康的方式获得宣泄或疏导，会导致性能量累积，形成巨大的心理应力，通常男性20岁左右为这种应力的暴发期。又如，中医认为心肾相克，身材较高的人心脏负荷也较大，胆量相对要小；40岁以前的男性，体胖则气虚，气虚则肾不实，胆量也要弱于瘦人。因此，在年轻男性中，个子不高且体态较瘦的人更容易有杀人的胆量。对凶手初次作案时的年龄及身高体态的判断，正是综合了上述因素。此外，凶手长时间连续杀人，并且杀的多是和自己毫无关系的人，刘锋判断属于人格缺失性犯罪，且遗传因素大于后天因素，凶手父母的状况应当很不好，很可能双双早逝，这个判断也与凶手的实际情况相吻合。

尽管凶手4年之后才落网，但刘锋精彩的“画像”描述对缩小嫌疑人排查范围、确定侦查方向无疑起到了重要作用。也正是从这一案起，运用心理学和中医学理论以及中国传统哲学思维对犯罪嫌疑人的心理状况、个体特征进行分析描述，成为刘锋的特殊兴趣。迄今刘锋已经成功地为多起疑难案件的嫌疑人作过文字“画像”，均在犯罪嫌疑人落网后得到验证。刘锋逐渐成为湖北警界犯罪心理学研究领域的权威人物。①

犯罪心理画像是对犯罪人心理特征的综合描述，但是由于客观世界的瞬息万变、人类心理的极其复杂性，心理画像推理论证得出的结论无限接近事实的真相，但不是事实本身。在犯罪心理画像技术相对比较成熟的美国，来自联邦调查局犯罪实验室的数据显示，行为科学部犯罪心理画像的出错率在8%左右。因此，我们一定要

① 画心人刘峰：《刘锋教授传奇一生：犯罪案例一》，载新浪博客。

看到这项技术的局限性，侦查机关在运用犯罪心理画像结论时，应将其视为一种可以辅助确定犯罪嫌疑人范围、并案、辅助制订侦查策略的参考资料和辅助手段，而非认定犯罪嫌疑人的工具。

第二节　犯罪心理测试技术的应用

【本节引例】

我国古代就已经有了测谎技术的雏形，最早见于《周礼·秋官·小司寇》中记载的“五听”：一辞听；二色听；三气听；四耳听；五目听，即采用观察当事人在审讯中的心理活动的方法，来审查当事人陈述的真伪性。东汉郑玄对其的注解为“辞听，观其出言，不直则烦；色听，观其颜色，不直则变；气听，观其气息，不直则喘；耳听，观其听联，不直则惑；目听，观其阵子视，不直则瞻视。”以后各朝代均以“五听”作为刑事审判的重要手段，《唐六典》规定：“凡察狱之官，先备五听。”

北宋时期沈括的《梦溪笔谈》中就记载了“摸钟辨盗”的故事。北宋年间，陈述古任建州浦城知县时，有一户富人家被盗，随后官府拘捕了几个嫌疑人，但并不清楚谁是小偷。于是陈述古骗他们说：“某庙里有一座钟特别灵验，能够识别盗贼。”他派人把钟迎来安放在县衙后阁，祭祀起来，然后把嫌疑人都带到钟前，对他们说：“没有偷东西的人，摸这口钟，它不会响，偷了东西的人一摸它，钟就会发出声音。”知县亲自率领他的同僚在钟前很恭敬地祈祷。祭祀完毕后，用帐子把钟围起来，暗地里让人用墨汁涂钟，之后派人带领嫌疑人一个个让他们把手伸进帷帐里去摸钟，出来后查看他们的手，发现只有一人手上没有墨，其他人手上都有墨。由此断定此人便是小偷。之后对这个人进行审讯，他承认自己就是盗贼。原来这个人是害怕钟响，不敢用手去摸钟。这是利用犯罪者做贼心虚设计的心理圈套。由此我们可以看出，在我国漫漫的历史长河中，那些聪明睿智的古代官吏们确实有他们独到的审案方法，能够巧用犯罪心理学，审不厌诈，至今看来都有着绝妙的艺术性和欣赏性。①

南宋时期郑克所编撰的《折狱龟鉴》中也收录了不少应用心理学方法进行测谎的案例。② 综上所述，这充分说明了在我国古代虽然没有科学仪器，但司法官员们已经懂得利用心理学的方法辨别出嫌疑人的行为特征，并认识到行为背后的心理特点和规律，从而有助于司法断案，辨别真假。

随着法庭科学技术的发展，传统的痕迹鉴定已不能满足日益复杂的司法活动的需求。自 1985 年龙勃罗梭的“水压式脉搏记录仪”成功侦破案件之后，许多国家在犯罪侦查中都相继使用了俗称“测谎”的犯罪心理测试技术。犯罪心理测试技术是依据认知心理学、实验心理学、犯罪心理学、神经心理学、生物电子学、计算机应用、侦查学、物证技术学等学科知识，通过专用心理测试仪硬件和计算机软件操作系统，实时同步记录受测人对测试题理解后的多项心理生物反映变化，进而评判其心理痕迹对应相关度的心理鉴定技术，可以判断出受测人在回答某一具体涉案问题时是否说谎，并由此综合判断出受测人与被调查事件的关系。主要用于人员

---

① 参见百度百科：摸钟辨盗。

② ［宋］郑克编撰，刘俊文译注点校：《折狱龟鉴译注》，上海古籍出版社 1988 年版，第 169 页。《折狱龟鉴·谲盗·张咏》中记载：宋朝时，张咏任江宁知府之时，有个僧人到府衙来，拿出官府发给的度牒（出家文书），请求审查。张咏靠着几案，反复端详了好大一阵儿，拿起笔来批道：“押送司理院审处杀人凶手。”第二天，所有官员都聚齐了，不晓得张咏知府为什么这样批示。张咏就把僧人传来审问：“出家有几年了？”僧人回答：“七年。”又问：“为什么额头上有系头巾的痕迹？”这个僧人一听，顿时惊慌失措，跪地求饶。原来他只是个乡野村夫，跟被害的僧人一起同行，谁知心生歹意，杀死了僧人，带着他的度牒，穿着僧服，自己冒充起出家人来。犯人被问及出家年头时说有七年，故而头上不可能有任何痕迹，除非刚剃发完头巾痕迹还未消除，于是当张咏提出额头上有头巾痕迹的矛盾发问时，因不符合常理，违反思维定式，于是犯人的心理防线彻底崩塌了，惊慌失措，只好服罪。

调查和辅助侦查、审理案件的心理实验技术。[①]

一、犯罪心理测试技术的由来

世间有善意的谎言，也有恶意的谎言。杀人者矢口否认罪行，盗窃者拒不认账，贪污者声称一身清白等，如何识别出谎言，让犯罪人认罪伏法呢？测谎的方法和仪器就应运而生了。心理测试的历史非常悠久。我国早在西周时期就有了关于心理测试思想的记载了，即“五听”[②]；在古印度，人们用“嚼米法”[③]、“圣猴法”[④]审理刑事案件；中世纪，意大利罗马的希腊圣母堂中有一块雕刻着海神头像的圆盘——真理之口，是世界上最古老的测谎器之一，传闻说谎的人，若将手放进“真理之口”，手就会被咬断。

近代心理测试技术发源于西方。1879 年，威廉·冯特等一批心理学家在德国莱比锡大学建立了世界上第一个心理学实验室，实验室已有皮电计、血压计、呼吸计、微摆计时器等心理学仪器。从 19 世纪末至今，人类发明的测谎仪器大致有以下几种生理依据为

① 武伯欣：《中国犯罪心理学测试技术应用理论》，载《中国公共安全（学术版）》2005 年第 1 期。

② 《周礼》中明确规定了在面对诉讼的时候如何去判断真实情况：“以五声听狱讼，求民情：一曰辞听，二曰色听，三曰气听，四曰耳听，五曰目听。”即通过对语言表达、面部表情、呼吸频率、耳根变化和目光表现等五个方面的观察，来揣摩陈述者的心理情况，从而判断其言辞真实与否。这是将生理变化与心理活动结合起来进行总结和运用，不仅对早期争讼案件的公正处理有着积极的促进意义，对现代测谎技术的理论基础也贡献颇多。

③ 17 世纪的时候，印度人发明了一种“嚼米法”来测谎，其利用了简单的生理知识。清白之人因为没有情绪压力，所以唾液分泌正常，其能吐出的米也就很多。而说谎者因为恐惧，因而情绪会紧张，就会导致口腔唾液分泌不足。舌头干了，吐出的米自然就少了。这种方法根本上还是利用了人的心理变化产生的生理异常。

④ 印度传说有一种圣猴，说谎者一摸尾巴，它就会叫。而诚实者一摸再摸，圣猴都会安安静静。法官审案时将这些在测试之前提前告知嫌疑人，然后将尾巴上涂了碳粉的猴子置于黑屋，让嫌疑人逐一进入摸猴子尾巴。说谎者心虚不敢摸，而手上有碳粉的人自然就是诚实者。实际上这是利用心理学原理让说谎者露出原形。

代表。

（一）脉搏依据

1895年，意大利犯罪学家龙勃罗梭尝试性地制造过测谎器——水压式脉搏记录仪，其在一个特制的容器内装满水，将受测者的胳膊用一条被封住顶部的管子缠上，握紧拳头并浸入水中，心脏的跳动幅度就会以玻璃管水位升降的形式记录下来，从而可以判断受测试者在接受问话时的心理情绪。龙勃罗梭利用此法破解了许多案件，这也让脉搏测谎成为测谎技术革新的一个转折点，这是被公认的使用科学仪器进行测谎从事犯罪侦查的开端。

（二）呼吸、脉搏、血压等联动依据

美国加州大学医学博士拉尔森研制的测谎仪器，则对呼吸和心跳进行扫描，从而记录其持续性的变化，并且还能根据显见的异常来记录强力刺激的事件。这是第一台专用的测谎仪器，并成功破获了一起商场盗窃案件。

随着皮肤电测试的引入，专业测谎仪诞生。1921年，美国心理学家拉尔森和警官基勒正式宣布研制出第一台多道心理测试仪。1945年，约翰·里德在总结前人经验的基础上，创造了“里德多谱扫描仪”，其测试的指标包括血压、脉搏、呼吸、皮肤电阻变化和肌肉活动，大大提高了测谎结果的准确率。同时他提出了准绳问题测试法（CQT），大大减少了对无辜者的误判。美国明尼苏达州医学院心理学教授莱克肯（Lykkeen）在1959年研发了一种新的测试方法叫犯罪情节测试法（GKT），在测谎史上具有革命性的意义。20世纪60年代初，由于电子技术飞速发展，出现了现代记录仪和多导仪。以皮肤电阻、血压、呼吸等参数作为测试指标的多导心理生理测试仪（又叫做多参量心理测试仪）测试结果相对准确客观，它成为目前全世界范围内广泛使用的心理测试仪器。2007年7月，美国已有19个州明确规定经当事人协商用多导心理生理

测试仪的测试结论可以作为证据被采纳。[①]

（三）多种测试指标依据

随着科学技术的发展，热成像（Thermal Imaging）技术成为美国进行测谎的新技术，功能磁共振成像（FMRI）、脑电图（EEG）等测试仪器更新换代，也广泛地应用于测谎研究中。多种测试指标的综合应用及新指标正在逐渐开发，如反应时、事件相关电位（ERP）[②]、功能性磁共振成像（FMRI）、脑电图（EEG）、眼动、面部反应仪等，尽管其科学的客观性及量化标准方面优于多导心理生理测试仪而在心理学研究中被广泛采用，但它在方法上却极为苛刻，对被试者要求极高。在司法实践中，犯罪嫌疑人不会完全配合测试，他们会回避甚至干扰测试。目前，这些无法普遍应用于心理测试实践中。

二、犯罪心理测试技术在我国的发展

20 世纪 50 年代初期，我国公安机关主要是向苏联学习侦查技术，把苏联的专家聘请到中国来讲课，苏联专家当时明确说“测谎”技术是不科学的，是唯心主义的。我国由于不了解此项技术到底是怎么回事，也没有见过设备，更没有实践过，所以也就把这项技术否定了。我国重新认识“测谎”技术是在 20 世纪 80 年代，当时公安部刑侦局局长刘文受公安部委派带领代表团到日本考察警察技术，他在日本国家科学警察研究所参观了 POLYGRAPH 实验

① 张君周：《美国测谎结论证据资格审查标准的新发展》，载《人民检察》2009 年第 1 期。

② 事件相关电位（ERP）逐渐被应用到测谎研究中。美国宾夕法尼亚大学的研究者们通过利用功能磁性共振成像技术对志愿者们进行测试，发现人们在说谎的时候会产生异样的脑电波。目前得到最广泛研究和验证的是以 P300 成分为指标的测谎，即脑电波测试技术。简单来说，事先将与案件相关的事件编织成为一个刺激程序，观察波幅高低即可评判被测试者是否与案件相关，可以大致确定其是否在说谎。目前，这项技术的发展尚不成熟，受到较多的非议，但仍不失为一个可以期待的前景。

室，并详细考察了这项技术。1981 年，我国引进第一台测谎仪——美制 MARK—Ⅱ型测谎仪；1991 年，公安部和中国科学研究院研制成功中国第一台 PG-Ⅰ型心理测试系统。1992 年，这项技术被逐步应用于公安部门的刑事侦查工作。中国人民公安大学的武伯欣教授长期从事“心理测试技术”的研究和应用，自 1992 年起，他和同事们一直应用这项技术参与全国各地警方、检察院、部队保卫部门主持侦破的重特大疑难案件，在 600 多起大案要案中屡建奇功，在实践成功的基础上建立起了一套适合我国国情的犯罪心理测试技术理论、方法和应用程序。[①] 可以说，中国的犯罪心理测试技术是由中国人民公安大学心理测试中心武伯欣教授等一大批专家、学者在深厚的犯罪心理学研究基础上，经过多年的实案侦查的探索和总结，吸收国内外先进技术和科学方法，系统地提出适合中国国情的犯罪心理测试技术模式，该技术将犯罪心理学测试技术分解为六个步骤：（1）犯罪心理痕迹动态分析技术；（2）综合法测试编题技术；（3）犯罪心理测前谈话；（4）心理测试仪器软、硬件及操作技术；（5）图谱综合评判技术；（6）测后谈话和讯问技术。这六个步骤前后衔接，相互呼应，构成了犯罪心理测试技术系统的整体。[②]

我国在实践中形成的犯罪心理测试技术，同所有的物证鉴定技术（包括指纹鉴定、足迹鉴定、笔迹鉴定、声纹鉴定、DNA 鉴定）结论性质相似，但是形式不同。犯罪心理测试技术鉴定是对人的心理活动痕迹的鉴定，获得的是心理事实，而其他物证鉴定技术则是对人身特征及行为活动物质痕迹的鉴定。由于心理测试技术的专业建设还不完善，心理测试结论成为我国诉讼证据的条件还不成熟，在司法实践中为防止出现以测试结论为依据的冤假错案，应当进一

---

① 肖松：《武伯欣：中国公安的“福尔摩斯”》，载 360 网。

② 武伯欣：《中国犯罪心理测试技术与应用概览》，载《公安大学学报》1998 年第 2 期。

步从心理测试技术人员准入、认证、培训，仪器生产准入标准，科学的实测理论和方法等角度开展系统性的研究，以其对测试结论进行有序、合法、规范的评判和使用，以保障犯罪心理测试技术在我国的司法实践中发挥其应有的价值。

【拓展阅读 16-6】

曾经震惊全国的云南昆明杜某某案，在2000年被媒体曝光后，人们才知晓此案在侦查、审理过程中，曾两度对杜某某使用过“测谎技术”。云南省昆明市警方在一辆丢弃的车上发现两具尸体，分别是昆明市公安局副局长王某和民警王某某（女），王某某的丈夫杜某某被警方列为重大嫌疑人收审，经过长时间审讯，杜某某始终拒绝承认杀人，警方动用了测谎仪对杜某某进行测谎，结论是杜某某否认杀人的供述是在说谎。于是，杜某某被办案人员认定是凶手，并被长时间刑讯逼供，最终不得不“承认”杀了人，作出了有罪供述。此案经过一审作出死刑判决后，杜某某本人和其辩护律师提出无罪辩护书，直指一审判决证据不足，要求改判无罪。但是，办案单位又请来另一位测谎专家对杜某某进行了第二次测谎，这位测谎专家还向法庭出具了专家意见书，由此导致二审终审也判决杜某某有罪。直到2000年，昆明市警方破获了杨某勇劫车杀人团伙案，杨某勇等人供述了枪杀上述“二王”的事实，杜某某才沉冤昭雪。

三、犯罪心理测试技术的应用

（一）谁涉案，谁自知——15年前灭门积案的真相[①]

1981年7月6日，内蒙古呼和浩特的某村发生一起灭门血案，乔家上下5口人在深夜熟睡之中被人用钝器击打头部致死。经仔细

① 亚静著：《无处躲藏：测谎神探武伯欣破案实录》，中国言实出版社2005年版，第5—38页。

排查后，确定了4名嫌疑人：高某，村里的老支书，死者乔某曾向上级反映高某的违纪问题，致使高某被停职检查；张某，乔家的邻居，一直垂涎乔家小女儿的美色，曾多次提媒遭到拒绝，案发现场提取到张某的新鲜指纹和脚印；李某，乔家的大女婿，乔家一直嫌弃李某穷没本事，积怨颇深；杨某，乔家二女儿的未婚夫，案发后的清晨被人看到从乔家大门冲出，高喊“救命”，落荒而逃。为侦破此案，公安机关投入了空前的人力、物力、财力，现场勘查整整花了26天的时间，前后9次动用多达上百人的警力，投入了近百万人民币，但是案件仍旧没有破获，曾被公安部列为“二号大案”成为了积案。直至15年后，1996年武伯欣教授及其团队应内蒙古自治区公安厅和呼和浩特市局专案组的邀请，协助分析、研测这起积案。

1. 犯罪心理测试技术的工作原理

在这起杀人积案中，虽有案发时的现场勘查材料和法医尸检报告，但没有确切的嫌疑人方向；虽有足迹、凶器等物质证据，但缺乏明确的作案因素、时间等的判断。但是犯罪嫌疑人唯一客观存在并可以用心理测试仪等重复检验观察的，是他15年前动态作案过程形成的特殊的犯罪心理痕迹。真正的犯罪人在其认知心理生理上会反映出15年前杀人凶案相关、独特的心理表征，即“谁涉案，谁自知”。作案时的认知、情绪体验，以及犯罪的整个过程，如作案场地、路线、工具、赃物甚至犯罪时的关键动作和心理活动都会在作案人的心理留下深深的烙印。犯罪心理测试工作的原理就是通过记录嫌疑人的心理特征，记忆的变化、犯罪心理痕迹的形成、生理不同部位产生的异常反应（如颤抖或出汗等），达到证实案件真实面目的目的。

2. 测试过程

1996年7月，武伯欣教授和同事王克峰、张祖丰等人到达呼和浩特市，第一步，对发案环境做犯罪心理痕迹动态分析；第二步，对事不对人地客观编制同一套测试问题；第三步，10分钟的测前心理访谈；第四步，安装仪器设备，实际操作心测仪，对15年间多次被怀疑、调查过的嫌疑人逐一传唤进行心理检测；第五步，实时同步图谱评判、同步观察，很快排除了1981年发案以后确定的多名重点嫌疑人，最后准确认定了被害人的大女婿李某是15年前积案的犯罪嫌疑人。

上午10点，乔家的大女婿李某被准时带入了测试室，李某在专门为测试人准备的椅子上坐下，助手给他在胳膊上带好各种胶垫和探头。武伯欣教授面前摆放着PGA-96型心理测试仪主机、传感器、计算机。在计算机屏幕上，呈现出不断闪烁跳动的红、蓝、绿三种颜色的图谱曲线，几根粗细、颜色不同的电线将各种仪器与被测人李某的身体连接在一起。

测试开始，武伯欣开始提问：

问：你是叫李某吗？

答：是的。

问：对我提的问题，你只需回答是或者不是，知道或不知道，也可以不回答，听见了吗？

答：听见了。

问：第一个问题，你和妻子是什么时候搬进城里的？

答：15年前。

问：是你岳父一家5口被杀以后吗？

答：是吧。

问：为什么要搬家？

答：不为什么。

问：是心里害怕吗？

答：又不是我杀的，怕什么？

问：你还记得你岳父一家5口被杀时的情景吗？

答：不记得了。（浑身有些发抖）

……

问：你知道这起案子是谁干的吗？

答：不知道。

问：是你干的吗？

答：我怎么会杀自己的岳父和家人呢？（头上开始冒汗）

问：是你和别人一起干的吗？

答：不是。（心跳加快）

问：是先跳进邻居张某家院子里，然后再翻墙跳进你岳父家院子里的，对吧？

答：你问我，我问谁呀？（汗已经湿透浑身）

问：杀人时，是先进入中间那个屋吗？

答：不知道。

问：最后杀的，是乔家小女儿吗？

答：可能吧。

问：乔家小女儿被惊醒了，是吗？

答：不知道。（浑身不自在）

问：乔家小女儿求饶了，是吗？

答：是……不是，不知道。（语无伦次）

……

测试题看似没有特殊之处，但包含了很多专业性的测试技巧。测试题中有准绳问题、目标问题、过渡性问题，测试方法有准绳问题测试法（CQT）、犯罪情节测试法（GKT）、搜寻紧张峰法（POT）。案件发生后，警方一般不会向外界公开案情，通过勘查现场得出的作案细节只有警方和作案人知晓，通过犯罪情节测试法就可以甄别出无辜者和作案者。被测人如果与案件有关，那么他的心理反应的三项生理参数变化——皮肤电反应（血压、脉搏、呼吸）指标就会异常，李某的图谱显示他在关键问题上说了谎，对于一些警方没有披露的犯罪情节他是知情的。后来又经过三次测试，认定李某的心理生理指标图谱数据，清晰地反映出当年他的杀人动机，杀人顺序，作案工具，案后掩盖行为，也清晰地显示出嫌疑人在15年后实测时的心理状态等。当时提问“作案的人，事后记得去了哪儿吗”，“作案人是去了亲戚家、是去了朋友家、是回到自己家、是去了别的地方”等问题时，李某的实测图谱，清晰且重复地反映出来——作案以后他回到了自己家。

据此，专案组的侦查员马上又获取了许多重要的证据。根据心理检测技术已知作案人的犯罪心理痕迹，武伯欣与侦查人员一起进行了20分钟测试后谈话，随后作案人如实交代了15年前因家庭琐事杀害岳父一家5口人的犯罪事实。犯罪心测技术起到了关键作用，积案得以顺利审结，作案人李某被判处死刑。

（二）排除无辜——百余斤炸药雷管被盗案①

2003年3月中旬，全国“两会”正在北京隆重召开。京畿重地河北省涉县公安机关接报：一家采石场仓库存放的200多斤炸药及大量雷管被盗，仓库保管员成为最大嫌疑人。7天过去了，嫌疑人交代了又翻供，反复多次，始终没说出爆炸物的去处。警方虽采取了全面撒网布控堵截措施，严密监视进出涉县的所有道路关卡，但被盗的炸药和雷管依然下落不明，不知去向，这么多爆炸物万一流入北京，后果不堪设想。全国公安科技专家、中国人民公安大学教授、犯罪心理测试技术专家武伯欣临危受命，马不停蹄连夜赶往涉县。

第二天不到8点钟，武伯欣及其助手与专案组一起到了案发地，主要是察看发案环境。案发时间正是在这个时间段左右。这是距涉县县城不远的××村的一家村办采石场，存放爆炸物的仓库就是一个被掏空的山洞，唯一进出口是铁栏杆围着的门，门上的链子锁被撬开。库内成箱的炸药早已经不见，装雷管的铁皮柜子也空了。山洞位于一个大山坡的中间，坡很深，门口小路仅能容一个人侧身而过，坡下边就是××村。早上七八点钟，村里的人们都已经忙活开了。察看发案环境的目的是体验与案发时基本相似的时空环

① 摘自武伯欣：《自主研创：中国心理测试技术实测经典（二十七）》，载新浪博客。

境，如此才能更好地“进入”作案人及被害人当时具体情景下的心理状态。有了这样身临其境的体验，才能更好地进入心测技术第一步的犯罪心理痕迹动态分析阶段。

察看发案环境以后，武伯欣就对办案负责人说：“从发案空间看，小路很难走，要把200多斤炸药和雷管都拿走，单独一个人很难完成作案过程。所以，要扩大测试人员的范围，发现者、报案人和其他与爆炸存放地点有关的人员，都需要扩展进被测人名单。

之后进一步动态分析，武伯欣分析：库房门锁是被撬开的，既然保管员有钥匙，为什么要采取容易被人发现的撬门办法？作案人为什么非要一次性盗走全部库存？假如是保管员干的，这些炸药、雷管是怎么运走的？这批东西现在在哪里？是藏起来，还是运走了？是几人一起干？是临时起意，还是事前准备的？经过发散思考的察看发案环境和犯罪心理痕迹分析，是编制测试题的基础。

针对这起案件，武伯欣及其助手拟订的测试题共有8组54个。内容涉及作案动机、动机发动时间、人数、炸药去向、作案人现时心理状况等。测试室没有布置在公安局，而是在县委招待所客房里临时布置的，目的是减轻被测人的心理压力。被测人坐在一把带扶手沙发椅上，隔着一张桌子，武伯欣和助手坐在他左侧面，桌上放着笔记本电脑和仪器。温度适合且自然光线柔和。

正式测试前，先进行测前心理访谈。告诉被测人这是一项什么技术，对人体无害，尽量消除被测人的紧张感，也帮助主测人判断被测人听觉、智力、体能、精神状态，以及文化程度、气质类型等，这些都是影响心理测试是否准确有效的主要因素。武伯欣讲到：人的差异很大，理解力、反应速度、不同气质类型，表现在图谱波形上也有差异，分析评判时这些因素都要考虑。

仓库保管员的气质，经观察判断属于黏液质，偏内向，话不多。武伯欣告诉他：“不管你原来说过什么，今天用这种科技手段，都能弄清到底是谁拿了那些东西，如果不是你，肯定不会冤枉你。”聊了10分钟，看他不紧张了，武教授让学生给他戴上传感器并告诉他，每道问题只需回答是或不是，知道或不知道，清楚或不清楚，不需要详细解释，如果觉得不好回答，可以保持沉默。

接着，心理测试正式开始。武伯欣用平稳的语调问："拿走炸药、雷管的人，是为了弄点钱吗？""是和谁有矛盾吗？""是想做大事吗？""是一时冲动吗？""是有准备的吗？""是有其他原因吗？""是一个人干成的吗？""是两个人合伙干的吗？""是三个人合伙做的吗？""拿走炸药、雷管的人，是用东西把门撬开了吗？""是往外搬炸药了吗？""是把炸药搬下山了吗？""是把炸药埋在山上了吗？"……开始两三组问题，屏幕上显示脑电、呼吸、血压和皮肤电位的5条曲线波动都有点活跃，这表明他还有些紧张。但这种由生理紧张引起的图谱波动，人是可识别的，因为它不会有与目标问题的对应反映。特别是在那些只有作案人独知的问题上更是如此。心理测试题中，有一些是目标问题，有一些是参照问题。比如，被害人是被刀刺死的，在问题中，就要有参照题目"被害人是被绳子勒死的吗？"和"是不知道用什么工具弄死的吗？"武伯欣教授带领同事及学生自主研创的中国心测技术理论认为，只有涉案嫌疑人，才会对涉案目标题有特异反映。果然，保管员心态越来越稳定，三遍测试下来，结论很明确，他毫不知情，是个无辜者。像这样唯一的嫌疑人或一号嫌疑人被测否的情况，在武伯欣研办案子里确实不在少数，办案人员甚至会对测试结果产生怀疑："这仪器准吗？再测看看，恐怕结果就不一样了。""我们调查这么久，不是他又是谁啊？""否了一号，往下怎么查啊……"

按照武伯欣教授的分析安排，又找来报案人采石场老板。一进门，满脸傲气的老板就说："找我来干什么？是我报的案呀。""跟你调查一些事。你说是你发现的，可怎么才能让人完全相信呢？现在有这样一种技术手段，如果经过测试鉴定，就可以对你说的确认无疑……"老板有点不耐烦："那就快点测吧，我还有事呢。"接着，还是同一套题："拿走炸药、雷管的人，是想……"几道题之后，就发现了新情况——目标题出现了显著相关心理生物反映。

"拿走炸药、雷管的人，现在知道这些东西在哪儿吗？""被拿走的炸药、雷管，现在是很安全吗？""是还没有使用吗？""是被藏起来了吗？""炸药、雷管现在，是还在涉县吗？""拿走炸药、雷管的人，现在是想说清楚这件事吗？""现在，是感到后悔了吗？"三遍心理测试下来，武教授及其助手确信无疑：就是他，就是这个老板拿走了炸药和雷管。从采石场老板对目标问题的心理生理反映图谱看，他是因为和某人有矛盾基于报复的心态拉走了炸药和雷管，而不是令大家紧张的"想做大事"，图谱显示是3个人一起干的，还有另一个人知情，是用车拉下了山藏起来了，没有运出涉县而且其有后悔心态。

在进行测试后谈话讯问时，采石场老板很快就承认是自己不想付给保管员工钱，撬门将炸药和雷管偷走，藏在他自己家院子的一间偏房里。案件得以顺利侦破。

【课后思考】

1. 犯罪心理画像技术是一项只有在少数发达国家充分运用指导侦查的手段，在我国目前还尚未形成健全的体系。请就犯罪心理画像本身进行探讨，我国应如何成立相关部门来指导各项侦查工作的开展？

2. 随着法庭科学技术的发展，传统的指纹、足迹鉴定已不能满足日益复杂的司法活动的需求，测谎技术综合了医学、心理学、犯罪学、电子学、计算机科学及其他应用科学。请思考：应从哪些方面进行完善和改革，从而使测谎技术在我国的司法实践中发挥其应有的价值？

【课后拓展】

为犯罪心理画像①

在刑事案件的侦破过程中，有一个重要的辅助手段，就是根据证人对犯罪嫌疑人体貌特征的描述完成画像。但另一种在西方被广泛采用的“心理画像”方式，虽然20世纪90年代开始在我国得到局部应用，但更多的只是对前期侦破工作提供参考，事实上它本可以在研究和预防犯罪方面做得更多。

马某爵以故意杀人罪被云南省昆明市中级人民法院一审判处死刑。在昆明市中级人民法院的判决书上，关于这一令人惊愕的案件的犯罪动机，只有寥寥四个字——“琐事积怨”。而犯罪心理学家李玫瑾给出的分析结论，却长达万言，它构成的其实就是一幅马某爵犯罪心理的精确画像。作为特殊的“画家”，李玫瑾关注的远不止这一张脸孔，面对那些典型性恶性案件，她试图以自己的方式给出解答，并通过“画像”向社会回馈有价值的信息。

破译犯罪的心理密码

2003年春节期间，河北某地接连发生三起凶杀案，其中一起发生在一家小旅馆，店主的一家老小都被杀害了，一位老太太还遭到强奸。凶手几乎没在现场留下任何线索，当地警方一筹莫展。中国人民公安大学犯罪心理学教授李玫瑾被请来。听完案情介绍，她通过分析确定了凶手大致特征：一个外地打工者，住所不在附近；有犯罪前科；一个性饥渴的人，没有正常的婚姻生活或者女伴。最后，李玫瑾还根据三起案件的发案地点，画出疑犯的大致路线图。警方据此缩小范围展开侦查。很快，疑犯落网了，各种情况恰好符合李玫瑾的分析。

“我的分析，就是给犯罪心理画像。”在这个领域研究多年的

---

① 摘自《南方周末》2004年5月13日。

李玫瑾说，应用犯罪心理画像能够比较迅速、准确地确定侦查方向。“但犯罪心理画像的意义远不止于这些。”“发烧就给吃退烧药，得了传染病就给隔离，这显然不够。”李玫瑾认为犯罪心理的研究和临床医学有某些相近之处，一定要找到具体的病因，才可以真正起到预防的作用。

犯罪问题是一个复杂的社会问题，驱使犯罪的心理问题同样呈现着复杂和多样性，不可能以某种固定模式对不同的犯罪行为作出解释。

河南平舆接受了审判的案犯黄某，最不能让人理解的是自己设计了一个专门用于杀人的木马床，连续杀害了17名青少年。黄某的犯罪动机同样令人惊愕，人们很难根据生活常理给出答案。李玫瑾对黄某杀人案也有过自己的深入分析，黄某系列杀人案的案情使她首先想起国外同行研究过的一个案例——有一个在孤独中成长的孩子，觉得没有人看得起自己，他就会拿家里的布娃娃去砍，以此来表示他的勇敢。当他长大以后，看到和布娃娃一样的金发女郎，就会激起他幼年的冲动，用杀人的过程来体现自己的英雄气质。实际上，这是自己的挫折感扭曲的表现。

根据国外对于系列杀人犯的心理研究结论，李玫瑾的判断是：黄某实施杀人计划的时候，内心一定存在着某种想象，他应该有个缺乏亲情的家庭，应该是单身。

后来有记者问黄某：你为什么想杀人？他说，因为我小时候看过一个电影，觉得做杀手很酷，一直想成为一个杀手。果然是一个幼年的想象在作祟。而他在明知道放走对方自己必将落网的情况下，却最终被第18个杀戮对象的亲情诉求所打动——与其说是打动，不如说是被对方无意中击中了自己内心最敏感的痛处。这一情节也印证了李玫瑾关于亲情缺失方面的判断。

这显然是一次成功的心理画像。它通过某些典型案件中总结出的一些共性特点，针对新的系列杀人犯的犯罪特征进行分析，很快找出了他的心理背景。

但有的案子用环境去解释，不足以客观而全面地透视犯罪动因。

今年年初在浙江发生一起特大杀人案后，李玫瑾见到了被抓捕归案的犯罪嫌疑人刘某。他在5年的时间里流窜于杭州、昆明、广州、长春等地，强奸、杀人，作案几十起，甚至挑衅公安部门，不时给警方写信透露自己的杀人过程。刘某在叙述杀人过程时就像在讲一件极其平常的事，他直到这时还不觉得自己有什么错。李玫瑾通过谈话发现，刘某的家庭环境很正常，他是家里的第7个孩子，哥哥姐姐心理也完全正常。在周围人看来，这个孩子从小就特别坏，他犯罪的“理由”就是想杀人。李玫瑾的判断是，刘某属于典型的反社会人格。

“反社会人格最核心的一个特征就是没有情感，其次就是极端任性。国外对这类人的大脑皮层的脑电进行测试，结果是始终在10岁左右。”

李玫瑾说，有些犯罪即使表面上看是外因导致的，也要通过他的家庭背景、成长过程以及罪犯自身的遗传特点去分析。比如，制造了石家庄爆炸案的靳某某，他的犯罪也与自身心理问题有关，由于听觉不好，某种程度也容易造成一种心理障碍。

我们的社会需要“危险人格评估”

破译犯罪的心理密码是为了更好地预防犯罪。“在分析具体的心理历程中，发现问题后还要找到有效的解决途径。比如，在某些国家，如果发现家庭出了问题，父亲吸毒，母亲改嫁，孩子无人管，这时候社会就会启动家庭干预机制，干预家庭不只是为了帮助一个孩子，而是为了整个社会的安全。”

李玫瑾认为，我们的社会迫切需要建立关于危险人格的评估体系。“危险人格评估”的指标有很多，包括智力发展的均衡、个性倾向等，更重要的是心理内容，心理内容通过心理测量是测不出来的，需要对一贯的行为方式进行观察，这就是一个评估体系。

“如果在小学、中学时，你看出一个孩子家庭很正常，但是非常任性，谁也管不了他，就要引起注意了，可以做一个人格评估，对症教育就可能矫治他的人格问题。”李玫瑾说。

李玫瑾通过调研发现马某爵的悲剧更多的是由于其人格缺陷酿成的。马某爵不擅长与人打交道，他只能与自然频率接触较高的少数同学交往。即使是与交往最密切的同学、老乡之间，他每个月至少有1至2次争吵，这属于较高的人际冲突频率，它意味着马某爵在处理人际冲突方面的能力很差。“这一问题显然不是因为他的贫困状态导致的，与他发生冲突的同学大多同他一样，也住在贫困生宿舍。”

过分情绪化的马某爵还时常为一点小事而出现强烈的反应。当他少年时代听到父母吵架，甚至动了杀死父亲的欲念，从中不难发现导致他后来杀害同学的心理背景。他对吵架极为敏感与愤怒，而且漠视生命，很容易引起他的“杀人”冲动。

马某爵的思维方式还有一个显著特征，就是几乎一切都是以“我”为出发点。心理学研究指出，许多心理上存在严重疾病的人，一个最突出的表现是谈论任何事情时都以“我”为主题词，“我”的出现频率极高。他们从不会站在别人的角度上换位思考。这种性格特征也是许多犯罪人共有的心理特征之一。

李玫瑾认为，以马某爵的性格与人性特征，典型属于需要在日常生活中加以疏导和控制的“危险人格”。

犯罪心理研究之惑

“（杨某海）这个案子的深入研究对公安的侦查工作极有价值。”李玫瑾教授至今对杨某海案没有从犯罪心理的角度进行透彻研究感到遗憾。她也常常苦于没有面对面的机会去深入了解犯罪人的心理。“这就像医院里突然收到一个很怪异的病症，可能是一个未发现的病毒在作怪，或者是某些病的集中代表，但一个很想问个究竟的医生却得到这样的答复——不用研究了。”

目前，中国国内像李玫瑾一样从事这项研究的专家还寥寥无几，显然，这个领域还没有得到应有的重视。“在一些国家，有些死刑犯的行刑会根据需要暂缓一段时间，允许犯罪心理学家去研究他。”犯罪人到了最后时刻自己也在总结，如黄某临死前就说了一句很有价值的话——“告诉孩子，不要相信陌生人的话”。我们的社会当然有必要对他们进行更客观、更全面的心理分析并建档。

李玫瑾为此建议，全国的重大案件都应该附上一份犯罪心理分析报告。“应该在接到报案的时候有一个行为指标的登记，在案件破了以后，通过讯问再建立一个人格指标的登记，积攒起来，形成一个犯罪心理指标的系统。”这个指标系统也有助于加快串并案的侦破速度。如果每一个案子后面都附有几项指标的话，如果3起案件有相同的指标，就可以大体判定是一个人所为。“人的心理规律是通过动态的行为方式表现出来的。”李玫瑾强调说。只要这一工作得到充分的重视，坚持5年时间，一个针对中国人的犯罪心理指标系统就可以建立起来。

主要参考文献

一、著作类

1. 古丽阿扎提·吐尔逊著：《中亚恐怖主义犯罪研究》，中国人民公安大学出版社 2009 年版。

2. 李玫瑾著：《犯罪心理研究——在犯罪防控中的作用》，中国人民公安大学出版社 2010 年版。

3. 辛世敏主编：《犯罪心理学》，中国人民公安大学出版社 2015 年版。

4. 马皑、章恩友、李婕著：《犯罪心理学》，中国人民大学出版社 2018 年版。

5. 盛唐著：《FBI 犯罪心理：美国联邦警察教你读懂犯罪心理》，台海出版社 2016 年版。

6. 许大鹏著：《犯罪现场调查》，台海出版社 2018 年版。

7. 李娟娟著：《犯罪心理分析》，台海出版社 2018 年版。

8. 曲楠著：《犯罪心理揭秘》，台海出版社 2018 年版。

9. 许大鹏著：《犯罪心理画像》，台海出版社 2018 年版。

10. 张晓真编著：《犯罪心理学》，中国政法大学出版社 2008 年版。

11. 姚迎光编著：《老年犯罪心理学》，中国政法大学出版社 2012 年版。

12. 罗大华主编：《犯罪心理学》，中国政法大学出版社 2014

年版。

13. 刘建清著：《犯罪心理探微》，中国政法大学出版社 2015 年版。

14. 陈泊菡著：《FBI 犯罪心理画像》，中国法制出版社 2015 年版。

15. 张蔚著：《犯罪心理分析：邪恶的二十个模样》，中国法制出版社 2019 年版。

16. 阮传胜著：《恐怖主义犯罪研究》，北京大学出版社 2007 年版。

17. 陈和华主编：《犯罪心理学》，北京大学出版社 2016 年版。

18. 亚静著：《无处躲藏：测谎神探武伯欣破案实录》，中国言实出版社 2005 年版。

19. 徐俊文、任立宏著：《犯罪心理痕迹论》，武汉出版社 2006 年版。

20. 孙景仙、安永勇著：《网络犯罪研究》，知识产权出版社 2006 年版。

21. 吴宗宪、曹健主编：《老年犯罪》，中国社会出版社 2010 年版。

22. 常娟编著：《犯罪心理学》，中国时代经济出版社 2011 年版。

23. 王伟光著：《恐怖主义·国家安全与反恐战略》，时事出版社 2011 年版。

24. 姚尧著：《重口味心理学——怎样证明你不是神经病?》，中国友谊出版公司 2012 年版。

25. 刘纪舟著：《落马贪官的腐败心理——腐败心理学研究》，中共中央党校出版社 2013 年版。

26. 范辉清、王亮主编：《犯罪心理分析与干预》，暨南大学出版社 2013 年版。

27. 心理之谜研究会编著，魏嵩译：《超有趣的犯罪心理学

——带你探索人类最危险的内心世界》，湖北教育出版社 2014 年版。

28. 徐云峰、谢丽丽等编著：《网络犯罪心理》，武汉大学出版社 2014 年版。

29. 检察日报廉政周刊主编：《反腐警示录 2——腐败心理剖析》，中国长安出版社 2014 年版。

30. 姚峰主编：《犯罪心理学》，法律出版社 2015 年版。

31. 邵晓顺著：《犯罪心理分析与矫正》，浙江大学出版社 2015 年版。

32. 苏满满著：《腐败心理预防论》，中国方正出版社 2015 年版。

33. 金泽刚著：《网络游戏与青少年违法犯罪》，上海三联书店 2016 年版。

34. 墨羽编著：《犯罪心理学》，清华大学出版社 2016 年版。

35. 王爱华、叶小琴主编：《堕落与救赎：女性犯罪启示录》，中国检察出版社 2019 年版。

36. 李玫瑾著：《幽微的人性》，北京联合出版公司 2019 年版。

37. ［美］布伦特·E·特维著，李玫瑾、屈明等译：《犯罪心理画像——行为证据分析入门》，中国人民公安大学出版社 2005 年版。

38. ［美］迪·金·罗斯姆著，李玫瑾等译：《地理学的犯罪心理画像》，中国人民公安大学出版社 2007 年版。

39. ［美］理查德·格里格、菲利普·津巴多著，王垒、王甦等译：《心理学与生活》，人民邮电出版社 2003 年版。

40. ［美］戴维·霍瑟萨尔、［中］郭本禹著，郭本禹、魏宏波等译：《心理学史》，人民邮电出版社 2011 年版。

41. ［美］罗伯·K·雷斯勒、安·W·伯吉丝、约翰·E·道格拉斯著，李璞良译：《变异画像——FBI 心理分析官对异常杀人者调查手记》，法律出版社 1998 年版。

42. ［美］约翰·道格拉斯、马克·奥尔沙克著，岳盼盼、白爱莲译：《变态杀手——恶性犯罪深层心理探究》，海南出版社2001年版。

43. ［美］Jerry M. Burger著，陈会昌等译：《人格心理学》，中国轻工业出版社2012年版。

44. ［美］布来恩·隐内著，［美］王旸译：《FBI犯罪心理画像实录》，化学工业出版社2013年版。

45. ［美］詹姆斯·法隆著，瞿名晏译：《天生变态狂——TED心理学家的脑犯罪之旅》，群言出版社2016年版。

46. ［美］Curt R. Bartol、Anne M. Bartol著，杨波、李林等译：《犯罪心理学》，中国轻工业出版社2017年版。

47. ［美］拉里·J·西格尔、布兰登·C·韦尔什著，丁树亭、李晓静译：《迷途的羔羊——青少年犯罪案例分析及心理预防》，中国工信出版集团、电子工业出版社2019年版。

48. ［英］保罗·布里顿著，李斯译：《辨读凶手——一位犯罪心理学大师现场推理实录》，海南出版社2001年版。

49. ［加］彼得·佛伦斯基著，宁晨、于曦译：《理智向左 疯狂向右——连环杀手的怪诞行为学》，江苏文艺出版社2014年版。

50. ［加］彼得·佛伦斯基著，崔玲译：《恶女：普通女性为何化身连环杀人狂》，北京时代华文书局2018年版。

二、期刊类

1. 吴宗宪：《犯罪亚文化理论概述》，载《比较法研究》1989年Z1期。

2. 陆时莉：《试析当前诈骗犯罪心理弱点及防治对策》，载《公安论坛》1995年第2期。

3. 范德繁：《经济诈骗犯罪心理初探》，载《公安论坛》1996年第1期。

4. 赵岳：《经济诈骗犯罪的心理剖析及其对策》，载《法制与经济》1998 年第 5 期。

5. 周维德：《从越轨行为理论到青少年越轨行为——班杜拉社会学习理论及其启示》，载《兰州学刊》1999 年第 6 期。

6. 李文友、周天俊：《抢劫犯罪心理与行为特征及治理策略》，载《湖北公安高等专科学校学报》2000 年第 6 期。

7. 戴纲、周利凡等：《张×犯罪集团心理特点及活动规律分析》，载《中国人民公安大学学报（社会科学版）》2001 年第 1 期。

8. 李玫瑾：《黄勇变态杀人心理剖析》，载《湖北警官学院学报》2004 年第 1 期。

9. 张亚辉：《从文化冲突的视角解读农民工犯罪问题》，载《菏泽学院学报》2005 年第 1 期。

10. 韩宏伟：《青少年犯罪的亚文化分析》，载《青年探索》2005 年第 2 期。

11. 张勇：《短信诈骗犯罪行为的心理剖析及防治》，载《铁道警官高等专科学校学报》2006 年第 3 期。

12. 贾大福：《黄昏歧途——老年犯罪心理透析》，载《新长征》2006 年第 8 期。

13. 胡波：《对天生犯罪人理论的评析与思考》，载《法制与社会》2007 年第 1 期。

14. 李晶晶：《班杜拉社会学习理论述评》，载《沙洋师范高等专科学校学报》2009 年第 3 期。

15. 张赛宜：《反社会人格障碍与暴力犯罪——对郑民生校园杀凶案件心理分析》，载《政法学刊》2010 年第 4 期。

16. 刘旭华：《系列强奸杀人犯罪人行为心理轨迹分析》，载《公安研究》2011 年第 10 期。

17. 蔡学军：《浅析青少年团伙犯罪行为特征及心理因素》，载《法制与经济（中旬）》2012 年第 1 期。

18. 杜朋：《老年人犯罪问题研究》，载《北京人民警察学院学报》2012 年第 1 期。

19. 郭世杰：《龙勃罗梭天生犯罪人理论述评》，载《河北公安警察职业学院学报》2012 年第 2 期。

20. 周丰华：《女性暴力犯罪探析》，载《法制与社会》2012 年第 30 期。

21. 庄绪龙：《聚众淫乱罪不宜废除的解释性论证》，载《贵州警官职业学院学报》2013 年第 3 期。

22. 李玫瑾：《“观念”缺失——高材生犯罪的重要心理背景》，载《青少年犯罪问题》2013 年第 4 期。

23. 张远煌、操宏均：《恶性暴力犯罪的发生机理与防控对策反思——以周克华系列持枪抢劫案为视角》，载《法治研究》2013 年第 8 期。

24. 黄兰虹：《重新解读“天生犯罪人”理论的科学性——从龙氏“犯罪人”概念的澄清切入》，载《法制与社会》2013 年第 16 期。

25. 李玫瑾：《从犯罪心理学角度分析他为什么犯罪》，载《人民公安》2013 年第 20 期。

26. 丛梅：《初犯与重犯犯罪特征比较研究》，载《预防青少年犯罪研究》2014 年第 3 期。

27. 肖融：《死刑案件中的个体正义——韩磊摔童案案件分析》，载《中国检察官》2015 年第 4 期。

28. 姚兵：《未成年人犯罪团伙实证研究》，载《理论月刊》2015 年第 7 期。

29. 韩富饶：《从南京“换偶”案分析“聚众淫乱”行为的规制界限》，载《法制与社会》2015 年第 20 期。

30. 马小龙、李佳、肖瑶：《标签理论视角下的悍匪周某》，载《法制博览》2015 年第 21 期。

31. 史丽：《老年人犯罪心理分析以及对策》，载《才智》2015 年第 34 期。

32. 杨舒畅：《从实例分析激情犯罪的量刑问题》，载《商》2016 年第 1 期。

33. 陈志红：《犯罪人格的形成及特征分析》，载《中国市场》2016 年第 5 期。

34. 高红光、朱荣艳：《犯罪心理学视角的周克华犯罪案例分析与探讨》，载《法制与社会》2016 年第 10 期。

35. 陈讲生、宁凯越：《个人极端暴力案件犯罪嫌疑人的心理特征研究》，载《云南警官学院学报》2017 年第 1 期。

36. 杨舒涵、李晋尧：《青少年团伙犯罪原因分析及预防对策——基于社会心理学视角》，载《云南警官学院学报》2017 年第 2 期。

37. 段水莲、文凯：《激情杀人犯罪的心理特征与犯罪现场分析》，载《河北公安警察职业学院学报》2017 年第 4 期。

38. 温丙存：《被拐卖妇女的类型分析》，载《山西师大学报（社会科学版）》2017 年第 4 期。

39. 周同：《个人极端暴力犯罪心理成因及对策探究——以公交纵火、爆炸案为主要分析样本》，载《法制与社会》2017 年第 17 期。

40. 刘家希、丁勇：《青少年犯罪与家庭因素》，载《南方农机》2017 年第 19 期。

41. 蒋丽：《激情犯罪的司法认定及立法建议——兼评于欢故意伤害案》，载《西安文理学院学报（社会科学版）》2018 年第 1 期。

42. 谭远宏：《基于挫折—攻击理论的极端暴力犯罪心理问题研究》，载《法制博览》2018 年第 3 期。

43. 毕惜茜、马麒：《老年犯罪嫌疑人心理及审讯研究》，载《山东警察学院学报》2018 年第 4 期。

44. 魏红、方庆展：《强奸未成年人犯罪特征及发展趋势分析》，载《行政与法》2018 年第 5 期。

45. 王潇曼：《校园欺凌中欺凌者的心理特征与问题行为及干预策略》，载《中小学心理健康教育》2018 年第 8 期。

46. 杜甫：《青少年网络犯罪特征及趋势》，载《法制博览》2018 年第 10 期。

47. 郑植：《报复社会型犯罪心理原因浅析》，载《法制博览》2018 年第 11 期。

48. 唐洪文：《论网络时代青少年犯罪预防教育的创新》，载《法制博览》2018 年第 27 期。

49. 连观玉：《青少年犯罪心理的探究》，载《法制博览》2018 年第 28 期。

50. 孙涛：《网络与青少年犯罪心理的形成——以网络游戏为例》，载《科学导报》2019 年第 23 期。

三、论文类

1. 王志华：《试论犯罪综合动因论》，2003 年中国政法大学硕士学位论文。

2. 曹海琴：《论亚文化对犯罪的影响》，2006 年吉林大学硕士学位论文。

3. 王敬轩：《系列杀人犯犯罪心理分析及对策》，2007 年对外经济贸易大学硕士学位论文。

4. 王栋梁：《系列杀人犯犯罪心理分析》，2008 年西南政法大学硕士学位论文。

5. 贺丽：《犯罪动机恶化的成因及其防治对策——以“3・23 南平惨案”凶手郑民生为切入点》，2011 年南昌大学硕士学位论文。

6. 韩刚：《青少年犯罪预防中的家庭因素》，2012 年复旦大学硕士学位论文。

7. 王琦：《激情犯罪法律问题研究》，2014 年兰州大学硕士学位论文。

8. 侯雅楠：《激情杀人犯罪研究》，2014 年大连海事大学硕士学位论文。

9. 章依群：《论我国老年人犯罪的原因与预防》，2014 年华东政法大学硕士学位论文。

10. 徐佩玲：《流动人口犯罪的原因及对策》，2015 年华中师范大学硕士学位论文。

11. 房兴路：《检察机关审查起诉过程中的犯罪嫌疑人心理研究》，2015 年山东大学硕士学位论文。

12. 冯淑媛：《网络不良信息对青少年犯罪的影响及对策》，2016 年大连海事大学硕士学位论文。

13. 高婉淇：《论大众传媒对青少年暴力犯罪的影响》，2017 年海南大学硕士学位论文。

14. 王理岩：《论激情杀人犯罪》，2017 年黑龙江大学硕士学位论文。

15. 李晴：《校园欺凌犯罪现状、原因与防控对策研究》，2018 年安徽大学硕士学位论文。

16. 李乐赋：《中美校园欺凌防治措施比较研究》，2018 年河南大学硕士学位论文。

17. 徐钰：《受虐妇女恶逆变犯罪问题研究》，2018 年华东政法大学硕士学位论文。

18. 梅传强：《犯罪心理生成机制研究》，2004 年西南政法大学博士学位论文。

19. 李欣：《暴力犯罪心理成因及防治研究》，2014 年吉林大学博士学位论文。

20. 常宇刚：《城镇化进程中的犯罪问题实证分析》，2015 年西南政法大学博士学位论文。